BIG 빅치킨 CHICKEN

빅 치킨
항생제는 농업과 식생활을 어떻게 변화시켰나

초판 1쇄 인쇄일 2019년 3월 5일   초판 1쇄 발행일 2019년 3월 12일

지은이 메린 매케나 | 옮긴이 김홍옥
펴낸이 박재환 | 편집 유은재 | 관리 조영란
펴낸곳 에코리브르 | 주소 서울시 마포구 동교로 15길 34 3층(04003) | 전화 702-2530 | 팩스 702-2532
이메일 ecolivres@hanmail.net | 블로그 http://blog.naver.com/ecolivres
출판등록 2001년 5월 7일 제10-2147호
종이 세종페이퍼 | 인쇄·제본 상지사 P&B

ISBN 978-89-6263-192-0 03330

책값은 뒤표지에 있습니다.   잘못된 책은 구입한 곳에서 바꿔드립니다.

빅 치킨

항생제는
농업과 식생활을
어떻게 변화시켰나

메린 매케나 지음 | 김홍옥 옮김

에코리브르

교수이자 저술가이자 신부이기도 한
삼촌 밥 라우더(Bob Lauder)에게
이 책을 바칩니다.

이 지구상에는 전염병이 돌고 피해자가 생기게 마련이다.

그런데 우리가 어떻게 하느냐에 따라 그 질병들이 기승을 부릴 수도 있고 그렇지 않을

수도 있다.●

-알베르 카뮈(Albert Camus), 《전염병(The Plague)》(1947)

저는 거의 빵 가격에 육류를 제공하는 업계의 미래가 무척 유망하다고 생각합니다.●●

-1957년 헨리 새글리오(Henry Saglio)가 미 하원 청문회에서 한 말

● Camus, *La peste*(Paris: Éditions Gallimard, 1947). 저자의 영역(英譯).

●● *Problems in the Poultry Industry. Part III. Hearing Before Subcommittee No. 6 of the Select Committee on Small Business*, p. 59.

차례

머리말

나는 해마다 프랑스 파리에 있는 작은 아파트에서 얼마간의 시간을 보낸다. 11구에 자리한 시장 직무실 근방의 7층짜리 아파트다. 거기서 학생들이 애용하는 나이트클럽과 중국 포목 도매점이 늘어선 좁다란 길을 따라 10분만 걸어가면 프랑스 혁명으로 세상을 완전히 뒤바꿔놓은 정치 변화의 산실 바스티유 광장(Place de la Bastille)에 닿을 수 있다. 파리 시민 수백 명이 리샤르 르누아르 대로(Boulevard Richard Lenoir)에서 일주일에 두 차례 서는 바스티유 시장으로 몰려든다.

시장에 이르기 몇 블록 전부터 당신은 그곳의 소리를 들을 수 있다. 입씨름을 벌이거나 수다를 떠는 이들의 낮은 웅성거림 사이로 짐수레들이 갓돌에 부딪치는 소리, 물건 파는 노점상들이 호객하느라 외쳐대는 소리가 끼어든다. 하지만 소리에 앞서 그곳의 냄새가 먼저 당신을 맞이한다. 땅바닥에 내버려진 시들거나 상처 난 배추 겉잎에서 나는 고약한 냄새, 시식용으로 잘라 내놓은 과일에서 풍기는 달콤한 냄새, 껍데기가 장밋빛인 가리비 무더기 밑에 깔아놓은 해초에서 나는 특유의 요오드 냄새……. 그 온갖 냄새들 틈으로 내가 기다리고 있는 한 가지 냄새가 코를 간질인다. 허브 향이 감돌고 감칠맛이 나며, 짭조름하면서 약간 그을린

듯한 냄새는 너무나 강렬해서 마치 내 몸에 신호를 보내 좀더 속도를 내라고 재촉하는 양 느껴질 정도다. 냄새의 출처는 시장 중앙에 자리한 천막 친 상점이다. 천막의 기둥들을 휘감고 시장 골목까지 길게 장사진을 이룬 손님들이 꽃가게 앞에 북적이는 무리와 뒤엉켜 있다.

부스의 중앙에는 벽장만 한 금속 캐비닛이 놓여 있는데, 철제 바퀴와 벽돌이 그 캐비닛을 지탱하고 있다. 캐비닛 안에는 납작하게 눌린 닭들이 로티세리(rotisserie: 고기 굽는 기구―옮긴이)에서 쇠꼬챙이에 꿰인 채 꼭두새벽부터 돌아간다. 점원들은 몇 분마다 한 번씩 쇠꼬챙이를 들어내 노릇노릇하게 익은 닭을 빼낸 다음 알루미늄 포일 안감을 댄 납작한 종이봉투에 집어넣은 뒤 마침내 그 줄의 맨 앞에 이른 손님에게 건넨다. 나 역시 어서 내 순서가 되어 닭을 받아 집으로 돌아갈 순간만 목이 빠져라 기다리고 있다.

'풀레 카포딘(poulet crapaudine)'―배를 갈라 구운 닭의 모습이 마치 두꺼비[카포(crapaud)]를 닮았다 하여 붙은 이름―의 껍질은 마치 운모(광물의 일종, 돌비늘이라고도 한다―옮긴이)처럼 쉽게 부스러진다. 안에 들어 있는 육질은 위에서 도는 닭에서 떨어진 육즙에 몸을 적시며 몇 시간 동안 구워져 폭신하면서도 촉촉하고 후추와 타임(허브의 일종―옮긴이)의 향이 뼈에까지 배어 있다. 처음 그 닭고기를 먹었을 때 나는 행복한 충격으로 말을 잇지 못했고, 그 경험에 심취한 나머지 맛이 왜 그토록 신선하게 느껴졌는지 따져볼 겨를도 없었다. 두 번째도 역시나 기분이 좋았는데, 그리고 조금 지나자 이내 시무룩하고 슬픈 기분에 젖어들었다.

나는 일평생 닭고기를 먹어왔다. 브루클린에 있는 할머니 집 주방에서, 휴스턴에 있는 부모님 집에서, 내가 다닌 대학교의 식당에서, 친구들의 아파트에서, 레스토랑이나 패스트푸드 가게에서, 도시의 근사한 술집에서, 남부의 구식 싸구려 음식점 등에서 말이다. 나는 스스로가 닭을 꽤나 잘 굽는다고 자부해왔다. 하지만 그 어떤 것도 광물질을 함유한 듯한 풍부하고 말이 필요 없는 파리의 닭고기 맛에 비길 수는 없었다. 성장하면서 먹어온 숱한 닭고기에 대해 생각해봤다. 그것들은 하나같이 요리하는 사람이 첨가하는 재료의 맛을 냈다. 가령 할머니가 파티할 때면 내놓곤 하신 닭고기 프리카세(잘게 다진 고기와 야채를 이용한 프랑스 요리—옮긴이)는 통조림 수프의 맛을, 내 대학 동거인이 숙모가 하는 식당에서 얻어온 닭볶음은 간장과 참깨의 맛을, 아버지의 혈압을 염려하느라 집에서 소금 섭취를 금지한 어머니가 조리한 닭은 레몬즙의 맛을 내는 식이었다. 그런데 파리의 닭고기는 근육과 피, 운동과 야외 활동의 맛이 났다. 다시 말해 한 마리의 동물, 즉 생명체라는 것을 숨길 수 없는 그런 맛이었다.

우리는 지금껏 자기 접시에 놓인 닭고기를 발견하거나 슈퍼마켓 냉장고에서 닭고기를 꺼내기 전에 닭에 대해 깊이 생각해본 일이 없었다. 나는 인생의 거의 대부분을 자칭 세계의 가금류 수도인 조지아주 게인즈빌(Gainesville)로부터 채 1시간도 떨어지지 않은 곳에서 살았다. 게인즈빌은 현대의 닭고기 산업이 탄생한 곳이다. 조지아주는 연간 14억 마리의 닭을 길러내 미국 전체의 닭 생산량 90억 마리 가운데 단일 주로서는 최대 기록을 보유하고 있다. 만약 조지아주가 하나의 독립국가라 치면 닭고기 생산에서 중국이나 브라질과 어깨를 겨눌 정도가 될 것이다. 하지만 그곳을 몇 시간이고 차로 달린다 해도 당신이 지금 닭고기 산업의 심장부에 와 있다는 사실을 실감하기는 어려울 수도 있다. 어쩌다 닭들을 실은 나무상자가 가득 쌓인 트럭 뒤를 따라가지 않는 한 말이다. 단단한 벽으로 둘러싸인 외딴 양계장에서 육고기로 가공되기 위해 도계장으로 끌려가는 닭들이다.

파리의 시장에서 처음 닭고기를 먹었을 때 나는 내 스스로가 그간 닭들에 대해 얼마나 무심했는지를 깨달았다. 그래서 그때부터 그로 인해 내가 무엇을 놓쳐왔는지 파헤치기 시작했다. 우리 집은 연방기관인 질병통제예방센터(Centers for Disease Control and Prevention, CDC)의 정문에서 3킬로미터 정도밖에 떨어지지 않은 곳에 자리하고 있다. 질병통제예방센터는 세계 전역에서 발생하는 질병을 파악하기 위해 조사관을 파견하는 기관이다. 나는 10여 년 동안 저널리스트로서 조사에 나선 그들을 끈덕지게 쫓아다녔다. 그리고 미국·아시아·아프리카에서 내과의사·수의사·역학자와 늦은 밤까지 대화를 이어가는 동안, 나를 깜짝 놀라게 만든 닭고기와 내가 깊은 관심을 기울여온 전염병이 그때껏 알고 있던 것보다 훨씬 더 깊이 연관되어 있음을 깨달았다.

나는 미국의 닭고기가 그 밖의 지역에서 먹어본 닭고기와 그토록 맛이 다른 까닭이 무엇인지 알게 되었다. 미국에서는 맛 이외의 것, 이를테면 대량생산·일관성·속도 따위에만 온통 신경을 쓰면서 닭을 기르기 때문이었던 것이다. 수많은 요소가 그런 차이를 낳는 데 기여했다. 하지만 내가 이해한 바에 따르면, 거기에 가장 지대한 영향을 끼친 것은 수십 년 동안 변함없이 닭을 비롯한 거의 모든 육용 동물에게 일평생 하루도 빠짐없이 일정량의 항생제를 투여해온 일이었다. 항생제는 그 자체로 닭고기 맛을 담백하게 만들어주지는 않지만 그 맛이 담백해지도록 허용하는 조건을 제공했다. 우리는 뒷마당에서 발랄하고 씩씩하게 살아가던 새를 빠르게 성장하고 움직임이 굼뜬 유순한 단백질 덩어리로 뒤바꿔놓았다. 아동용 만화에 나오는 보디빌더마냥 상체는 무겁지만 근육은 탄력이 없는 모습으로 말이다.

오늘날 세계 대부분의 지역에서 대다수 육용 동물은 생애 내내 거의 날마다 일정량의 항생제를 투여받으며 사육된다. 매년 6만 3151톤,[1] 즉 약 1억 2600만 파운드의 항생제가 쓰이는 것이다. 농부들이 항생제를 사용하기 시작한 것은 그 약물을 쓰면 사료를 먹은 동물이 더 효과적으로 맛 좋은 근육을 만들어냈기 때문이다. 그런 효과를 보고 더 많은 가축을 양계장에 몰아넣게 되었는데, 그러면서부터는 이제 항생제가 동물들의 발병 가능성을 막아주었다. 닭 사육에서 비롯된 이러한 발견에 힘입어 1971년 조지아주[2]의 한 가금류 역사학자가 자랑스레 적은 대로 "우리가 산업형 농업이라 부르게 된 것", 그것이 출현했다. 닭 값이 크게 떨어진 결과 닭고기는 미국인이 다른 것보다 더 많이 찾는 육류로 떠올랐다. 그에 따라 닭은 식품매개 질병을 전파할 가능성이 높은 육류가 되었다. 또한 항생제 내성은 서서히 모습을 드러내는 우리 시대 최대의 건강 위기로 불거졌다.

처음에는 당혹감을, 이어 의혹을 느끼면서 이 모든 상황을 종합해본 나는 예지력 있는 몇몇 과학자들이 처음부터 농장에서 쓰는 항생제가 초래할지도 모를 뜻하지 않은 결과에 대해 경고해왔음을 알게 되었다. 하지만 또한 지난 몇 년 사이 그러한 경고의 목소리를 자주 들을 수 있게 되었다는 것도 깨달았다. 요리사와 소비자의 압력, 가금류 업계의 책무 방기에 관한 인식이 커지자 산업형 가금류 생산업자들은 항생제 사용을 줄여나갔으며 닭을 어떻게 사육할지 고심하기 시작했다.

이 책은 일맥상통하는 두 가지 이야기를 다룬다. 첫째, 우리는 어쩌다 항생제를 사용하기에 이르렀고 또 거기에 의문을 품게 되었는가, 그리고 어쩌다 산업형 닭고기를 생산하기에 이르렀고 또 그를 재고해보게 되었는가? 둘째, 저간의 인류 역사는 식량 생산 방법을 결정하면서 이해득실을 저울질하는 우리에게 어떤 시사점을 주는가? 나는 여남은 주와 여러 나라로 멀리 여행을 다니면서 농부를 비롯해, 화학자, 법조인, 역사가, 미생물학자, 관료, 질병 조사관, 정치인, 요리사, 멋진 프랑스의 가금 판매상 들을 두루 만나 그들과 이야기를 나누었다.

분명 우리에게도 모든 닭고기가 파리의 길거리에서 사 먹은 풀레처럼 안전하고 정직하고 맛 좋던 시절이 있었다. 시장의 압력, 세계의 단백질 수요, 질병 발발의 위험, 동물의 복지, 맛있는 음식을 먹고자 하는 진정성 있는 바람 따위에 한껏 주의를 기울인다면 우리는 얼마든지 다시 그 시절로 돌아갈 수 있다.

1부

BIG CHICKEN

닭은 어쩌다 중요해졌나

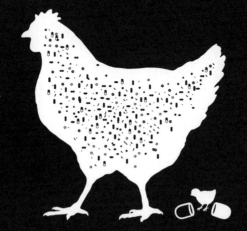

질병, 그리고 운 나쁜 해

릭 실러(Rick Schiller)는 지금껏 그렇게까지 아파본 적이 없었다.[1]

그는 51세이고, 신장 183센티미터, 체중 104킬로그램의 거구다. 실러는 태권도 유단자이며 운동도 열심이었다. 일평생 병원에 입원해본 적도 없다. 하지만 그는 2013년 9월의 어느 늦은 아침, 캘리포니아주 산호세 남쪽에 있는 동네 병원 응급실에서 바퀴 달린 들것에 누워 있었다. 열이 펄펄 끓는 채 고통에 몸부림치는 그는 믿기지 않는다는 듯 자신의 오른쪽 다리를 내려다보았다. 그 다리는 평상시보다 3배 정도 부어 있었고 자주색을 띠었으며 뜨거웠다. 심하게 부푼 데다 염증으로 딱딱해져서 금방이라도 터질 것처럼 보였다.

실러가 응급실을 찾지 않을 수 없었던 것은 바로 그 다리 때문이었다. 그는 불이 나는 것 같은 극심한 고통 때문에 새벽 3시에 잠에서 깼다. 뭐가 문제인지 확인하려고 이불을 걷어본 그는 소리를 지르고 말았다. 약혼녀 로운 트랜(Loan Tran)도 비명을 질렀다. 혼비백산한 그들은 집 밖으로 뛰쳐나왔다. 속옷 차림의 그는 두 손으로 벽을 짚은 채 통통 뛰었고, 그녀는 스포츠카의 좌석을 접어 그가 통나무처럼 뻣뻣해진 다리를 뻗을 공간을 마련했다. 병원에 도착하자 일군의 의료진이 그를 조심스럽게 차에서 끌어내 바퀴 달린 들것으로 옮긴 다음 응급실로 밀고 가 수액과 모르핀을 주사했다. 월요일 새벽 아직 동이 트기 전 시간이었고, 평상시 같으면 응급실이 한산할 때였다. 의사가 소독한 주사기가 담긴 쟁반을 들고 황급히 달려왔다.

레지던트는 실러에게 부종이 너무 심해서 피부가 찢어질까 봐 걱정이라고 말했다. 그리고 "압력을 누그러뜨리기 위해 다리에 구멍을 내 액을 받아내야겠다"고 덧붙였다. 실러는 이를 악물고 고개를 끄덕였다. 그녀는 자기 손 쪽으로 플런저(피스톤 따위와 같이 유체(流體)를 압축하거나 내보내기 위하여 왕복 운동을 하는 기계 부분을 통틀어 이르는 말—옮긴이)를 잡아당길 때 혈액이나 고름 같은 것이 나오리라 기대하면서 팽팽한 피부에 바늘을 푹 찔러넣었다. 그러나 아무것도 나오지 않았다. 그녀는 인상을 찌푸리면서 간호사에게 바늘이 더 굵은 주사기를 가져다달라고 요청했다. 그러고는 혈관에 갇힌 혈액이나 그의 다리를 붓게 만든 감염 부위를 알아낼 요량으로 다시 한번 같은 과정을 되풀이했다. 하지만 여전히 아무것도 얻지 못했다. 그녀는 다른 주사기를 하나 더 요청했는데, 실러의 기억에 따르면 바늘구멍이 연필심만 한 주사기였다. 그녀는 그 세 번째 주사기를 약솜으로 닦은 다음 그의 피부에 찔러 넣고 플런저를 천천히 잡아당겼다. 그녀가 경악하면서 소리를 질렀다. 그가 아래를 내려다보니 주사기 실린더에는 붉고 묵직한 뭔가가 가득 차 있었다. 마치 고깃덩어리 같았다.

몇 시간 뒤, 열을 내리기 위해 얼음주머니를 대고 심하게 딱딱해진 다리 때문에 진정제를 복용해 몽롱해진 실러는 대체 무슨 일이 일어났던 건지 상황을 종합해보려고 노력했다. 그는 열흘쯤 전 늦은 밤에 샌드위치, 타코, 밀크셰이크를 비롯한 패스트푸드 간식을 먹어서 이 사달이 났다고 생각했다. 그 음식들은 맛이 좀 수상했고 그래서 다 먹지 않고 남겼던 것이다. 그로서는 흔치 않은 일이었다. 자정이 지나고 먹은 것을 토해내기 시작했는데, 그는 그때 이후 내내 구토와 심한 설사에 시달렸다. 속이 너무 메스꺼워서 물조차 제대로 넘기지 못할 지경이었다.

실러는 그날 밤과 이날 아침 사이 어느 때인가 동네 병원 응급실을 찾아가 자신의 주치의에게 도움을 요청한 일이 있었다. 내장 질환에 걸렸을지 몰라 대변 샘플을 채취한 의사는 그에게 며칠 지나면 괜찮아질 거라고 말했다. 하지만 실러는 괜찮아지지 않았다. 그는 소파 위에 픽 쓰러진 채 비틀거리며 거실과 욕실을 오갔고 거의 음식을 입에 대지 못했다. 그 하루 전날 그는 고비를 넘긴 듯했다. 식욕이 살아난 그는 약혼녀에게 수프를 좀 끓여달라고 부탁한 다음 수프 몇 숟가락과 크래커 몇 개를 먹었다. 그러고 나서 다시 기진맥진한 채 잠이 들었고, 다리가 욱신거리는 바람에 잠에서 깨어났던 것이다.

주삿바늘로 다리에서 액을 뽑아냈지만 무엇이 문제인지는 끝내 밝혀지지 않았다. 서둘러 실시한 초음파와 긴급 MRI 검사도 마찬가지였다. 제거해야 할 농양(abscess)도 풀어야 할 혈전도 없었으니만큼 대체 왜 다리가 열이 펄펄 나면서 부풀어 올랐는지 도무지 알 길이 없었다. 이제 의료진은 뒤이어 어떤 조치를 취해야 하는지 결정할 수 있도록 그에게 투여한 약물이 효험을 발휘하기를, 그리고 테스트 결과가 도착하기를 기다리는 수밖에 없었다.

고통스럽고 기진맥진해진 실러는 검사실에서 담요를 몇 장 두르고 웅크린 채 몸을 떨었다. 실러는 의료진이 옷을 가져갔을 때 따로 빼놓은 휴대전화에서 녹음용 앱을 켰다. 구토와 두려움으로 목소리가 갈라졌지만 되도록 차분한 목소리를 내려고 노력했다. 그가 약혼녀의 애칭을 부르며 입을 열었다. "큐(Q), 마지막 유언이야. 나는 곧 죽을 거야……."

다행히도 실러는 그날 늦게 병원 침상에서 다시 깨어났다. 그런데 여전히 다리는 딱딱했고 욱신거렸다. 몸 어딘가가 감염되어 세균이 혈류 속으로 퍼져나간 게 분명했다. 그의 면역계는 침입자를 인식하고 거기에 반응했다. 그로 인해 열이 났으며 혈액순환을 방해한 염증 탓에 다리가 부어오른 것이다. 이렇게 결론 내린 의료진은 그의 정맥에 다양한 유형의 병원균을 퇴치할 수 있는 광역스펙트럼 항생제를 투여했다. 이제 그 약물이 어떤 효과를 내는지, 병원 실험실이 그의 혈액에서 추출한 세균을 배양해 더 나은 치료법을 찾아낼 수 있는지 알아보기 위해 기다리는 일만 남았다.

하루가 더 지나자 붓기는 서서히 가라앉았다. 드디어 자리에서 일어난 실러가 침대에 몸을 기댄 채 아픈 다리로 체중을 버텨보려 애쓰고 있을 때 그의 전화벨이 울렸다. 허겁지겁 응급실로 달려가기 전 구토와 설사에 시달리며 동네 병원을 찾았을 때 그에게 받아보라고 권한 검사의 결과를 받아 든 주치의가 전화를 걸어온 것이다.

주치의가 물었다. "살모넬라균(Salmonella)에 감염되었다는 사실 알고 계시나요?"

실러가 대답했다. "저 지금 입원 중인데 거의 죽다 살아났어요."

주치의는 전화를 끊고 그를 돌보고 있는 병원 담당의에게 전화를 걸었다. 그들은 이제 더 이상 검사 결과를 기다리지 않아도 되었다. 살모넬라균은 식품매개 질환—해마다 세계적으로 약 1억 명,[2] 미국에서만 100만 명이 걸린다—을 일으키는 흔한 원인이다. 대다수 환자들은 일주일 정도 앓다 회복하지만, 미국에서만 매년 지지리 운 나쁜 환자 수천 명이 결국 병원 신세를 지며 그중 약 400명은 목숨을 잃는다. 그가 왜 아팠는지 확실하게 파악한 의료진은 거기에 맞는 치료를 할 수 있게 되었다. 며칠 뒤 여전히 아프고 비틀거리고 기력이 없긴 하지만 열이 내리고 걸을 수 있게 된 실러는 퇴원했다.

실러는 계속해서 자신을 앓게 만든 까닭이 그 증상이 시작된 날 먹은 패스트푸드 탓이라고만 여겼다. 몇 주 뒤 캘리포니아주 보건부의 조사관에게 걸려온 전화를 받고서야 그는 비로소 자신이 왜 아팠는지 그 이유를 알게 되었다. 조사관 에이다 유(Ada Yue)는 그의 감염에 대해 더 자세히 알고 싶어 했다. 실러는 그녀에게 패스트푸드에 대해 들려주었다. 어느 날 저녁 어쩌다 그 음식을 먹게 되었는지, 어떻게 해서 같은 날 밤 구토를 시작하게 되었는지 말이다. 하지만 그는 전화 너머로 그녀가 머리를 가로젓는 모습을 그려볼 수 있었다. 그녀가 말했다. "타이밍이 맞지 않아요, 그보다 더 오래 걸려요."

유는 살모넬라균에 오염된 음식을 삼키면 인체에서 그 균이 병을 일으키기까지 며칠이 걸린다고 설명했다. 그의 사례에서처럼 몇 시간 만에 증상이 심각해지는 일은 있을 수 없다는 것이다. 따라서 그녀는 그가 아프기 몇 주 전에 장을 보거나 음식을 사 먹은 장소에 대해 몇 가지 질문을 던졌다. 그녀의 질문은 정말이지 끝없이 이어졌다. 그가 어째서 질문을 그렇게나 많이 하느냐고 묻자 그녀는 캘리포니아주의 다른 지역에 사는 이들이 거의 동시에 발병했는데, 같은 식품이 그들 모두에게 병을 일으켰을 가능성이 있어서라고 대답했다. 미국 전역에서 발생하는 질병을 감시하는 연방기관 질병통제예방센터는 캘리포니아주 보건부와 손잡고 그 가능성을 좁히는 작업을 벌이는 중이었다. 그들은 주범으로 떠오를 소지가 있는 몇 가지 식품에 관심을 집중했다. 그녀는 실러가 병에 걸리기 전에 장 본 식료품을 소상히 기억해낼 수 있는지 알고 싶어 했다. 특히 닭고기를 구입한 적이 있는지 확인하고자 했다.

실러는 유의 전화를 받기 전까지는 그 병에 걸린 이가 자신만이 아니라는 사실을 알 도리가 없었다. 그런데 알고 보니 자신은 사상 최대·최장의 식품매개 전염병에 걸린 이들 가운데 하나였다. 그 전염병은 한껏 기승을 부릴 때는 미국의 29개 주와 푸에르토리코까지 번졌고, 알려진 희생자만 634명[3]에 달했다. 그 병에 걸린 줄도 모르고 고통을 겪은 이들만 수천을 헤아렸을 것이다.[4]

　뭔가 잘못되었다는 조짐이 처음 일기 시작한 것은 실러가 아프기 몇 달 전인 2013년 6월의 일이었다. 질병통제예방센터가 가동하는 모 컴퓨터 프로그램이 위험을 알려왔다. 서부 주들에서 살모넬라균과 관련해 무슨 일인가 벌어지고 있다는 내용이었다. 특수 변종인 살모넬라 하이델베르크(Salmonella Heidelberg)와 연구자들이 258이라 알고 있는, 그 변종 내 어느 특수한 유형의 발병 수치가 이례적으로 높았던 것이다.

　수치가 비정상적이라는 사실을 알아차린[5] 질병통제예방센터의 프로그램 펄스넷(PulseNet)은 그 발병 사례들에 따른 세부사항을 알지 못했으므로 발병 가능성에 대해 경보를 울리는 것 말고는 달리 할 수 있는 일이 없었다. 펄스넷은 환자나 의사와 인터뷰를 진행하지는 않는다. 다만 확진

받은 환자에게서 얻은 식품매개 질환 원인균의 DNA가 만들어낸 패턴의 이미지를 꼼꼼하게 살펴서 추려낼 뿐이다. 펄스넷은 그 패턴을 만들어내는 실험기법, 즉 식품매개 질환 원인균의 DNA를 분리한 다음 전류를 이용해 그 유전물질을 젤 시트 속으로 통과시키는 펄스필드젤전기영동법(pulsed-field gel electrophoresis, PFGE)에서 따온 이름이다. 펄스필드젤전기영동법으로 얻어낸 패턴은 마치 제품의 바코드처럼 생겼는데, 바코드처럼 수많은 미묘한 차이를 담아낼 수 있어서 숱한 식품매개 질환 병원균의 변종과 그 하위 유형을 서로 구분해주는 훌륭한 도구다. 역학자들이 유전자 지문이라 부르는 이 바코드 패턴은 마치 범인이 범죄 현장에 남긴 지문처럼 병원균이 질병을 일으킨 시기를 파악하는 데 도움을 준다.

과거에는 어떤 식품이 질병을 일으켰을 때 그것이 무엇인지 알아내기가 손쉬웠다. 발병 사례들이 다닥다닥 몰려 있었기 때문이다. 만약 같은 우물물을 마셨거나 교회에서 저녁 식사를 같이 한 100명의 사람들이 앓게 되었다면, 그 공동체에 속한 누군가가 대번에 그 사실을 알아차리고 권한을 지닌 이에게 알렸을 것이다. 하지만 식량 생산은 20세기 후반의 50년을 거치면서 한층 복잡해졌다. 처음에는 유통의 개선에 힘입어서였고, 나중에는 기업 합병을 통한 모종의 경제 전략을 통해서였다. 이 전략에 따르면, 한 국가의 A 지역에서 가축을 사육해 도축하고 B 지역에서 그것을 소비하거나, 아니면 남반구에서 재배하고 수확한 과일을 북반구로 수송해 판매하는 쪽이 더 합리적인 방법이 되는 것이다. 만약 도축·포장·가공 장소에서 오염된 식품이 수백·수천 킬로미터 떨어진 곳에 배포된다면 그로 인한 발병 사례는 종잡을 수 없는 방식으로 나타날 것이다. 펄스넷은 DNA 지문들을 비교함으로써 설사 시공간적으로 멀리 떨어져 있다 해도 그들 간의 관련성을 보여줄 수 있다.

실러가 비틀거리며 산호세 소재 병원의 응급실을 찾았을 무렵 질병통제예방센터는 단서들의 흔적을 추적하고 있었다. 그곳 소속 역학자들은 3월 이후 278명이 병에 걸렸다는 사실을 확인했다. 대부분 아주 어리거나 93세가 넘는 고령자들이었다. 또한 환자들은 저 남쪽의 플로리다주에서 멀리 동쪽의 코네티컷주까지 전국적으로 17개 주에 걸쳐 분포했다. 목숨을 잃은 사람은 아무도 없었지만, 환자의 절반가량이 병원에 입원했다. 살모넬라균에 의한 질환치고는 이례적으로 높은 비율이었다. 환자들로부터 채취해 실험실에서 배양한 세균 샘플을 분석한 결과 연달아 동일한 지문이 나타나고 있었다. 범인 후보를 좁혀가기 위해 100여 명의 환자가 실러와 동일한 긴 질문지를 작성했다. 수면 위로 떠오른 식품은 다름 아니라 닭고기였다.

미국 식품의약국(Food and Drug Administration, FDA)은 자체 기록, 즉 전국의 슈퍼마켓으로부터 구입한 육류에서 발견한 식품매개 질환 원인균 분석 자료를 조사했고, 닭고기의 살모넬라균에서 동일한 유전자 지문을 확인했다. 그리고 미국 농무부(U.S. Department of Agriculture, USDA: 이하 농무부―옮긴이)는 그 질환의 진원지가 되었을 가능성이 있는 한 도계장을 집중 공략했다. 병에 걸린 이들은 FDA의 데이터베이스에도 기록되어 있는 한 브랜드 닭고기를 섭취했는데, 그 닭고기 포장 기업이 운영하는 공장이었다.

그 발병에 대한 조사가 더욱 시급하다고 느끼게 한 또 하나의 측면이 있었다. 원인이 된 살모넬라균은 그저 보통보다 좀더 심각한 질환을 일으키는 데 그치는 게 아니었다. 흔히 쓰이는 여러 약물, 즉 암피실린(ampicillin)·클로람페니콜(chloramphenicol)·젠타마이신(gentamicin)·카나마이신(kanamycin)·스트렙토마이신(streptomycin)·설파제(sulfa drugs)·테트라사이클린(tetracycline) 따위에 내성을 보이기까지 한 것이다. 실러를 고통 속으로 몰아넣은 질병은 어떻게 세균이 항생제에 내성을 띠는지 잘 보여주는 사례였다. 유엔(United Nations)이 '가장 심각하고 가장 긴급한 국제적 위험'[6]이라고 지칭한 그 질병은 식품을 매개로 퍼져나간다.

◖◗　◖◗

대다수 사람들에게 항생제 내성은 그들 자신이 운 나쁘게 병에 걸리거나 아니면 재수 없게 감염된 친구 및 가족을 둔 경우가 아니라면 숨겨진 문제에 불과하다. 내약제 감염과 관련해서는 유명 대변인도 없고 정치적 지지도 미약하고 환자를 보호해주는 조직도 거의 없다. 내약제 감염 하면 그저 우리와는 아무 상관 없는 이들, 즉 인생 말년을 요양병원에서 보내는 사람들, 혹은 만성 소모성 질환과 씨름하는 사람들, 혹은 끔찍한 트라우마를 겪은 뒤 집중병동에서 치료받는 사람들에게나 발병하는 희귀한 어떤 것이라고 넘겨짚기 십상이다. 하지만 내약제 감염은 어린이집에 다니는 아이, 스포츠 선수, 피어싱하는 10대, 헬스장에서 운동하는 사람 등 일반인들이 나날의 온갖 부분에서 흔히 겪을 수 있다. 내약제균은 흔하긴 하지만 악화 일로를 걷는 심각한 위협이다. 그 세균은 매년 적어도 70만 명[7]—특히 미국 2만 3000명,[8] 유럽 2만 5000명, 인도 6만 3000명의 아기들[9]—을 죽음으로 몰아가는 원인이다. 그뿐만 아니라 내항생제균은 수백만 건의 질병—미국에서만 매년 200만 건[10]—을 일으키며, 수십 억 달러의 의료비를 지출하도록 만들고, 임금을 줄이고, 국가 생산성을 떨어뜨리기도 한다. 2050년이 되면 항생제 내성은[11] 세계적으로 매년 100조에 이르는 비용을 발생시키고, 1000만 명에 달하는 엄청난 사망자를 낼 것으로 추정된다.

항생제가 등장한 이래[12] 병원균은 줄곧 자기들을 죽이고자 고안된 항생제에 맞서 방어기제를 키워왔다. 페니실린(penicillin)은 1940년대에 세상에 나왔는데 1950년대에 그에 대한 내성이 세계를 휩쓸었다. 1948년에 등장한 테트라사이클린은 1950년대를 거치면서 내성이 생겨 약효가 서서히 줄어들었다. 에리트로마이신(erythromycin)은 1952년에 발견되었는데 3년 뒤인 1955년에 내성이 나타났다. 실험실에서 합성한 페니실린 사촌뻘인 메티실린(methicillin)은 1960년 특별히 페니실린 내성에 맞서고자 개발되었는데 채 1년도 지나지 않아 포도상구균(staph bacteria)이 그에 맞서는 방어기제를 갖추었다. 그리하여 이 균은 메티실린내성황색포도상구균(methicilln-resistant *Staphylococcus aureus*, MRSA)이라는 이름을 얻었다. 메티실린내성황색포도상구균 이후에는 페니실린과 그 유사 약물들뿐 아니라 세팔로스포린(cephalosporin)이라는 거대 항생제 계열마저 퇴치한 광범위 베타락탐분해효소(extended-spectrum beta-lactamase, ESBL)가 등장했다. 세팔로스포린이 맥을 못 추면서 새로운 항생제들이 개발되었지만 역시나 그 선배들과 같은 길을 밟았다.

제약화학사들이 분자 형태와 작용 양식이 다른 신종 항생제를 생산해낼 때마다 세균은 발 빠르게 거기에 적응했다. 실제로 수십 년 동안 세균은 종전보다 적응 속도가 더욱 빨라진 듯했다. 그들의 집요함은 이제 그만 항생제 시대에 종언을 고하라고 으름장을 놓는 것만 같았다. 항생제가 없다면 수술은 시도하기가 너무 위태롭고, 찰과상·발치·팔다리골절 같은 일상적인 건강 문제만으로도 치명적 위험에 다다를 소지가 있었다.

전 세계적으로 항생제가 놀랄 만큼 빠르게 내성을 키운 것과 관련해 사람들은 그저 의료계가 오랫동안 약물을 남용한 데 따른 결과라고만 생각해왔다. 즉 자녀들이 항생제가 별 도움이 되지 않는 바이러스성 질환에 걸렸을 때도 굳이 그 약물을 처방해달라고 졸라대는 부모들, 자신이 선택한 항생제가 다른 약물들과 어떻게 상호작용하는지 면밀히 따져보지도 않은 채 무턱대고 항생제를 처방해주는 의사들, 그리고 처방 치료를 받는 도중에 좀 살 만해졌다 싶으면 제멋대로 처방약 복용을 중단하거나 자기가 처방받은 약을 의료보험이 없는 친구들에게 나눠주는 사람들, 처방전 없이 약국이나 상점에서 항생제를 구입하는 환자들(수많은 나라에서 환자들이 이런 식으로 항생제를 손에 넣으며 제가 알아서 복용한다) 탓이라고 말이다.

하지만 항생제 시대 초기부터 이 약물은 그와는 다른 또 하나의 용도로 쓰이고 있었다. 식용으로 사육되는 동물에게 투여된 것이다. 미국에서 시판되는 항생제의 80퍼센트,[13] 전 세계에서 판매되는 항생제의 절반 이상[14]을 인간이 아니라 동물이 소비하고 있다. 고기로 팔려나갈 운명인 동물은 상시적으로 사료와 식수를 통해 항생제를 제공받는데, 그 대부분은[15] 인간에게 사용될 때와 달리 질병 치료를 목적으로 하는 게 아니다. 항생제는 식용 동물이 그것을 사용하지 않을 때보다 더 빨리 무게를 늘리도록 하거나 밀집된 축산 환경에 취약한 질병에 걸리지 않게끔 예방하는 데 쓰이고 있다. 이런 목적으로 소비되는 항생제의 약 3분의 2[16]는 인간 질병 치료에 쓰이기도 하는 화합물이다. 이는 가축 사육에 쓰인 약물에 내성이 생기면 결국 인간이 그 약물을 사용할 때의 유용성마저 줄어든다는 것을 의미한다.

내성이란 세균이 자신을 죽이는 항생제의 힘으로부터 스스로를 보호하는 진화적 전략이자 방어적 적응이다. 내성의 생성은 유기체가 자신에 대한 항생제의 공격에 맞서도록 해주는 미묘한 유전적 변화를 거쳐, 즉 약물 분자가 흡착되거나 투과하지 못하도록 세포벽을 달라지게 만들거나 세포 속으로 들어온 약물을 거부하는 작은 펌프를 생성하는 식으로 이루어진다. 내성이 생기는 것을 늦추려면 항생제를 보수적으로, 다시 말해 적절한 용량을 적절한 기간 동안 사용해야 한다. 그리고 그 약물에 취약한 유기체에게만 써야지 다른 어떤 이유로도 써서는 안 된다. 농장에서 사용하는 대다수 항생제는 이러한 규칙을 어기고 있다. 그 결과 세균이 내성을 키우게 된 것이다.

연구자들은 1940년대에 실험실에서 항생제를 얻어낸 것과 거의 동시에 이 새로운 기적의 약물을 동물에게 사용하기 시작했다. 그러니만큼 항생제 사용에 대한 우려 또한 그즈음부터 불거졌다. 처음부터 소수의 통찰력 있는 연구자들은 내성균이 가축에게서 생겨나고 급기야 농장을 벗어나 더 넓은 세계로 조용히 확산할 거라고 경고했다. 하지만 그들의 목소리는 수십 년 동안 묵살되었다. 내성균이 농장을 벗어나는 가장 간단한 경로는 가축의 최종 산물인 육류를 통해서다. 실러가 발병한 해에 정부가 실험을 거쳐 슈퍼마켓 시판 닭고기에서 검출한 살모넬라균의 26퍼센트[17]는 세 가지가 넘는 서로 다른 유의 항생제에 내성을 띠었다. 하지만 내성균은 두엄, 폭풍우에 의한 유출수, 지하수, 먼지의 형태로, 그리고 농장에서 일하거나 거기서 생활하는 이들의 피부나 의복, 미생물 편승자를 통해 농장을 벗어나기도 한다. 이렇게 빠져나간 유기체는 추적이 불가능한 방식으로 확산하며, 질병을 일으키고, 본시 그네들이 발원한 농장에서 멀리 떨어진 곳을 공포 속으로 몰아넣는다.

질병통제예방센터 소속 과학자들이 실러를 주저앉힌 살모넬라균 질환을 추적하고 있을 무렵, 세계의 정반대 지역에서 일군의 과학자들이 또 한 가지 내성균[18]을 추적하고 있었다. 중국 과학자들은 집중 사육 농장—즉 동물이 항구적으로 건물에 갇혀 지내며 항생제가 상시적으로 쓰이는 시설—에서 기르는 돼지가 내성균을 보유하고 있는지 알아보기 위해 그들을 점검하는 프로젝트를 진행했다. 2013년 7월 그들은 상하이 외곽의 돼지 두엄에서 대장균(Escherichia coli, E-coli)의 변종을 발견했다. 이거야 그리 특별할 게 없는 일이었다. 수많은 대장균 변종이 대다수 동물의 내장을 거처로 삼기 때문이다. 하지만 그 대장균의 내용은 이례적이고 놀라웠다. 전에 아무도 본 적 없는 유전자를 숨기고 있었기 때문이다. 그것은 다름 아니라 콜리스틴(colistin)이라는 약물에 내성을 부여하는 유전자였다.

만약 콜리스틴이 생소하게 들린다면 거기에는 그럴 만한 이유가 있다. 콜리스틴은 1949년에 발견된 오래된 약물인데, 의료계는 수십 년 동안 그 약물을 조악하다고, 화학이 덜 발달한 시기에 개발되어 독성을 간직하고 있는 유물이라고 업신여겼다. 의사들은 그것을 거의 사용하지 않았다. 콜리스틴은 꽤나 오랫동안 선반에 방치되어 있었던 터라 병원균도 두 번 다시 그 약물과 접할 일이 없었으며, 자연히 그에 대한 방어기제를 생성하지 않았다. 다제내성을 띠며 병원에서 심각한 감염을 일으키는 클레브시엘라(Klebsiella, 폐렴간균)·슈도모나스(Pseudomonas)·아시네토박터(Acinetobacter) 같은 병원균을 치료하는 데 쓰이던 카르바페넴(carbapenem)은 2000년대 중반 그에 대한 내성이 생겨나자 중요하고도 막강한 효능을 차차 잃어버리기 시작했다. 콜리스틴은 새롭게 등장한 끈덕진 세균을 물리치는 데에서 여전히 효과를 발휘하고 있는 유일하게 믿을 만한 항생제였다. 과거에는 큰 호응을 얻지 못하던 어설픈 화합물이 순식간에 중요한 약물로 떠올랐던 것이다.

하지만 문제가 하나 있었다. 의료계는 그 약물을 얕잡아 보았지만 농업계는 진작부터 그것을 써오고 있었던 것이다. 콜리스틴은 나온 지 한참 된 화합물이라 값이 쌌고 따라서 조밀한 우리에서 살아가는 동물에게 일어날지도 모를 내장이나 폐의 감염을 미연에 막아주는 저렴한 조치였다. 콜리스틴은 미국에서는 동물에게 사용하지 않았지만 유럽이나 아시아 각국에서는 매년 수백만 파운드씩 소비되고 있었다. 아무도 이것이 문제가 된다고는 생각지 않았다. 의료계는 이 약을 쓰고 싶어 하지 않았으며, 그때껏 아무도 겪어보지 못한 유전적으로 까다로운 조작이 요구되는 내성이 생겨날 까닭도 없어 보였기 때문이다.

그러나 2013년 중국의 연구자들이 밝혀낸 바에 따르면 콜리스틴이 안전하다는 가정은 사실이 아니었다. 그들은 돼지에게서 새로운 유전자를 발견했다. 세포분열 할 때 유전적으로 물려받음으로써, 그리고 이 세균에서 저 세균으로 점프함으로써 퍼져나가는 세포 내의 독립적인 DNA 플라스미드 루프에서였다. 이는 콜리스틴 내성이 부지불식간에 세균 세계에 퍼져나갈 수 있음을 뜻했는데, 우려가 현실이 된 것이다. 그로부터 채 3년도 되지 않아 아시아·아프리카·유럽·남아메리카의 역학자들은 30개가 넘는[19] 국가에서 동물·환경·사람을 조사한 결과 그 내성 부여 유전자를 확인했다.

그 국가들에는 미국도 포함되어 있었다. MCR이라 불리는 콜리스틴 내성 유전자가 처음 발견된 것은 펜실베이니아주에 사는 모 여성[20]에게서였다. 그녀는 그 유전자를 저도 모르게 지니고 있었다. MCR은 뉴욕주와 뉴저지주에 거주하는 남성들[21]에게서도 발견되었다. 그들 역시 스스로가 보균자라는 사실을 알지 못했다. 코네티컷주의 유아[22] 등이 그 대열에 합류했다. 이들 가운데 누구도 콜리스틴 내성 감염에 걸려서 앓지는 않았다. 그 몹쓸 유전자를 보유한 이들은 대개 다 마찬가지였다. 콜리스틴 내성 감염은 의료계에서 콜리스틴 처방 사례가 극히 드물었으므로 잠정 유보되어 있기는 했지만 점화되기만 기다리고 있는 전염병이었다. 세계 전역으로 퍼져나간 콜리스틴 내성은 언제 터질지 모르는 시한폭탄이었다. 농업계가 그 항생제를 사용함으로써 빚어내고 확산한 결과였다.

질병통제예방센터가 내약제 살모넬라균 문제를 해결하느라 부심하고 있고, 중국의 미생물학자들이 콜리스틴 내성에 관한 연구를 이어가고 있던 2013년 가을 또 다른 사태가 불거졌다. 미국 정부가 사상 최초로 농장에서 쓰이는 항생제를 연방 차원에서 관리하기 위해 조치에 나선 것이다.

한발 늦은 감이 있는 조치였다. 잉글랜드는 1960년대에 이미 그 위험을 인식했고, 대다수 유럽 국가는 1980년대에 잉글랜드의 선례를 따랐다. 미국 FDA는 1977년 잉글랜드를 본떠 한 가지 시도에 나섰지만 의회의 방해로 좌절된 뒤 두 번 다시 시도를 하지 않았던 것이다. 그로부터 36년 뒤, 버락 오바마 대통령의 당선으로 용기를 추스른 FDA는 농업 항생제 사용의 한 가지 유형, 즉 몸무게를 불려주는 성장 촉진제로서의 용도를 미국에서 불법화하겠다고 선언했다.

FDA는 그에 앞서 한 가지 싸움을 벌이고 있었다. 미국은 2013년 당시 인간 환자들에게 쓰는 양의 4배에 달하는 3260만 파운드[23]의 항생제를 사육용 가축에게 쏟아붓고 있었다. FDA는 그런 상황을 개선할 필요가 있음을 보여주는 반박 불가능한 증거를 확보해둔 상태였다. 비단 내성이 나타나는 것만 문제가 아니었다. 사상 최초로 효력이 사라진[24] 항생제를 대체

해줄 새로운 항생제가 시장에 나오지 못하는 상황이 펼쳐진 것이다. 제약 회사들은 항생제를 생산하는 일이 더는 수익성이 없다고 판단했는데 그도 무리는 아니었다. 널리 받아들여지는 업계의 셈법에 따르면, 신약을 시장에 내놓는 데에는 10~15년의 시간과 10억 달러라는 천문학적 비용이 든다. 하지만 내성이 생겨 항생제를 쓸모없게 만들어버리는 것은 너무 순식간의 일이라 그 약물의 효험이 사라지기 전에 투자금을 회수하거나 이윤을 남기는 게 사실상 불가능해졌다. 게다가 신약이 더없이 효능이 좋아 의료계가 그 약물을 사용하지 않고 미래의 긴급사태에 대비해 선반 위에 마냥 얹어놓기로 결정하기라도 하는 날에는 아무것도 손에 쥐는 게 없다.

FDA는 2013년 12월 새로운 정책을 시행했다. 3년의 말미를 주면서 농업계가 성장 촉진제를 포기하고 기타 항생제 사용에 대한 통제권을 수의사에게 넘기도록 한 것이다. 이 개선안의 기한은 2017년 1월 1일에 만료되지만, 그 조치가 얼마나 효율적일지는 몇 년 새로 드러나지 않을 것이다.

2013년 가을에 일어난 일련의 사건들—즉 살모넬라균에 의한 대규모 발병, 콜리스틴 내성에 대한 인지, 그리고 늦게나마 농장에서 항생제 사용을 억제하기 위한 미국 정부의 대응—은 거의 70년 동안 진행되어온 사태에서 일대 분수령이 되어주었다. 처음으로 항생제를 동물 사료에 곁들인 것은 1940년대 말의 일이었다. 제2차 세계대전이 끝난 뒤 과학에 대한 믿음이 그 어느 때보다 견고해진 결과였다. 수십 년 동안 항생제 사용 관례에 반대하는 경고의 목소리는 점점 더 커졌다. 초기에는 항생제 사용에 대해 경종을 울렸다는 이유로 백안시된 외로운 과학자들이, 이어서 보고서를 작성한 소규모 위원회들, 거대 의료인 협회, 마지막으로 각국의 정부가 세계 최대의 다국적기업들 가운데 하나에 도전장을 내던진 것이다. 하지만 그럼에도 항생제는 끝끝내 육류 생산에서 빼놓을 수 없는 요소로 남아 있었다.

현대의 육류 생산에서 항생제를 배제하기란 극히 어려웠다. 결정적으로 현대적 육류 생산을 가능케 한 요소가 바로 그것이기 때문이다. 그 약물은 더 많은 동물을 우리 안에 밀어 넣고자 하는 강렬한 바람을 현실화해주었으며, 가축과 그 사육자들이 밀집에 따른 피해를 입지 않도록 막아주었다. 생산량이 급속도로 불어나면서 가격이 떨어지자 육류는 저렴한 상품으로 유통될 수 있었다. 하지만 그로 인해 수익 역시 줄어들자 독립적인 영세농들은 설 자리를 잃었고, 국제적 기업들이 성장할 발판이 마련되었다.

농업에 쓰인 항생제의 긍정적 효과로부터 시작되었으며, 그보다 훨씬 더 많은 부정적 영향을 드러내고 있는 역사를 가장 극명하게 보여주는 것은 바로 가금류다. 닭은 결국 성장 촉진제라 불리게 되는 약물이 쓰인 첫 번째 동물이다. 과학자들이 날마다 일정량의 항생제를 투여하면 밀집 사육으로 인해 걸리기 쉬운 질병을 예방할 수 있음을 실제로 증명해 보인 최초의 대상도 바로 닭이다. 닭은 무슨 수를 써서라도 세계인을 먹여 살려야 한다는 제2차 세계대전 이후의 책무에 힘입어 가장 많은 변화를 겪은 동물이기도 하다. 오늘날 육용 닭고기의 도살 체중은 70년 전에 비해 배[25]로 불어났으며, 같은 양의 고기를 생산하는 데 드는 시간은 절반으로 줄었다. 지난 70년 동안 닭고기의 위상은 특별한 날에만 내놓는 귀하고 비싼 요리에서 미국인이 가장 즐겨 먹는 육류이자 세계인이 소비하는 육류 가운데 성장 속도가 가장 빠른 육류로 달라졌다. 최근까지만 해도 닭고기의 이러한 변신은 자랑거리였다. 〈포춘(Fortune)〉지[26]는 1952년에 이렇게 보도했다. "농부와 육류 소비자 모두에게 좋은 소식이 나왔다. 항생제를 쓰면 더 적은 사료로 더 많은 육류를 생산할 수 있게 된 것이다." 농무부는 1975년[27] "육계 생산은 자동차 생산과 매우 흡사한 방식으로 산업화되었다"고 우쭐댔다.

하지만 일련의 사태가 불거진 2013년 이후 닭고기의 역사는 중요한 변곡점을 맞았다. 그 업계 최대의 생산기업들 가운데 몇이 항생제 사용을 그만둔 것이다. 미국 최대의 식품 소매업체 가운데 일부가 상시적 약물 사용 없이 키운 가금만 취급하겠다고 약속했다. 병원, 대학 캠퍼스, 학교, 레스토랑 체인이 그 운동의 옹호자들이나 자녀에게 미칠 영향에 대해 자각한 부모들의 지지를 등에 업고 그 대열에 합류했다. 쇠고기와 돼지고기 업계는 FDA 정책에 맞서 완강하게 버텼지만 가금업계는 총대를 메고 대열의 선봉에 섰다.

한편 복잡한 농업 항생제 도입의 경위, 닭의 부상과 변신은 주로 자기 과신, 혁신에 대한 낭만적 기대감, 수익을 향한 유혹, 의도치 않은 결과에 대한 예견 실패가 어우러진 결과였다. 다른 한편 우리는 이를 계기로 어떻게 하면 가금업계가 스스로의 어두운 과거를 평가하고 청산할지 제시함으로써 세계 나머지 국가는 식품 생산 시 실러 같은 환자가 다수 발생하지 않도록, 미국이나 유럽이 저지른 실수를 되풀이하지 않도록 도울 수 있다.

이 두 가지 얼개를 이해하기 위해서는 그들이 시작된 지점으로 거슬러 올라갈 필요가 있다. 항생제 시대의 초창기로, 세계인을 먹여 살리는 새로운 방법을 고안해내는 일이 시급했던 시점으로 말이다.

화학을 통해 더 나은 삶을

그 후 불붙은 모든 논쟁에서 저마다 한목소리로 동의하는 사항이 있었다. 닭의 체중이 불었다는 사실이다.

1948년 크리스마스 날이었다.[1] 뉴저지주와의 경계에 자리하고 맨해튼에서 30여 킬로미터 떨어진 작은 마을 뉴욕주 펄리버(Pearl River)의 거리는 조용했다. 그곳의 레덜리 연구소(Lederle Laboratories)의 실험실은 그보다 더욱 한산했다. 500에이커에 달하는 연구소 구내에는 최소한의 필요인원만 남아 있었다. 직원들은 분주히 왔다 갔다 하면서 장비를 점검하고 실험실 동물이 먹이를 잘 먹고 있는지 챙겼다. 토머스 주크스(Thomas Jukes)는 그 연구소에서 많은 시간을 보낼 계획이 아니었다. 그는 연구소 조수들에게 그날 해야 하는 일은 몇 분밖에 걸리지 않는다면서 휴가를 다녀오라고 했다. 해야 하는 일이라곤 동물 무리 속으로 들어가 그의 실험 대상인 133마리의 청소년기 닭을 구석으로 내몬 다음 무게를 재는 것뿐이었다. 그는 금세 해치울 수 있는 일일 거라고 생각했다.

그는 그때 자신이 세상을 바꾸고 있는 중이라는 사실은 꿈에도 몰랐을 것이다.

주크스는 검은 머리에 훤칠한 영국인으로 터무니없이 큰 안경 속에 매서운 눈매를 감추고 있었다. 자수성가한 활력 넘치는 그는 17세 때 집을 나와 캐나다로 이민을 떠났으며, 대학 입학에 필요한 돈을 모으기 위해 디트로이트의 여러 공장과 농장을 전전했다. 그는 온타리오 농업대학에서 학위를 땄다. 한때는 가금이 기거하는 건물의 간이침대에서 새우잠을 자기도 했다. 그 후 토론토 의과대학에서 닭과 오리의 면역계를 연구한 결과 생화학 박사학위를 취득했다. 1933년 그는 캘리포니아 대학 버클리 캠퍼스(University of California, Berkeley: 이하 UC버클리─옮긴이)에서 박사후 과정을 밟기 위해 북미 대륙을 가로질러 이동했다. 하지만 대공황이 깊어진 결과 정부 예산이 바닥나 그가 연구에 지원해주리라 기대한 돈이 서서히 줄어들었다. 연구비는 결국 1년 뒤 완전히 끊기고 말았다. 그는 대신 그 대학 농업대학에서 일자리를 구할 목적으로 동분서주했고, 가금의 영양을 연구하기 위해 농무부로부터 보조금을 받으려고 뛰어다녔다. 주크스는 자금 부족과 이력 우회에도 불구하고 주목할 만한 성과를 일구었다. 닭들이 배합된 사료를 먹고 잘 성장하려면 무슨 비타민을 더해야 하는지 알아낸 것이다.

1930년대에 그것은 중요한 문제였다. 제1차 세계대전 때까지만 해도 거의 모든 농부는 알 낳는 암탉을 몇 마리씩 키웠으며 산란능력이 사라지면 잡아먹었다. 하지만 이제 닭고기와 달걀은 일종의 작물처럼 되어가고 있었다. 농장의 부산물이라기보다 농장의 존재 이유로 떠오른 것이다. 닭은 한 번에 몇 마리씩만 키우던 과거와 달리 서서히 수천 마리씩 사육되기 시작했다. 또한 농장 마당에서 노니는 대신 실내에 격리된 삶을 이어

감으로써 과거에 땅을 파헤치며 쪼아 먹던 곡물 알갱이나 벌레를 더는 접할 수 없게 되었다. 닭은 살아남기 위해 합성 영양물질이 필요했다. 더불어 닭 중심으로 성장하는 가금산업은 그 영양물질을 공급하는 전문가가 주축이 된 또 다른 사업을 필요로 했다.

결국 주크스가 그런 전문가 가운데 한 사람이 되었다. 당시 전문지식을 지닌 남성들이 가금과학을 돕도록 만드는 일에 적극 나선 것은 바로 레덜리라는 기업이었다. 레덜리는 실험실을 제공하고 거기에 필요한 직원까지 뽑아주겠다고 약속하면서 캘리포니아주에서 주크스를 데려왔다. 레덜리는 엄밀하게 말해 농업계 회사가 아니었다. 초기의 항생제 제조사들 가운데 하나인 제약사였다.

주크스가 레덜리에 입사한 것은 1942년의 일이었다. 14년 전인[2] 1928년 스코틀랜드 연구자 알렉산더 플레밍(Alexander Fleming)이 포도상구균 배양 접시에서 자라는 곰팡이 입자가 그들 주변의 유기체들을 살해하는 화학물질을 분비한다는 사실을 발견했다. 2년 전인 1940년에 연구자 하워드 플로리(Howard Florey)와 언스트 체인(Ernst Chain)은 플레밍의 발견을 토대로 약물을 개발했다. 그들은 생쥐 실험을 통해 그 곰팡이가 만들어낸 화합물이 동물 감염 세균을 동물 자체에 해를 입히지 않으면서 죽일 수 있다는 사실을 보여주었다. 전에는 결코 얻어내지 못한 결과였다. 1년 전인 1941년[3] 그것이 유래한 청록색 곰팡이 페니실륨 노타툼(*Penicillium notatum*)을 기리기 위해 페니실린이라 이름 붙인 이 새로운 약물은 43세의 영국인 순경 앨버트 알렉산더(Albert Alexander)의 목숨을 거의 구할 뻔했다. 정원을 손질하다 장미 덩굴에 얼굴을 긁힌 알렉산더는 포도상구균과 연쇄상구균에 심하게 감염되었고, 두피와 얼굴에 난 종기에서 고름이 흘러나왔다. 그는 이미 한쪽 눈을 제거하지 않을 수 없는 상태였다. 1941년

2월 그는 희귀한 신약을 주사로 맞기 시작했다. 그 덕분에 일주일 만에 거의 완전히 회복했다. 그런데 그때 잉글랜드에서 사용하도록 소량 공급되던 페니실린이 다 떨어져버렸다. 감염은 재발했고 알렉산더는 끝내 사망했다. 그의 사례는 그 감염이 치명적이고 집요하다는 것, 그리고 그것을 저지해주는 모종의 약물이 있을 수 있다는 것을 동시에 보여주었다.

알렉산더가 사망하고 석 달이 지난 뒤,[4] 플로리와 체인은 페니실린의 원료 곰팡이를 잉글랜드에서 몰래 들여와 나치의 공격을 피하도록 했다. 그들은 아직 제2차 세계대전에 참전하지 않은 미국의 업계가 중요한 차이를 만들어낼 그 약물을 충분히 생산할 수 있는 자금과 역량을 가지고 있었으면 했다. 주크스가 펄리버로 자리를 옮긴 것과 같은 해인 1942년에 페니실린은 뉴헤이븐의 간호사 앤 시프 밀러(Anne Sheafe Miller)를 죽음 직전에서 기적적으로 살려냈다.[5] 그녀는 낙태한 뒤 감염되어 한 달 동안 사경을 헤매고 있었다. 그 뒤 페니실린은 미국 역사상 최악의 화재인 보스턴의 코코넛그로브(Cocoanut Grove) 나이트클럽 사고[6]의 피해자 100여 명의 목숨을 구해주었다. 심각한 화상에서 감염이 맹위를 떨치지 못하도록 막아준 것이다. 미국 정부는 페니실린의 생산에 투자하고 수백만 회 복용량을 제2차 세계대전이 치러지는 전쟁터로 실어 보냄으로써 기적적인 속도로 수천만의 인명을 구해냈는데, 이 사실은 그 약물의 위력이 어느 정도인지를 유감없이 보여주었다.

페니실린의 성공은 추가적인 항생제를 개발하고자 하는 열망을 부추겼고, 저명 과학자들은 다른 유기체를 죽이기 위해 일부 유기체로부터 화합물을 만들어내는 작업에 매진했다. 그러한 분위기는 또 하나의 열망, 즉 이 새로운 약물이 안겨줄 이득을 향한 열망에도 불을 질렀다. 페니실린은 결코 개인의 전유물이 아니었다. 플레밍과 동료 연구자들은 그 제조법을 여러 기업과 공유했으며, 그 덕택에 전시에 요구되는 물량을 가능한 한 최대로 만들어낼 수 있었다. 다음번 기적의 약물을 발견하고 특허를 출원하는 이에게는 큰 행운이 뒤따를 판이었다.

1943년 셀먼 왁스먼(Selman Waksman)과 그의 제자 앨버트 샤츠(Albert Schatz)는 결핵을 치료할 수 있는 최초의 항생제 스트렙토마이신을 뉴저지주의 '거름 많은(heavily manured)' 토양에서 발견한 유기체로부터 분리해 냈다.[7] 1947년 폴 버크홀더(Paul Burkholder)는 베네수엘라의 퇴비 더미에 사는 세균에서 장티푸스를 퇴치할 수 있는 최초의 항생물질 클로람페니콜의 결정체를 얻었다.[8] 또 다른 연구자들과 그들이 몸담은 기업들은 신약을 개발할 수 있는 저만의 원천을 찾는 일에 필사적으로 매달렸다.[9] 화이자(Pfizer Inc.)와 일라이릴리(Eli Lilly and Company)는 전 세계에 살균한 표집용 관을 보내면서 선교사나 군 요원들에게 유망해 보이는 곰팡이나 흙을 발견하면 떠 담아 보내달라고 간청했다. 레덜리의 수석 병리학자 벤저민 더거(Benjamin Duggar)는 과거에 미주리 대학에서 근무했는데, 옛 동료에게 그 대학 캠퍼스의 흙 샘플들을 무작위로 떠서 보내달라고 부탁했다. 그중 한 표집용 관에 농업대학이 여러 종류의 볏과 사료작물을 기르는 밭에서 채취한[10] 흙이 담겨 있었는데, 그 안에 노란색 화학물질을 분비하는 세균이 들어 있었다. 그 화합물은 페니실린이 포괄할 수 있는 것보다 더 다양한 종류의 병원균, 그리고 스트렙토마이신이 죽일 수 있는 병원균 및 다른 병원균들을 격파한다는 사실이 실험을 통해 드러났다. 레덜리의 모기업 아메리칸사이안아미드사(American Cyanamid Company)는 1948년 2월 득의만면하게 특허를 신청했다.[11] 그 화합물의 색깔에 착안해서일 수도 있고, 그 약물로 인해 벌어들이리라 기대한 수입 때문일 수도 있는데, 더거는 그 균에 '금 제조기'라는 의미의 '스트렙토미세스 오레오파시엔스

(*Streptomyces aureofaciens*)'라는 이름을 붙여주었다. 그는 결국 그 화합물을 오레오마이신(Aureomycin)이라고 불렀다. 나중에는 클로르테트라사이클린 (chlortetracycline)으로 알려지게 된다. 테트라사이클린 계열의 약물군 가운데 최초의 것이다.

주크스는 레덜리 항생제 부문의 일원이 아니었다. 그는 영양 관련 주무를 담당하는 분야에 고용되었다. 그와 동료들은 치명적인 선천성 기형을 막아주는 비타민의 일종인 엽산을 합성하는 방법을 연구하고 있었다. 이리저리 궁리하던 연구진은 그 과정에서 초창기 항암제 가운데 하나인 메토트렉사트(methotrexate)를 개발했다. 하지만 주크스는 여전히 가둬 키우는 조건에서 잘 자라도록 하려면 닭에게 무엇을 먹여야 하는지에 관심이 있었다. 게다가 역사적 우연에 의해 그 문제는 15년 전보다 한층 더 중요해졌다. 제2차 세계대전이 그 같은 단백질 수요를 부추긴 결과 닭 생산량이 거의 3배로 뛰어 매년 10억 파운드가 넘는[12] 닭고기가 생산되기에 이르렀다. 하지만 종전이 되자 전쟁이 뒷받침해주던 가금 시장이 붕괴했다. 수요보다 더 많은 닭을 처리하느라 골머리를 앓던 생산자들은 비용 절감 노력에 뛰어들었다. 그들은 일제히 닭의 모이를 비타민이 풍부한 어분(魚粉, 캘리포니아주 남부 연안에서 잡아 올린 멸치를 말려 빻은 가루)에서 한층 저렴한 콩가루로 바꾸었다. 하지만 닭은 콩가루만 먹고서는 건강하게 자라지 못했다. 그들은 느리게 성장했으며, 암탉이 낳은 알은 껍데기가 얇고 제대로 부화하지도 못했다. 심지어 주크스가 자신이 행한 작업에서 알아낸 바에 따라 비타민을 사료에 첨가해도 닭들의 시원치 않은 사정은 달라지지 않았다. 사람들은 영양을 보충해줄 '동물성 단백질 인자'를 사료에 첨가할 필요가 있다는 이야기를 주고받았다.

그즈음 레덜리의 경쟁사 머크(Merck & Company)가 자사 연구진이 그

'동물성 단백질 인자'를 찾아냈노라고 발표했다. 머크는 왁스먼이 발견한 스트렙토마이신을 생산하고 있었다. 스트렙토마이신은 그가 뉴저지주 럿거스 대학 부근의 거름 많은 토양에서 얻은 세균, 스트렙토미세스 그리세우스(*Streptomyces griseus*)로 만든 약물이다. 머크의 연구진은 그 제조 과정에서 나온 부산물이 닭을 더 잘 자라도록 만들어주었다고 밝혔다. 설사 닭들이 당시 관례적으로 제공되던 저단백 사료를 먹는다 해도 말이다. 그 세기 초기에 연구자들은 이미 B_2, B_3, B_5, B_6 등의 비타민을 합성하는 법을 알아낸 바 있다. 머크의 과학자들은 제가 개발한 새로운 화합물이 비타민 계열의 최종 멤버 비타민 B_{12}임을 확인했다.[13]

주크스는 레덜리의 균—오레오마이신의 원료이자 머크의 과학자들이 사용한 종과 먼 유연관계를 보이는 스트렙토미세스 오레오파시엔스—이 같은 역할을 수행할 수 있을지 궁금했다. 그는 그 궁금증에 이끌려 크리스마스 당일 아침 사무실로 향했다. 눈발이 조금 날리는 온화하고 메마른 날이었다. 몇 주 전 그는 레덜리가 저만의 고유한 동물성 단백질 인자를 소유할 수 있을지 알아보는 실험에 착수했다.[14] 그날은 바로 그 결과를 확인하는 날이었다.

그는 레덜리가 연구에 사용하려고 기르는 닭 가운데 6개월 된 암탉과 수탉을 몇 마리 선택했다. 그리고 그들에게 특별하게 배합한, 영양소가 불충분한 먹이를 제공했다. 그들이 낳은 병아리들이 연약하도록 만들려는 조치였다. 그렇게 해야 나중에 첨가한 물질의 효과를 더욱 극명하게 확인할 수 있기 때문이다. 실험용 암탉이 알을 낳자 그는 그 알들을 인공 부화기에 넣어 부화시켰고, 부화한 병아리를 열두 마리씩 무리 지어 나누었으며, 열두 마리는 대조군으로 따로 떼어두었다. 대조군은 부모와 마찬가지로 결핍된 먹이를 먹었다. 실험군은 정확하게 측정된 저마다 상이한 보충물질을 복용했다. 즉 천연 물질이지만 값비싼 비타민 B_{12}의 출처인 간(肝) 추출물의 양을 각기 달리한 여섯 가지 경우, 합성 비타민 B_{12}의 양을 각기 달리한 여섯 가지 경우, 알팔파·어류 추출물이나 술찌끼 같은 영양물질을 첨가한 간 추출물, 그리고 마지막으로 오레오마이신을 제조하는 기본 배양액인 소량의 곤죽(mash)을 투여한 것이다.

크리스마스는 병아리들이 부화한 지 25일째 되는 날이었고, 주크스가 그들의 무게를 달아서 실험 결과를 평가하기로 작정한 시점이었다. 영양소가 결핍된 식이를 한 대조군의 병아리들은 그의 예상대로 거의 대부분 죽었다. 하지만 실험군은 거의 대부분 살아남음으로써 그가 제공한 보충물질이 병아리가 잘 살아가는 데 필요한 뭔가를 식이에 더해주었음을 드러냈다. 그는 그 실험군의 닭을 한 마리 한 마리 저울에 올렸다. 대조군에서 살아남은 닭들은 시름시름 앓았고 몸집도 작았다. 즉 무게가 110그램에 불과했다. 반면 결정성 비타민을 투여한 닭들은 건강해 보였으며, 머리통에 난 붉은 깃털의 깃대와 날개 사이에 드러난 피부는 분홍색을 띠었다. 그들은 무게가 179~203그램 사이였다. 간 추출물을 제공한 닭에서는 가장 많은 양을 먹인 경우가 216그램으로 무게가 제일 많이 나갔다.

그런 다음 그는 항생물질 찌꺼기를 투여한 병아리들이 들어 있는 우리로 향했다. 그들에게는 사료 1킬로그램당 저마다 상이한 네 가지 용량의 항생물질 찌꺼기를 투여했었다. 그는 네 집단에 속한 닭의 무게를 각각 재고, 그들 무게의 평균을 냈다. 그는 자신이 기록한 숫자를 바라보았다. 그리고 또 바라보았다. 가장 많은 용량의 오레오마이신을 투여한 닭이 전체 가운데 무게가 제일 많이 나갔던 것이다. 그들은 277그램으로, 대조군보다 자그마치 2.5배, 머크의 비타민 B_{12}를 섭취한 닭보다 3분의 1, 어느 농부도 경제적으로 감당할 수 없을 만큼 값비싼 간 추출물을 먹은 닭보다 4분의 1이 더 무거웠다.

그 병아리들은 소량의 오레오마이신을 함유한 60그램의 항생물질 찌꺼기 곤죽의 도움으로 그 몸무게에 이른 것이다. 60그램은 2온스이고, 2온스는 정말이지 아무것도 아니다. 빵 두 조각, 달걀 1개 값 정도에 해당하는 푼돈으로도 살 수 있다. 하지만 결국 그 적은 양은 농업 전체의 구조를 완전히 뒤바꿔놓고, 토지 이용, 노동관계, 국제통상, 동물복지, 그리고 이 세상에 살아가는 대다수 사람들의 식생활에 엄청난 영향을 끼치게 된다.

주크스와 연구동료 E. L. 로버트 스토크스타드(E. L. Robert Stokstad)는 주크스의 발견 결과인 '성장을 촉진하는' 효과를 낳는 원인이 무엇인지 간파하고자 했는데, 그렇게 하기까지 얼마나 시간이 걸렸는지는 잘 알려지지 않았다. 그가 몇 달 뒤 그 실험에 대해 기술한 바에 따르면, 그들은 "그 '동물성 단백질 인자'는 비타민 B_{12}와 아직 확인되지 않은 어떤 인자가 더해진 결과"라고 짐작했다.[15] 하지만 채 1년도 되지 않아 병아리를 살찌운 것은 비타민 B_{12}가 아니라 레덜리 항생물질의 생산 과정에서 생성되는 찌꺼기였음을 확신하게 되었다.

항생제가 과거에 어떻게 만들어졌는지, 그리고 오늘날 어떻게 만들어지고 있는지 조금만 알면 그들이 한 일이 어떤 의미를 띠는지 이해할 수 있다. 그것은 맥주를 양조하는 것과 매우 흡사하다. 일단 당신은 원하는 화합물을 만들어주는 유기체를 가지고 시작한다. 그리고 설탕(맥주를 만들고 싶으면 곡물에서 추출한 엿기름)에 물을 섞은 용액을 거기에 더한다. 그런 다음 그 혼합물이 발효하도록 놔둔다. 그 유기체는 기본 배양액에 들어 있는 영양물질을 소비하고 소화시킨 부산물을 내놓는다. 맥주 이스트의 경우에는 알코올과 이산화탄소를, 스트렙토미세스의 경우에는 항생물질을 말이다. 만약 당신이 맥주를 양조한다면, 액상의 부산물을 거른 다음 향을 가미해 병에 담으면 그만이다. 만약 약물을 만드는 게 목적이라면 거기서 한 단계를 더 밟아야 한다. 먼저 그 액체를 들어내고 항생 작용하는 화합물을 화학적으로 추출하는 것이다. 이 모든 과정을 끝내고 나면 결국 항생제가 될 액체, 그리고 설탕의 찌꺼기인 끈적이는 곤죽, 그리고 처음 당신이 가지고 시작한 미세 유기체의 잔해가 남는다.

양조업자들은 대대로 발효하고 남은 술찌끼를 말려서 가축의 사료로 팔았다. 주크스와 동료들은 자기네의 찌꺼기에서도 경제적 기회를 보았다. 레덜리가 버리는 쓰레기들이 완전히 새로운 산업의 기반이자 돈벌이가 될 수 있었던 것이다.

주크스는 첫 번째 실험에서 말린 다음 가루로 만든 소량의 항생물질 찌꺼기를 병아리들에게 먹였다. 하지만 그는 분명 발효된 액체 속에도 오레오마이신 찌꺼기가 들어 있을 거라 생각했다.[16] 레덜리는 그 액체로부터 불순물을 씻어내기 위해 아세톤 용제를 사용했다. 그는 아세톤으로 녹여낸 불순물 용액을 따로 챙겼다. 그 전에는 버려진 다음 거대한 화로—'탱크 하우스(tank house)'라 불리는 것으로 레덜리가 질병에 감염된 말[17]의 피에서 항체 혈청을 생산하기 위해 그 말의 시체를 태웠던 곳이다—에서 말려버린 것이었다〔그는 몇 년 뒤 만약 인화성 강한 아세톤이 폭발하면 자신이 책임지겠다고 농담을 했다. 완전한 농담만은 아니었다. 실제로 열처리한 식이를 병아리에게 제공하는 실험을 하다 '캘리포니아 대학 데이비스 캠퍼스(UC Davis)'의 별채를 홀라당 태워먹은[18] 사고가 났기 때문이다〕. 그는 일단 그 용액에서 소량의 오레오마이신을 추출해 말린 다음 빻아서 사료에 첨가했다. 그렇게 한 결과 첫 번째 시도 때보다 훨씬 더 나은 결과를 얻어냈다. 실험용 병아리의 무게가 25퍼센트 늘어난 368그램이 된 것이다. 첫 번째 실험에서 인식한 '성장 촉진' 효과를 분명하게 확인한 주크스는 자신이 알고 있는 미국 전역의 주 농업대학[19] 과학자들에게 샘플을 전달하고 그들에게 각자 나름의 실험을 진행해달라고 부탁했다. 그의 동료들은 깜짝 놀랐다. 그들은 소량의 오레오마이신이 어린 돼지의 목숨을 앗아갈 수도 있는 혈성설사를 치료해줄 뿐 아니라 성장 속도를 3배로 증가시키고 새끼 칠면조의 몸무게를 늘려주었다고 전해왔다.[20]

소문이 퍼져나갔다. 어찌나 많은 연구자들이 오레오마이신 잔류물을 요청했던지 주크스는 펄리버 공장의 발효 부산물이 만들어지는 속도보다 더 빠르게 그것을 소진했다. 도리가 없어진 그는 재활용하는 콜라병을 비롯해 발효 잔류물을 담은 용기를 찾기 위해 회사 쓰레기통을 뒤지고 다니기도 했다. 소량의 소중한 약물이 담겨 있을지도 모르니 말이다. 그것을 원한 것은 비단 과학자들만이 아니었다. 농민들도 좀 달라고 아우성이었다. 레덜리는 이제 발효 잔류물을 말려서 팔기 시작했다. 수요를 감당하기에 속도가 턱없이 느리다는 사실이 드러나자 레덜리는 발효 후 남은 소금물을 철도 탱크차에 실어 한 대분 단위로 판매했다. 어찌나 수요가 많았던지 이웃 아이오와주 농민들이 자기 주 농민들보다 더 많이 가져간다며 네브래스카주 상원의원이 공식적으로 항의 서한을 보내기까지 했다. 부통령 앨번 바클리(Alben Barkley)가 자기 가족의 켄터키주 농장에서 기르는 가축에게 먹이려고 탱크차 한 대분을 주문한 일마저 있었다. 거대 돼지회사이자 스팸의 제조사 호멜푸즈(Hormel Foods)의 본거지인 미네소타주 오스틴에서는 어떻게 된 일인지 몰라도 모 약사가 그것을 받아 포장해

되팔기도 했다. 그는 그 거래로 거금을 챙긴 다음 재빨리 플로리다주로 달아났다.

레덜리는 제약회사였던 만큼 어떤 신약을 개발하거나 약을 새롭게 사용한 사실에 대해 FDA에 보고해야 했다. 레덜리는 오레오마이신을 처음 만들었을 때 그렇게 했다. 그 약물을 인간 치료제로 적절하게 등록을 마친 것이다. 하지만 오레오마이신이 동물 사료에 쓰이게 된 사실에 대해서는 명확한 태도를 보이지 않았다. 레덜리는 신중한 표현을 써서 자기네 회사가 톤 단위로 판매하고 있는 그 발효 상품은 비타민 보충제로 쓰이도록 의도한 것이라고 말했다. 그 말은 사실일지도 모른다. 오레오마이신을 발효하면 비타민 B_{12}를 얻을 수 있었기 때문이다. 레덜리가 그 사실을 확인하기 위해 그 새로운 상품을 실험해본 적은 없지만 말이다. 하지만 그것은 의뭉스럽기 짝이 없는 말이었다. 그 회사가 1949년 9월 오레오마이신을 동물 사료에 첨가하기 위해 특허를 출원한 것으로 보아―그들은 애매하게 '비타민 B_{12}의 원천'이 아니라 약물로서 그렇게 했다―그들이 사태가 어떻게 돌아가는지 분명하게 간파했음을 알 수 있다. 하지만 주크스와 스토크스타드는 자신들의 발견이 어떻게 작용하는지를 1950년 4월이 되어서야 미국화학협회(American Chemical Society) 연례회의에서 공식 인정했다. 〈뉴욕타임스(New York Times)〉의 기자가 요행히 그 회의를 취재했다. 이튿날 그의 이야기가 "'경이로운 약물' 오레오마이신, 성장률 50퍼센트 증가시킨다 밝혀져"라는 헤드라인을 달고 1면에[21] 대문짝만 하게 실렸다.

항생제라 알려진 계열에 속한, 생명을 구해주는 금색의 화학물질 오레오마이신은 지금껏 발견된 것 가운데 단연 최고의 성장 촉진 물질로 드러났다. 이제까지 알려진 그 어떤 비타민도 획득하지 못한 수준의 효과를 낳은 것이다.

'극적이다'라고 표현되는 오레오마이신의 새로운 역할에 대한 발견은 자원은 줄고 인구는 느는 세계에 던져진 인간 종족의 생존에 장기적으로 어마어마한 의미를 지니는 것이라 여겨진다.

이 기사는 오레오마이신이 그토록 인기를 누린 비결을 넌지시 알려준다. 싸기 때문이었다. "판매가가 파운드당 30~40센트에 불과한 비정제 제품을 5파운드만 구매해 1톤에 달하는 동물 사료 전체에 첨가하면 …… '돼지의 성장률을 50퍼센트나 증가시킬 수 있다'"고 기사는 밝혔다. 그리고 결국 과신으로 드러나게 되는 다음과 같은 대담한 선언으로 글을 마무리했다. "바람직하지 않은 부작용은 지금껏 발견되지 않았다."

돌이켜보면 레딜리가 투여 용량도 제대로 알지 못한 채 그 새로운 항생물질을 동물에게 퍼부으려 했다는 것은 정말이지 경악할 만한 일이다. 하지만 당시의 시대적 맥락에 비춰보면 주크스가 오레오마이신을 서둘러 사용하려 한 사실이며 그 회사가 그로부터 이득을 얻고자 혈안이 되어 있었다는 사실 둘 다 이해할 만하다. 항생제는 새로운 것이었고 전 세계는 정신없이 그 약물에 빠져들었다.

항생제가 기적의 약물이라 불린 데에는 다 그만한 사정이 있었다. 페니실린이 나오기 전에는 심지어 사소한 감염조차 사형선고나 다를 바가 없었다. 영국의 순경 앨버트 알렉산더는 장미 덤불에 들어갔다가 자신을 피폐하게 만든 파괴적인 질병에 걸리게 되었고 페니실린을 투여받았는데 운 나쁘게도 그 약이 다 떨어지는 바람에 다시 무너졌다. 그런데 그런 병은 끔찍하기는 하나 지극히 흔했다. 항생제가 나오기 전 시대에는 사소한 자상이나 찰과상에 그치고 말았어야 할 상처가 심각한 감염으로 번진 결과[22] 몸의 일부를 절단하는 일마저 벌어졌다. 폐렴 환자 10명 가운데 3명은 목숨을 잃었다. 여성들은 1000명 가운데 9명꼴로 아이를 낳다 숨졌다 (가장 위생적이라는 병원에서의 수치가 그랬다. 평균적인 출산 중 사망률은 그보다 더 높았다). 제대로 치료하지 않은 귓병은 아이들의 청력을 앗아갔으며, 패혈성 인두염을 방치하면 류머티스성 열(rheumatic fever)로 번져 말년에 심장마비를 일으킬 가능성이 커졌다. 달리 통제할 방도가 없는 세균성 수막염(bacterial meningitis)을 앓는 아이들은 경기를 일으키며 죽거나 아니면 영구적인 신경 손상을 입었다. 전장에서 부상한 군인은 결국 6명에 1명꼴로 목숨을 잃었다. 군영에서는 약 3분의 1에 달하는 수많은 군인이 매독·임질에 걸려 불구가 되거나 관절염에 시달리거나 시력을 잃었다.

그 같은 부담에서 벗어나는 것이 주는 안도감 때문인지 반응은 가히 폭발적이었다.[23] 페니실린은 병원에 있는 환자들에게 조제되는 데 그치지 않았다. 제조업체들은 페니실린을 연고, 목캔디, 껌, 치약, 흡입용 분말, 심지어 립스틱에도 집어넣었다. 누구라도 페니실린을 처방전 없이 약국에서 살 수 있었으며, 실제로 수많은 사람이 그렇게 했다. 1951년까지는 처방전에 의거해야 페니실린을 조제할 수 있다는 제약조차 없었다(1951년에 제약이 가해진 것도 어디까지나 그 약물의 과용이 알레르기를 일으켰기 때문일 뿐이다). 당시에는 사람들이 항생제가 오직 세균성 질환에만 효력이 있다는 사실조차 제대로 알지 못했다. 초기 연구 보고서들은 그 약물이 바이러스성 질환에까지 효험을 발휘하리라는 낙관[24]으로 도배되어 있었기 때문이다. 새로 개발한 신약을 질병 치료에 사용하는 것은 무조건 현명해 보였다. 사실 안 그러는 게 바보였다(오레오마이신의 발견자 더거는 몇 년 뒤, 자신의 실험실

조수들—딴 사람들보다 더 잘 알았어야 마땅한 이들—이 항생제가 하지도 못하는 일인 감기 치료를 위해 그 조잡한 약물 샘플을 나눠주었노라[25]고 회고했다).

일부 연구자들은 만약 항생제가 인간에게 그토록 마력을 발휘한다면 동물에게도 이득을 줄 수 있지 않을까 궁금해했다. 실제로 주크스가 실험을 실시하기 2년 전인 1946년[26] 위스콘신 대학의 연구진이 상업적으로 부화한 수탉에게 그제까지 발견된 항생제 가운데 일부인 설파제, 막 인가받은 스트렙토마이신, 스트렙토스리신(streptothricin)이라 불리는 그보다 덜 강력한 약물을 투여했다. 닭의 내장 내용물을 살균하는 방법을 찾으려 애쓰던 중에 그들은 닭을 연구용으로 실험실로 데려오면 그렇게 하는 게 도움이 되리라 생각했다. 따라서 설파제와 스트렙토마이신이 닭의 몸무게를 늘려준다는 사실을 발견하고는 깜짝 놀랐다. 생후 28일 된 닭을 도축했을 때 그들의 무게는 240그램에서 300그램을 가리켰다. 당황한—아마도 위스콘신주가 비타민 연구의 본산이었기 때문일 것이다—연구진은 그 연구를 제쳐두었고, 자신들이 발견한 것과 관련해 후속 연구를 이어가지 않았다. 하지만 1950년 레덜리가 자신들이 수행한 오레오마이신 연구의 결과를 발표하자 연구자들이 크게 불어났다. 동물 식이에 가미한 항생제는 제약회사와 농업대학을 둔 거의 모든 대학이 다투어 목을 매는 주요 연구 주제로 떠올랐다. 1955년 주크스가 그제까지 발견한 결과를 간추려 글을 쓰기 위해 기출간 연구들을 검토[27]했을 때, 지난 5년 동안 동물에의 항생제 투여를 주제로 한 과학논문은 400편에 가까웠다. 항생제를 곁들인 사료 시장 역시 붐을 이루었다. 미국의 농부들은 이미 가축에게 매년 49만 파운드의 항생제를 먹이고 있었다.[28]

이것이 나쁜 아이디어라고 생각한 사람은 거의 없었던 것 같다.

이상한 일이다. 항생제 시대의 아주 초기부터 그 경이로운 약물의 효과가 얼마나 오래 지속될 것인지와 관련해 우려하는 목소리는 늘 있어왔기 때문이다. 아직 인간이 페니실린을 투여받기 전인 1940년 12월, 플레밍의 공동연구자 가운데 2명[29]이 의학저널에 글을 썼다. 내장이나 실험실에서 흔히 볼 수 있는 대장균이 그 새로운 약물에 방어기제를 키우는 것을 보았노라고 밝힌 내용이었다. 1945년 플레밍은 페니실린을 발견한 공로로 노벨의학상을 수상하기 몇 달 전, 뉴욕에서 청중들에게 그 약물을 부주의하게 사용할 경우 빚어질지 모를 결과에 대해 경고했다.[30] 〈뉴욕타임스〉는 그의 말을 이렇게 인용했다.

자가투약(self-medication)에서 가장 잘못되기 쉬운 결과는 바로 극소량을 사용하는 것이다. 그렇게 되면 감염을 퇴치하지도 못하면서 페니실린에 저항하도록 미생물들을 학습시키게 된다. 수많은 페니실린 내성균이 이종교배를 통해 번식하여 다른 개체들에게 전파됨으로써 마침내 폐렴이나 패혈증 환자에까지 닿는다. 결국 페니실린은 그들을 구제할 수 없다.

이처럼 페니실린 치료로 장난을 친 생각 없는 자들은 페니실린 내성균에 의해 감염되어 죽음에 이른 사람들에게 도의적으로 책임이 있다. 그러한 폐해가 일어나지 않기를 바랄 따름이다.

하지만 선견지명 있는 플레밍의 경고는 무시되었다. 1947년 런던의 한 병원[31]은 페니실린이 듣지 않는 포도상구균 감염 사례를 겪고 있었다. 1953년경 그와 동일한 내성균이 오스트레일리아에서 전염병을 일으켰다.[32] 그리고 1955년에는 그 병원균이 미국으로 건너와[33] 시애틀 부근에 있는 몇몇 병원에서 출산하던 산모 5000여 명과 그들의 갓난아기를 감염시켰다. 이러한 질병은 병원균과 항생제가 계속해서 물고 물리는 치명적인 '뜀틀 게임'의 단초가 되었다. 연구자들은 병원균을 퇴치하기 위해 약물을 도입한다. 병원균은 그 약물에 맞서 방어기제를 개발한다. 다른 연구자들이 새로운 약물을 생산한다. 세균은 또다시 거기에 맞서 방어벽을 친다……

플레밍은 특히 적은 용량을 투약하지 말도록 경고했다. 의료계에서 항생제는 그때나 지금이나 세균의 방어에 나타나는 편차, 그들이 생식할 때 무작위로 일어나는 유전암호에서의 사소한 철자 오류를 고려한 용량이 처방된다. 이러한 변화 가운데 일부는 유기체의 생존 가능성을 낮춰주지만, 또 어떤 것은 그 유기체가 다른 세균들 혹은 약물들로부터 스스로를 보호하는 능력을 키워준다. 이처럼 훨씬 더 방어가 잘되어 있는 세균을 차질 없이 소탕하려면 약물을 더 많이 더 오래 투여해야 한다. 플레밍의 우려는 치사량에 못 미치는 용량으로 항생제를 사용하면 다윈식의 전쟁터를 만들어낼 공산이 있다는 것이었다. 즉 약한 세균은 죽지만 강한 세균은 살아남아 변화를 통해 그 약물의 공격에 얼마간 내성을 키우게 되고 약한 개체들이 사라진 생활공간에서 크게 번성한다는 말이다.

성장을 촉진하기 위해 동물에게 제공한 항생제는 엄밀하게 말해 부족한 용량을 투여한 것이라고 보기 어렵다. 그런데 그것은 오직 항생제가 사용된 동물들이 건강하기 때문이다(질병에 걸리지 않았으므로 실은 어떤 수준의 복용량도 필요치 않다). 그들에게 주어진 항생제는 사료 1톤당 10그램에 불과한 극소량이었다.[34] 주크스는 걱정하지 않았다. 하지만 레덜리의 나머지 연구자들은 생각이 달랐다. 30년 뒤 주크스는 그 회사 소속 수의사들이 자사 신제품(오레오마이신─옮긴이)이 항생제 내성을 부추길 것을 우려했다고 밝혔다. 주크스의 말에 따르면, 그들은 오레오마이신을 성장 촉진제로 판매하는 것을 '결사반대'했지만 레덜리의 모기업 아메리칸사이안아

미드의 총지배인 윌버 맬컴(Wilbur Malcolm)에 의해 저지당했다.[35] 주크스
는 "경쟁자들이 우리를 턱밑까지 바짝 추격하고 있었다"고 말했다.

지나고 나서 보니 그 결정은 이례적이었다. 오레오마이신은 설사 아주
소량만 성장 촉진제로 사용한다 해도 그를 투여한 동물의 내장균이 내성
을 키우게 된다는 것을 말해주는 증거가 이미 다수 나와 있었기 때문이
다. 사실 주크스는 그 과정이 다음과 같을 거라고 생각했다.[36] 그의 주장
에 따르면, 만약 닭의 내장 속에서 살아가는 세균이 내성을 띠지 않았다
면 그들은 그 항생제의 공격으로 모두 죽었어야 했고, 그렇게 되면 그 세
균들의 도움으로 먹이에서 영양분을 추출하던 닭 역시 죽었어야 했다. 하
지만 내장 속의 세균은 잘만 살아갔고 닭도 마찬가지였다. 주크스는 몇
년 뒤 자신의 논리가 엄밀하지 못했다며 "우리는 내성을 갖추게 된 달라
진 장내 세균총(intestinal flora, 腸內 細菌叢)이 얼마간 유리한 고지를 점하게
되었다는 사실에 …… 미처 대비하지 못했다"고 적었다. 하지만 그는 동
물의 전 생애 내내 항생제를 투여하면 그 세균에게서 내성이 지속되리라
는 사실은 걱정하지 않았다. 성장을 촉진하는 과정에는 안전밸브가 내장
되어 있다고 판단했기 때문이다. 동물계에서 내성균이 아직 정의되지 않
은 어떤 지점을 넘어서까지 불어나면 투여 용량의 항생제는 작용을 멈출
테고, 동물은 더 이상 몸무게가 늘지 않을 것이며, 농부는 그 약의 사용을
중단할 것이다. 그러나 그가 지켜본 바로는 그와 정확히 반대되는 상황이
펼쳐졌다. 동물들은 성장 촉진제를 쓴 뒤 무게가 늘었을 뿐 아니라 심지
어 그 약물을 더 이상 제공하지 않았을 때도 계속 체중이 불었다.

주크스는 내성균이 동물 안에서 무슨 일을 벌이는지는 몰라도 그에 아
무 해도 입히지 않는다고 판단했다. 내성균이 인간에게 위협을 가하는지
여부는 질문조차 하지 않았다.

수년간 마냥 시간을 끄는 비협조적인 행정절차(red tape)가 특징인 오늘날의 정부기관 작업 방식에 비춰보면, 그 이후 일어난 일은 자못 충격적이다. 1945년부터 1948년 사이 오레오마이신을 비롯한 초기 항생제들이 개발되자 FDA는 그것들을 대중에게 이익을 주는 것으로 간주하고 서둘러 인가해주기 위해 제약회사들과 손을 잡았다. FDA는 동물 사료에 항생제를 사용하는 문제와 관련해서도 같은 태도를 취했다. 그 기관은 성장 촉진제가 안전하다는 기업들의 주장을 무비판적으로 수용했다. 1951년 FDA는 아무런 사전 공지 없이[37] 공청회도 개최하지 않고 오레오마이신을 비롯한 여섯 가지 항생제를 성장 촉진제로 동물 사료에 쓸 수 있도록 승인해주었다. 승인서에서 당시 FDA를 감독하던 기관인 연방보안국(Federal Security Agency)의 국장이 말했다. "FDA는 관련 업계에서 관심 있는 기업들과의 공조에 돌입했다. ……판단을 늦추는 것은 공익에 위배되는 노릇이 될 수도 있다."

그들의 결정이 진정으로 공익에 이바지했는지 확인하기까지는 그리 오랜 시간이 걸리지 않았다. 불과 10년밖에 필요치 않았던 것이다.

농업계가 성장 촉진제를 받아들였을 때 출간된 연구서들을 다시 살펴보면 아무도 그 약물이 어떻게 작용하는지 이해하지 못했음이 분명해진다. 일부 연구자는 항생제가 동물이 수분을 유지하도록 도와주거나 지방이 축적되는 속도에 영향을 미치거나, 아니면 증상이 가시적으로 드러나지는 않지만 동물의 물질대사를 약화하는 잠재적 감염을 치료해줄 거라고 가정했다.[38] 주크스 자신은 그 약물이 동물의 장내에 영구히 살아가는 세

균 군집―동물의 장내 세균총, 즉 오늘날 우리가 동물의 장내 미생물군
유전체(microbiome)라 부르는 것―에 영향을 미치고 있다고 믿었다. 이들
세균이 수행하는 숱한 역할에 대해서는 그로부터 수십 년이 흐른 뒤에야
비로소 규명되었다. 즉 1950년대에는 과학자들이 심지어 그들 대부분을
식별하는 데 필요한 분자적 도구조차 가지고 있지 않았다. 주크스의 직관
은 몇 가지 관찰에 토대했다. 성장 촉진 효과는 통제된 살균 환경에서 부
화하고 살균 먹이를 먹은 까닭에 장내 세균총이 없는 '무균' 닭에서는 전
혀 드러나지 않았다. 항생제는 최근에 청소한 우리처럼 대단히 위생적인
환경에서 자란 평범한 닭에게는 깔개(litter)를 오랫동안 갈지 않고 똥오줌
이 그대로 쌓여 있는 우리에서 자란 닭에게만큼 효과를 발휘하지 못했다.
또한 항생제는 무리 가운데 유독 허약한 개체들에게도 그리 효과적이지
않았다. 성장 촉진제는 영양이 결핍된 동물의 체중을 늘려주었지만 유전
적으로 발육이 부진한 동물을 몸집이 정상적인 개체로 바꿔주지는 못했
던 것이다.

　그 문제를 연구한 더 많은 과학자들[39]은 성장 촉진제를 사용해도 장내
세균의 수는 달라지지 않음을 알아냈다. 즉 그 약물은 장내 세균총을 죽
이지도 않았고 상당량의 세균이 자라도록 자극하지도 않았다. 하지만 연
구자들은 도축된 동물의 장내 내용물을 추출하여 연구할 수 있게 되면
서―실험 상황에서는 이들 세균이 크게 번성하지 않으므로 그리하기가
어려웠다―그 약물이 일부 종은 생식하도록 부추기고, 다른 종의 성장은
억제하는 식으로 세균의 균형을 달라지게 만든다는 것을 알아차렸다. 또
한 항생제는 영양물질이 흡수되는 내장의 내벽을 얇게 만듦으로써 내장의
생리현상도 변화시키는 것처럼 보였다. 연구자들은 이런 과정이 동물들이
사료에서 더 많은 영양분을 추출하도록 도와준다고 주장했지만 그 사실을

증명할 길은 없었다. 그들은 성장 촉진제를 사용하지 않은 닭에서 볼 수 있는 정상 두께의 내장벽은 영양분의 흡수율이 더 낮다고 판단했다.

하지만 내장이나 내장의 내용물에 관한 연구 가운데 그 어느 것도 성장 촉진제의 약점을 딱 꼬집어 말하지 못했다. 따라서 연구자들은 인간도 성장 촉진제를 통해 이득을 얻을 수 있을지 궁금해하기 시작했다. 1950년에서 1955년 사이 실험가들은 가능한 한 빠르게 건강한 정상 몸무게가 될 수 있도록 애쓰면서 몇몇 미숙아에게 상시적으로 항생제를 투여했다.[40] 또 다른 연구자들은 성장 촉진제를 인체에 사용하는 실험을 실시했다. 오늘날의 윤리적 기준에서 보면 경악할 만한 시도였다. 몇 주에서 몇 년에 이르는 다양한 시기 동안 플로리다주에 있는 한 우생학 기관에 수용된 발달지체 아동이나 과테말라와 케냐에 사는 영양이 결핍된 가난한 아동 등 실험에 동의할 능력이 없는 이들에게 항생제를 투여한 것이다. 이 최대 규모의 실험은 220명을 대상으로 일리노이주 오대호해군훈련소(Great Lakes Naval Training Center)에서 실시되었다. 복역 서약을 통해 사실상 거절을 할 수가 없었던 그들은 약 두 달간 매일 일정량의 항생제를 복용했다. 실험 대상자들에게는 천만다행으로 어떤 실험도 부작용을 나타내지 않았고, 그들 모두에게서 성장 촉진제는 효과를 드러냈다. 어른이든 아이든 실험 참가자 전원의 근육이 늘어났으며 아이들은 더 크게 자랐다.

이러한 결과를 지켜본 연구자들은 동물에 사용한 항생제가 어떠한 부작용도 없다는 사실을 더욱 확신하게 되었으며, 이는 곧이어 그 약물이 가장 특이한 용도에, 즉 식품의 부패를 막는 데 쓰이도록 이끌었다. 미국을 필두로 한 여러 나라에서 실험가들은 잡은 물고기를 넣어두는 고기잡이배의 찬물 탱크에, 그리고 가공 공장에서 물고기를 저장하는 얼음에 항생제를 집어넣었다.[41] 그들은 수확한 시금치를 스트렙토마이신 용액에서 세척했다. 또한 그 약물들을 육류 절단면에 바르거나 다진 쇠고기에 섞었다. 실험가들은 소를 도축한 뒤에는 시체에 항생제를 주입했으며, 소를 죽이기 전에는 복부와 혈관에 항생제를 집어넣었다(그들은 소 전체를 관류하는 데 필요한 항생제는 너무 비싸다고, 그 약물이 효과를 볼 만큼 오랫동안 그 동물을 보관하기는 너무 힘들다고 결론 내렸다). 그들은 또한 닭을 상대로는 도살 직전에 마시는 식수에 1회다량의 항생제를 집어넣은 채 결과를 확인하기도 했고, 사료에 섞는 성장 촉진제의 비율을 주크스가 애초 제시한 1톤당 10그램이 아니라 1000그램 이상으로 늘리고 추이를 살펴보기도 했다. 하지만 그러한 연구 방향은 폐기되어야 했다. 사료에 항생제를 너무 많이 섞는 바람에 그 약물이 닭의 내장에서 벗어나 근육에까지 퍼져 잔류 약물이 연방 식품안전 기준치를 초과했기 때문이다.

그러한 일련의 실험에 힘입어 오레오마이신과 관련해서 일종의 범주 확대가 이루어졌다. 동물을 빠르게 성장하도록 만드는 데에만 쓰이던 최초의 약물을 점차 동물이 질병에 걸리지 않도록 예방하는 용도로 사용하기 시작한 것이다. 그렇게 하는 데에는 많은 용량이 필요했다. 레덜리의 영업자들은 닭에게 사료 1톤당 오레오마이신 10그램이 아니라 그 20배에 달하는 200그램을 투여해야 한다고 농부들에게 말하고 다니기 시작했다.[42] 1953년 4월 FDA는 오레오마이신을 단지 성장 촉진 용도로만 쓰던 것에 더해 질병 예방 목적으로 쓸 수 있도록 승인함으로써 그 관행에 날개를 달아주었다.[43] 이번 역시 사전 공지도 하지 않았고 공식적인 공청회도 거치지 않았다.

FDA 승인이 가져온 결과는 실로 엄청났다. 비단 매출이 이내 크게 늘어난 레덜리에게만 국한된 게 아니었다. 그 조치는 농부들에게 오레오마이신뿐 아니라 2년 전 성장 촉진 용도로 승인한 다른 모든 항생제를 종전보다 훨씬 더 많이 사용해도 좋다는 허가증이나 마찬가지였다. FDA는 이 모든 항생제를 질병 예방 용도로도 쓸 수 있도록 승인한 것이다. 하지만 FDA는 그렇게 함으로써 부도덕하고 경험도 부족하고 부주의한 생산업자들에게 그러한 영농 관행으로 빚어질 수 있는 결과에 면죄부를 주었다. 그들은 종전보다 더 빽빽하게 동물을 우리에 욱여넣고 우리 청소를 덜 하고 영양에 들이는 비용을 아끼고 해충 문제에 눈감을 수 있었다. 그들은 동물이 항생제를 쓰지 않았더라면 걸렸을지 모를 질병으로부터 안전하다는 사실도 알고 있었다. 그 정도 용량의 항생제는 가축을 아예 초장부터 질병으로부터 보호해줄 수 있기 때문이다. 이 결정은 훗날 비난에 직면하게 되는 산업 규모의 생산과 동물 학대로 나아가는 길을 활짝 열어젖혔다. 게다가 누군가 그 사태를 인지하게 되기까지 몇 년의 시간이 걸렸지만 어쨌거나 항생제 내성을 증가시키는 결과를 초래했다.

주크스는 긴 인생의 말년에—그는 분자생물학자로서 UC버클리에 복귀해 세 번째 직업 이력을 쌓은 뒤 1999년 93세를 일기로 세상을 떠났다—끝끝내 자신의 발명을 옹호하고 그에 따른 어떤 부정적 결과도 인정하려 들지 않았다. 그의 집착욕, 오만 혹은 그저 완고함 탓이었을지도 모르겠다. 그는 일반적으로 받아들여지는 지혜에 도전하기를 즐겼던 것 같다. 때로는 그가 옳았다. 그는 두 번씩이나 노벨상을 수상한 화학자 라이너스 폴링(Linus Pauling: 1954년에 노벨화학상을, 1962년에 노벨평화상을 수상했다—옮긴이)을 공격했다.[44] 그가 감기를 예방하고 암을 누그러뜨리기 위해 다량의 비타민 C 복용을 지지했다는 이유에서다. 그것은 1970년대에야 인기를 누렸지만 지금은 확실하게 부정되고 있는 의학적 조언이다. 그런가 하면 주크스는 위험한 식품첨가물에 대한 규제를 조롱했으며[45] 유기농 식품을 일종의 '신화'라고 일축했다. 그는 육우에 합성 에스트로겐

(diethylstilbestrol, DES) — 이 약물은 임신 중인 여성에게 사용할 경우 그 딸에게서 암을 일으키는 것으로 알려져 있었다 — 을 투여하지 못하도록 막은 연방 법령에 반대했다. 주크스는 특히 살충제 DDT의 사용 금지 조치와 그를 촉발한 계기가 된, 1962년에 출간되어 엄청난 반향을 불러일으킨 책《침묵의 봄(Silent Spring)》에 대해 분노를 드러냈다.[46] 그리고 "생체 해부 반대론자, 반(反)플루오르첨가주의자(충치 예방을 위해 수돗물에 플루오르를 첨가하는 데 반대하는 이들 — 옮긴이), 유기농 재배농으로 대표되는 사회 일각의 세력"에 굴복했다고 연방정부를 성토했다.[47] 〈케미컬 위크(Chemical Week)〉지에 실린 패러디에서 그는 《침묵의 봄》의 저자 레이첼 카슨(Rachel Carson)을 '사이언스픽션(SF) 호러물' 작가라고 깔봤다.[48]

주크스는 과학이 안겨주는 이익을 사회로부터 박탈할 소지가 있는 사전예방원칙(precautionary principle: 확실한 증거가 나오지 않았더라도 만에 하나 위험한 상황을 낳을 소지가 있고 그러한 상황이 돌이킬 수 없는 것이라면 그 위험이 현실화될 가능성이 높지 않아도 그것을 사전에 막아야 한다는 원칙 — 옮긴이) 따위에는 도통 관심이 없는 철저한 경험주의자였던 듯하다. 하지만 그가 번거로운 행정 절차를 혐오한 것은 분명하다. 성장 촉진 효과를 인식하게 된 이래 거의 40년 동안[49] 줄기차게 그에 대해 집필해온 주크스는 "만약 이러한 발견이 1985년에 이루어졌다면 과연 어찌 되었을까? 아마 끝도 없는 회의가 이어질 테고, FDA가 걸고넘어지는 숱한 시비에 대처하기 위한 계획도 수립해야 할 것이다. 단기적·장기적 독성 실험에도 착수해야 할 것이다. 대사산물과 잔류물을 분리 식별해야 할 것이다. 무엇보다 그 제품은 발암성 시험을 거치게 될 것이다. 그래놓고 FDA는 끝내 그 제품의 출시를 허락하지 않을 것이다"라고 비꼬았다.

《사이언스(Science)》, 《네이처(Nature)》, 《미국의학연합저널(Journal of the

American Medical Association》, 〈뉴욕타임스〉 등 과학저널과 신문을 통해 열정적으로 논의를 펼쳐나간 그는 가축에게 항생제를 사용하는 것과 그로 인해 가능해진 밀집·밀폐 농장에 관한 우려를 일축했다. 그는 1970년 《뉴잉글랜드의학저널(New England Journal of Medicine)》에서 "농장 동물에게 항생제를 투여하는 것은 공중보건에 아무런 위해를 가하지 않는다"고 잘라 말했다.[50] 1971년 뉴욕과학아카데미(New York Academy of Sciences)에 등장한 그가 말했다.[51] "가장 경제적인 수단으로 가축에게 사료를 제공할 필요성을 도외시할 만큼 우리에게 소·돼지·닭이 남아돕니까? 저는 그렇다고 생각지 않습니다." 그는 1972년 〈뉴욕타임스〉에서 "육류 생산업자들은 항생제 덕택에 4억 1400만 달러를 절감했다"고 주장했다.[52] 주크스는 86세에 접어든 1992년에 어쩌면 그 주제에 관해 마지막이 될지도 모를 글[53]에서 이렇게 말했다. "동물권리 운동에 영향을 받은 도시 거주민들은 노닐 공간이 늘어날 때 동물의 '기분이 더 좋아진다'고 생각하는 경향이 있다. 하지만 그 생각이 맞는다는 것을 우리가 대체 무슨 수로 알겠는가. 인간은 스포츠 경기를 관람할 때나 사교 모임을 가질 때 자진해서 과밀 상태를 선택한다. 군중이 더 많고 더 북적일수록 그 행사는 더욱 성공적인 것이 되지 않는가."

농장 항생제를 공공선이라 여기는 주크스의 흔들림 없는 믿음은 숱한 지지자를 거느렸다. 하지만 수십 년에 걸쳐 서서히 전개된 실상은 그리 간단치 않았다.

빵 가격에 육류를

토머스 주크스의 연구—가금이 밀폐된 공간에서 살아가는 데 필요한 비타민, 그리고 가둬서 사육하는 농법을 안전하고 이득을 낳는 것으로 만들어준 항생제에 관한 통찰—는 모든 미국 농장 마당에서 그저 되는대로 놓아먹이던 닭을 시장의 거대 상품으로 탈바꿈시켰다. 미국인은 그로부터 몇 십 년 만에 다른 육류보다 닭고기를 더 많이 소비하기에 이르렀다. 뒷마당에서 한가롭게 노닐던 이 조류는 장차 지상에서 가장 빈번한 연구 대상이자 가장 활발한 교배 대상이자 가장 산업화한 육용 동물로 떠오르게 되었다. 하지만 이 모든 일이 일어나기 위해서는 닭고기 산업이 필요했고, 그 산업은 1940년대에 막 태동하기 시작했다.

화학자들이 비타민 합성 방법을 알아내기 전에는 육계가 지속적인 거래의 대상이 아니었다. 식용 가금은 그저 달걀 생산의 부산물일 따름이었다. 산란노계(spent hen), 즉 안정적으로 알을 낳기에는 너무 늙은 데다 농장 마당에서 병아리 뒤치다꺼리를 하느라 쫓아다닌 탓에 육질이 질겨진 늙은 암탉, 혹은 몇 개월 동안 모이를 먹여 몇 파운드까지 살을 찌운 뒤 부드러운 영계(spring chicken)로 팔아넘기는 불필요한 수탉이 그 부산물이다(암탉과 수탉은 약 50 대 50의 비율로 부화하는데, 수정란을 원하되 무리에서 싸움이 일어나길 바라지 않는 농부들은 대부분의 수탉을 폐기할 것이다). 영계는 식당 메뉴에서 유독 대접받는 호사스러운 음식[1]으로 그에 대한 수요는 더 큰 시장이 기다리고 있을지도 모른다는 것을 암시했다. 하지만 농부들은 어린 닭을 겨우내 살아남도록 만들어줄 방도를 알지 못했다.[2] 실내에 가두어놓은 닭은 각약증(leg weakness), 발육부전증(slipped-tendon), 기형발가락마비증(curl-toe paralysis) 등 다채로운 이름의 질병[3]에 고루 시달렸다. 합성 비타민 보충제가 이런 문제를 해결해주었고, 밀폐된 공간에서도 가금이 살아갈 수 있도록 도와줌으로써 주크스가 시작한 산업을 출범시켰고 전혀 새로운 농업 분야를 창출했다. 달걀 생산과 별도로 육계('broiler' chicken)를 상품으로 사육[4]하는 산업이 시작된 것이다. 1909년 미국 전역에 걸쳐[5] 산 채로 혹은 도살 상태에서 육용으로 판매된 닭은 1억 5400만 마리였다. 그러던 것이 비타민이 등장하고 아직 성장 촉진제가 출현하기 전인 1949년에는 모두 5억 8800만 마리로 껑충 불어났다.

육계의 출생지는 델마버반도(Delmarva Peninsula)다. 델라웨어의 거의 전부, 메릴랜드주의 동부, 버지니아주의 일부, 뉴저지주의 남부와 체서피크만 동부를 아우르는 지역이다. 전해 내려오는 이야기에 따르면[6] 그 업계의 창시자는 달걀 생산업자 세실 스틸(Cecile Steele)이었다고 한다. 1923년 그녀가 산란용 암평아리를 구입한 통신판매 위주 부화장에서 그녀에게 실수로 주문한 50마리가 아니라 그 10배인 500마리를 부치는 일이 일어났다. 달리 뾰족한 수가 없었던지라 그녀는 그 암평아리를 모두 길러서 육류용으로 판매해보겠노라 결심했다. 그녀는 닭고기를 파운드당 60센트씩 받고 팔았다. 닭들이 수명이 다할 때까지 산 뒤 노계로 팔려나갈 경우 받을 수 있는 것의 5배에 달하는 가격이었다. 그녀는 여세를 몰아 다음번에는 암평아리를 1000마리 주문했다. 그녀가 주문한 병아리를 길러서 판매할 때마다 사업은 날로 번창했다. 이내 이웃들도 그녀를 따라 하기 시작했다. 닭은 그 지역의 주요 작물이던 딸기―딸기는 취급하기가 까다로울뿐더러 곤충이나 폭풍우에도 취약하기 이를 데 없었다―를 대체할 수 있는 믿음직스러운 대안으로 보였다.[7] 그로부터 채 10년도 되지 않아 델마버반도에는 스틸 여사 같은 육계 사육농이 500여 명으로 불어났다. 그들은 동부 연안 지방(Eastern Shore)의 시장, 즉 워싱턴 D.C., 필라델피아, 특히 뉴욕의 시장을 주도했다.

뉴욕은 수많은 이유로 인해 가금의 틈새시장[8]이었다. 뉴욕은 미국에 이민 온 유대인의 거의 절반가량인 약 200만 명이 거주함으로써 사실상 세계에서 유대인이 가장 많이 사는 도시였다. 유대인이 안식일을 제대로 기념하자면 기억에 남을 만한 요리가 빠질 수 없었는데, 기독교도들이 일요일 만찬에 선택할 수 있는 것 정도로는 성에 차지 않았다. 당연히 돼지고기는 금지되어 있었고, 쇠고기는 허용되기야 했지만 소가 유대교 율법에 따라 도축되었는지 여부를 검증하기가 몹시 까다로울 뿐 아니라 속이기도 쉬웠다. 닭은 식품으로서의 순수성을 보장할 수 있도록 산 채로 뉴욕에 운송되거나 고객이 보는 앞에서 잡는 게 가능했다. 닭은 호사스럽고도 특별한 식품이었다. 이게 바로 1928년 선거에서 '모든 냄비에 닭고기를(A chicken in every pot)'이라는 슬로건이 등장한 배경이다. 이는 허버트 후버(Herbert Hoover: 1929~1933년 재임한 미국의 31대 대통령―옮긴이)가 한 말로 알려져 있지만 실은 공화당원기업인모임(Republican Business Men)이라는 협회가 그의 선거운동용 광고에 쓰려고 지어낸[9] 것이었다. 육계는 진정한 안

식일 요리를 필요로 하던 유대인 공동체에 썩 잘 들어맞았고, 결국 그 도시에 닭고기를 대주는 일[10]은 델마버반도의 닭고기 생산을 떠받치는 거대한 기둥 노릇을 했다. 델라웨어의 농부들은 일제히 가금 사육으로 영농의 방향을 틀었을 뿐 아니라 가금을 도살하고 포장하는 대규모 공장을 짓기 위해 힘을 모았다.

1942년 델마버는 한 해에 육계를 거의 9000만 마리[11] 생산했다. 하지만 바로 그해에 미국은 제2차 세계대전에 발을 들여놓았고, 식량을 대주어야 하는 동원된 병력이 수백만을 헤아렸다. 민병대에 식량을 배급하고 군대에 식량을 조달하는 책임을 진 전시식품청(War Food Administration)은 델마버에 주목했고, 그곳이 단백질을 제공해줄 수 있는 원천이자 생산을 통제하기에 더없이 좋은 장소라고 판단했다. 델마버반도는 작고 바다로 둘러싸여 있는 만큼, 육로로의 접근이 몇 개의 도로로 제한되어 있었다. 이 모든 여건으로 말미암아 정부가 손쉽게 어떤 식품이 들고나는지 점검하고 암시장 거래가 이뤄지지 못하도록 막을 수 있었던 것이다. 전시식품청은 그 반도가 생산한 닭고기를 전량 선취했고 기존의 고객은 차단했으며 가금 전부를 군 공급망에 오롯이 쏟아부었다.

이런 조치는 델마버반도에게 회복하는 데 수십 년이 걸릴 정도로 커다란 타격을 입혔다. 하지만 다른 농부들(그리고 선견지명이 있는 닭 사료상)에게는 기다리던 호재였다.

미국의 가금류 시장에서 델마버가 강제로 제거되자 조지아주 북동부의 카운티에서 살고 있는 누군가가 기억하는 한, 그 지역에 처음으로 서광이

비치기 시작했다. 남북전쟁 시절부터 거의 1세기 동안[12] 애팔래치아산맥의 끝자락에 놓인 이 구릉 지역은 볕이 들 새가 없었다.

처음에 구릉 사면에 점점이 산재해 있던 자급자족하는 영세 농장들은 퇴각하는 남부연합 군대들과 그들을 뒤쫓는 북부군에 의해 쑥대밭이 되었다. 빚을 거부해온 자급자족 농부들은 파괴된 터전을 복구하기 위해 대출을 받아 면화를 재배하는 일에 나섰다. 하지만 돌이 많고 척박한 산악 토양인지라 소출이 신통치 않았는데도 작물을 착취당하는 처지에 놓였다. 1903년 토네이도가 그 지역을 덮치는 바람에 주민 100명가량이 목숨을 잃었다. 1920년 면화 시장이 붕괴하자 가뜩이나 보잘것없던 지역 농부들의 소득이 두 동강 났다. 1921년에는 그 지역에 목화바구미(boll weevil)가 들끓었다. 1929년의 주식시장 붕괴로 면화 가격은 10년 전의 8분의 1 수준으로 곤두박질쳤다. 1933년 뉴딜 정책에 발맞춘 내핍 조치로 지주들은 자기가 소유한 땅의 3분의 1 미만만 경작할 수 있게 되었다. 이로 인해 지주들의 소득은 줄어들었고 자신들이 기르는 작물에 의존해 지주에게 빌린 대출금을 갚아나가야 하는 소작농들도 심각한 타격을 입었다. 1936년, 1903년보다 훨씬 더 파괴적인 토네이도가 그곳 구릉 지역을 휩쓸고 지나가면서 수백 명의 목숨을 앗아갔다. 그 지역의 철도가 서는 곳이자 주요 시장 마을이던 조지아주 게인즈빌 지역이 대부분 초토화되었다.

곤두박질치는 지역 경제로 타격을 입은 기업들 가운데는 제시 딕슨 주얼(Jesse Dickson Jewell)이 소유한 종자·사료 가게도 포함되어 있었다. 토네이도가 덮친 해에 주얼의 나이는 34세였지만, 그 지역의 파괴는 이미 산전수전 다 겪은 그의 삶에 얹힌 또 하나의 재난일 뿐이었다. 가족 가게를 개업한 그의 아버지는 주얼이 7세 때 세상을 떠났고, 가게를 떠맡은 의붓아버지는 그가 28세 때 사망했다. 쇠약해진 노모는 가게 운영을 주얼에게 넘겼다. 거듭되는 지역 경제 붕괴로 매출은 바닥으로 떨어졌다. 그는 아내와 딸들의 입에 풀칠이라도 할 양으로 다른 대안을 찾아 나섰다. 조지아주 구릉에서는 이미 닭 사육이 이루어지고 있었다. 하지만 그것은 어디까지나 농장의 소득을 거들기 위한 소규모이자 계절적 성격의 사육이었다. 토네이도가 발생하기 전 해에 북동부 카운티 서른 곳이 생산한 닭은 다 해서 50만 마리에 그쳤다.

그 규모를 키울 수 있다고 본 주얼에게 그렇게 할 수 있는 묘안이 떠올랐다. 남북전쟁이 일어났을 때부터(조지아주에서는 여전히 남북전쟁을 농담이 아니라 진지하게 '북부가 침략한 전쟁(War of Northern Aggression)'이라 불렀다), 영세 농들은 작물 선취특권(crop lien: 채권자가 우선적으로 채무자로부터 변제받는 법정 담보권을 말한다―옮긴이), 즉 좀더 흔하게 소작(sharecropping)이라 부르는 계약을 통해 제가 소유하지 않은 땅에서 일했다. 그들은 대지주에게서 작은 땅뙈기를 세내고 연장이며 종자, 비료, 그리고 그 대금을 치를 돈을 빌렸다. 그리고 작물을 수확하면 그것을 팔아서 지주에게 빚진 고리의 지대를 지불하고 얼마 안 되는 남은 돈으로 근근이 연명했다. 남용되는 일이 흔했던 이 제도는 늘 소작농의 불만을 샀다. 농부들이 도저히 빚에서 헤어날 수 없도록 만든다는 점에서 악명이 높은 제도였다. 그러나 그 제도는 도처에 만연했으며, 오랜 세월 동안 남부의 농업 노동에서 지배적인 조직화 형태였다.

주얼은 그 제도를 가금산업에 적용해보기로 했다. 그리고 닭을 기르는 쪽으로 방향을 틀도록 지역 농민들을 설득했다. 즉 그가 닭을 제공하고 농민들은 외상으로 그 닭을 사육해 팔아 비용을 제외한 돈을 취하라는 내용이었다. 그는 가족 소유의 사료 트럭을 몰고 부화장에 가서 병아리를 구입한 다음 트럭에 싣고 가 농장들마다 배달해주었다. 그리고 같은 종류의 선취특권을 가지는 조건으로 사료를 대주었으며, 농부들이 우리를 닭장으로 개조할 수 있도록 현금 대출을 제공하기도 했다. 일단 육계가 시장에 내다팔 정도로 성장하면 그는 트럭에 닭을 싣고 시장으로 달려갔다. 거기서 100킬로미터쯤 떨어진 애틀랜타든 장장 1100킬로미터나 떨어진 마이애미든 가리지 않았다.

주얼이 착안한 새로운 아이디어로 집안이 서서히 살아났다. 하지만 그의 계획은 한층 더 원대했다. 정부가 관여하기 전에 델마버반도의 농부들이 그들의 생산방식을 조직할 때 어떻게 협동했는지 보여주는 보고서들이 속속 가금 잡지에 발표되었다. 그는 그들이 어떻게 했는지를 모델 삼아 다음 수순을 밟았다. 먼저 주얼은 테네시주 경계 너머에 자리한 사료 공장에서 위탁 판매 형태로 사료를 얻어냈다. 그가 닭 사육자들과 한 것이랑 동일한 방식으로 사료 공장과 신용거래를 한 것이다. 이렇게 되자 그 가족의 사업이 공급할 수 있는 것보다 더 많은 사료—한 번에 5톤씩 구매했다—를 배분하는 게 가능해졌다. 주얼은 그에 힘입어 더 많은 사육자를 확보하고 더 많은 병아리를 사들였다. 또한 1940년에 저만의 부화장을 세웠고, 1941년에는 고객 농부들이 기른 닭을 도살하고 포장할 수 있는 제 소유의 가공 공장을 건설했다. 조지아주에서 팔린 육계는 1940년 350만 마리던 것이 2년 만에 1000만 마리로 껑충 불어났다.[13] 조지아주 북부의 농부들—심지어 예전부터 소작 제도에 강한 유감을 품고 있어서 주얼의 계획에 의심의 눈초리를 보내던 이들조차—은 난생처음 이익을 내기 시작했다.

정부가 델마버반도에서 생산하는 닭을 가로챈 일은 델라웨어주 농부들에게는 파괴적인 결과를 안겨주었지만, 조지아주에게는 넝쿨째 굴러들어 온 호박이나 다름없었다. 델마버 이외 지역에서는[14] 가금 생산이 정부의 관리하에 놓이지 않았으며 닭고기의 공급 제한도 없었다. 정부는 되레 국민들에게 군대에 쇠고기와 돼지고기를 양보하고 대신 닭고기와 달걀을 먹으라고 부추겼다. 게다가 정부는 민간인이 이용하는 시장에서 팔리는 가격보다 비싼 가격을 보장하면서 군사 목적으로 닭을 구매해주기까지 했다. 아칸소주도 닭 사육의 중심지로 떠오르기 시작하며 델라웨어주가 시장에 남겨놓은 구멍을 메우는 데에서 조지아주를 바짝 추격하고 있었다. 하지만 조지아주는 육계 생산이 1943년에는 1700만 마리, 1944년에는 2400만 마리, 1945년에는 3000만 마리를 육박하는 수준으로 계속 선두 자리를 유지했다. 모든 것은 거의 주얼 덕분이었다. 그는 전시 기간 내내 사료로 제분되는 곡물의 재배, 다른 산업 분야에 판매할 수 있는 도계 폐기물의 가공, 마케팅 안내책자 제작 등 하도급업체에 속해 있던 닭고기 사업 분야들을 부지런히 되찾아왔다. 그는 닭 사육자들과의 거래 조건도 수정했다. 계약 기간을 단축하여 좀더 자주 재협상할 수 있도록 만들었고, 마리당이 아니라 먹인 사료량 대비 몸무게가 얼마나 증가했느냐에 따라 대금을 지불하는 새로운 규정을 도입한 것이다.

제2차 세계대전은 조지아주의 닭고기 산업에는 축복이었지만, 적대의 종식은 그 산업 전반에 먹구름을 드리웠다. 정부는 닭고기 구매를 중단했고 계약을 취소했으며 델마버를 다시 시장에 놓아주었다. 또한 돼지고기와 쇠고기 판매에 가하던 규제도 풀었다. 새로운 가금산업의 하부구조는 와해되었으며, 정신을 차릴 수 없을 정도로 가격이 폭락하는 바람에 비용을 보전하기조차 버거워졌다. 승승장구하던 조지아주의 닭고기 무역이 휘청거렸다. 그 지역에서는 게인즈빌에 토네이도가 덮친 이래 처음으로 전년도보다 닭 생산량이 줄어들었다.

이 같은 위기와 가격 폭락에 직면한 닭고기 업계는 소량의 항생제를 사용하면 닭의 무게를 늘릴 수 있다는 주크스의 발견을 여차하면 받아들일 태세였다. 주얼이 가금산업을 재조직화하는 데에서 마지막으로 취한 이 조치로 인해 농부들은 성장 촉진제를 사용하기에 이른다. 1954년 그는 마지막 중개인을 정리한 다음 사료를 분쇄하고 배합하기 위해 제 소유의 공장을 지었다. 이제 그와 계약한 농부들은 주얼이 가져다준 닭에게 그가 만든 사료를 먹여야 했다. 주얼은 현대 가금업체의 전형을 구축했다. 즉 암탉, 병아리, 사료, 영양보충제, 운송, 가공, 유통과 판매, 이 모두를 관장하는 수직계열화(vertical integration) 기업을 일군 것이다. 농부들에게 남은 것이란 닭을 사육할 부지와 건물, 사육에 들이는 노동, 설비를 개선하기 위해 떠안아야 하는 부채, 그리고 닭이 제대로 크지 않을 경우 지게 될 리스크뿐이었다.

새로운 계약이 이루어진 초기 몇 년 동안은 이윤이 났다. 사람들은 조지아주 북부가 텍사스주보다 캐딜락을 소유한 사람이 더 많다[15]는 즐거운 농담을 던지곤 했을 정도다. 1950년경 조지아주는 약 6300만 마리의 육계를 생산했고, 게인즈빌은 세계 가금류의 수도를 자처했다. 1954년경 미국 전역에서 총가금 생산량은 처음으로 10억 마리[16]를 넘어서게 되었다. 조직화하고 능률화하고 기술을 접목한 가금 사육이 성취할 수 있는 것은 무궁무진해 보였다. 하지만 또 한 차례 시련이 닥쳤다.

1957년 봄, 가금업계의 유명인사들[17]이 나무 패널에 금박을 입힌 국회의사당의 청문회장에 모여들었다. 그 대열에는 미국에서 규모가 큰 축에 속하는 부화 기업, 사료 기업, 육가공 기업의 최고경영자들이 대거 포진해 있었다. 정부 소속의 경제학자와 통계학자, 금융업자와 보험관리인도 참석했다. 의장의 망치 옆에 놓인 연단에는 편지며 전보가 수북이 쌓여 있었고, 웅성거리는 사람들이 일반 대중을 위해 따로 마련해놓은 의자를 가득 메웠다. 그들은 모두 같은 이유에서 그 자리에 나왔다. 9년 전 주크스가 실험을 한 이래 그토록 유망해 보이던 가금산업이 어쩌다 그토록 망가지게 되었는지 알고 싶었던 것이다.

딱 1년 전만 해도 농부들은 기록적으로 높은 수치의 닭을 생산했다. 달걀이나 칠면조도 마찬가지였다. 하지만 가금 가격이 바닥을 쳤다. 1950년대 초기 몇 년 동안, 농부들은 달걀 12개를 48센트에 팔았는데, 지금은 가격이 31센트로 떨어졌다. 칠면조 가격은 파운드당 37센트 하던 것이 이제 26센트로 하락했다. 닭고기 가격은 파운드당 29센트에서 20센트로 낙폭이 가장 컸다. 정부 소속의 경제학자는 가격 폭락을 추동하는 힘이 무엇인지 설명했다. 주크스가 성장 촉진제를 발견한 이래 미국에서 닭고기 생산은 1948년에 3억 7100만 마리에서 청문회가 있기 전 해(1956년─옮긴이)에 13억 4000만 마리로 3배가량 불어났다. 하지만 닭고기 소비는 거의 늘지 않아서 지난 20년 동안 1인당 연간 25파운드를 넘지 않는 수준(어느 때는 그에 훨씬 못 미쳤다)에서 옴짝달싹하지 않았다. 반면 미국인은 붉은 육고기를 1인당 연간 167파운드로 정부가 집계를 시작한 이래 그 어느 때보다 많이 먹고 있었다. 1년으로 환산해보면 개인마다 매일 붉은 육류를 거의 0.5파운드씩 소비하고 있는 셈이었다. 하지만 사람들은 같은 양의 닭고기는 그저 일주일에 한 차례 정도만 먹었다. 그러니까 한 사람이 일요일에 구운 닭고기 1인분을 소비하는 게 고작이었던 것이다.

생산은 늘고 있었지만 소비는 저조했다. 가격이 급락하는 것은 전혀 놀랄 일이 아니었다. 뉴햄프셔주 출신의 하원의원 퍼킨스 배스(Perkins Bass)

는 이렇게 말했다. "이 산업은 지금 병들어 있습니다. 과거에는 건강했던 뉴햄프셔주의 수많은 가금 기업이 …… 파괴되거나 위기에 처해 있습니다." 메릴랜드주에 본사를 둔 사료 제조업체 디트리치&갬브릴(Dietrich & Gambrill)의 부사장 피터 치체스터(Peter Chichester)는 이 상황을 '재앙'이라고 표현했다.

수많은 증인을 소환한 그 분과위원회의 임무는 법률을 입안하는 게 아니라 다른 국회의원들이 법률적 해결책을 제안할 수 있도록 문제를 조사하는 것이었다. 아흐레에 걸친 긴 시간 동안 청문회는 한때 노다지로 떠올랐던 육계 사육의 현주소를 드러냈다. 수월한 신용대출—심지어 저가로 인한 모든 손실을 보전해주는 조건도 있을 정도로 관대했다—은 농민들로 하여금 사육 규모를 무리하게 확장하도록 설득했으며, 수천 명에 달하는 새로운 농민을 닭고기 사육에 뛰어들도록 꼬드겼다. 농부들은 항생제와 개선된 품종 개량법에 힘입어 새로 확장된 농장에서 더 적은 비용으로 더 많은 닭을 사육할 수 있었다.

일리노이주의 하원의원 티머시 시핸(Timothy Sheehan)이 말했다. "이제는 과거에 쓰던 사료량의 절반만 가지고도 훨씬 더 크고 개선된 닭을 키울 수 있습니다. 앞으로 계속해서 사료가 개선되고 그에 따라 닭고기 생산이 업그레이드되는 끝없는 순환을 보게 될 것입니다. 더 적은 수의 닭으로 더 많은 닭고기를 생산하는 거죠."

증인들은 닭고기 산업이 붕괴하지 않도록 막아주는 유일한 길은 수십 명이 모방한 주얼의 새로운 산업 모델뿐이라고 입을 모았다. 흔히 이른바 '계열주체(integrator)'—가금 사육을 기업화하여 부화 전부터 도계 이후까지 전 과정을 총괄한다—가 제의한 계약은 개별 농부들과 그들이 선을 넘었을 때 빚어질 수 있는 결과를 분리해주었다. 증인 가운데 한 사람인 주얼은 자신이 이끄는 기업의 여러 부서가 상호작용함으로써 낮은 가격으로 인해 피해를 입지 않도록 막아주었다고 증언했다. 지금껏 그와 계약한 사육농들은 지나치게 많은 닭을 기르겠다고 결심할 수도 있었고 그 결과 개별 소득이 위험에 처할 수도 있었지만, 사료 판매 공장은 더 많은 닭에게 사료를 공급하게 되어 더 많은 돈을 쓸어 모았다. 마찬가지로 도계 공장도 더 많은 닭을 가공하게 되어 형편이 나아졌다. 따라서 지역 경제는 이득을 보았다. 한때 대책 없을 정도로 가난했던 조지아주 북부에서는 지역민들이 그 지역 은행에서 빌린 대출금이며 거기에 맡긴 저축액이 크게 불어났다. 그 지역으로 자리를 옮긴 사료 공장과 렌더링 공장(축산물의 시체·폐기물을 처리하는 공장—옮긴이), 장비 판매상, 농장 용품 판매 가게 들도 성업 중이었다. 주얼은 그 분과위원회에서 이렇게 말했다. "우리는 시간이 주어진다면 이 산업이 우리 자신의 문제를 해결해줄 수 있다고 생각합니다."

청문회에 모인 경제학자와 금융업자 들의 생각은 달랐다. 그들은 자사에 소속된 여러 부분을 모두 지탱해줄 수 있을 만큼 충분한 자본을 지닌 대규모 기업만이 한 부분에서 발생한 손실을 다른 부분에서의 이득으로 메울 수 있기 때문에 경제적 파고를 무사히 넘어서는 게 가능하다고 말했다(주얼이 운영하는 회사가 그런 기업 가운데 하나였다. 그는 자신과 계약한 농부가 400명이라고 밝혔다). 전문가들은 낮은 가격이 가하는 압박으로 독립적인 농민들이 하도급업자로 전락하지 않을 수 없으며, 소규모 계열주체들도 좀더 큰 규모의 계열주체로 변신해야 하는 무자비한 미래가 펼쳐질 거라고 전망했다. 동부주농민거래소(Eastern States Farmers' Exchange)의 마크 위트머(Mark Witmer)는 이렇게 경고했다. "오직 최고의 관리자들만 이윤을 낳는 사업을 이어갈 수 있을 것으로 보입니다. 우리는 독립적으로 운영되고 있는 육계 사육농은 전체의 5퍼센트 미만이라고 생각합니다." 사료 제조사 디트리치&갬브릴의 부사장 피터 치체스터는 "거대 기업들은 다른 기업들이 어서 손 털고 나가주기를 비는 일도 서슴지 않을 것"이라고 예측했다.

코네티컷주의 하원의원 호러스 실리브라운 2세(Horace Seely-Brown, Jr.)는 "가금산업이 결국 그 업계를 주무르는 위치에 오른 단 한 사람 혹은 열 사람에 의해 좌우될 것"이라며 그에 우려를 드러냈다. 주얼은 돋보일 정도로 냉정하게 맞받아쳤다. "그게 바로 오늘날 자동차 산업이 걷고 있는 방향이죠, 안 그런가요? 결과가 어떻게 될지 잘은 모르지만 저는 모종의 원자폭탄 같은 것이 나타나 영세한 자동차 제조업체를 모조리 분쇄할 거라고 생각합니다."

냉전에 대한 불안감이 팽배한 때였던 만큼 그것은 대담한 농담이었다〔그로부터 다섯 달 뒤 소련은 스푸트니크 1호(Sputnik I)를 발사했다〕. 좌우간 미국의 자동차 제조업계는 이미 빅3로 정리·통합된 상태였으며 가금산업도 그 길을 밟아가고 있었다.[18] 1950년에 미국에서는 가금 농장이 160만 개 있었고, 대다수가 여전히 독립적인 농장이었다. 그 길을 걸어온 지 50년이 지났을 무렵 농장의 98퍼센트가 자취를 감추었다. 오늘날 미국에서[19] 가금을 사육하는 농장은 약 2만 5000곳에 불과하며, 거의 모두가 끝내 합병을 이겨내고 살아남은 계열주체―타이슨푸즈(Tyson Foods: 이하 타이슨―옮긴이), 샌더슨팜스(Sanderson Farms), 필그림스(Pilgrim's) 등으로 다 해봐야 35개에 불과하다―와 계약을 맺은 상태로 운영되고 있다〔주얼이 운영하는 기업 J. D. 주얼(J. D. Jewell)도 끝내 살아남지 못했다. 그 회사는 1970년대 모 회사에 매각되었는데, 그 회사 역시 2012년 같은 운명을 맞았다〕.

1957년 가금산업의 미래를 불안해하던 이들은 그 같은 통합·합병이 진행되는 광경을 목격했지만, 어떻게 하면 그 추세를 늦추거나 피해갈 수 있는지에 대해 합의를 보지는 못했다. 1918년부터 처음에 아이오와주 로스(Ross) 부근에서, 그다음에 아칸소주 패리스(Paris)에서 육계 부화장을 운영해온 밀드러드 네프 스테첼(Mildred Neff Stetzel)은 그 의회 소위원회에 영세 기업을 보호해달라고 촉구했다. 그녀는 경쟁관계에 놓인 부화장의 관리인이 영업회의에서 다가오는 해에 병아리를 100만 마리 더 키울 수도 있을 것 같다고 으스대는 소리를 들었다고 말했다. 판매하는 닭의 수를 늘려서, 어쩌면 자신들이 자초했을지도 모를 가격 폭락을 상쇄하겠다는 속셈이었던 것이다. 그녀는 한 해에 부화할 수 있는 가금 수를 제한함으로써 영세한 축산농가가 설 자리를 마련해달라고 의회에 요청했다.

그녀의 뒤를 이어 등장한 육종업체 대표들—다들 남성이었고 하나같이 그녀의 기업보다 몇 배나 더 큰 기업을 이끌고 있었다—은 정부의 통제를 거부했다. 그들은 공익 때문에 부화장에 공급하기를 거부하는 육종업체는 기꺼이 그렇게 하려는 육종업체에 의해 대체되리라고 주장했으며, 농부들에게 사육할 병아리를 발송하지 않으려고 버티는 부화장은 어디랄 것 없이 같은 운명을 맞을 거라고 말했다. 그들은 실적 나쁜 농부들은 밀어내고 영리한 기업인은 키우도록 시장에 맡겨두는 게 중요하다고 지적했다. 매사추세츠주에 본사를 둔 '코브의 혈통 좋은 병아리(Cobb's Pedigreed Chicks)'—장차 세계 최대의 육종업체 가운데 하나로 성장하게 된다—의 부사장 로버트 C. 코브 2세(Robert C. Cobb, Jr.)는 그 느낌을 이렇게 압축적으로 표현했다. "사정을 번연히 알면서도 자진해서 파산할 권리가 있다는데 어쩌겠어요."

하지만 그들 중 누구도 자신이 그 주인공이 되리라고는 생각지 않았다. 약 10년 전의 주크스처럼, 새롭게 부상한 거대 가금기업의 지도자들은 자기네가 스스로의 이윤을 위해 애쓸 뿐 아니라 과학을 발전시키고 나라를 먹여 살리고 값싸게 단백질을 공급함으로써 사회에도 이바지한다고 주장했다. 또 다른 육종업자인 코네티컷주의 헨리 새글리오―그가 경영하는 아버에이커스(Arbor Acres)는 향후 수십 년 동안 '코브의 혈통 좋은 병아리'와 선두 자리를 다투게 된다―가 그들 모두를 대표해 의회의 감시감독을 향해 짜증을 드러냈다. 지금 우리의 귀에야 의도치 않았을지 몰라도 모순되게 들리지만, 당시의 그는 자못 심각했던 것 같다. "저는 거의 빵 가격에 육류를 제공하는 업계의 미래가 무척 유망하다고 생각합니다."

가금업계는 그 지도자들이 떠올린 미래를 앞당기기 전에 먼저 당시 겪고 있던 시장 불균형부터 해소해야 했다. 그들 앞에는 간략하게 말해 두 가지 선택지가 놓여 있었다. 닭을 덜 생산하거나 더 많이 팔거나. 하지만 가금업계의 지도자들은 자진해서 닭을 덜 사육하지는 않을 테고, 그렇게 하도록 압박해오는 그 어떤 연방의 시도에도 저항할 거라고 이제 막 의회에 선언한 상태였다. 그들이 모두가 감지할 수 있는 붕괴 위기에서 가금 산업을 벗어나도록 해주기 위해 취한 전략이란 그저 사람들이 계속 닭을 더 많이 사주리라는 믿음뿐이었다.

하지만 그들 중 일부는 가금업계가 잘못을 저지르고 있다고 느꼈다. 미국 최대의 사료 공급업체 제너럴 밀스(General Mills, Inc.)의 부사장 D. H. 맥베이(D. H. McVey)는 그들의 안이한 태도에 깜짝 놀랐다. 그가 말했다. "우리는 부화장 운영자, 농부, 사료 제조업자 등을 위시한 공급업자로서 너무나 자주 스스로를 육계·칠면조·달걀의 생산 속도를 제어할 수 있는 존재로 여깁니다. 물리적 생산의 측면에서 보면 사실일지도 모릅니다. 하지만 넓은 의미에서 보면 우리가 생산하는 제품의 소비 속도를 통제하는 집단은 바로 미국의 주부들입니다. 어떤 식품을 얼마나 자주 소비할 것인지를 결정하는 것은 바로 그들입니다."

미국에는 주부가 많았다. 청문회가 열린 1957년은 출생률이 최고점을 찍은 베이비붐의 해였다. 하지만 그들은 가금업계가 적자를 내지 않을 만큼 충분히 가금을 구매하고 있지는 않았다. 게다가 아무도 어떻게 하면 그들이 닭을 더 많이 사도록 설득할 수 있을지 생각해내지 못하고 있었다. 청문회가 열리고 4년 뒤, 〈하퍼스 매거진(Harper's Magazine)〉은 "과잉생산으로 닭고기가 폭발적으로 증가했다. 가금산업은 1929년 이후 생산량을 50배 넘게 불려놓았고, 과잉생산과 과잉설비의 수렁에 빠져들고 있다"고 적었다.[20] 글의 저자는 경제학자로서 의회가 우려한 것과 마찬가지로 수요와 공급의 불일치를 인지했다. 닭장에서는 너무나 많은 닭이 사육되고 있는 데 반해 식탁에 오르는 닭고기는 그에 영 못 미쳤던 것이다. 그는 "1년 동안 한 사람이 먹게 될 닭고기 양에는 한계가 있다"고 적었다.

그러던 차에 누군가 그 한계를 넘어설 수 있는 방안을 떠올렸다. 조지아주, 아칸소주, 델마버 같은 가금 사육의 중심지와는 완전히 동떨어진 곳에서 일하던 한 성실한 과학자는 그 문제를 객관적으로 바라볼 수 있는 입장에 놓여 있었으므로 자기가 사람들로 하여금 닭고기를 더 많이 더 자주 먹게 만들 수 있다고 확신했다. 그는 닭 사육 농민들의 재정 전반을 개선해주고 싶었다. 그는 결국 수백만 명이 먹는 식품을 변화시키게 된다.

풀어야 할 문제가 하나 있었다. 사람들이 진짜로 닭고기를 더 많이 먹게 만든다는 것은 결국 그들이 닭고기를 더 자주 요리하게 만든다는 것을 뜻했다. 가금 기업을 이끌어가는 남성들은 식품을 구매하고 조리하는 것을 여성의 일로 간주했던지라 그 문제를 깊이 생각해보지 않았다.

1960년, 소매를 위해 유통된 육계의 80퍼센트는 생닭째로 팔렸다. 오직 소수의 슈퍼마켓과 주문생산하는 도계업자만이 닭을 사전에 여러 부위로 잘라서 팔았다. 생닭을 구입한 여성(그 시절에는 거의 언제나 여성이었다)은 닭을 집에서 직접 손질하거나―잘 드는 칼이 필요한 너저분한 일이다―아니면 통째로 요리하거나 둘 중 하나를 선택해야 했다. 닭을 통째로 요리한다는 것은 주로 오븐에서 구워내는 것을 의미했다. 닭이 영계일 경우에는 팬에 튀기거나 푹 삶거나 열원 위에 올려놓고 구워야 했다. 이 모든 조리법은 시간이 많이 걸렸고, 어느 것 하나 1950년대의 획일성에서 벗어나고 있으며 직장 생활을 하는[21] 여성들의 부족한 시간과 달라진 생활 패턴에 맞지 않았다.

그뿐만 아니라 닭은 크기도 문제였다. 심지어 1960년대에조차 닭 한 마리는 부부가 한 끼에 다 먹기에는 너무 컸지만[22] 가족의 주말 저녁 식탁에 올리기에는 또 너무 작았다. 게다가 가장 극복하기 어려운 난관은 바로 닭이 너무 뻔한 음식이라는 점이었다. 만약 식사를 준비하는 여성이 가족들에게 쇠고기를 대접하고자 한다면 그녀는 스테이크를 구워도 되고 양지머리를 푹 삶아도 되고 햄버그스테이크를 만들어도 된다. 돼지고기를 선택했다면 허릿살이나 갈빗살을 구워도 되고 햄 요리를 해도 된다. 반면 닭은 통째로 쓰든 잘라서 쓰든 굽든 볶든 그래봐야 별수 없는 닭이었다. 닭을 어떻게든 새로운 식품으로 재창조해줄 사람이 필요했다. 생선을 피시스틱〔fish stick: 먹지 못하는 부위를 제거한 어육편으로 만든 피시바(fish bar)를 다시 일정한 두께로 자른 것으로 1953년 세상에 첫선을 보였다―옮긴이〕으로 재구성한 것처럼,[23] 닭이라는 동일한 단백질 덩어리를 다른 풍미를 지닌 식품으로, 혹은 요리하기 쉬운 형태로 변신시켜줄 사람 말이다.

뉴욕주 북부 변경에 사는 한 혁신적인 교수가 그 역할을 떠안았다.[24] 과일 농장을 소유한 가족 출신의 로버트 베이커(Robert Baker)였다. 베이커는 가업을 이어받겠다는 계획을 세웠다. 그에 따라 인근에서 가장 큰 코넬 대학에 입학했고 과일농업 분야에서 학위를 땄다. 하지만 대학에 다니면서 그의 꿈은 교수가 되는 것으로 바뀌었다. 그러려면 일단 다른 곳에 가서 일을 해야 했다. 그래서 랜드그랜트 대학들(land-grant universities: 정부로부터 무상으로 토지 따위를 받아 설립한 대학—옮긴이)과 그들이 터 잡은 지역사회를 이어주는 농사고문직을 얻게 되었다. 연방정부로부터 돈을 받는 일자리였다. 그는 석사학위를 따기 위해 펜실베이니아주로, 박사학위를 취득하기 위해 인디애나주로 떠났고, 1949년 감사하게도 뉴욕주 북부로 돌아와 코넬 대학에서 교수직을 얻을 수 있었다.

델마버의 명성과 조지아주의 부상을 고려해볼 때 뉴욕주 북부 지방은 가금 연구를 수행하기에 적합한 장소로 보이지 않았을지도 모른다. 하지만 코넬 대학은 초기의 랜드그랜트 대학 가운데 하나로 1865년에 창립된 유서 깊은 대학이며, 미국 대학 가운데 최초로 가금과학 관련 학과를 개설한 곳이기도 했다. 코넬 대학은 그 지역 농업을 밀어주어야 한다는 분명한 소명을 지니고 있었다. 농업에는 가금 사육도 포함되었다. 그 지역 가금 농부들은 전쟁 이후 좀처럼 회복의 기미가 보이지 않는 가금 매출의 하락에 시달렸고 가금산업을 남부 주들에 빼앗긴 채 망연자실해 있었다. 1959년 코넬 대학은 베이커에게 지역 농민들의 닭고기 판매를 제고하도록 돕는 제품을 개발해달라고 요청했다. 코넬 대학은 그를 위해 농업대학 캠퍼스 중앙의 야트막한 현대식 건물 지하에 식품과학 실험실을 마련해주었으며, 그가 연구를 잘 진행할 수 있도록 거들어줄 연구조수도 두엇 붙여주었다.

베이커가 진행한 첫 번째 실험[25]은 마케팅에 초점을 맞춘 것이었다. 우선 슈퍼마켓 쇼핑객들에게 어떻게 조리해야 하는지 제안하기 위해 바비큐 소스 용기를 함께 넣어 육계를 포장했다. 가게에 마냥 내쳐 있던 작은 달걀은 '특별히 아동용으로 제작한' 키즈팩 상자에 담아 진열했다. 하지만 농장에서, 그것도 대공황 직전에 태어난 베이커는 선천적으로 검소했던 만큼 거의 가치가 없어진 산란노계와 육계의 버려지는 부위들—등·목·껍질 따위—을 좀 더 잘 사용할 수 있는 방법이 없을지 깊이 고심했다. 그는 잡은 닭에서 뼈에 붙어 있는 살을 떼어내는 기계를 최초로 고안했으며, 닭의 폐기물을 분쇄하여 소시지나 다진 고기 요리(hash)에 섞는 실험을 전개했다. 그는 암탉의 살코기로 핫도그도 만들었다. 고등학생들을 겨냥하기 위해 포장지 색깔이며 양념의 종류를 다양화하고, 포장 방법이나 슈퍼마켓에서의 판촉 활동을 다채롭게 시도했다〔그는 시장 테스트의 일환으로 어떤 상자에는 치킨프랑크(chicken franks), 어떤 상자에는 버드도그(bird dogs)라 이름 붙인 다음 매출액을 비교했다. 남성 쇼핑객은 버드도그를 선호했지만 치킨프랑크가 근소한 차이로 앞섰다〕. 베이커는 치킨볼로냐〔chicken bologna, 그는 치칼로냐(chickalona)라고 불렀다〕, 치킨 브랙퍼스트 소시지(chicken breakfast sausage), 치킨버거 패티(chicken burger patties), 치킨 스파게티 소스(chicken spaghetti sauce), 구워서 내놓을 수 있도록 알루미늄 팬에 넣어 얼린 치킨 미트로프(chicken meatloaf) 따위를 개발했다. 베이커는 달걀 제품에 대해서, 나중에는 생선에 대해서도 연구를 이어갔다. 하지만 가금산업을 완전히 바꿔놓은 제품은 1963년 그의 실험실에서 나온 한 연구 프로그램의 결실이었다. 그는 그것을 치킨스틱[26]이라고 불렀다.

훗날 세상에 '치킨너겟'이라고 알려지게 되는 것이다.

치킨스틱은 정확히 피시스틱과 같지는 않았다. 피시스틱은 얼린 근육

덩어리에서 널빤지 두께로 잘라 만든 것이기 때문이다. 하지만 닭을 그런 식으로 해서는 가슴살에서 몇 조각을 얻어내는 게 고작일 것이다. 닭의 나머지는 쓰레기로 버려지게 되는데 베이커는 버리는 것을 아주 질색했다. 그는 생선과 다르게 그때껏 실험해온 대로 살을 섞어서 만들기로 했다. 닭가슴살을 중심으로 하되 다시 모양을 잡은 제품을 생산하기로 한 것이다. 이를 위해서는 식품공학과 관련한 몇 가지 문제를 해결해야 했다. 먼저 소시지처럼 포장을 곁에 두르지 않은 채 육고기를 덩어리지도록 만들어야 했고, 이어 냉동으로 인한 수축과 제품을 조리할 때 생기는 수증기를 견딜 수 있는 옷(coating)을 개발해야 했다. 베이커와 그가 지도하는 대학원생 조지프 마셜(Joseph Marshall)은 생닭가슴살을 소금과 식초를 넣어 분쇄해 끈적한 단백질 반죽을 얻어낸 다음 그것을 뭉치게 해줄 분말 우유와 곡물을 첨가함으로써 첫 번째 문제를 풀었다. 두 번째 문제는 스틱 모양으로 빚어 얼린 다음, 반죽옷을 입히고 다시 한번 얼리는 식으로 해결했다. 그들은 셀로판 창을 만들고 코넬 대학의 흔적은 감쪽같이 지운 채 거짓 상표를 붙여 매력적인 상자를 고안해냈다. 그런 다음 상자를 시장 테스트를 위해 지역의 다섯 군데 슈퍼마켓에 진열했다. 첫 주에 200상자가 팔렸다.

베이커는 결코 자신의 발명품에 대해 특허를 신청하지 않았다. 코넬 대학 측도 마찬가지였다. 코넬 대학은 베이커가 개발한 레시피, 기술, 포장 디자인, 그리고 마케팅 전략까지를 수십 년간 발간해온 월간 회보에 무료로 공개했다. 그들은 다른 대학들과 약 500개에 달하는 식품 회사에도 그 회보를 발송했다. 지금 코넬 대학에 있는 누구도 그 회보가 얼마나 멀리까지 배포되었는지 짐작할 수 없을 것이다. 베이커의 지도학생으로 역시 코넬 대학 교수가 된 로버트 그래바니(Robert Gravani)가 2013년 나에게 말했다. "교수님은 말 그대로 아이디어를 공짜로 나눠주셨어요. 다른 이들이 그 아이디어에 대한 특허를 받았죠." 베이커는 가금과학과 학과장을 지냈으며 여러 식품 회사에 고문역을 했다. 그가 지도한 대학원생들 상당수가 식품 기업에 포진했다.

베이커의 발명품이 그의 아이디어가 발표된 때로부터 17년이 지난 1980년 맥도날드사(McDonald's)가 출시함으로써 신영역을 개척한 제품 맥너겟(McNugget)에 영감을 주었다는 확실한 증거는 없다(맥도날드의 기업 전기에 실린 공식 기록에는 맥너겟이 창립자 레이 크록(Ray Kroc), 회장 프레드 터너(Fred Turner), 그리고 총괄셰프(executive chef) 르네 아렌드(René Arend)가 아이디어를 주고받는 과정에서 거둔 결실이었다고 되어 있다[27]). 하지만 타이밍이 더없이 절묘했다. 맥너겟이 출시되고 맥도날드가 비밀리에 론칭한 장소인 테네시주 녹스빌(Knoxville)에서 계속 매출 신기록을 경신하던 때로부터 3년 전, 상원의원 조지 맥거번(George McGovern)이 이끄는 상원 특별영양위원회(Senate Select Committee on Nutrition)는 최초로 '미국인의 식생활 목표(Dietary Goals for the United States)'를 발표함으로써 미국인의 식단에 일대 변화[28]를 촉발했다. 이 목표는 논쟁적인 오늘날의 '식생활 지침(Dietary Guidelines)'의 전신으로, 심장병 발병률의 증가에 관한 과학자들의 우려를 담아냈으며, 처음으로 미국인들에게 포화지방을 덜 먹도록 권고했다. 이는 즉시 붉은 고기를 먹지 말라는 권고로 받아들여졌다. 닭은 붉은 고기에 대한 분명한 대안으로 보였으며, 기업들은 아이디어를 발굴하기 위해 넓은 그물을 던졌다. 그 그물이 어찌나 넓었던지 그들의 문서보관소에 남아 있던 문제의 그 코넬 대학 월간 회보까지 퍼 올릴 수 있었다.

가금업계에서는 베이커가 너겟, 그리고 그의 발명품이 포함되는 범주에 속한 '좀더 가공된' 제품들의 아버지라는 사실을 당연하게 여겼다. 그는 닭을 단순히 밋밋한 식품에서 매력적이고 먹기에도 손쉬운 먹거리로 탈바꿈시킴으로써 가금업계가 절박하게 원한 대로 닭을 살려놓았다. 일단 사람들이 닭고기를 더 많이 먹기 시작하자 가금의 과잉공급 문제는 저절로 해결되었다. 아니 실제로 공급이 부족해지기까지 했다. 즉 '미국인의 식생활 목표'를 발표한 1977년은 미국인이 전년도보다 쇠고기를 덜 소비한 최초의 해였다. 그 후 매년[29] 육류 소비는 줄어들고 가금류 소비는 불어났다. 베이커가 연구에 착수했을 무렵인 1960년에 미국인은 연간 28파운드의 닭고기를 섭취했는데, 같은 수치가 2016년에는 매일 4온스에 해당하는 92파운드로 크게 늘어났다. 꾸준히 증가하는 수요 때문에 성장 촉진제가 필수적인 요소로 떠올랐다. 닭고기 수요의 증가는 성장 촉진제를 자연스럽게 받아들이도록 이끌었다. 성장 촉진제의 사용이 너무 일상적이라서 식품회사들이 항생제를 우리 식생활에 도입하기 시작했을 때 아무도 이상하다고 생각지 않았다.

내성이 시작되다

1950년대 후반의 어느 때쯤 신문과 잡지의 광고에 생소한 용어가 등장하기 시작했다. "우리의 가금은 '애크러나이징(Acronizing) 되었다.'" 지역의 식료품 가게인 '타운앤드컨트리마켓(Town and Country Market)'은 1956년 8월 호 캘리포니아주 유카이아(Ukiah)판 〈데일리저널(Daily Journal)〉[1]에서 이렇게 선언했다. 1957년 뉴욕주 시러큐스(Syracuse)에서 〈포스트스탠더드(Post-Standard)〉[2]의 광고는 다음과 같이 조언했다. "닭고기의 신선함을 말해주는 방법에는 여러 가지가 있다. 하지만 가장 믿을 만한 딱 한 가지 지침이 있다. ……당신이 만약 애크러나이징 된 닭을 발견한다면 그 닭이 최선이라고 보면 된다." 여러 여성 잡지에 실린 전면 컬러광고는 윤기가 쫄쫄 흐르고 껍질이 바삭바삭한 통닭을 우아한 기하학적 촛대, 특대 후추 분쇄기와 함께 보여주면서 이렇게 덧붙였다. "농장에서 바로 산 신선한 닭고기 맛이 난다. 촉촉하고 영양가 있고 정감 어린 그런 맛. 하지만 가장 놀라운 것은 오늘 당신이 동네 식료품 가게에서 다름 아니라 애크러나이징 된 닭을 구입할 수 있게 되었다는 사실이다!"

애크로나이징 되었다니 이게 대관절 무슨 소리람? 광고를 본 여성이 어리둥절해 있을 때 같은 신문에 실린 다른 기사들—대부분은 주로 여성을 겨냥한 '생활'란에 속해 있었다—이 눈에 띈다. 그녀가 모르는 정보를 제공하기 위해 교묘하게 배치된 기사들이다. "갓 잡은 닭을 조리해본 적도 먹어본 적도 없는 수천 명의 미국 주부들이 가금·생선·육류처럼 상하기 쉬운 식품의 신선도를 유지하도록 도와주는 혁신적인 공정 덕택에 이제는 그리할 수 있게 되었다." 텍사스주의 〈오데사 아메리칸(Odessa American)〉[3]이 1956년 1월 독자들에게 말했다. "당신의 식탁에 오른 더 신선하고 맛 좋아진 가금, 사실상 종지부를 찍은 저장 문제. 이것이 과학자들이 가금을 상대로 한 새로운 애크로나이징 보존의 결과로 예측한 것이다." 아이오와주 앨고나(Algona)의 일간지 〈코수스 카운티 뉴스(Kossuth County Advance)〉[4]는 1957년 5월 이렇게 적었다. 버몬트주의 〈베닝턴 배너(Bennington Banner)〉는 1958년 1월 "애크로나이징이라는 용어는 무슨 뜻인가? ······그것은 특별한 식품 등급에 속하는 가금에 해당하는 용어다"라고 설명했다.[5] 기사와 광고가 거듭되면서 마침내 애크로나이징이란 무엇인지가 규명되었다. 즉 그것은 육류가 상하지 않도록 막아주는 저장법으로, 어느 지역에서 오직 몇 개의 도계장만 사용이 허락된 특수 인증을 보장하는 독점적 공정이었다. 그것은 현대적이고 과학적이었으며 육류의 판매 방식을 바꿔가고 있었다.

기실 비밀은 바로 항생제였다. 애크로나이징은 레덜리의 모기업 아메리칸사이안아미드의 발명품[6]이었다. 그것은 성장 촉진제, 우리에 퍼지는 질병으로부터 동물을 보호하는 예방적 용도에 더한 클로르테트라사이클린(그 기업이 오레오마이신이라는 이름으로 시장에 내놓은 약물)의 또 다른 용법이었다. 애크러나이징은 그 약물을 살아 있는 닭에게 투여하는 대신 닭을 도살하고 내장을 빼낸 다음 사용하는 방식이었다. 애크러나이징 했다고 광고하는 닭은(나중에는 생선도) 도살되는 동안 희석한 항생제 용액에 담근 것이었다. 그 용액에는 육류에 얇은 막을 씌울 정도의 약물이 들어 있었다. 그 막은 닭이 판매용으로 포장되고 소매점의 냉장고에 진열되고 그리고 마침내 각 가정의 주방에 닿을 때까지 남아서, 계육을 상하게 만들 소지가 있는 세균이 표면에서 자라지 못하도록 막아주었다. 이 같은 처리법이 노리는 목적은 날고기의 유통기한을 며칠이 아니라 자연적인 것에서 한참 벗어난 몇 주, 혹은 최대 한 달까지 늘리겠다는 것이었다〔우리는 이쯤에서 레덜리가 그 공정에 왜 그런 이름을 붙이게 되었는지[7] 짐작할 수 있다. acron은 고대 그리스어로 거슬러간 어원에 따르면, a(not, without)+chron(time), 즉 '시간을 초월하다'는 뜻을 지닌 조어다〕.

　1950년대 말 전국 단위의 잡지, 미국 전역에서 출간되는 수십 개의 신문 등 미국의 대중매체를 풍미하던 애크러나이징 광고, 그리고 특히 그를 설명하는 기사들은 과학이 전후(戰後) 세계에 안겨준 또 하나의 선물에 진심으로 열광하는 것처럼 보였다. 실제로 그들은 적극적으로 마케팅 캠페인에 열을 올렸다. 아메리칸사이안아미드는 뉴욕의 저명한 홍보기업과 손잡고[8] 전국의 신문과 잡지에 광고를 도배했으며, 텔레비전과 라디오에 사용할 광고를 각각 제작하고 지역신문에 기사를 내보냈다. 이 기업은 에이피통신(Associated Press), 다우존스(Dow Jones), 유피아이통신(United Press International) 등 모든 통신사를 위해 독점기사를 제공해주기까지 했다. 영세한 신문사들은 그들이 작성해 건네준 기사를 그대로 사용했다. 그 마케팅 캠페인에는 애크러나이징 해서 구운 닭고기를 식품 담당 편집자들에게 먹이는 이벤트[9]도 포함되어 있었다. 그들은 독자들에게 그 닭고기에 대해 칭찬을 늘어놓았고, 애크러나이징 공정은 한층 신뢰받는 '굿하우스키핑 인증〔Good Housekeeping Seal of Approval: 〈굿하우스키핑〉은 미국의 중류 가정부인을 대상으로 한 월간지로 1885년 창간되었으며, 세븐시스터스(Seven Sisters)라 불리는 굴지의 부인잡지 중 하나다―옮긴이〕' 마크를 획득했다. 그 마크는 오늘날에도 같은 잡지사에서 여전히 발행하고 있다.

레덜리가 이 모든 일을 추진할 수 있었던 까닭은 가축에게 성장 촉진제 사용하기, 혹은 예방적 용도로 항생제 투여하기 같은 경우에서와 마찬가지로 FDA가 애크러나이징 관련 활동을 적극 지지해주었기 때문이다. 1955년 11월 말, FDA는 청문회 개최 일정도 잡지 않고 그 어떤 공식적인 검열도 거치지 않은 채 30단어로 된 또 하나의 명령[10]을 발표했고, "지체하는 것은 공익에 반하는 노릇이 될 것"이라고 주장하면서 그 내용을 《연방정부 관보(Federal Register)》에 실었다. 그 명령은 날고기를 애크러나이징 처리한다는 것은 세균을 죽일 수 있는 활성 항생제를 이용하는 것이며, 부패를 방지하기 위해 필요한 절차임을 분명히 해주었다. 레덜리는 육류에 잔류한 항생제는 조리할 때 열을 가하면 모두 파괴되므로, 육류를 섭취하는 사람이 자기도 모르게 항생제를 복용할 여지는 일절 없다고 FDA를 안심시켰다. 하지만 레덜리가 누군가―즉 주방에서 날고기를 손질하는 주부, 가게에서 닭을 포장하는 사람, 혹은 닭을 도축하고 항생제를 푼 용기에 담갔다 다시 건지는 사람 등―그 약물에 노출되었을 때 무슨 일이 일어날 수 있는지 조사했다는 것을 보여주는 정황은 없다.

레덜리가 그에 따른 모든 위험을 모르쇠로 일관한 데에는 충분한 이유가 있었다. 애크러나이징이 회사에 어마어마한 수익을 안겨줄 터였기 때문이다. FDA가 그 공정을 승인하고 1년이 지난 1956년 〈비즈니스위크

〈Business Week〉는 "식품보존제로 팔려나가는 항생제의 매출이 매년 미국에서만 2000만 달러가 넘고, 전 세계적으로는 2000억 달러에 달할 것"이라고 예측했다.[11]

광고마다 애크러나이징 한 닭고기가 신선하다는 사실을 유별나게 강조하는 데에는 숨은 이유가 따로 있었다. 가금은 안전하지 않을 때가 많았고 구매자들은 걸핏하면 그것을 먹고 탈이 났다. 1950년대에는 가금이 미국에서 발생하는 식품매개 질병의 원인 가운데 무려 3분의 1을 차지[12]했다. 사람들이 여전히 쇠고기보다 닭고기를 덜 먹는[13] 상황이었는데도 그 정도였다. 가금을 도살하거나 다루는 이들은 사정이 더 좋지 않았다. 작업자 수백 명이 조류에 치명적이고 인간에게는 눈 감염을 일으키는 뉴캐슬병(Newcastle disease), 그리고 폐의 염증과 열을 동반하는 폐렴 비슷한 앵무병(psittacosis)에 걸렸다. 가금 작업자 수십 명이 그런 질환에 시달리다 숨을 거두었다. 가금 공장으로 이전하려 애쓰는 육류 절단공 조합들은 알려지지 않은 사망 사례들이 더 있다고 주장했다.

낮은 수요와 가격 하락 압박에 대처하기 위해 가금업계의 주요 인사들이 1957년 국회의사당을 찾았는데, 그 일을 계기로 사기를 북돋워주는 시장이 조성되었다. 편법을 장려·조장하는 분위기였다. 가금은 거대 사업으로 부상했다. 1956년에는 가금으로 거둬들인 총농가소득이 35억 달러로, 제시 주얼이 연합과 합병이 어떻게 먹혀드는지 실제로 보여주기 시작한 1930년대보다 3.5배나 늘었다. 도계장 인부들은 1956년 여러 개별 상원 청문회에서,[14] 살아 있는 닭을 내리게 되리라 기대하면서 농장에서

온 트럭을 열어볼 때마다 이미 죽어 있는 닭을 발견하곤 했노라는 소름 끼치는 증언을 쏟아냈다. 자신이 사육한 닭들이 아파 보이는 것을 알아차린 어느 농부는, 계약을 통해 자신이 닭을 길러서 넘기는 계열주체로부터 그 지역 공장의 육류 감시관들이 눈매가 매섭다고, 그러니 닭을 팔고 싶으면 이웃 카운티로 가라는 말을 들었을지도 모른다. 하지만 정작 그 육류 감시관들 자신은 지역 정치인들로부터 설렁설렁 하라는 압력을 받았다고 털어놓았다. 죽은 것처럼 보여서 따로 빼놓은 닭들이 그들의 권한을 무시한 채 슬그머니 원상 복구되고 버젓이 포장되어 팔리는 일도 있었다. 텍사스주 덴버시의 대표들은 공립학교 급식에 사용하려고 기차 3량 분량의 가금을 구입했는데, 상한 사실을 발견하고 받아들이기를 거부했으나 나중에 네브래스카주 오마하시의 학교에 되팔렸다는 이야기를 들었노라고 의회에서 증언했다.

이런 이야기는 닭을 도통 믿을 수 없는 제품처럼 느끼게 했다. 닭에 항생제를 사용한다는 사실은 주부들이 저도 모르게 가족한테 건강하지 않은 육류를 먹이고 있다는 확신을 품도록 만들었다. 이런 확신은 당시 상황과도 잘 맞아떨어졌다. 제2차 세계대전을 겪은 이라면 충분히 이해하고도 남는 상황으로, 아주 최근까지만 해도 식품 공급은 위험할 정도로 불안정했던 것이다.

10년 전, 제2차 세계대전이 막 종식되었을 때는[15] 식량 부족이 만연했다. 식량 부족에는 일면 고의성도 있었다. 독일과 일본은 기근을 무기 삼아 자기네가 합병한 땅에서 사람들을 몰아냈다. 하지만 식량 부족은 전쟁의 폐허 위에서 허덕이는 사람들에게 치명타를 안겨준 종잡을 수 없는 날씨 탓이 컸다. 가뭄이 덮쳐 오스트레일리아·아르헨티나·아프리카의 밀 수확, 그리고 중국과 인도의 벼 추수를 망쳐놓았다. 일본의 논농사 지대는 태풍으로 물바다가 되었다. 미국에서조차 일부 식량의 부족 사태가 빚어졌다. 쇠고기·돼지고기·가금의 공급이 삽시간에 바닥나서 군사령관들이 병사들의 영양에 대한 욕구를 충족시킬 수 없을까 봐 전전긍긍했고, 뉴스의 헤드라인들도 '육류 기근'[16]을 경고했을 정도였다. 전쟁이 끝나고 6개월이 지난 1946년 2월, 기근에 관한 긴급조치를 다루는 특별회의에서 유엔 총회가 "세계는 광범위한 고통과 죽음을 일으킬 수도 있는 상황에 직면해 있다"고 다급히 경고했다.[17] 1950년대에도 전승국을 포함한 여러 나라에서 식량 배급이 계속될 가능성이 있다는 전망이었다.

식량을 다시 풍족하게 공급할 수 있다는 확언은 파시즘에 대한 마지막 질책처럼 느껴졌음에 틀림없다. 그리고 더 많은 안전한 식품을 더 많은 사람들에게 제공할 수 있는 기술은 그에 따른 위험을 감수할 만한 가치가 있는 것처럼 여겨졌다. 하지만 돌이켜보면 그 당시 애크러나이징—혹은 레덜리의 경쟁사인 화이자가 자사 항생제 옥시테트라사이클린(oxytetracycline)을 써서 만들어낸 그와 유사한 처리법 바이오스타트(Biostat)—에 모종의 위험이 도사리고 있다고 생각한 이는 아무도 없었던 것 같다. 1950년대 중반부터 1960년대 중반까지 수백 명의 과학자들[18]이 항생제 용액을 육류나 생선에 입히고, 그 약물을 과일과 야채에 뿌리거나 우유에 섞는 실험을 실시했다. 식품 생산업체들은 이 새로운 과학을 열렬히 반겼다. 연구자들은 그 과학 덕택에 저온 수송 시설이 드문 남아메리카에서 신선한 육류 판매고가 늘어날 거라고 장담했다.[19] 그 기술은 오스트레일리아가 자국 쇠고기를 다른 나라에 판매할 수 있도록[20] 도와줄 터였다. 잠재 고객이 냉동육류의 유통기한보다 더 긴, 배로 4주가 걸리는 곳에 떨어져 있는지라 전에는 꿈도 못 꿔본 일이었다. 캐나다 어부들은 자기네가 잡은 고기의 약 25퍼센트는 시장에 출하되기도 전에 썩어버린다고 아쉬워했었다.[21] 그들은 애크러나이징이 생선을 보존해주기를 바랐다. 노르웨이의 포경회사는 수컷 고래 스테이크를 나날이 상용하는 육류로 만들 수 있게 되었다고 으스댔다. 그들은 북대서양에서 항생제를 넣은 작살로 고래를 포획하고 있었다.[22]

미국에서는 레덜리가 치솟는 수요에 썩 잘 대처했다. 가금 가공업자들은 레덜리에게 허락을 구하고 가맹 수수료를 지불하고서야 애크러나이징 기술을 사용할 수 있었다. 이렇게 해서 그 기술의 독점적 분위기가 조성되자 주부들에게 반드시 애크러나이징 한 닭을 구매하도록 설득하는 홍보 효과가 뒤따랐다. 애크러나이징 허가를 취득한 닭 가공업자들은 명민하고 진취적인 사람들처럼 보였다. 그들은 허가 서류가 도착하자마자 자신들이 사는 지역의 언론사에 전화를 걸었다.[23] 메인주 워터빌(Waterville)의 포트핼리팩스 포장회사(Port Halifax Packing Company)는 기자에게 애크러나이징 덕분에 자사의 가금 매출이 50퍼센트나 늘었다고 귀띔해주었다. 미시시피주 투펠로(Tupelo)의 퀵프로즌푸즈(Quick Frozen Foods)는 이제 냉동이 아니라 냉장한 트럭으로, 상하지 않을까 하는 염려 없이 거의 3200킬로미터나 떨어진 캘리포니아주까지 닭을 실어 나를 수 있게 되었다고 말했다. 시애틀 남부에 자리한 가공 공장으로 일주일에 닭 1만 8000마리를 애크러나이징 처리하는 페리브라더스(Perry Brothers)는 지역 신문에 그 공정을 거침으로써 알래스카주와 하와이주에까지 신선한 가금을 비행기가 아니라 배로 실어 보낼 수 있게 되었노라고 말했다. 저렴해진 운송비 덕분에 파운드당 닭고기 가격이 3분의 1 정도 떨어짐으로써 닭고기 구입이 한결 손쉬워졌다. 1958년에는 미국에 있는 도계장의 50퍼센트 이상이[24] 닭을 애크러나이징 할 수 있는 허가를 얻었다. 어류 도매상들[25]도 그 공정을 이용하기 시작했다.

그토록 적극적인 열의를 감안해보건대 그 회사들은 부정과 편법이 나타날 수 있으리라 예상했어야 옳았다. 아메리칸사이안아미드의 대표들은 인터뷰에서 애크로나이징 처리된 식품을 먹어도 아무 위험이 없다고 주장했다. 그들은 약품 처리된 육류에 쓰인 오레오마이신이 극소량이므로 사람들이 1회 처방 항생제에 상당하는 양을 소비하려면 닭을 자그마치 450마리나 먹어야 한다고 덧붙였다. 그들이 이렇게 큰소리친 것은 그 회사가 도계장에 제시한 투여량 지침─항생제 용액을 만들 때 물에 10ppm의 비율로 항생제를 섞도록 했다─에 기반한 것이었다(이는 처음에 주크스가 사료에 성장 촉진제를 투여할 때와 같은 비율의 액상 버전으로, 아메리칸사이안아미드 역시 주크스와 마찬가지로 안전하다고 주장한 양이었다). 아메리칸사이안아미드는 자사 가맹점들이 지침보다 훨씬 더 많은 양을 쓰고 있다는 사실을 알아차리지 못한 것 같다. 모 가맹점이 지역신문에 규정을 10배나 초과하는 80~100ppm을 사용하고 있다고 의기양양하게 떠벌리기까지 했는데도 말이다. 화이자의 바이오스타트 처리는 그보다 더 부정확했다. 〈비즈니스위크〉는 애크로나이징이나 바이오스타트 기술을 사용하는 이들이 아무 훈련도 받지 않았다고 보도했다.[26] 그들은 약물과 함께 들어 있는 계량스푼을 받았을 따름이며, 약물을 얼마만큼 사용해야 하는지와 관련해 아무런 제약도 받지 않았다.

레덜리와 화이자의 가공법에 대한 FDA 승인은 육류와 어류에 잔류한 약물이 미미해서 조리 시 가열하면 전혀 문제가 되지 않는다는 주장에 바탕을 두었다. 만약 육류에 그보다 더 많은 용량이 쓰인다 해도 결과가 같다고 장담할 수는 없었다. 주부들은 부지불식간에 가족들에게 테트라사이클린이 범벅된 어류나 닭고기를 먹이고 있을지도 모를 일이었다. 이내 의사들은 저녁 식탁에 올릴 그 단백질원을 생산하는 이들이 누구도 설명하지 못한 방식으로 항생제에 노출되고 있다는 사실을 발견했다.

시애틀 공중보건부(Department of Public Health)의 내과의사 레이머트 레이 브홀트(Reimert Ravenholt)[27]는 어리둥절했다. 때는 1956년 가을이었고, 당시 지역 의사들이 몇 주 동안 그에게 계속 전화를 걸어서 육체노동자들이 팔에 붉은 뾰루지와 부어오른 종기가 가득한 채로 진료실을 찾고 있다고 알려왔다. 그들은 열이 났고 어느 때는 몇 주씩 일터에 나가지 못한 채 집에 틀어박혀 있어야 할 정도로 고통스러워했다.

의사들이 당혹스러워한 것은 그들을 괴롭히는 게 무엇인지 몰라서가 아니었다. 그것을 알아내기는 쉬웠다. 흔히 볼 수 있는 피부감염 원인인 황색포도상구균 때문이었다. 레이브홀트는 다행히 포도상구균과 관련해 경험이 풍부했다. 그는 공중보건부에서 전염병 부서를 총괄하고 있었던 만큼 관련 질병의 발발을 알아차리고 추적해왔으며, 전년도에는 내내 시애틀 소재 병원들의 포도상구균 전염병을 다룬 바 있었다. 그 유기체는 출산 직후의 여성 1300명과 4000명이 넘는 갓난아기를 감염시켰으며 결국 24명의 산모와 아이들의 목숨을 앗아갔다. 끔찍한 발병이었다.

레이브홀트를 밤에도 잠 못 들고 뒤척이게 만든 것은 그 새로운 질병을 일으킨 원인이 아니었다. 다름 아니라 희생자들의 면면이었다. 의료계는 의료 종사자들이 여러 환자를 돌보는 중 부지불식간에 포도상구균을 옮김으로써 그 세균이 병원에서 급속하게 퍼져나갈 수 있다는 사실을 진작부터 알고 있었다. 하지만 다른 한편 병원 바깥에서는 포도상구균에 의한 감염이 개별적으로, 우연하게 발생하는 것이 당연시되고 있었다.[28] 간호사와 의사를 공유했다든가 수많은 갓난아기들이 육아실에서 같은 유아용 침대를 거쳐 갔다든가 하는 의료계와의 관련성이 분명하지 않다면, 두 포도상구균 감염 사례가 서로 관련되어 있으리라 여길 까닭이 없었다. 잇달아 다섯 달 동안 한 달에 여러 명씩 그 세균에 감염된 남성들은 어떤 병원이나 의사와도 관련되어 있지 않았다. 하지만 그들은 하나같이 팔과 손의 같은 자리에서 동일한 패턴의 병변이 나타났다.

그 병의 발발은 마치 탐정이 필요한 미스터리 같았다. 다행히도 레이븐홀트가 그런 사람이었다. 그는 역학자들, 즉 질병 탐정들을 위한 소수 정예 훈련 프로그램으로 질병통제예방센터가 후원하는[29] 유행병정보국(Epidemic Intelligence Service)에서 자격증을 땄다. 레이븐홀트는 전국적으로 동원할 수 있는 긴급대응팀을 꾸리기 위해 설계된 그 2년 과정의 프로그램이 배출한 첫해 졸업생들 가운데 하나였다. 긴급대응팀은 1951년에 시작되었고, 레이븐홀트는 이듬해 거기에 들어갔다. 시애틀 지역의 의사들이 1956년 그에게 전화를 걸어오기 시작했을 때 그와 마찬가지로 질병통제예방센터가 '현장역학조사(shoe-leather epidemiology)'를 할 수 있도록—즉 발병하면 어디든 가리지 않고 직접 달려가 환자들을 일일이 만나 상세히 조사를 벌일 수 있도록—훈련받은 사람은 미국 전체를 통틀어 채 100명도 되지 않았다.

다행히도 레이븐홀트는 현장역학조사 훈련 덕택에 발생한 질병의 패턴을 알아볼 수 있는 능력을 갖추었다. 포도상구균과 관련해 알려진 모든 것이 병원과 무관한 질병은 일어날 수 없다고 말해주고 있었음에도 불구하고 말이다. 31세의 이 내과의사는 그 남성들을 진료한 의사들에게 전화를 걸어서 그들의 의료기록을 찬찬히 확인하고, 환자들을 추적하고, 그들 모두를 인터뷰했다. 그들이 사실상 서로 연관되어 있다는 것을 발견하기까지는 그리 오랜 시간이 걸리지 않았다. 그들은 같은 병원에 다니지 않았다. 아니 어떤 병원에도 가지 않았다. 하지만 그들은 다른 한 가지 장소를 공유하고 있었다. 매일 다니는 곳, 바로 작업장이었다. 그들은 모두 같은 가금 가공 공장의 도축 노동자들이었다.

레이븐홀트는 그 공장의 공동 소유주들에게 전화를 걸었다. 그는 자신과 이야기하고 싶어 하지 않을지도 모른다고 여겼으므로 그들이 잠깐 들러도 좋다고 허락했을 때 내심 놀랐다. 그가 그곳에 도착했을 때 그들은 그의 방문을 허락한 까닭을 들려주었다. 즉 그들은 지역 농장에서 자신들에게 판매한 가금의 질이 좋지 않아 고민이었다. 같은 해 하반기에 가금 가공업자들이 의회에서 불만을 토로한 것도 같은 문제에 대해서였다. 그들은 자기네가 깨끗하고 질 좋은 제품을 생산하기 위해 나름대로 애쓰고 있다는 사실이 널리 알려지기를 바랐지만, 자신들에 대한 평판이 나빠지고 있어 곤혹스러웠다.

그들은 레이븐홀트에게 자기네가 다루고 있는 것이 무엇인지 보여주었다. 건강해 보이는 가금도 일단 도살하고 털을 뽑고 나면 감춰져 있던 수많은 농양이 드러났다. 닭의 가슴 근육에 고름 주머니가 켜켜이 자리 잡고 있었던 것이다. 레이븐홀트는 그 고름을 일부 가져가 세균을 배양했다. 그 병변은 포도상구균에 의한 것이었다. 그는 도계장 소유주들에게 닭을 자를 때 그 고름 속에 살고 있던 세균이 새어나가 막 살해된 닭을 차갑게 유지해주는 얼음 용기를 오염시켰고, 칼질하는 작업자들이 일하다 보면 생기게 마련인 베거나 긁힌 상처 속으로 들어갔다고 설명했다. "거참 당혹스러운 일이군요"라고 도계장 소유주들이 대꾸했다. 그들은 숱한 돈을 퍼붓고 수많은 시간을 들여, 세균에 의한 오염을 막아주기로 되어 있던 애크러나이징이라는 위생적인 과정을 새로 도입했다. 5월은 그들이 이미 애크러나이징 설비를 갖춘 때였다.

작업자들을 진료한 의사들이 전화를 걸어오기 시작한 때는 5월이었다.

레이븐홀트는 전에 애크러나이징에 대해 들어본 적이 없었지만, 단박에 그와 관련한 이율배반을 감지했다. 만약 닭을 항생제 용액에 담그는 목적이 닭을 상하게 만드는 세균을 죽이기 위해서라면, 그 항생제 용액은 육류에서 비어져 나와 작업자들을 감염시킨 포도상구균도 죽였어야 마땅한 것이다. 그는 공장 소유주들에게 그 도계장에서 잡은 닭을 키운 농부들 전원의 이름을 알려달라고 부탁했다. 농장은 모두 21개였고, 그는 그 농장주들에게 일일이 편지를 보내 그들이 키우는 가금에서 질병이 발생한 적이 있느냐고 물었다. 15명에게서 답장이 왔는데, 그들 모두는 자신들이 키운 무리는 어떠한 눈에 띄는 질병의 조짐도 보이지 않았다고 잘라 말했다. 15명 중 13명은 그 문제에 대해 들었을 때 충격을 받았노라고 말했다. 사육하는 가금을 건강하게 유지하고자 특별한 조지를 취하고들 있었기 때문이다. 그들은 어떤 질병에도 걸리지 않도록 하기 위해 닭에게 오레오마이신을 투여하고 있었던 것이다.

1956년에 이용 가능했던 실험 도구는 오늘날 구비된 것보다 한층 조잡했다. 따라서 당시에 포도상구균이 저마다 어떤 계통에 속하는지 구분해내는 일, 혹은 질병의 여러 사례가 단일 원천에서 비롯되었음을 실증적으로 보여주는 일은 지금보다 한층 어려웠고 시간도 더 오래 걸렸다. 레이븐홀트는 사용한 항생제의 양, 닭의 병변, 항생제 용액에 담그기, 작업자들의 건강 문제가 서로 연관되어 있음을 실험실에서는 증명할 도리가 없었다. 하지만 다음과 같은 일이 일어난 거라고 확신했다. 즉 사료에 섞은 항생제가 가금에 살고 있는 세균에게 영향을 끼쳤고 세균은 그 약물에 점차 익숙해지게 되었다. 냉각 용기에 풀어 넣은 저용량의 같은 항생제는 내성을 지닌 세균을 제외한 모든 세균을 뿌리 뽑았다. 그 내성균이 살아남아 손과 팔을 오염된 물속에 집어넣은 작업자들을 감염시켰던 것이다.

현재 90줄인 레이븐홀트는 여전히 시애틀에 살고 있다. 60여 년이 지났음에도 당시 자신이 내린 결론에 대한 기억은 생생하다. 그가 나에게 말했다. "그들은 유효성이 입증된 유구한 오염 방지제 대신 자기네가 생각하기에 모든 것을 할 수 있는 그 기적의 신약들로 고개를 돌렸어요. 그런데 그것은 문제를 예방하기는커녕 불에 기름을 부은 격이었죠."

그가 조사를 마쳤을 무렵 그 문제는 한 도계장에서 여러 도계장으로 퍼져나간 상태였고, 그 공장들에서 근무하는 작업자의 족히 절반은 앞에서처럼 종기와 부스럼으로 고생하고 있었다. 실험으로 뒷받침된 증거는 없었지만 그것만으로도 애크러나이징이 문제를 일으키고 있다는 것을 보여주기에 충분했다. 레이븐홀트는 항생제를 푼 물에 닭을 담그는 공정을 중단하도록 도계 공장 소유주들을 설득할 수 있었다. 그들이 중단하자 질병의 발발도 이내 멈추었다.

그 병이 진정되고 다른 질병들이 그의 관심을 끌자 레이븐홀트는 공장 작업자들이 앓는 질병 문제를 더 이상 들쑤시고 다닐 이유가 없어졌다. 하지만 그 질병으로 발현된 증상에 신경이 쓰여서 인부들이 어떻게 감염이 되었는가 하는 질문으로 자꾸만 돌아오곤 했다. 그래서 농장과 도살장이 은밀하게 질병을 그 도시에 퍼뜨리고 있을지도 모른다고 말해주는 기록들을 조사했다. 그는 가공 공장에서 육류를 절단하는 작업자들을 상대로 조사를 벌였고, 그들에게 열상이나 자상이 난 적이 있는지, 부스럼이 생긴 일이 있는지, 그 일로 병원 치료를 받은 적이 있는지 물었다. 그가 인터뷰한 작업자들이 들려준 이야기는 한결같았다. 쑤시고 아픈 피부 발진으로 열이 났고 직장에도 갈 수 없을 정도로 고통이 심했으며 몇 년간 비슷한 증상이 재발했다는 내용이었다. 그들은 자신들이 겪고 있는 문제가 일하면서 다루는 육류나 생선 때문일 거라고 믿었다. 그러면서 그 병들을 자기네가 작업장에서 절단하는 동물의 이름을 따서 이를테면 '돼지고기 감염', '생선 중독' 따위로 부르곤 했다고 말해주었다.

레이븐홀트는 1955년 병원에서 산모와 갓난아기에게 발병한 참혹한 사건을 다시 떠올렸다. 그는 그 당시에는 산모와 갓난아기에게 피해를 안겨준 포도상구균이 시애틀 소재 병원들에서 생겨나 외부 세계로 퍼져나갔다고 생각했다. 그런데 세균의 흐름이 그와 정반대였을지도 모른다는 생각이 불현듯 뇌리를 스쳤다. 동물들이 살아가는 동안이나 죽은 뒤 냉각수에 담겨 있는 동안 소비한 항생제의 영향으로 매우 유해한 포도상구균이 생겨났을 수도 있겠다 싶었던 것이다. 육류 절단공들은 남자가 압도적으로 많았지만 아마도 그들 중 한 사람이 피 묻은 작업복이나 젖은 장화를 통해, 혹은 자상을 입은 손을 통해 그 세균을 집으로 옮아왔을 것이다. 그는 저도 모르게 그 세균을 임신한 아내나 애인에게 퍼뜨렸고, 그녀는 그것을 부지불식중 병원에 묻혀감으로써 질병 확산의 도화선이 되었을 것이다.

몇 년이 흘렀고, 도무지 종잡을 수 없었던 그 일은 서서히 묻히고 말았다. 더 넓은 세계에서는 식용 동물에 항생제를 사용함으로써 내성균이 생겨날 가능성에 대해 우려하는 목소리가 일절 들리지 않았다. 하지만 레이븐홀트는 질병통제예방센터에서 질병의 발발은 수십 년에 걸쳐 희한한 방식으로 되풀이될 수 있다는 사실을 알게 되었다. 즉 한때 수수께끼처럼 보이던 질병이 몇 년 뒤의 발견으로 마침내 해명될 수 있다[30]는 사실 말이다. 따라서 그는 장차 쓸모가 있을지도 모르겠다 싶어 자신의 관심거리에 대해 적어두었다. 1961년 그가 쓴 글이다.

가금 가공 공장의 작업자들 사이에서 발생한 부스럼 나는 이 질병은 …… 적어도 지난 15년 동안에는 이 지역사회에서 처음이었는데 …… 이 질병의 발발은 그 직후 중단되었던, 클로르테트라사이클린 가공법을 이용한 것과 시간이며 공간이 일치했다……

이러한 조사 결과는 가금 가공 과정에 쓰인 테트라사이클린이 어찌 된 영문인지는 모르나 그 질병을 일으켰음을 시사한다. ……그리고 만약 그렇다면 당시 병원에서 병이 발생한 것도 아직 규명이 제대로 된 것은 아니지만 어떤 식으로든 테트라사이클린의 사용과 관련이 있을 것이다.

레이븐홀트가 원인을 밝혀낸 그 질병은 심지어 1950년대의 기준에 비춰봐도 그리 심각하지 않은 것이었다. 그리고 그가 1961년 자신이 기록해둔 내용을 출간하기 전까지는 시애틀 밖에서 아무런 주목도 받지 못했다. 하지만 미국의 다른 곳에서는 식품과 식품 노동자들의 병원균 문제, 항생제 사용이 그들에게 영향을 미치는 방법에 관심이 모아지고 있었다.

문제의 첫 번째 조짐은 치즈에서―엄밀히 말하면 치즈를 만들 예정이었으나 응고하지 않은[31] 우유에서―드러났다. 원인은 페니실린이었다. 자동 착유기가 얼마 전부터 시장에 도입되어 낙농업자들이 수천 년 동안 해온 손으로 젖을 짜는 수고스러운 과정을 대체해주었다. 젖 짜는 기계는 암소의 젖통을 아프게 자극했고, 그로 인해 젖통이 멍들거나 감염되었다. 젖꼭지에 페니실린을 다량 주입하자 문제가 해결되었는데, 그 항생제는 젖통에 잔류하면서 한동안 암소가 만들어낸 젖을 오염시켰다. FDA는 소비자들이 무심결에 페니실린을 섭취하지 못하도록 낙농업자들에게 페니실린을 주사한 처음 며칠 동안 짠 우유는 몽땅 버리도록 요구했다(영국 정부의 규정도 그와 비슷했지만, 암소의 감염이 꽤나 심각할 경우에만 문제 삼을 정도로 한층 느슨했다). 그러나 일부 농부들은 그렇게 폐기되는 우유로 인해 발생하는 약간의 손실마저 감수하지 않으려 했음이 분명하다. 1950년대 중엽 나타나기 시작한 페니실린 알레르기[32]가 양국에서 느닷없이 훨씬 더 흔해진 것이다.

시기적으로 잘 납득이 가지 않는 일이었다. 그때까지 페니실린은 의사의 처방전이 있어야만 사용할 수 있는 약물이었기 때문이다. 그러니까 그 약물의 열혈 구매자들은 그것이 처방전 없이 판매될 때나 알레르기에 민감해질 터이기 때문이다. 의사의 처방전이 있어야 페니실린을 구할 수 있었으므로 그 약물에 대한 알레르기는 줄어들었어야 마땅했다. 하지만 그렇지 않았다. 의사들은 어른들, 그리고 그보다 훨씬 더 많은 아이들—아이들은 어른들보다 우유를 더 많이 마신다—한테서 초창기에 페니실린 원료를 다루던 간호사들에게 나타난 것과 같은 종류의 뾰루지[33]가 났다고 보고했다. 1956년 FDA는 미국 전역의 슈퍼마켓에서 구입한 우유로 실험을 실시[34]한 결과, 표집의 11퍼센트 이상에서 페니실린이 검출되었음을 확인했다. 일부 표집에서는 너무나 많은 양이 나와서 우유 자체를 아예 약처럼 복용해도 좋을 지경이었다. 1963년 상황은 한층 심각해져서 세계보건기구(World Health Organization)가 어느 특별보고서에서[35] 그 문제를 별도로 표시해 챙겼을 정도다.

다른 식품들도 내성의 위험과 관련해서가 아니라 질병 매개체로서 면밀한 조사를 거치고 있었다. 1964년 3월, 질병통제예방센터는 의사, 역학자, 연방정부의 정책 입안자들을 애틀랜타에 있는 본부로 불러 시급한 현안—미국에서 살모넬라 감염이 20년 사이 20배가 불어났다—을 논의했다.[36] 달걀이 문제인 것 같았다. 단일 질병의 발발 사태로는 최대로, 액상란—달걀을 깨서 합한 다음 여전히 날것인 상태로 냉동시켜 식품 회사에 판다—때문에 병에 걸린 800여 명의 환자들이 22개 병원을 찾았다. 레이븐홀트를 가르친 유행병정보국의 창설자 알렉산더 랭뮤어(Alexander Langmuir) 박사가 볼멘소리를 했다. "심장병 수술을 하고 인공신장 등 장기 이식이 이루어지는 시대에 병원에 스며들어 와 끝없는 말썽을 일으키고 결국 우리를 곤경에 빠뜨리는 작디작은 세균 하나 제압할 수 없다는 건 정말이지 자존심 상하는 일이죠."

사람들은 보통 병원·감옥·학교 같은 기관에서 식품매개 질병이 발생하면 그 기관의 주방에서 일하는 사람들이 잘못했기 때문이라고 생각한다. 하지만 질병통제예방센터는 조사를 통해 그 생각이 옳지 않음을 분명히 했다. 그토록 많은 병원의 주방에서 동일한 질병이 발생했던지라 같은 식품으로 인한 결과가 아니고서는 그들 간의 연관성을 밝혀낼 수 없었던 것이다. 살모넬라는 주방이 원인이 아니라 식품 시스템의 문제였다. 강조점이 이렇게 옮아가자 달걀업계는 분개했다. 이로써 고통을 겪는 피해자와 매출 손실을 겪는 기업들이 대립하는 결과가 빚어졌다. 이후에도 식품매개 질병이 발발할 때마다 되풀이되는 상황이었다. 달걀로 인해 발병한 사실이 알려지자 테네시주 달걀 생산업체 블랜튼스미스(Blanton-Smith)에 적을 둔 수의사 웨이드 스미스 2세(Wade Smith, Jr.)는 어느 질병통제예방센터 회의에서 이렇게 분통을 터뜨렸다. "달걀 가격이 한 묶음(12개)당 1센트 정도로 폭락했습니다. 그 1센트가 일주일에 달걀을 12개 정도만 먹는 사람들에게는 그리 심각하게 들리지 않을지도 모르겠습니다. 하지만

6개월을 단위로 해보면 그 가격은 닭 반 마리 값밖에 안 되는 겁니다."

식품매개 질병의 발발에 대한 관심이 커지고 식품매개 내성균에 대한 새로운 우려가 고개를 들자 애크러나이징에 관한 재조사가 부득이해졌다. 농무부에서는 가금 공장을 점검하는 업무를 맡아온 몇몇 과학자들—축산농가가 냉각 용기에 얼마나 많은 약물을 사용하는지, 거기에 닭을 얼마나 오래 담가두는지 살펴본다—이 자신의 연방 실험실로 돌아가 그 과정을 재구성해보았다. 그들이 도축장에서 이뤄지는 과정을 되풀이함으로써 얻어낸 결과는 몇 년 전 레이븐홀트가 품은 의혹을 재확인해주었다.[37] 애크러나이징 처리는 육류 표면의 세균 혼합비를 달라지게 만듦으로써 내성균—오직 애크러나이징 처리를 한 육류에서만 나타났다—이 생겨나고 증식하도록 도왔다.

매일 장을 보는 이들은 아마도 이러한 결과가 발표된 과학 출판물을 읽지 않기 십상이다. 그럼에도 슈퍼마켓과 각 가정의 주방에서는 서서히 문화적 변화의 조짐이 일었다. 즉 소비자들이 식품첨가물을 살펴보고 식품 생산에 의혹의 눈길을 보내기 시작한 것이다. "우리는 오랫동안 우리가 사 먹는 가금에 뭔가 문제가 있다고 느껴왔어요." '한 소비자'가 펜실베이니아 포츠타운(Pottstown)에 있는 〈머큐리(Mercury)〉지[38]의 발행인에게 편지를 보내 이렇게 호소했다. "가금을 어떻게 조리해도 예전에 먹었던 좋은 맛이 나질 않아요. 우리는 닭을 애크러나이징 처리하는 것을 비롯해, 우리가 사 먹는 모든 식품에 착색제와 보존제를 사용하는 일이 일절 금지되기를 바랍니다." 아이다호주의 트윈폴스(Twin Falls)에 사는 로이스 리드(Lois Reed)는 〈몬태나 스탠더드포스트(Montana Standard-Post)〉지[39]에 편지를 써서 이렇게 절규했다. "닭의 애크러나이징은 어떨까요? 만약 그런 닭을 구입한다면 당신은 그 닭이 시장에 나오기 위해 가공된 시점이 언제인지, 그러니까 이틀 전인지, 6개월 전인지 까맣게 모르게 되는 겁니다. 그걸 대체 누가 알겠습니까? ……우리는 이 같은 다양한 관행에 눈감음으로써 우리 자신과 우리 자녀들에게 커다란 불의를 저지르고 있습니다. 이제 우리는 생존을 위해 떨쳐 일어나야 합니다!" 불과 몇 년 전의 '애크러나이징'과 마찬가지로 이제는 몬태나주 헬레나(Helena)의 〈인디펜던트 레코드(Independent Record)〉, 오리건주 벤드(Bend)의 〈블러튼(Bulletin)〉, 위스콘신주 오클레어(Eau Claire)의 〈데일리 텔레그램(Daily Telegram)〉 등 전국의 식료품 가게 광고지들이 '무(無)애크러나이징'을 떠들썩하게 내세우기 시작했다.[40] 캘리포니아주 산마테오(San Mateo)의 〈포스트(Post)〉에서는 카푸치노푸즈(Capuchino Foods)가 "심지어 당신의 어린아이들마저 차이를 알아차릴 수 있다"고 장담했다.[41] 먼저 콜로라도주, 이어 매사추세츠주가 각자의 주에서 애크러나이징 처리한 가금의 판매를 금지했다.[42]

부정적인 여론이 비등해지자 FDA도 태도를 바꾸었다. 1966년 9월, FDA는 10년 전 애크러나이징과 그 경쟁자 바이오스타트에 내준 허가를 취소했다.[43] 이제 항생제는 더 이상 포장될 때 식품에 추가할 수 없었다. 하지만 FDA는 도축되어 식품으로 가공되기 전에 동물에게 투여하는 항생제에 관해서는 아무 조치도 취하지 않았다. 그것은 아직껏 국민적 현안으로 떠오르지 않았고 오직 일부 과학자들만의 우려로 남아 있었다. 그런 과학자 가운데 한 사람이 마리 E. 코츠(Marie E. Coates)였다. 그녀는 잉글랜드의 국립낙농연구소(National Institute for Research in Dairying)에서 가금의 영양에 대해 연구하고 있었다. 1962년 노팅엄 대학에서 정기적으로 열리는 항생제와 농업에 관한 모 회의에서 그녀가 우려의 목소리를 높였다.[44]

사료에 항생물질 보충제를 사용하는 관행이 널리 퍼지면 그들의 작용에 내성을 지닌 유기체종이 확실하게 자리 잡을 가능성이 있다. 그로 인한 가장 덜 해로운 결과는 성장 촉진제로서 항생제의 효율성 상실이다. 좀더 파괴적인 결과는 항생제가 당장에 유일한 방어 수단으로 존재하는 병원체에서 내성이 생기는 사태다.

코츠는 예지력이 있었다. 불과 몇 년 뒤 150여 킬로미터 떨어진 곳에서 비극적인 질병이 발생함으로써 그녀의 두려움이 기우가 아니었음을 실제로 보여주었다.

당시 그 질병은 대수롭지 않은 것처럼 보였다. 그것을 일축하고자 애쓰는[45] 정치인들은 나중에 그 일을 "운이 좋지 않았다"거나 "예외적일 정도로 심각한 상황은 아니다"라고 표현했다. 하지만 요크셔 북부의 티스강(River Tees)에 연한, 철제품을 제작하는 마을 미들즈브러(Middlesbrough)에서는 그 질병의 피해가 극심했다. 1967년 10월,[46] 그곳에 사는 영유아들이 배탈과 설사를 일으켰다. 극히 정상적인 상황이었다. 잉글랜드를 비롯한 다른 모든 곳에서 아이들은 해마다 수백만 건씩 장염(stomach flu: 바이러스 감염에 의한 질병으로 설사와 염증을 동반한다—옮긴이)—이것은 진짜 플루는 아니었지만 바이러스와 세균에 의해 발생한다—에 걸리니 말이다. 그중 꽤나 심하게 아픈 아동들은 고열 및 구토와 설사로 인한 체액 고갈로 정맥주사를 맞아야 했기에 그 지역 병원 웨스트레인(West Lane)을 찾은 것도 여느 때와 같았다.

병원에서 아픈 아동들은 장염에 표준이 되는 치료를 받았다. 수액을 맞고 열 내리는 약을 복용했다. 또한 세균성 질환인지 바이러스성 질환인지 확인하는 검사를 받았다. 이를 알아내는 일은 중요했다. 그 결과에 따라 치료하는 방법이 달라지기 때문이다. 세균이 원인인 위장병은 바이러스성 위장병보다 덜 흔했지만, 훨씬 더 심각해서 아이가 경련을 일으킬 수도 있는 고열을 동반했다. 검사 결과 문제는 흔한 세균인 대장균에서 비롯되었다는 사실이 드러났다. 의사들은 안심했다. 아이들을 치료하기 위해 그 유기체를 죽이는 항생제를 사용할 수 있다는 의미였기 때문이다. 그들은 옛날부터 예비해놓은 약물, 네오마이신(neomycin)을 선택했고 아이들이 며칠 만에 쉽게 회복되리라 기대했다.

하지만 아이들은 차도가 없었다. 네오마이신이 듣지 않았던 것이다. 대신 아이들은 열이 펄펄 끓었고, 설사를 줄줄 쏟아냈으며, 의사들이 보는 앞에서 점점 야위어갔다. 더 많은 환자들이 들이닥쳤다. 아픈 아이들은 남은 병상을 구할 수 있는 곳을 찾아 웨스트레인에서 인근의 다른 병원들로 넘어갔다. 감염 상태의 아이들은 저마다의 이유로 병원 치료를 받고 있던 다른 병원들의 아이들에게까지 병을 퍼뜨렸다. 그 질병은 급기야 발달 장애 아동들이 입원해 있는 병동을 덮쳤다.

의사들은 어린이에게 사용하기에 안전한 몇 안 되는 항생제들을 집요하게 하나씩 하나씩[47] 시도해보았다. 그들은 아홉 번 시도하고서야 비로소 그 세균이 반응한 항생제를 발견할 수 있었다. 장염을 일으킨 대장균은 나머지 여덟 가지 항생제에는 내성을 띠었다. 그사이 15명의 아이가 목숨을 잃었다.

그렇다면 난데없이 불쑥 나타나 아이들을 죽음으로 몰고 간 그 세균은 대체 어디서 생겨난 것일까? 그리고 대관절 어떻게 서서히 내성을 축적함으로써 치명적인 슈퍼버그가 될 수 있었을까? 요크셔에서 의학을 연구하는 이들로서는 하나같이 듣도 보도 못한 상황이었다. 하지만 잉글랜드의 다른 지역에 있는 모 연구소에서 한 과학자는 자신이 그 답을 알고 있다고 확신했다.

다들 '앤디(Andy)'라고 부르는 이프레임 솔 앤더슨(Ephraim Saul Anderson)[48]은 영국 정부가 관장하는 모 국립공중보건연구소의 소장이었고, 런던 최북단의 교외에 살았다. 그는 노동계급 거주지 뉴캐슬(Newcastle)에 자리잡은 이주민 출신—그의 부모는 그가 태어나기 직전 에스토니아에서 반유대주의를 피해 도망쳤다—으로 시대를 앞서가는 실험기법을 개발함으로써 빼어난 학문적 이력을 구축해온 자수성가한 내과의사였다. 그는 독립적이고 무뚝뚝했으며(훗날 그의 동료는 그와 함께 일하는 것이 "흡사 용암밭에서 '스프링 안 달린 차(car without springs)'를 모는 것 같았다"고 회고했다), 질병이 어떻게 해서 인간의 방어기제 안으로 성공리에 파고들 수 있는지 직관적으로 이해한 역학자였다.

1950년대 말, 앤더슨은 잉글랜드 남동부 지역에서 마치 책상보에 흘린 소금 입자처럼 점점이 발생한 당혹스러운 살모넬라균 질병 90건을 규명했다.[49] 아픈 사람들은 여섯 마을의 남녀노소였다. 이 질병은 심각했고, 환자들은 감염으로 인한 설사와 구토로 커다란 고통을 호소했다. 결국 한 여성이 숨졌으며 몸에 심하게 무리가 간 또 다른 여성은 심장마비를 겪었다. 유아 1명은 고열로 인한 경련을 일으켰으며, 10대 1명은 평생 짊어지고 가야 할 관절염을 얻었다. 하지만 환자들은 저마다 지리적으로 멀리 떨어져 있었고, 서로 아무 연관성이 없었음에도 같은 종류의 살모넬라균에 감염되어 있었다.

앤더슨은 그 질병이 어떻게 발생했는지 추적하기 위해 그들 간의 관련성을 캐내고자 연구소를 나섰다. 그는 우선 시장에서부터 농장까지 거슬러 올라가면서 병의 진원지를 추적해나갔다. 그 결과 그것이 잉글랜드에서 새로운 살모넬라균의 원천으로 떠오른 송아지고기(veal)에서 비롯되었음을 확인했다. 또한 그 질병은 축산 농부가 소 사육 방식을 변화시킨 데 따른 결과라는 것도 밝혀냈다. 과거에 낙농업자는 자신이 기르는 암소가 필요 없는 수송아지를 낳으면 지역 농부나 도축업자에게 직접 팔았다. 하지만 이제는 새로운 직종이 생겨났다. 바로 중개인이었는데 그들은 농장을 차로 돌아다니면서 수송아지를 사들인 다음 경매에 부칠 만큼 수가 늘어날 때까지 임시 창고에 넣어두었다. 소들은 그 창고에 오랫동안 머무는 법이 없었다. 거기서 임시로 살아가는 소들은 어느 때는 닷새 정도 지내다 또 어느 때는 단 하루 만에 남동부 전역의 도축장으로 팔려나갔다. 그런데 앤더슨은 심지어 단 하루도 아픈 동물 한 마리가 일시적으로 모여 있는 무리 전체를 감염시키기에 충분한 시간임을 실제로 증명해 보였다. 편익을 위해 동물을 한군데 모아둔 것이 뜻하지 않게 질병을 퍼뜨리는 계기가 되었다. 그 결과 어느 작은 농장에서 시작된 감염이 수백 킬로미터에 걸쳐 널리 퍼져나갈 수 있게 된 것이다.

농법의 변화가 인간의 발병 양상을 어떻게 바꿔놓는지에 주목한 앤더슨은 그 국립연구소에서 자신이 일하는 방식 역시 달리했다. 즉 잉글랜드 전역의 인간과 동물로부터 얻은 질병 샘플의 분석 작업을 총괄한 것이다. 그 샘플들 덕에 그의 연구진은 발병 사례가 비록 거리상 멀리 떨어져 있을 때조차 그들 간의 관련성을 이끌어낼 수 있었다.[50] 그들은 이러한 분석을 통해 항생제 내성이 잉글랜드 전반에서 나타나고 있으며, 그 점은 동물로부터 비롯되어 식품의 형태로 인간에게 퍼져나간 유기체에서 가장 잘 살펴볼 수 있음을 확인했다. 1961년 연구소가 확보한 살모넬라균 가운데 3퍼센트가 모종의 내약제형을 띠고 있었다. 1963년 그 비율은 21퍼센트로 커졌다. 1965년에는 61퍼센트로 껑충 불어났으며, 한 종류의 살모넬라균에서는 샘플─1965년 인간 혹은 소에서 채취해 연구소에 들여왔다[51]─의 100퍼센트가 어떤 형태로든 약물에 내성을 띠었다.

앤더슨이 가장 신경 쓴 것은 동물에서 얻은 살모넬라균의 일부─때로 질병을 유발하기도 하고 때로 동물의 내장에 숨죽이고 있다가 배설물에 실려 밖으로 배출되기도 한다─가 서로 무관한 4개, 5개, 혹은 6개의 약물 집단에 분자 방어기전을 보유하고 있었다는 점이다. 동물로부터 비롯된 유기체에게는 이례적인 일이었으므로, 앤더슨은 처음에는 어떻게 그런 일이 일어났는지 의아했다. 내성은 세균이 항생제에 노출될 때 생겨나는 것으로 돼 있었는데, 소 한 마리가 여러 상이한 약물 종을 투여받았다고 믿기는 어려웠기 때문이다.

앤더슨이 그 문제를 끌어안고 씨름하는 사이, 전 세계적으로 내성 문제를 재조명한 연구가 진행되고 있었다. 그 출처[52]는 와타나베 쓰토무(渡邊力, 1923~1972)라는 일본 연구가였다. 그는 살모넬라균과 마찬가지로 열과 설사를 동반하는 이질균(*Shigella*)에 의한 식중독을 연구하고 있었다. 그는 이질균이 과거에 그 균을 치료하는 데 쓰인 약물, 그리고 역시 그 환자가 결코 투약받은 적 없는 약물에 내성을 지니고 있다는 사실을 발견했다. 얼핏 보기에 도무지 납득이 가지 않는 결과였다. 그런데 와타나베와 동료들은 내성 전달 유전자 코드의 일부가 세균 안에 갇혀 있으면서 염색체와 결합한 다음 오직 유전을 통해서만 그 유기체의 후손에게 전달되는 것은 아니라는 사실을 확인했다. 그 유전물질이 한 세균에서 빠져나와 또 다른 세균에게 옮아감으로써 이미 어떤 약물을 경험한 유기체가 아직 그것을 경험하지 못한 유기체에게 분자 수준의 내성을 전달해줄 수 있었던 것이다. 연구진은 그 유전자 코드의 일부를 'R인자(R-factors)', 즉 '내성인자'라고 불렀다.

우려하던 과학자들은 이것이 말해주는 의미를 단박에 알아차렸다. 그것은 바로 그 내성인자가 이동 경로에 대해 어떠한 흔적도 남기지 않은 채 세균 세계를 임의로 돌아다닐 수 있다는 뜻이었다. 내성인자는 세균이 다양한 항생제에 내성을 축적하는 게 가능하도록 해줄 테고, 결국 마치 상자 안에 차곡차곡 쟁여둔 스타 사진 카드처럼 속속 쌓일 것이다.

내성인자 가설은 앤더슨에게 그의 연구소가 무엇을 발견해야 하는지[53]와 관련하여 방향감각을 갖도록 도와주었다. 독성 살모넬라균에 의한 감염은 인간이나 가축에서 점점 더 흔해지고 있었다. 1960년대에 들어서자 살모넬라균에 감염되어 죽어간 소의 수가 10년 전보다 10배 넘게 불어난 것이다.[54] 생계에 위협을 느낀 축산농들은 자기네가 사육하는 소에게 항생제를 더 많이 쏟아붓기 시작했다. 성장 촉진제로서가 아니라—잉글랜드에서는 항생제를 이 용도로 쓰는 것이 오직 닭과 돼지에게만 합법이었다—소가 질병에 걸리지 않도록 막아주는 예방적 용도로였다. 막 젖을 뗀 송아지를 팔면서 그들의 목에 작은 항생제 봉지를 매어놓은 것으로 악명 높았던 축산농도 있었다. 그래놓으면 판매 장소에 도착했을 때 마지막으로 예방적 목적의 항생제를 송아지들에게 투여하는 일을 까먹지 않을 수 있었던 것이다. 그런데 그런 조치는 의도치는 않았을지 몰라도 그 송아지들이 거기 모여든 다른 송아지들에게 내성균을 퍼뜨리도록 만들기도 했을 것이다. 해가 가면서 잉글랜드에서 발견된 살모넬라균 가운데 점점 더 많은 비율이 하나의 약물만이 아니라 다양한 항생제 집단에 내성을 띠었다.

앤더슨은 이용 가능한 모든 증거—즉 육용 동물에 무분별하게 사용된 항생제, 동물과 인간에게서 항생제에 내성을 띠는 질병의 증가, 하나의 세균에서 생성된 내성이 다른 세균에게 전파될 수 있다는 새로운 지식—에 힘입어 미들즈브러에서 발병한 질병[55]을 앓는 환자들의 대장균 샘플 몇 개를 연구소로 가져와 연구를 실시했다. 그가 알아낸 결과는 그 자신이 가장 심각하게 우려하던 바가 현실이 되었음을 확인해주었다. 그 질병의 발발은 단 한 종의 대장균 때문이 아니었다. 그는 자신이 입수한 몇 안 되는 샘플에서도 대장균종이 여러 개라는 사실을 발견했다. 하지만 각기 다른 그 종들은 내성 패턴이 동일했다. 일곱 가지 상이한 항생제 유형에 내성을 띠고 있었던 것이다.

각각의 감염이 이 모든 약물에 노출되어 그 모두에 내성을 키웠을 성 싶지는 않았다. 세 가지 상이한 대장균종이 동일한 유형의 내성을 지니게 될 가능성은 더욱 적었다. 앤더슨은 각 종들에서 나타나는 내성이 다른 병원균들에게서 전파된 것이라는 결론을 내렸다. 이는 지구 반대편인 일본에서 와타나베가 밝혀낸 세균 이동설을 실제로 증명해 보인 생생한 사례였다. 일본의 와타나베가 알아낸 내성인자는 실험실에서 탐구한 결과였다. 요크셔에서 내성인자는 아이들을 사망에 이르게 했다.

미들즈브러에서 병에 걸린 아이들 가운데 일부는 병원 치료를 받는 동안 감염되었다. 즉 그 세균은 병원의 환경, 장비, 혹은 의사나 간호사에 의해 한 아이로부터 다른 아이들에게 전파되었던 것이다. 하지만 앤더슨은 그 유기체에 나타나는 이례적으로 높은 내성은 병원에서 비롯된 산물이 아니라고 확신했다. 그 대장균종은 대장균 치료제로 사용된 적이 전혀 없는 약물들을 포함해 너무나 많은 서로 무관한 약물 집단에 내성을 띠고 있었던지라 의학적 용도만으로 그가 목격하고 있는 결과가 나타났을 리는 만무했다. 그런 믿음은 그 자신과 나중에 합류한 다른 과학자들을 두 가지 통찰로 이끌었다. 그 통찰에 힘입어 농장에서 항생제 사용이 야기하는 위험에 대한 인식이 달라지게 되었다.

앤더슨이 첫 번째로 깨달은 사실은 주크스와 그의 지지자들—1950년 대에 성장 촉진제에 대해 깊은 열의를 보였다—이 뭔가 근원적으로 잘못 되었다는 것이었다. 즉 가축에게 미치는 항생제의 효과는 아무 비용도 치르지 않고 거둔 이익이었던 것이다. 그들은 성장 촉진제가 장내에서 살아가며 소화와 대사를 돕는 유익한 유기체인 세균에게 내성이 생겨나도록 만들 수 있음을 알고 있었다. 하지만 그 과정에 회로 차단기가 내장되어 있다고 믿었다. 즉 그들은 장내 세계에서의 내성이 결코 밝혀지지 않은 수준까지 이르면 성장 촉진제가 더는 효과를 발휘하지 않을 거라 생각했고, 따라서 동물 내장의 내성이 (와타나베가 실제로 증명한 바와 같이) 유익한 세균에서 질병을 일으키는 세균에게로 옮아갈 수 있다고는 가정하지 않은 것이다.

게다가 주크스와 그의 추종자들은 그 병원균이 동물의 내장에서 빠져나가—그들이 배출한 배설물 형태로, 혹은 그들을 가공한 결과물인 육고기 형태로—내장 밖에서 내성을 지니게 될 가능성도 고려하지 않았다. 이것이 바로 앤더슨의 두 번째 통찰이었다. 와타나베가 밝혀낸 바에 따르면, 내성인자는 세균 세계를 제멋대로 활보할 수 있었다(수십 년 뒤 야생동식물학자들은 이 같은 통찰을 '하나의 건강(One Health: 사람·동물·환경의 건강은 서로 잇닿아 있다—옮긴이)'이라는 개념에 담아냈다). 성장 촉진제의 사용에는 그것이 가져다준 이익과 맞먹거나 그를 능가하는 대가가 있었다. 즉 항생제를 투여해 동물을 사육한 농장과 아무 관련 없는 사람들에서 내성균 질병을 일으킨 것이다. 누군가 세균의 유전 작용을 분석하는 분자적 도구를 개발하기 훨씬 전에 앤더슨은 항생제 내성은 눈에 보이지 않는 유기체들의 교류를 통해 동물로부터 인간으로 옮아가는 유행병임을 직감했다.

앤더슨은 동물에 사용되는 항생제를 줄임으로써 내항생제 질병이 인간에게 가하는 위험을 낮추는 것을 여생의 직업적 소명으로 삼기로 작정했다. 그 소명은 정치운동을 촉발함으로써 잉글랜드를 그 부상하는 위협을 억제하고자 노력한 최초의 국가로 만들어주었다. 전 세계적으로 가축에 사용되는 항생제 양이 늘어남에 따라 다른 국가들 역시 영국의 선례를 보고 자국의 까다로운 문제들과 마주해야 했다.

문제를 밝혀내다

1974년 가을, 보스턴 서쪽 교외의 2차선 도로변에 자리한 회색 판잣집.[1] 편안해 보이는 낡은 매사추세츠주의 가옥에는 아이들이 북적거렸다. 집은 무질서하게 뻗어 있었고, 높이가 제법 되었으며, 가옥 한 채와 헛간 하나가 나란히 붙어 있는 구조였다. 집 뒤편에는 숲으로 이어진 기다란 자갈길을 따라 헛간이 여러 채 들어서 있었다. 작은 가축우리들과 긴 쪽이 약 60미터쯤 되는 커다란 건물이 한 채 보였다. 건물은 헛간을 상징하는 전형적인 붉은색으로 칠해져 있었다. 농장에는 젖소 한 마리, 말 몇 마리, 돼지 두어 마리가 살고 있었다. 닭들의 모습도 보였다. 알을 낳는 흰 암탉 가운데 몇 마리는 오두막 모양의 닭장에서, 다른 몇 마리는 나무들 사이에서 경쾌하게 돌아다니고 있었다.

집 안에는 아이들이 마당을 쏘다니는 닭들마냥 여기저기 흩어져 있었다. 리처드, 메리, 쌍둥이인 피터와 폴, 스티브, 로니, 마이크, 크리스토퍼, 크리스틴, 리사였다. 가톨릭 신자였던 아이들의 부모 리처드 다우닝과 조앤 다우닝은 대가족을 거느리기를 원했다. 리처드는 보스턴 근처에서 신용평가 보고를 주 업무로 하는 회사를 설립해 큰 성공을 거두었다. 쌍둥이인 피터와 폴이 자기네가 낳을 수 있는 마지막 생물학적 자녀라는 사실을 확인한 그와 조앤은 자신들의 돈을 써서 다른 아동들의 삶을 개선하는 일에 헌신했다. 그 결과가 바로 집에 함께 살게 된 나머지 아이들이다. 집에는 한 번에 최대 12명의 아이가 복작댔다. 어떤 아이들은 위탁 양육의 형태로 몇 달 혹은 몇 년 동안 머물렀고, 또 어떤 아이들은 입양을 거쳐 영구적으로 가족의 일원이 되었다. 다우닝 부부는 건강하고, 엄하지만 따뜻한 이들이었다. 그들의 집은 대체로 행복한 혼돈 상태였다. 아이들은 스포츠 장비를 움켜잡은 채 이 구석 저 구석 뛰어다녔고, 돼지에게 밥을 주거나 소젖을 짜기 위해 밖으로 달려나갔다.

집 안에는 엄격한 규율을 담은 쪽지 딱 하나가 냉장고 앞에 붙어 있었다. 맏딸인 메리가 마치 인쇄체처럼 정성스럽게 써 붙인 것이었다. 거기에는 블록체(굵기가 일정하고 장식 획이 없는 글자─옮긴이)로 이렇게 쓰여 있었다. "내가 당신의 똥을 채취한 뒤 주스를 마실 것(No Juice Until I Get Your Poop)."

냉장고 안에는 셀러리, 슬라이스 미트, 가족들이 즐겨 마시는 주스와 함께 갈색 종이봉투가 3개 들어 있었다. 거기에는 모두 같은 것이 담겨 있었다. 뚜껑이 굳게 닫힌 여러 개의 길고 투명한 관들로, 각각에는 긴 면봉이 들어 있었다. 면봉에는 한쪽 끝에 뭔가가 묻어 있었다. 한 봉투에 들어 있는 면봉은 다우닝 가족의 아이들로부터 채취한 것이다. 다른 한 봉투에 들어 있는 면봉은 이웃집들이 채취해 일주일에 한 번씩 그녀에게 건네준 것이었다. 세 번째 봉투에는 집 뒤 큰 헛간에서 살고 있는 닭들의 엉덩이를 문질문질한 면봉이 들어 있었다.

이 작업은 마치 한 아이가 웃기는 과학전람회 전시품을 마련하기 위해 준비하고 있는 것처럼 보였지만, 실은 대단히 진지한 시도였다. 다우닝 부부는 실험의 대상이 되는 데 기꺼이 합의했다. 뒤꼍에 있는 동물들이 주축이 되고 그들의 대가족과 그 이웃들이 동참한 실험이었다. 이 실험은 앤디 앤더슨이 자기가 알아냈다고 주장한 바—즉 상시적으로 동물에게 투여한 항생제는 인간의 건강에 위협을 제기했다—를 조직적이고 문서화한 방식으로 탐색해본 최초의 시도였다.

실제로 이 실험은 애초에는 앤더슨의 주장이 틀렸다는 것을 증명할 의도로 실시되었다. 연구를 후원한 것은 앤더슨 같은 공중보건 과학자가 아니라 기업이었다. 구체적으로 말해 농장에서 사용하는 항생제를 제조·판매한 기업들을 대표하는 동업자집단 동물건강연구소(Animal Health Institute, AHI)였다. 주크스의 발견이 이루어진 시점으로부터 25년이 지났을 때였고, 항생제는 농업에서 일상적으로 쓰이는 요소로 자리매김한 상태였다. 미국에서 생산한 항생제의 40퍼센트[2]가 인간 환자가 아니라 가축에 쓰이고 있었다. 하지만 앤더슨이 농장에서 항생제 사용과 인간의 질병 간 관련성을 주장하고, 성장 촉진제나 질병 예방 목적으로 쓰이는 항생제에 대한 조사가 점점 더 강화되기 시작한 때로부터도 10년이 흘렀다. 자사 제품들이 안전함을 입증하라는 압력에 시달리던 동물용 약물 제조업계는 그것을 실제로 보여주기 위한 연구에 돈을 투자하기로 합의했다.

그러나 그 연구는 업계가 바라는 방향으로 흘러가지 않았으며, 결국 농업에서 항생제를 사용하는 관행에 관한 논쟁을 완전히 뒤바꿔놓게 된다.

농장 항생제에 관한 연구가 매사추세츠주의 시골 지역에서 실시되고 있었다. 잉글랜드에서 앤더슨이 내성인자—세균이 감지할 수 없는 방식으로 내성 유전자를 주고받도록 해준다—가 우리 생각보다 항생제 사용을 한층 더 위험천만하게 만들었다는 자신의 신념을 꿋꿋이 밀고 나갔기 때문이다. 그 주고받음을 가능케 해준 보이지 않는 교류를 중단할 방법은 없었다. 하지만 항생제 사용을 억제할 수 있다면 내성이 확산하면서 불거진 위협이 줄어들지도 몰랐다.

앤더슨은 공중보건연구소의 소장이라는 지위 덕분에 영국에서 간행되는 《영국의학저널(British Medical Journal)》이나 《랜싯(Lancet)》 같은 유수 과학저널 편집자의 주목을 끌 수 있었다. 그는 그 잡지들을 활용해 전파되는 내성의 위험성을 다룬 과학논문을 20편 넘게 발표했다. 하지만 다른 한편으로 오늘날에야 정상적으로 보이지만 당시만 해도 꽤나 생소한 전략을 짰다. 즉 자신의 주장을 직접 대중에게 설파한 것이다. 그는 주요 신문이나 인기 있는 과학 잡지의 과학 담당 편집자들을 알게 되었다. 그들은 그가 일하는 연구소에서 불과 15킬로미터 정도밖에 떨어지지 않은 런던의 한 지역에 모여 있었다. 그는 런던의 〈타임스(Times)〉, 〈파이낸셜타임스(Financial Times)〉, 〈가디언(Guardian)〉의 우호적인 언론인들을 설득해[3] 내성의 위험성에 대해 기사화해달라고 당부했다. 영국의 전국 방송망(다 해서 3개밖에 안 된다[4]) 가운데 2개와 영국의 지역 방송망 전부를 운영하고 있는 BBC 텔레비전도 같은 내용을 내보냈다. 그의 똑 부러진 언행은 언론인으로 전업한 미생물학자 버나드 딕슨(Bernard Dixon)의 지지를 이끌어냈다. 1967년 딕슨은 전국 잡지인 〈뉴사이언티스트(New Scientist)〉에 신랄한 기사[5]를 한 편 실었다. 그는 그때까지의 발병과 그로 인한 사망 사례를 조목조목 열거하고 아무 조치도 취하지 않는 영국 정부의 '안이함'을 맹

비난했다. 그 기사의 제목, '농장에서의 항생제: 인간 건강의 최대 위협'은 엄중한 경고였다.

딕슨과 앤더슨은 자신들의 열정을 드러낼 권리가 있었다. 아이들이 미들즈브러에서 사망하기 전, 그리고 앤더슨이 조사한 질병 발발 사례의 절반이 일어나기도 전, 영국 정부는 농장에서의 항생제 사용과 그것이 초래할지도 모를 결과를 조사하고자 시도했다. 하지만 그 노력은 미온적이었으며 실패가 예정돼 있는 것이었다. 정부가 조사를 위해 과학자들로 구성된 위원회를 꾸리긴 했으나, 잉글랜드에서 가장 막강한 농업의 대표자 제임스 터너(James Turner)를 그 회장 자리에 앉혔으니 말이다. 영국 농업에 기여한 공로로 막 귀족 작위를 받은 그는 거대 비료 생산업체의 대표이자 전국농민연합(National Farmers' Union)의 회장이었다. 1962년 그 위원회가 발표한[6] 결론은 얼마든지 예측할 수 있는 것이었다. 즉 성장 촉진제는 위험을 야기하지 않으므로 규제할 까닭이 없으며, 농부가 항생제를 사용할 권한을 더욱 확대해야 한다는 내용이었기 때문이다.

그 일이 있고 난 직후, 앤더슨은 영국 전역에 걸친 내성 살모넬라균의 이동을 문서로 정리하기 시작했다. 한편 1964년에 영국에서는 《동물 기계(Animal Machines)》라는 책이 엄청난 반향을 불러일으켰다. 동물복지 운동가 루스 해리슨(Ruth Harrison)이 공장식 농업을 철저하게 파헤친 저술[7]로, 비좁은 닭장 속에 우글거리는 닭들, 창문도 없는 어두운 헛간에서 쇠사슬에 묶여 있는 육용 송아지의 사진이 가득 실린 충격적인 책이었다. 잉글랜드에서 레이첼 카슨이 추천사를 쓴 그 책에 대한 반응은 가히 폭발적이어서 미국에서 1962년에 출간된 레이첼 카슨의 《침묵의 봄》에 버금갔다. 《동물 기계》는 영국인들로 하여금 자신들의 농업이 대체 어디로 가고 있는지 질문하도록[8] 이끌었다. 그러던 중 1967년 영국의 농업에 치명타를 가한 사건[9]이 발생했다. 구제역(foot-and mouth disease)이라는 대규모 유행병이 덮친 것이다. 이 병으로 결국 소·양·돼지 약 50만 마리가 살처분되었다. 모든 시골 지역에서 검역이 이루어졌다. 농부들은 삽시간에 번지는 질병을 장화에 묻혀 들여올지도 모를 사람들을 제지하고자 농장 입구에서 소총을 들고 서 있었다. 뉴스만 틀었다 하면 동물의 시체를 불태울 때 솟아오르는 연기가 화면을 가득 채웠다.

사람들은 그에 영향을 받아 영국에서 육용 동물이 어떻게 사육되고 있는지 재조사하는 일이 시급하다고 느끼게 되었다. 그 유행병이 잦아들기 시작한 마지막 몇 달 동안 새로운 위원회가 꾸려졌다. 이번에 회장직을 맡은 인물은 과학자인 마이클 스완(Michael Swann)이었다. 그는 에든버러 대학의 부총장이기도 한 분자생물학자였다(훗날 BBC 회장 자리에 오르게 된다). 앤더슨은 비록 그 스완 위원회의 일원으로 뽑히지는 않았지만 터너 위원회가 거부한 항생제 규제를 법제화하기 위해 그 위원회를 열렬히 지지하는 운동을 펼쳤다. 그가 《영국의학저널》에 썼다.[10] "나는 약 3년 전 동물 사육에 쓰이는 항생제를 비롯한 여러 약제와 관련해 모든 문제를 재조사해달라고 촉구했다. 그 문제는 그간 중요성이 간과되었지만 여전히 해결되지 않고 있다."

스완 위원회[11]는 철두철미했다. 정부 연구소, 제약회사, 동업자연합의 대표 58명과 과학자 35명으로부터 증언을 들었으며 연구논문 수백 편을 살펴보았다. 이 위원회는 결국 놀라운 통계수치를 얻어냈다. 즉 잉글랜드의 농장에서 사육하는 동물이 16만 8011킬로그램, 즉 인간에게 투여하는 양의 약 3분의 2에 해당하는 항생제를 소비하고 있었던 것이다. 일부는 병든 동물을 치료하는 데 쓰였는데, 그거야 수긍하지 않을 이가 없는 일이다. 하지만 대부분은 성장 촉진제로 사용되었다. 약물의 일부는 질병

예방이라는 모호한 범주에 해당하는 용도로 투여되었다. 이 범주는 미국의 FDA가 승인한 것과 비슷한데, 잉글랜드에서 농업계는 이 예방적 투여를 '항스트레스(antistress)' 조치라고 표현했다. 스완 위원회는 비꼬는 투로 "치료 목적에 쓰는 용량 이하의 농도로 먹이에 항생제를 투여함으로써 경제적 이득을 노리는 지경이야말로 오갈 데 없는 '스트레스'다"라고 꼬집었다.

농업에서 항생제를 쓰는 것은 경제적 셈법에 따른 결과임을 그들은 확인했다. 이 위원회는 농업이 항생제를 사용함으로써 거둔 가외 수입이 매년 최소 100만 파운드(영국 파운드)에서 최대 300만 파운드에 달할 것으로 추산했다. 이는 1969년 미국 달러 시세로 250만~750만 달러에 이르는 액수였다. 어마어마한 이득을 확인한 스완 위원회는 농업계가 자진해서는 절대로 항생제를 억제하지 않을 것임을 확신했다. 그 약물은 '규제'되어야 마땅했다. 스완 위원회는 1969년 11월에 제출한 83쪽에 달하는 신중하고도 빈틈없고 놀랄 만큼 대담한 보고서에서 성장 촉진제를 반드시 퇴출해야 한다고 구체적으로 명시했다.

스완 위원회의 위원들은 이렇게 적었다. "동물 사료에 항생제를 사용하면 전염성 내성을 지닌 유기체를 포함해 수많은 내성균이 양산되는 게 분명하다. 이들 내성균이 인간에게 옮아갈 수도 있다는 점 또한 확실하다. 질병 치료에 더없이 소중한 항생제에 내성을 키운 유기체 풀이 이러한 능력까지 갖추면 인간과 동물의 건강에 심각한 불이익을 초래할 수 있다."

스완 위원회는 농업에 종사하는 이들 가운데 누구도 대면하지 않은 질문을 던지고 거기에 답했다. 그 질문이란 바로 "항생제 남용으로 그 약물에 대한 내성이 생겨나고 있는 마당에 그 위험을 감수할 가치가 있는 때는 언제인가?"였다. 그들의 답변은 "병든 동물을 치료하기 위해 항생제를 사용할 때는 위험을 무릅쓸 가치가 있다. 하지만 이윤을 올릴 목적으로 약물을 쓸 때는 아니다"라는 것이었다. 그들의 권고사항은 사려 깊었지만 엄격했다. 그들은 농장에서 항생제 사용을 두 가지 범주로, 즉 질병을 낫게 하는 데 제공하는 치료적 항생제 범주, 그리고 사료에 쓰는 성장 촉진제 범주로 구분했다. 그런 다음 당시 농민들이 사료에 투여하고 있는 약물들 대부분─페니실린 계열 전부 다, 두 가지 테트라사이클린(클로로테트라사이클린과 옥시테트라사이클린─옮긴이), 설파제, 그리고 타일로신〔tylosin, 인간에게 쓰는 약물인 아지트로마이신(azithromycin)이나 에리트로마이신과 화학적으로 관련되어 있으며 동물에 쓰는 항생물질이다〕─을 치료적 항생제 범주로 분류했다. 위원회는 그런 다음 이 항생제들은 오직 수의사가 처방전을 써주어야만 사용할 수 있다고 분명하게 못 박았다. 농부들은 '사료'용 항생제는 여전히 임의로 사서 쓸 수 있었다. 하지만 이 범주는 혹시 내성이 생겨 그 약효가 떨어지지나 않을까 하는 두려움 때문에 인간이나 동물의 질병 치료에는 사용하지 않는 약물들로만 한정했다. 요컨대 스완 위원회는 매우 효과적이지만 다른 한편 인간 건강에 해로운 내성을 키우는 데 큰 영향을 끼친 항생제들은 배제했다. 이 조치로 농민들의 선택 폭은 한층 줄어들었다.

스완 위원회의 권고사항은 즉각 시비 논란에 휩싸였다. 하지만 의회는 그 권고사항을 받아들였고, 이후 수년 동안 논쟁과 반대가 이어졌음에도 결국 1971년 3월 이를 법제화했다. 농업 항생제 사용과 관련한 역사에서 이번 권고사항은 유명세를 날렸다. 완벽했기 때문이 아니라 최초였기 때문이다. 그 권고사항은 이례적인 어떤 것, 즉 항생제의 힘은 보존하고 보호해야 한다는 정부의 솔직한 소견을 담고 있다. 그 기적의 약물 대부분을 발견한 나라이자 성장 촉진제를 처음 개발한 나라인 미국도 스완 보고서를 마냥 모른 체할 수만은 없었다. 다른 나라들은 미국 정부가 어떻게 나올지 예의 주시했다.

앤더슨, 그리고 당시의 스완 위원회가 농장 항생제 문제를 놓고 입씨름을 벌이는 동안, 미국은 그 문제를 다루는 데 시종 미온적이었다. 국립과학아카데미는 1955년 과학자 47명으로 이뤄진 회의를 소집했다.[12] 회의 참석자들은 항생제가 여러 농장 가축종에 쓰이는 실태를 보고받고 아주 잠깐 동안 그리되면 인간에게 위험이 제기될 수 있는지 묻다가 이내 흐지부지 넘기고 말았다. 하지만 그로부터 14년 뒤인 1969년 스완 위원회가 소집되었을 즈음 연구자들은 살모넬라균이 미국 전역에서 얼마나 빠른 속도로 퍼져나가고 있는지, 그리고 인간 환자로부터 검출된 살모넬라종이 얼마나 자주 모종의 내성을 지니고 있는지에 대해 처음으로 스멀거리는 불안을 느끼기 시작했다. 하지만 그 문제를 조사하는 임무를 띤 또 하나의 위원회[13]는 "사료·식수·사료재료에는 오직 진짜로 낮은 수준의 항생제만 써야 한다", "항생제를 일상적으로 사용해서는 안 된다"처럼 아무런 정치적 강제성이 없는 제안을 내놓았을 따름이다.

스완 보고서가 발표됨에 따라 더 이상 그 문제를 묵과하기는 어려워졌다. FDA는 16명으로 구성된 전담반을 꾸렸다. 10명은 연방 과학자였고 5명은 학계와 기업 소속이었다. 전담반은 과학자들을 워싱턴 D.C.로 불러들여 증언을 들었으며 전국을 돌아다니면서 농민과 농업 조직들로부터 의견을 경청했다. 1972년 이들은 FDA에 스완 보고서의 짧은 버전을 제출했다.[14] 거기에는 스완 보고서와 마찬가지로 엄중한 권고사항이 담겨 있었다. 그들은 성장 촉진제로 쓰이는 비교적 오래된 항생제는 수의사의 통제하에 두어야 하고, 화학적 구조가 특이한 새로 나온 항생제는 인간 건강에 위험이 없다는 것을 증명할 때까지 농업계에서 사용하지 못하도록 금해야 한다고 주장했다. 전담반은 조사를 통해 농업계가 신약을 얼마나 신속하게 사용하고 있는지, 그렇게 함으로써 잠재적으로 그에 대한 내성을 얼마나 빠르게 키우는지를 처음으로 분명히 확인해주었다. 주크스가 1948년 성장 촉진의 효능을 인식했을 때에는 항생제 종류가 6개 정도에 불과했다. 하지만 이제는 30종으로 불어났고, 그 가운데 23종은 가축과 인간에게 동시에 사용되고 있었다.

전담반의 권고사항은 정치적 논란에 불을 지폈다. 소속 위원의 절반가량이 합의된 결과라고 되어 있는 권고사항에 동의하지 않는다고 밝힌 반대의견서를 제출했다.[15] 국회의원, 축산업계와 제약회사의 로비스트, 랜드그랜트 대학에 몸담은 동물과학 연구자, 이 모두가 그 권고사항을 법제화하지 못하도록 FDA를 거세게 압박했다. 집중포화에 시달리던 FDA는 결국 타협안을 내놓았다.[16] 제약회사와 농업 이해집단이 성장 촉진제, 내성균, 인간 건강에의 위협 등에 대해 자체 연구를 진행하도록 허락하는 내용이었다. 만약 그들이 그 제품들의 안전성을 입증하지 못한다면 동물의 질병을 치료하기에는 너무 적은 용량의 항생제 사용—여기에는 성장 촉진제로서의 사용과 '예방적' 용도의 투여가 포함되었다—은 1975년 4월 이후 여하한 경우라도 금지한다는 것이었다.

주크스는 업계를 대표해 분노를 표시했다. 그는 당시 UC버클리로 적을 옮긴 상태였지만, 여전히 자신의 발명을 옹호하고 있었으며, 한 과학 저널에 "기성 가치를 거부함으로써 지적 진공상태에 빠진 대사제들이 이끄는, 식품을 상대로 협잡을 일삼는 광신도 집단"에 굴복했다는 이유로

FDA를 거칠게 비난했다.[17] 좌우간 미국이 영국의 선례를 따라 농장에서 항생제 사용 금지 조치를 시행할 수 있는 절호의 기회인 것 같았다. 항생제를 제조하는 기업들은 부랴부랴 자사 제품이 정부가 생각하는 것보다 안전하다는 사실을 증명하러 나섰다. 결국 그때나 지금이나 가축용 제약 기업을 가장 강력하게 두둔하는 단체인 워싱턴 D.C.의 동물건강연구소가 보스턴의 연구자 스튜어트 B. 레비(Stuart B. Levy)에게 도움을 요청하기에 이르렀다.

레비는 1974년 당시 36세였다. 그는 1970년 반전 영화 〈매시(MASH)〉 (Mobile Army Surgery Hospital의 약자로 미 육군의 이동식 야전병원을 뜻한다—옮긴이) 가 흥행하면서 스타덤에 오른 배우 엘리엇 굴드(Elliott Gould)를 쏙 빼닮은 외모였으며, 188센티미터인 굴드보다는 키가 좀 작고 더 호리호리했지만, 짙은 흑발이며 일자형 눈썹, 그리고 자신감 넘치는 함박웃음과 잘 어우러지는 짙은 코밑수염이 영락없이 그와 닮았다. 레비는 델라웨어주 출신인 가정의의 아들[18]로 태어나 자라는 동안 왕진에 나선 아버지를 따라다니면서 각각의 발병 사례에 대해 이야기를 주고받곤 했다. 그는 지금이야 고급 주택들이 들어섰지만 당시에는 싸구려에 구질구질하기만 했던 보스턴의 어느 지역에 있는 터프츠 대학 의과대학에서 교수직을 얻었다. 그는 그 자리에 이르기까지 우회로를 걸어왔다. 처음에는 문학을, 그다음에 의학을, 그리고는 이탈리아와 프랑스에서 미생물학을 공부했던 것이다. 그러는 사이 그는 내성인자와 어떻게 해서 그로 인해 유기체가 전혀 노출된 적 없는 약물에 내성을 갖추게 되는지 다룬 와타나베의 초기 논문들을 접했다. 그 내용은 단박에 그의 마음을 사로잡았다. 그는 자신에게 비공식적 인턴십 자리를 달라고 와타나베를 설득했으며, 그의 연구소에서 일하기 위해 일본으로 날아갔다.

당시는 때마침 《뉴잉글랜드의학저널》이 "서둘러 과감한 조치를 취하지 않으면 의사들이 항생제가 없던 중세시대로 돌아가 있는 스스로의 모습을 발견할 수도 있다"고 경고[19]한 1960년대였다. 와타나베는 새로운 과학자 세대가 그가 밝혀낸 내성인자(R-factor)를 플라스미드(plasmid)라는 용어로 재명명했을 무렵인 1970년대 초 위암으로 세상을 떠났다. 젊은 연구자들은 그의 발견이 옳았음을 확인했다. 즉 항생제 내성을 부여하는 유전자가 플라스미드에 쌓이고 플라스미드가 움직일 때 이 세균에서 저 세균으로 유전자를 전달할 수 있다는 것이다. 이렇게 되면 유기체는 그 약물에 노출되기도 전에 내성을 획득할 수 있으며, 다양한 유형의 내성이 확산할 수 있다. 그 과정은 이렇게 진행될 것이다. 세균 군집에서 몇몇 유기체가 약물 A, B, C에 내성을 띠는 유전자를 함유한 플라스미드를 가지고 있다고 가정해보자. 그런 다음 이들 약물 중 하나(약물 B라 치자)가 그 세균 군집을 퇴치하는 데 사용되었다고 가정하자. 취약한 세균은 모두 죽겠지만 플라스미드를 함유한 세균은 보호될 것이다. 끝내 살아남은 그 세균들은 플라스미드 안에 있는 내성 유전자—약물 B뿐 아니라 A와 C에 대해서도 내성을 띤다—를 모두 보존할 것이다. 그리고 따로 혹은 함께, 같은 세대 안에서는 수평적으로, 플라스미드가 딸세포에 의해 유전될 때는 수식적으로 그 유전자들을 다른 세균들에게 전달할 것이다.

한 항생제에 대한 내성이 그와 '무관한(unrelated)' 약물을 사용함으로써 증폭될 수도 있다는 연구 결과는 놀라운 것이었다. 그 가능성은 내성을 추적해서 발본색원하기가 한층 까다로워질 위험이 있음을 말해주었다. 레비는 이 문제에 흥미를 느꼈다.

레비의 전문 연구 분야는 오레오마이신이 속한 테트라사이클린 약물 계열이었다. 그는 그 약물에 내성을 부여하는 유전자를 식별해냈고[20] 내성이 작동하는 신기한 기제를 분명하게 규명했다. 일부 항생제는 세균의 세포벽 합성을 방해함으로써 그 세균을 죽이는데, 이들 약물에 대한 내성은 항생제가 세포 바깥을 공격하지 못하도록 막아준다. 하지만 테트라사이클린은 세포 안으로 슬그머니 침투한다. 테트라사이클린 내성은 그 약물이 다루기 힘든 손님을 내쫓는 술집 기도처럼 세포에서 약물을 쫓아내는 펌프 모양의 아주 작은 기관을 형성하는 식으로 작용한다. 테트라사이클린은 본래 성장 촉진제였으니만큼 그에 대한 전염성의 내성은 성장 촉진 효과를 예측할 수 없게 만들었다. 레비는 두 분야 모두에 정통한 전문가였다. 또한 아직 논문 출간 목록이 그리 길지 않은 상대적으로 새로운 연구자였다. 동물건강연구소는 그를 낙점했고 그에게 농업 항생제를 옹호하는 연구에 자금을 대겠노라고 제의했다.

이게 바로 다우닝 가족의 냉장고에 채변 채집 면봉 튜브가 들어 있게 된 경위다. 그것은 레비가 환경을 통해 항생제를 투여받은 동물이 그렇지 않은 동물이나 인간에게 내성을 전파할 수 있는지 여부를 확인하기 위한 (좀더 엄밀하게 말해, 전파되지 않는다는 것을 증명하도록 도와줄) 도구였다. 성장 촉진제의 지지자들은 그 답이 '아니다'이기를 바랐다.

레비는 다우닝 가족을 알지 못했지만, 동물건강연구소가 제의한 연구가 가능하려면 자신이 무엇을 찾아내야 하는지 알고 있었다. 농장처럼 보이지만 전에 농장처럼 운영된 적이 없는 장소여야 했다. 또한 항생제를 투여받은 적이 없는 새로운 동물, 최근 몇 년 동안 그들을 사육하면서 항생제를 사용한 경험이 없는 장소, 실험을 실시하기에 충분한 수가 되고 항생제를 투여할 일이 없을 정도로 건강한 동물 사육자 집단이 필요했다. 그런 점에 더해 그 장소는 그 자신과 연구팀이 손쉽게 왔다 갔다 할 수 있을 만큼 사무실과 충분히 가까운 곳이어야 했다. 풍요로운 보스턴 교외에서 까다롭기 짝이 없는 이러한 조건을 만족시키는 장소를 찾기란 쉽지 않았다. 대체 어느 곳을 찾아봐야 할지조차 확신하지 못한 그는 그저 여기저기를 들쑤시고 다녔다.

보스턴의 준(準)교외(exurbs: 교외에서 좀더 떨어진 전원지역—옮긴이)는 도시 같지 않지만, 너무나 많은 이들이 통근을 위해 이동하는 곳이라 보기보다는 더 긴밀하게 연결되어 있었다. 레비가 연구를 진행할 장소를 물색하고 있다는 소식이 의료계에 퍼졌다. 얼마 뒤 누군가가 연락을 해왔다. 매사추세츠종합병원(Massachusetts General Hospital)에서 연구용으로 기르는 쥐 등의 실험동물을 책임지고 있는 수의사였다. 그는 보스턴 남서부에서 30여 킬로미터 떨어진 셔번(Sherborn)이라는 작은 마을에 살고 있었다. 그의 집 길 건너편에 사는 이웃은 방만하고 불손한 가족이었다. 그들은 아이들이 많았고, 한때 달걀 분류 사업을 했던 헛간이 두어 채 들어서 있는 넓은 땅에서 살고 있었다. 그가 그들을 소개해주겠다고 나섰다.

레비는 차를 몰고 한달음에 다우닝 가족을 만나러 달려갔다. 그는 자신이 생각하는 구상에 대해 들려주었다. 일시적으로 300마리로 이루어진 농장을 꾸려서 최소 1년 동안 관리하겠다는 것이었다. 리처드 다우닝은 개구쟁이 같고 열정적인 그 내과의사가 맘에 들었고, 지식에 기여한다는 생각이 싫지 않았으며, 자신의 아이들이 실험을 가까이서 관찰할 수 있는 기회를 가진다는 데 구미가 당겼다. 하지만 웨이머스(Weymouth: 매사추세츠주 동부, 보스턴 남쪽에 있는 마을—옮긴이)라는 연안 마을의 가금 농장에서 자란 그는 레비가 어떻게 하면 자신이 원하는 것을 성취할 수 있을지 잘 모른다 싶었다.

다우닝은 이렇게 회고했다. "저는 그에게 어리석다고 했어요. 그는 그 실험에 뭐가 필요한지 알지 못했거든요. 그는 일단 우리를 짓고 사료를 구입하고 배수시설을 설치하고 난방을 하고 그것들을 돌볼 사람과 청소를 담당할 사람을 구해야 했어요. 제 말에 수긍한 그는 우리가 자신을 도와서 그렇게 해주기를 바랐어요."

다우닝 가족은 그의 제안을 받아들였다. 재미있을 것 같았고 호기심도 생겼다. 게다가 본시 판에 박힌 생활에서 벗어나는 데 대해 아무런 두려움도 없었다. 그들은 실험을 총괄하는 역할에 맏딸 메리를 지정했다. 지역 대학 2학년생인 그녀는 돈을 절약하기 위해 집에서 통학하고 있었다. 그녀는 졸업 후 프랑스로 유학을 떠나고 싶었지만 돌볼 동생들이 너무 많았던지라 모아놓은 돈이 부족했다. 그녀와 그녀의 부모는 레비와 계약을 맺었다. 그녀가 닭을 관리하고 그들에게 모이와 물을 주고, 그리고 레비가 필요로 하는 자료―그녀는 그것이 채변 샘플인데 비단 닭의 것만이 아님을 알게 되었다―를 모으기로 말이다. 레비는 메리에게 매주 50달러 (현 가치로 250달러)를 지불하겠다고 제의했다. 그녀는 계약서에 서명했다.

그들의 땅 뒤꼍에 자리한 커다란 헛간에서 레비와 의학 연구자 10명으로 꾸려진 연구진이 다우닝 부부, 그리고 그 자녀들과 함께 철망을 두른 우리를 6개 만들었다. 저마다 가스 난방기와 별개의 모이 쟁반과 급수 시스템을 갖춘 우리였다. 우리 4개는 헛간 안에 15미터씩 간격을 두고 설치했으며, 나머지 2개는 두꺼운 헛간의 통나무 벽 바깥에 두었다. 그런 다음 레비는 병아리를 찾아 나섰다. 오염이 안 되었다는 것, 닭의 몸 안에서 연구 결과를 왜곡할 만한 요소가 없다는 것을 확실히 하기 위해 그는 실험실에 '병원체 부재 종란(pathogen-free egg)'을 공급하는 회사에서 병아리를 구입했다. 1974년 7월, 낳은 지 하루 된 레그혼종(Leghorn) 병아리가 서번에 도착했고, 전열 램프, 식수, 무항생제(antibiotic-free) 먹이를 넣은 우리들 가운데 하나에 투입되었다. 그들이 두 달쯤 컸을 때 실험이 시작되었다. 레비는 병아리를 여섯 무리로 나누었다. 우리당 50마리씩이었다. 그는 지역 사료 가게에서 무항생제 사료와 미리 항생제를 섞어서 파는 사료, 이렇게 두 종류의 사료를 사들였다. 후자에는 옥시테트라사이클린─레덜리의 경쟁사 화이자가 만든 것으로 원래 이름은 테라마이신(Terramycin)이었다─이 1톤당 100그램의 비율로 섞여 있었다(이 약물은 산란용 닭을 겨냥했으므로 시장에서 성장 촉진제보다는 질병 예방적 용도로 팔리고 있었다. 그들에게는 급속한 체중 증가가 주안점이 아니었다). 닭의 절반, 즉 우리 6개 가운데 3개의 닭에게는 무항생제 사료를, 나머지 3개의 닭에게는 테트라사이클린이 가미된 사료를 먹였다.

레비가 답하고자 하는 질문은 여러 가지였다. 첫 번째 질문은 사료 속에 들어 있는 항생제가 그것을 먹은 닭에서 내성균이 나타나 번식하도록 만들었는가였다. 두 번째 질문은 내성이 그 닭들에서 무리의 나머지 닭들에게 퍼져나갔는가였다. 그리고 세 번째이자 가장 중요한 질문은 내성이 닭에서 인간에게까지 전파될 수 있었는가였다. 1950년대에 앤더슨을 괴롭힌 문제, 그리고 1960년대에 스완 보고서가 나오도록 촉구한 것과 같은 질문이었다. 하지만 당시에는 연구자들이 내성을 인식하고 그 내성이 연유했다 싶은 지점을 거꾸로 추적해나갔으며, 내성이 어떻게 생겨나고 번져나갔는지에 관해 몇 가지 가정을 했다. 하지만 이번에는 그 어떤 가정도 필요치 않았다. 즉 레비는 실험실의 세균이나 쥐에게가 아니라 헛간에서 살아가는 농장 동물과 농장 가족에게 내성이 나타나고(혹은 나타나지 않고) 퍼져나가는(혹은 퍼져나가지 않는) 광경을 직접 관찰할 수 있게 된 것이다.

하지만 이번 실험이 계획한 모든 것에 답을 내놓으려면 레비는 다우닝 가족 말고 참가자를 더 뽑아야 했다. 그는 다우닝 가족의 초대를 받고서 그 이웃들을 만나러 차를 몰고 갔다. 조앤과 리처드는 자신이 사는 도로 위아래에 살고 있는 다섯 가족—모두 부모 10명, 자녀 14명—을 초대했다. 햄버거와 핫도그와 옥수수를 돌린 뒤, 다우닝가의 소년들이 연단을 만들기 위해 빨래통을 뒤집어놓았다. 레비는 어떻게 말해야 좋을지 부모들의 의견을 구했고, 그들은 그냥 솔직하게 말하는 게 제일 낫겠다며 그를 안심시켰다. 하지만 그는 여전히 빨래통에 오를 때 다소 긴장한 눈치였다.

그가 좌중을 둘러보며 입을 열었다. "여러분 모두에게 실험에 참가해주십사 요청하려 합니다." 부모들은 흥미로운 듯 웅성거렸고 아이들을 조용히 시켰다. 그는 항생제 내성의 당황스러움에 대해 설명했고 닭이 그 문제를 푸는 열쇠가 될 수 있을지도 모른다고, 다우닝 가족이 도와주는 데 동의했다고 말했다. 이제 어려운 이야기를 꺼낼 차례가 되었다.

그가 말했다. "우리는 여러분이 자신이 가진 무언가를 과학을 위해 기부했으면 합니다." 모인 사람들은 재미있어하면서 귀를 기울였다. 한 여성이 말하는 소리가 그의 귀에 들려왔다. "완전 기대되는데요!"

그는 숨을 깊이 들이쉰 다음 말을 이어갔다. "솔직히 말씀드리자면 우리는 여러분의 똥이 필요합니다."

깊은 적막이 감돌았다. 그때 세 살배기 리사가 다가와 눈을 동그랗게 뜨고 소리쳤다. "우리 응가를 원한다고요?"

일순 정적이 깨졌다. 모두가 웃음보를 터뜨렸고, 다들 레비를 돕기로 뜻을 모았다. 발을 뺀 가족은 없었다. 그렇게 되고 보니 그 실험을 관리하는 데 따른 보상으로 두둑한 돈을 받는 메리도 한결 떳떳해졌다. 그녀의 일은 닭에게 모이와 물을 주고 일주일에 한 번씩 면봉으로 그들의 엉덩이를 닦아내는 것뿐만이 아니었다. 자신의 동생들과 이웃 아이들, 자신의 부모님과 이웃의 부모님들을 설득하고 그들에게 귀찮게 굴고 잔소리를 해서 샘플 채취 의무를 게을리하지 않도록 챙겨야 했다. 다우닝가의 냉장고 선반은 매주 샘플 튜브를 담은 종이봉투로 가득 찼다가 레비의 직원이 챙겨 가면 다시 텅 비기를 되풀이했다.

결과는 빨리 나왔다. 실험을 시작하기 전에 채취한 샘플은 닭, 다우닝 가족, 그 이웃의 내장에 있는 극소량의 세균만이 테트라사이클린에 맞서는 유전적 방어기제를 보유하고 있음을 보여주었다. 이는 돌연변이의 룰렛 게임 같은 임의성을 고려하면 충분히 기대해봄 직한 결과였다. 하지만 일단 항생제가 섞인 사료를 주입하자 이들 세균은 그 세균을 보유한 닭에서 빠르게 증식했고, 처음에 청정하게 시작한 닭들에게까지 퍼져나갔다. 최초의 변화는 36시간 만에 나타났고, 2주 내로 그 닭들의 90퍼센트에서 내성균이 검출되었다. 사료에 들어 있는 항생제 용량은 그 약물에 취약한 장내 세균은 죽였지만 미세한 돌연변이에 의해 보호된 세균에게는 해를 입히지 못했다. 그리고 이처럼 내성을 지닌 생존자들은 다른 세균들이 죽은 결과 텅 빈 생활공간에서 번성하고 증식했다. 앤더슨을 위시한 연구자들은 이것이 항생제를 투여한 동물에게서 일어나는 현상이라고, 그들은 내성균을 생산하는 공장으로 달라질 거라고 가정했다. 하지만 과거에는 누구도 현장에서 그것을 직접 측정해본 적이 없었으며, 누구도 그 현상이 그토록 빨리 발생하리라고 기대하지는 못했다.

몇 주 동안 무항생제 사료를 먹은 닭들은 내성균이 없는 상태를 유지했다. 그러던 중 상황이 바뀌었다. 먼저, 항생제를 섞은 사료를 먹은 닭들에서 사는 세균이, 사료가 오직 테트라사이클린만을 함유하고 있음에도 설파제·클로람페니콜·스트렙토마이신·네오마이신·페니실린에서 파생한 두 약물 등 다양한 약제에 내성을 띠었다. 그런 다음 그 다제내성균이 그 사료를 결코 먹은 적도 없고 그 사료를 먹은 닭들과 접촉한 일도 없는 닭들에게서 나타났다. 그리고 곧이어 다제내성균은 다우닝 가족의 배설물에서도 나타났다.

내성은 플라스미드에 의해 전달되었다. 레비는 실험실에서 딱 닭 네 마리에게만 옮겨놓은 다음 다른 닭과 다우닝 가족에게서 재발견한 표지 세균을 만들어냄으로써 그 사실을 확인했다. 하지만 세균의 이동 경로는 불확실했다. 그 닭 집단은 결코 우리 밖으로 나간 적이 없었고 서로 뒤섞일 일도 없었다. 만약 어느 닭이 용케 우리를 빠져나갔다 해도 메리는 그들을 연구에서 제외시키고 농장 저편에 있는 우리로 치워놓았다. 그녀는 닭들에게 모이와 식수를 주고 그들을 실험할 때면, 무항생제 닭에게 먼저 간다는 것과 우리를 옮길 때마다 손을 씻고 장화를 갈아 신는다는 명확한 원칙을 지키면서 헛간을 이동했다. 다우닝 가족은 실험 중인 닭들은 먹지 않았다(물론 연구가 종료되고는 거창한 바비큐 파티를 벌였지만 말이다).

연구 후원자들로서는 적이 실망스럽게도 레비는 그들이 거짓이기를 바랐던 결과가 사실임을 실제로 증명해 보였다. 사료에 극히 미량의 항생제가 들어 있었을 뿐인데 그것만으로도 내성균이 생겨났다. 내성균은 그 동물의 신체에서 번성했을 뿐 아니라 그 동물을 벗어나 농장이라는 환경 속을 떠돌다가 가까이 사는 다른 동물이나 인간의 몸 안으로까지 흘러 들어갔다(하지만 그 실험에서 대조군 역할을 한 이웃 가족만은 예외였다. 내성균이 그들에게는 퍼지지 않은 것이다). 달라진 세균은 추적이 불가능한 형태의 오염이었다. 그리고 그들은 내성 유전자를 보이지 않게 축적할 수 있었던 터라 예측이 불가능한 위협이기도 했다.

레비의 발견 결과에는 주석이 하나 달렸는데, 그것은 수년 동안 농장 항생제 사용을 억제하기 위한 노력에 찬물을 끼얹었다. 다우닝 가족이 병에 걸리지는 않았다는 것이었다. 대장균종은 많은데, 닭의 내장에서 살고 있다가 닭의 소유주에게 옮아간 대장균은 질병을 일으키는 종이 아니었던 것이다. 그 대장균은 공생동물로서 내장에 살아가면서 질병을 일으키지 않은 채 내장을 주름잡는 좋은 세균이었다. 과학자들의 입장에서 볼 때 이는 세균의 이동을 좀더 복잡하게 만들 뿐 그에 따른 위험을 줄여주는 것은 아니었다. 하지만 그 결과는 위협을 믿지 않는 쪽을 선택한 이들로 하여금 그 위험을 대단찮게 여기도록 만들어주었다.

레비는 1976년 9월 다우닝 가족의 농장에서 일어난 일을 정리해 발표했다. 1977년 4월, FDA의 새 국장[21]으로 임명된 지 2주밖에 되지 않은 도널드 케네디(Donald Kennedy)가 모 회의석상에서 폭탄선언을 했다. 미국 정부는 영국의 선례에 따라 미국 농업에서 성장 촉진제 사용을 금지한다는 내용이었다.

케네디는 커다란 안경을 낀 호리호리한 46세 남성으로서 넘치는 에너지를 주체하지 못하는 정력적인 인물이었다. 그는 생물학자였고, 하버드 대학에서 박사학위를 땄으며, 불과 34세라는 젊은 나이에 스탠퍼드 대학의 학부장 자리에 올랐다. 스탠퍼드 대학의 파견 허락을 받은 그는 1976년 초부터 백악관에서 임시직으로 일하며 제럴드 포드(Gerald Ford) 행정부가 신설한 과학기술정책실(Office of Science and Technology Policy)을 꾸리는 데 힘을 보탰다. 1976년 말, 잘 알려지지 않은 전직 조지아 주지

사 지미 카터(Jimmy Carter)가 대선에서 워터게이트 스캔들과 여전히 어른 거리고 있는 베트남전의 오명을 극복할 수 있는 아웃사이더로 자처함으로써 근소한 표차로 포드를 따돌렸다. 카터는 진실하고 젊은 개혁가들을 등용했다. FDA는 카터 행정부의 정책 순위에서 상위를 차지하고 있었다. FDA는 제약회사로부터 기만적인 자료를 넘겨받았다는 이유로 상원의원 에드워드 케네디(Edward Kennedy)에 의해 의회에 막 출두당한 일이 있었으며, 미국에서 판매되는 유일한 인공감미료로서 청량음료 제조업체의 소득에 크게 기여하고 있는 사카린의 발암 가능성을 둘러싸고 논쟁에 휘말려 있는 상태였다. FDA는 과학을 대신해 발언하고 워싱턴의 파워집단에 그 어떤 이해관계도 없는 지도자가 필요했다. 도널드 케네디가 적임자였다. 백악관은 그가 용감하기를 기대했다.

하지만 실제로 그가 보여준 것만큼은 아니었을 것이다. 처음 FDA 산하 국립식품의약고문위원회(National Advisory Food and Drug Committee, 일군의 과학자와 업계 대표들로 구성된 조직으로 수개월 동안 농장에서의 항생제 사용에 대해 짜증스러운 논의를 이어가고 있었다)를 방문한 케네디는 논의는 더 이상 필요 없음을 분명히 했다. 그는 간략한 발언을 통해[22] 자신의 부처는 페니실린과 테트라사이클린이 성장 촉진제로 사용되는 관행을 즉각 금지할 것이며, 더불어 농부들이 대신 사용할 수 있는 화합물을 연구자들이 만들어내는 대로 예방적 목적의 항생제 사용 역시 금지할 것이라고 선언했다. 그는 향후 그 약물들은 수의사가 처방전을 써줄 때에 한해서만 동물의 사료에 섞어 쓸 수 있다고 덧붙였다.

케네디가 말했다. "이들 약물을 처방전 없이 구입할 수 있는 제품으로서 동물의 성장을 촉진하기 위해, 혹은 질병 예방을 목적으로 상시적으로 사용할 경우 얻게 되는 이득이 인간에게 제기되는 '잠재적(potential)' 위험보다 크지 않습니다. 약물 내성이 동물에서 기원했기 때문에 인간 질병이 더 치료하기 어렵다는 것을 보여주는 구체적인 사례를 꼽을 수는 없지만, 이런 문제가 눈에 띄지도 않고 넘어갔을 수 '있을 것 같습니다(likely)'."

케네디는 증거에 가치를 두는 데 익숙한 과학자였다. 그가 사용하는 '잠재적'이니 '~할 것 같다'는 중요한 표현이었다. 하지만 그의 말을 듣고 있던 정치인들은 그가 한 말을 증거로 받아들이지 않았다. 그들은 그것을 그저 하나의 추정으로, 그리고 엄청난 정치적 영향력을 지닌 거대 업계에 대한 위협으로 간주했다. 이때쯤 미국에서 사육되는 식용 동물의 거의 대부분[23]은 그들 생애의 어느 때든 간에 항생제를 투여받고 있었다. 닭이나 칠면조는 거의 100퍼센트, 육용 송아지와 돼지는 90퍼센트, 식용 소는 60퍼센트를 육박했다. 케네디는 몇 주 지나지 않아 의회에 불려가 욕을 실컷 얻어먹었다. 적대적인 일련의 청문회가 수개월 동안 이어졌다.

미국우육생산업자협회(American National Cattlemen's Association)에 따르면 성장 촉진제를 금지하겠다—그리고 모든 항생제 사용을 수의사의 통제 아래 두겠다—는 그의 제안은 "완전히 실현 불가능한 것"[24]이었다. 동물건강연구소는 "그의 제안은 축산업에서 만들어내는 거의 모든 제품을 위험에 빠뜨릴 수 있다"며 분통을 터뜨렸다. 오레오마이신의 제조사 아메리칸사이안아미드의 대표는 "동물 사료에 쓰인 항생제 때문에 인간에게서 치료 불가능한 유행병이 광범위하게 퍼진 사례는 없다"고 단언했다. 남동부가금및달걀위원회(Southeastern Poultry and Egg Commission)는 그 약물을 포기하면 달걀 생산업자들은 425만 달러의 비용을 더 들여야 할 거라며 난색을 표했다. 아칸소주가금연합(Arkansas Poultry Federation)은 성장 촉진제가 없으면 농부들은 사료로 쓰기 위해 옥수수 4500만 파운드, 대두 2300만 파운드를 더 재배해야 할 거라며 반대 입장을 취했다. 가축 사육장 업계를 대변하기 위해 나선 네브래스카주의 모 하원의원은 그 조치는 자국민이 식품을 사는 데 20억 달러를 더 지불하도록 만들 거라며 비난했다. 북동부가금생산업자협회(Northeastern Poultry Producers Council)의 회장은 빈정거리는 투로 이렇게 억지를 부렸다. "국장의 논리는 결국 임신한 모든 여성들에게 낙태하도록 명령하는 정부 칙령으로 이어질 것입니다. 삶의 모든 측면은 매일 매 순간 건강에 모종의 잠재적 위험을 제기하니까요."

케네디와 직원들은 그런 비난을 일축했다. 8월 30일과 10월 21일, FDA는 페니실린과 테트라사이클린, 이 두 성장 촉진제에 반대하는 주장[25]을 담은 긴 문서를《연방정부 관보》에 발표했다. 엄밀히 말하면 그 문서는 두 약품 제조사가 자사 약물을 방어하기 위해 출두 요청을 하도록 초대하는 '청문 기회 고지(Notice of Opportunity for Hearing, NOOH)'의 성격을 띠었다. 하지만 실제적 의미에서는 법적 소송 의견서였다. 즉 조목조목 성장 촉진제에 반대하는 주장을 내놓은, 정확한 주석이 달린 논쟁이었던 것이다. 모든 훌륭한 법적 소송 의견서가 그렇듯이, 이 문서 역시 누가 피고인지를 분명히 했다. 고지서에는 각 약물 범주와 관련해 해당 제품들이 열거돼 있었다. 페니실린 계열 약품 26종과 테트라사이클린 계열 약품 31종으로, 모두 아메리칸사이안아미드, 코텍스케미컬스SPA(Cortex Chemicals SPA), 데일앨리(Dale Alley Company), 도스래버러토리스(Dawes Laboratories Inc.), 다이아몬드섐록(Diamond Shamrock Corporation), 일라이릴리, 폴스태프브루잉(Falstaff Brewing Corporation), 호프만라로슈(Hoffmann-La Roche Inc.), 머크, 내셔널오츠(National Oats Company), 화이자, 라셸래버러토리스(Rachelle Laboratories), 랠스턴퓨리나(Ralston Purina Company), E.R.스퀴브&선스(E. R. Squibb & Sons Inc.), 텍사스뉴트리션&서비스(Texas

Nutrition & Service Company), 캔자스시티(Kansas City)의 톰슨헤이워드케미컬(Thompson-Hayward Chemical Company) 등 미국의 주요 제약회사나 동물 사료 제조사의 제품이었다.

과학적 증거가 수두룩했음에도 그들 기업의 경제적 위력, 그리고 그 모든 기업의 고객들이 과학을 압도했다. 의회에서 백악관으로, 이어 케네디에게로 청문회 개최가 허락되지 않을 거라는 메시지가 전달되었다. 1949년부터 FDA에 예산을 주고 있는 조직이자 선심성 농업지원금의 원천인 농업및농촌개발하원지출승인소위(House Appropriations Subcommittee on Agriculture and Rural Development)의 의장을 맡고 있던 미시시피주 민주당 하원의원 제이미 휘튼(Jamie Whitten)은 만약 케네디가 계속 밀어붙이면 예산상 불이익을 주겠노라고 으름장을 놓았다. 만약 일이 그렇게 된다면 카터 행정부가 계획한 다른 개혁들도 삐거덕거릴 판이었다.

백악관은 거래를 중재했다. 휘튼과 연줄이 닿은 농업계 관계자들은 증거에 간극이 존재한다고 주장하고 있었으며, 케네디는 그 간극이 메워지는 모습을 보고자 했다. 만약 케네디가 성장 촉진제 사용 금지 조치를 취소한다면 휘튼은 FDA 예산을 삭감하지 않을 것이다. 사실상 휘튼은 자신의 동지들이 요청한 연구를 수행하기에 충분한 자금을 FDA에 더 얹어주기까지 할 것이다. 1978년, 그는 국립과학아카데미가 공중보건에 미치는 성장 촉진제의 영향을 연구하도록 하기 위한 자금을 승인했다. 결국 지출 승인된 예산은 3년 동안 연구하기에 모자람이 없는 액수였다.

때마침 케네디는 스탠퍼드 대학이 정부에서 일하기 위해 떠나 있도록 허락한 2년이 다 되어가는지라 대학 복귀를 앞두고 있었다.

사람들 눈에는 휘튼이 케네디의 후임자가 나타나기까지 문제를 그저 뒤로 미루고 있는 상황처럼 비쳤을지도 모른다. 하지만 케네디의 나이만큼 길게[26] 정치인으로 살아온 이 늙은 남부 주 사람은 그보다 더 노회했다. 휘튼은 다음번 예산 지출 법안에 부칙을 달았다. 연구에서 공중보건에 해를 끼치는지 여부와 관련해 그 자신이 개인적으로 만족할 만한 답이 나오기까지 FDA는 그 어떤 항생제 금지 조치도 취할 수 없다고 못 박은 것이다. 수년 동안 수십 건, 아니 수백 건의 연구가 이루어지겠지만 아무것도 충분치 않을 게 분명하다. 휘튼은 1995년 마침내 은퇴할 때까지 매년 그 부칙을 갱신했다.

농업계를 옹호하고자 하는 휘튼의 집요한 노력에 힘입어 미국에서 농업에 항생제를 사용하는 관행은 거침없이 뿌리를 내렸다. 잉글랜드, 그리고 나중에 다른 유럽 국가들은 미국과 다른 길을 걸었다. 바로 한 철학자가 명명한 이른바 사전예방원칙에 따른 길이었다. 위험을 막는 것이 모든 증거가 나오기를 기다리는 것보다 더 중요하다는 취지다. 좀더 경험적인 데다 사전예방적 규제에 관심이 덜한 미국은 성장 촉진제와 예방적 목적의 항생제 사용이 아무 규제 없이 이루어지도록 내버려두었다. 수십 년 동안 더 많은 증거들—즉 좀더 규모가 크고 좀더 치명적인 발병 사례들—이 쌓이고서야 누군가가 농장에서의 항생제 사용을 통제하려고 노력해볼 용기를 추스를 수 있었다.

2부

BIG CHICKEN

닭은 어쩌다 위험해졌나

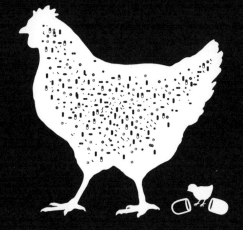

증거로서 유행병

농업에서 항생제 사용에 대해서는 영국과 미국의 태도가 확연히 갈렸다. 미국과 비교해볼 때 잉글랜드에서는 변화의 길로 이끌어준 내성균에 의한 식품매개 질병의 발발 규모가 그리 크지 않았다. 1970년대에 영국 인구는 5600만 명 정도였고, 케네디의 규제 노력이 성공을 거두지 못한 해인 1977년에 미국의 인구수는 2억 2000만 명이었다. 그렇게나 인구가 많고 규모가 큰 나라에서 농업 항생제로 인한 질병의 발발은 영국의 경우보다 훨씬 더 심각하게 마련이다. 그러니 응당 사람들의 주목을 끌고 정책입안자들의 마음을 변화시킬 수 있어야 했다. 그런데 미국 언론은 케네디의 개혁 노력을 거의 다루지 않았고,[1] 그에 이어지는 몇 해 동안 세계의 관심은 좀더 가시적인 두 가지 유행병으로 기울어 있었다. 하나는 역사상 가장 치명적인 질병인 천연두(smallpox)로, 1980년 5월 지구상에서 완전히 뿌리 뽑혔다고 선언된 질병이다. 다른 하나는 정확히 13개월 뒤인 1981년 6월 최초의 신호가 확인된 에이즈(AIDS)다. 질병통제예방센터와 몇몇 개인 내과의사들이 로스앤젤레스에 사는 게이 남성들에게서 이상한 형태의 폐렴[2]을 발견한 것이다.

천연두는 수백만 명의 목숨을 앗아갔다. 인체면역결핍바이러스(human immunodeficiency virus, HIV, 즉 에이즈 바이러스)는 이내 전 세계적으로 그 자신만의 희생자를 양산하기 시작했다. 그런 상황이었던 만큼 항생제 내성이 식품 공급 속으로 파고들 수 있는 가능성이란 너무 하찮아 보였음에 틀림없다. 하지만 그 위험성에 주목한 몇몇 과학자들은 내성이 심각한 유행병이 되는 것을 막을 수 있는 방법은 발병이 아직 그리 심각하지 않을 때 그 질병을 확실하게 규명하는 것이라고 생각했다.

스콧 홀름버그(Scott Holmberg)는 유행병이 얼마나 커질 수 있는지를 생생하게 경험했다.[3] 그는 하버드 대학을 졸업한 뒤 평화봉사단(Peace Corps: 케네디 대통령이 '인생의 2년을 개도국에서 봉사해 세계 평화에 기여하자'는 캠페인을 벌이며 1961년 설립한 미국 연방정부 기관—옮긴이)에 자원했고 에티오피아로 파견되었다. 천연두를 근절하기 위해 아프리카와 아시아 전역을 돌아다닌 백신 접종팀의 일원이었다. 홀름버그는 영어 전공자였지만 푹푹 찌는 먼지 나는 지역에서 사례를 찾아 작은 마을들을 돌아다니는 동안 질병을 퇴치하는 일에 남은 인생을 바치겠다는 결의를 다졌다. 그는 결국 그쪽으로 방향을 틀었으며, 콜롬비아에서 의학대학을 다니고 브라운 대학에서 레지던트로 근무했다. 그가 대학에서 일을 시작했을 무렵, 캘리포니아주와 뉴욕주에서 남성들이 에이즈를 앓기 시작했다. 1982년 여름, 홀름버그는 결국 애틀랜타의 질병통제예방센터에 자리를 잡았다. 1950년대에 레이먼트 레이븐홀트를 훈련시킨 소수 정예 긴급대응팀 유행병정보국은 막강한 질병 감지 조직으로 성장했다. 유행병정보국은 매년 약 80명을 뽑아서 세계의 발병 지역으로 파견했는데 막 레지던트 과정을 마친 내과의사들과 박사학위를 취득한 연구자들이 그 자리를 차지하기 위해 바늘구멍을 통과하는 경쟁을 벌였다. 아무런 예고 없이 파견되는 것도 훈련의 일환이었다. 유행병정보국 관리들은 마치 농담처럼, 사무실을 나와 서비스가 형편없는 식당에서 점심을 먹고 돌아오면 책상 위에 항공권이 놓여 있곤 했다고 말했다.

6개월 넘게 모 프로그램에 참여하고 있던 홀름버그가 상사로부터 전화를 받은 것은 1983년 2월의 일이었다. 토요일 집에서였다. 미네소타주 보건부(Minnesota Department of Health)는 몇몇 살모넬라균에 의한 발병 사례를 우려하고 있었다. 환자들은 중서부 지방에서는 흔치 않은 살모넬라 뉴포트(Salmonella Newport)라는 종에 감염되었으며 심하게 앓았다. 미네소타주 보건부는 공중보건에 종사하는 이들 사이에서 명성이 자자했다. 후한 주 입법부 덕택에 재정 지원이 좋고 직원들의 수준도 높아 마치 미니 질병통제예방센터 노릇을 하고 있다고 말이다. 미네소타주 보건부가 도움을 요청했다는 것은 뭔가 흥미로운 일이 일어나고 있다는 신호였다. 이튿날 홀름버그는 북쪽으로 향했다.

비행기에서 내리자 살을 에는 추위가 몰려들었다. 막 미네소타주의 역학자로 임명된 열정적이고 혈색 좋은 중서부인 마이클 오스터홀름(Michael Osterholm)이 그를 마중 나왔다. 홀름버그는 오스터홀름에 대해 이미 알고 있었다. 미국 공중보건에 종사하는 사람치고 그를 모르는 이는 없었다. 그는 전국적 위계에서 질병통제예방센터의 경력이 없는 몇 안 되는 지도자 가운데 한 사람이었다. 그는 아이오와주 소재의 작은 칼리지를 졸업하고 곧바로 미네소타주 보건부에 자리를 잡았고, 거기서 일하면서 석사학위 2개와 박사학위를 땄다. 오스터홀름은 단호하고 권위에 회의적인 데다 불필요한 요식을 생략하는 데 거침이 없다는 등의 이유로 명망이 높았다. 그는 환자들 대다수가 살모넬라균에 의한 증상이 나타나기 하루 나 이틀 전에 항생제를 맞았다는 사실을 이미 인지하고 있었다. 오스터홀름은 그 질병이 오염된 약물에 의해 발생했을지도 모를까 봐 걱정이었고, 필요할 경우 미네소타주의 모든 약국 선반에서 일군의 항생제를 회수하도록 명령해야 하는 사태가 벌어지지 않을까 전전긍긍했다.

오스터홀름은 서른 번째 생일을 몇 주 앞두고 있었고, 홀름버그는 막 33세 생일을 지난 상태였다. 둘은 서둘러 일에 착수했다. 비록 일요일 밤이었지만, 환자 10명가량에 대해 알려진 사실들을 살펴보기 시작했다. 환자들은 공통점이 거의 없었다. 나이대가 8세에서 43세까지로 다양했으며, 그중 8명은 미니애폴리스(Minneapolis: 미네소타주 남동부의 도시−옮긴이)와 그에 이웃한 세인트폴(St. Paul: 미네소타주의 주도−옮긴이)에 살았다. 10명 중 8명(8세 아이 포함)이 여성이었다. 그들 대부분은 일종의 상기도감염(upper respiratory infection), 기관지염(bronchitis), 인후염(sore throat), 중이염(ear infection)을 앓았다. 그게 바로 항생제 치료를 받은 이유였는데, 그들은 그 후 살모넬라균에 감염이 된 것이다. 1명은 여전히 병원에 입원해 있는 상태였다.

두 역학자는 그날 밤 상세히 조사해본 결과 하나의 원인은 배제하고 다른 하나의 원인을 제기했다. 그들은 약물의 오염이 문제가 될 수는 없었음을 깨달았다. 환자들이 같은 약물을 사용한 게 아니기 때문이다. 몇 사람은 아목시실린(amoxicillin)을, 또 몇 사람은 서로 다른 약국에서 조제한 페니실린을 사용했고, 한 환자는 아무 항생제도 쓰지 않았다. 하지만 그 사례들을 이어주는 뭔가가 있었다. 그들 모두를 감염시킨 살모넬라균은 항생제에 내성을 띠고 있었는데, 그 패턴이 환자 10명 모두에게서 동일했다. 즉 그 살모넬라균은 그들에게 투여된 페니실린 계열의 약물뿐 아니라 그들 중 아무도 사용하지 않은 테트라사이클린에도 내성을 띠었던 것이다.

문제는 그 테트라사이클린 내성이 대체 어디서 연유한 것인가였다. 이것이 바로 질병통제예방센터가 홀름버그에게 주목하도록 교육시킨 종류의 시그널이었다. 이 작은 질병 발발이 훨씬 더 큰 문제를 예고할 가능성이 있다고 경고해주는 시그널 말이다.

식품매개 질병의 발발을 조사하는 것은 고생스러운 작업이다. 당연히 모든 사람이 식품을 먹을 뿐 아니라 하루에도 수많은 종류의 식품을 먹기 때문이다. 따라서 그 질병의 원인일지도 모를 식품들로 범위를 좁혀나가려면 기나긴 인터뷰를 실시해야 하고, 아직까지 냉장고에 남아 있는 포장식품에 관해 떠올린 기억이며 지갑 안에 보관하고 있는 영수증을 확인하는 작업이 필요하다.

홀름버그는 환자들을 인터뷰하는 일에 뛰어들었다. 또한 그들의 질병과 다른 식품매개 질병 간의 차이점을 분간해내기 위해 질병이 발생하기 전에 살모넬라균에 감염된 적이 있는 지역민들과 이야기를 나누기도 했다. 그는 두 집단을 만났고, 그들 가정을 방문했으며, 그들의 냉장고와 찬장을 들여다보았다. 모두가 우유·달걀·쇠고기·닭고기 등 같은 것을 먹고 있었다. 그 질병에 걸린 환자들만 먹은 식품을 골라내기는 어려웠다. 즉 그들은 먹었지만 대조군은 먹지 않은 음식은 따로 없었던 것이다. 그는 실망한 채 다시 애틀랜타로 돌아가면서 자신이 좀더 넓은 망을 던질수 있을지 따져보았다. 처음에는 만약 그 기이한 살모넬라균이 미국의 다른 곳에서도 나타났다면 다른 주의 보건부도 그것을 보고했으리라 생각했다. 그런데 다음 순간 살모넬라균이 본래 동물에서 기원하므로 내성을 지 닌 살모넬라균종도 동물에게서 생겨났을지 모른다는 데 생각이 미쳤다.

그는 아이오와주 에임스(Ames)에 있는 국립수의청연구소(National Veter-inary Services Laboratory)에 전화를 걸었다. 질병통제예방센터가 인간의 질 병을 다루는 곳이라면 국립수의청연구소는 동물의 질병을 다루는 기관이 었다. 그는 지난 2년 동안 가축에게서 채취한 살모넬라 뉴포트종을 좀 보 내달라고 요청했다. 그들은 그에게 세균 샘플 91개를 보내주었다. 9개는 중서부에서, 나머지는 전국에서 수집한 것이었다. 홀름버그는 질병통제 예방센터에서의 훈련을 통해 어떻게 플라스미드의 유전자 지문을 채취하 는지 알고 있었다. 따라서 연구를 위해 격리시킨 것들을 질병통제예방센 터 실험실로 가져와 어느 살모넬라종이 포함되어 있는지 살펴볼 수 있었 다. 그것들 가운데 딱 하나가 오스터홀름의 실험실이 트윈시티(미네소타주 의 두 도시 미니애폴리스와 세인트폴을 아우르는 표현―옮긴이)의 환자들에게서 발 견한 것과 동일한 내성인자를 지닌 플라스미드를 함유하고 있었다. 미니 애폴리스에서 수백 킬로미터 떨어진 사우스다코타주의 농장에서 죽은 송 아지로부터 얻은 것이었다. 흥미롭기는 하되 의미는 없는 감질 나는 단서 였다. 그것이 비로소 의미를 띤 것은, 홀름버그가 사우스다코타주의 역학 자 케네스 세너(Kenneth Senger)와 이야기를 나누다 그 주도 동일한 내성 패턴을 띠는 네 건의 인간 발병 기록을 가지고 있다는 사실을 알게 되면 서부터였다. 환자 4명 가운데 3명은 미네소타주의 환자들이 발병하기 전 해에 병을 앓았다. 4명 중 1명이 그 죽은 송아지를 소유했던 농부였다.

어떤 질병을 조사하든지 간에 거기에는 임의적 데이터들이 서로 연관 되어 보이기 시작하는 순간이 있다. 마치 부분 부분 조립된 직소퍼즐의 표면을 보고 어떤 그림을 떠올릴 수 있듯이 말이다. 홀름버그는 다시 공항으로 향했다. 사우스다코타주에 도착한 홀름버그는 세너의 도움을 받아 그 농장을 찾아갔다.

전해에 앓은 적 있는 세 사람(그들의 이름은 사생활 보호 차원에서 결코 공개되지 않았다)은 모두 친척이었다. 그들은 다들 수폴스(Sioux Falls: 사우스다코타주의 남동부 도시—옮긴이)의 남서부에 살았다. 죽은 송아지의 소유주였던 33세의 낙농업자, 그의 사촌으로 근처의 다른 농장에서 사는 29세의 여성, 그리고 그녀의 세 살배기 딸이었다. 그들 모두는 1982년 12월 병에 걸렸고, 미네소타주의 발병 사례들과 질병의 진행 과정이 동일했다. 처음에 기관지염 혹은 인후염에 걸렸고, 이어 항생제를 처방받았고, 그런 다음 갑자기 열, 위경련, 극심한 설사에 시달린 것이다.

사촌지간인 두 사람은 같은 농장에 살지 않았다. 그들의 소유지는 서로 수 킬로미터나 떨어져 있었으며, 그들은 오직 교회에서만 볼 수 있었고 길에서 만나면 서로를 향해 손을 흔드는 게 고작이었다. 하지만 그들이 홀름버그와 세너에게 이야기를 하는 동안 긴밀한 관련성이 드러났다. 그들은 육용 소 사육장을 운영하는 삼촌으로부터 고기를 선물로 받았던 것이다. 그의 소유지는 33세 낙농업자와 경계를 공유하고 있었다. 삼촌은 인심이 좋기로 유명했다. 1년에 적어도 한 번씩은 좋은 암소를 골라서 도살해 여러 고기 부위를 자신의 친척들에게 나눠주곤 했던 것이다. 그 낙농업자가 삼촌에 대해 두 역학자에게 이야기를 들려주다 문득 한 가지 기억을 떠올렸다. 전년도에 삼촌의 소 사육장과 관련해 희한한 일이 있었다는 것이다. 그가 사육하는 새끼 젖소 가운데 한 마리가 삼촌네와 공유하는 울타리에 난 구멍으로 빠져나가 삼촌이 키우는 육우용 소 사이를 돌아다녔다. 그가 그 새끼 젖소를 데려오고 며칠이 지났을 때, 그의 새끼 젖소들 모두에게서 느닷없는 악성 설사가 빠르고 격렬하게 퍼져나갔고, 그로 인해 새끼 몇 마리가 죽기까지 했다. 참으로 해괴한 일이라서—농장을 너무 잘 운영했다는 이유로 과거에 표창까지 받은 그였으니—그는 주 소속 수의사들에게 자신의 동물을 전부 조사해달라고 부탁했다. 그게 바로 그의 송아지 샘플이 국립연구소에 전달되고 급기야 홀름버그의 손에까지 닿게 된 경위다.

홀름버그와 세너는 그 삼촌이라는 사람을 만나러 갔다. 삼촌은 낙농업자의 새끼 젖소가 자신의 육우 사육장에 어슬렁거렸을 때 거기에는 소가 105마리 있었지만 몇 달 전인 1983년 1월 모두 팔려나갔다고 말해주었다. 하지만 그는 자신의 암소들이 무슨 질병의 원천일 가능성이 있다니 믿기 어렵다며 의아해했다. 그가 자기 농장의 우리에 대해 믿는 근거가 무엇인지 그들에게 보여주었다. 바로 지역 사료 가게에서 구입해 질병 예방을 목적으로 암소들에게 먹인 오레오마이신과 클로르테트라사이클린이 들어 있는 봉지였다.

홀름버그는 또 하나의 퍼즐 조각이 제자리를 찾아갔다고 느꼈다. 그는 내성 감염을 추적하고 있었는데, 처음에는 그것을 일군의 환자, 즉 그들이 먹은 것 가운데 쇠고기가 들어 있는 사람에게서 발견했다. 그런 다음 또 다른 일련의 환자에게서 그 감염을 발견했다. 역시나 쇠고기를 먹은 확인 가능한 단 한 군데 농장 출신들이었다. 동일한 내성 감염이 그 농장을 돌아다녔던 다른 소들에게서도 발생했다. 그런데 지금 농장의 소유주가 내성이 생겨났을지도 모를 지점을 그들에게 가리키고 있었던 것이다. 바로 제가 키우는 소의 사료에 1톤당 100그램의 농도로 퍼 넣은 항생제였다.

홀름버그는 감염의 사슬을 따라 그 원천을 역추적해왔다. 이제 그는 감염이 미니애폴리스에까지 미쳤는지 알아보아야 했다. 삼촌의 암소들은 트럭에 실려 사우스다코타주에서 미네소타주의 남서부 귀퉁이에 있는 도축장까지 운송되었다. 1983년치고는 이례적으로 그 도축장 관리자는 자신의 매출을 계속 파악하기 위해 개인용 컴퓨터를 썼을 정도로 앞서 나간 신기술활용자(early adopter)였다. 그는 자신의 스프레드시트를 찾아본 뒤 105마리 중 59마리가 네브래스카주의 포장 공장으로 배송되었다고 알려왔다. 그곳에서는 암소를 부위별로 절단한 다음 갈빗살·양지머리·등심살 등 주요 부위는 정육점 주인들에게 건네고, 남은 조각들은 상자에 담아 도매업자들에게 팔아넘겼다. 삼촌의 암소에서 나온 조각을 담은 상자들이 중서부 전역에서 다시 팔려나갔다. 그 고기 조각은 미니애폴리스에 있는 공장에서는 4만 파운드의 쇠고기 덩어리에, 아이오와주 중앙에 자리한 비슷한 공장에서는 3만 파운드의 쇠고기 덩어리에 섞여 들어갔다. 두 공장은 그 쇠고기 덩어리를 더 작은 크기로 나눈 다음 슈퍼마켓에 팔았고, 슈퍼마켓에서는 그것을 갈아서 햄버거 패티로 판매했다. 홀름버그가 미네소타주의 질병 발발 시 수행한 최초의 인터뷰들로 거슬러 올라갔을 때 그 사슬의 마지막 고리가 무엇인지 드러났다. 미니애폴리스에서 햄버거 패티용으로 갈아 쓸 고기—거기에는 사우스다코타주의 암소에서 나온 조각도 섞여 있었다—를 구입한 슈퍼마켓들은 트윈시티 살모넬라 환자들이 쇼핑한 것과 같은 곳이었다.

한 가지 남은 질문은 왜 사례별 발병 시기가 그토록 제각각인가 하는 것이었다. 33세의 낙농업자, 그의 29세 사촌과 그녀의 딸은 1982년 12월에 발병했다. 트윈시티의 환자들이 발병한 시기는 1983년 1월 중순에서 2월 둘째 주까지 흩어져 있었으며, 알려진 마지막 사례는 5월에 발생했다. 홀름버그와 오스터홀름은 대체 무슨 일이 일어났던 것인지 알아내려 애쓰면서 따로 시간을 들여 그 환자들의 기록을 살펴보았다. 그러던 중

드디어 그들 간의 관련성을 찾아냈다. 모든 환자들이 저마다 다르긴 하지만 어느 시점에선가 아무 관련 없는 모종의 증상들을 겪었다. 대체로 추운 겨울에 흔한 호흡기 감염이었다. 그들은 병원에 가서 의사를 만났고 약을 처방받았다. 처방받은 항생제는 그 약이 의도한 표적인 흉부감염의 원인균뿐 아니라 의도치 않은 표적인 환자들 장내에 살아가는 다양한 세균총까지 죽였다. 환자들의 내장에 얌전히 잠복해 있던 내성 살모넬라균이 다른 세균들이 사라진 생활공간에서 그들을 앓아눕게 만들 지경으로까지 폭발적으로 불어난 것이다.

그 과정을 추적하던 홀름버그는 항생제 내성이 얼마나 조용히 돌아다닐 수 있는지 깨닫고 불안감을 느꼈다. 안타깝게도 마지막으로 알려진 환자의 이야기는 그 사실을 더욱 극명하게 보여주었다. 네 번째 환자가 발생한 것은 사우스다코타주에서였다. 그는 69세 남성으로 그 살모넬라균종에 의해 목숨을 잃은 유일한 환자였다. 그는 초기에 감염되었다. 33세 낙농업자, 29세 사촌과 그녀의 딸이 발병한 것과 같은 시기였고, 삼촌의 암소들이 도축되고 그 쇠고기가 도매업자와 중개상을 거쳐 마침내 슈퍼마켓까지 전해진 여정을 시작하기 전이었다. 그러니만큼 그가 그 쇠고기를 사 먹고 감염되었을 가능성은 전무했다. 그는 그 농장 가족과 아무 연관성이 없었으며, 그들과 연이 닿은 사람들로부터 개인적으로 선물을 받은 일도 없었다. 사실 그 질병이 기승을 부리는 시기 대부분 동안, 그는 수폴스의 병원에 입원해 있으면서 심한 농장 사고로 얻은 부상에서 서서히 회복되던 중이었다. 그는 부상이 너무 심각해서 응급 결장경 검사를 받았고, 비장과 대장의 일부를 제거하는 수술을 받았다.

홀름버그는 불현듯 자신이 그 병원의 이름을 이미 들어본 적이 있다는 사실을 깨달았다. 1982년 12월 최초로 발병한 29세 사촌이 입원한 병원이었던 것이다.

그는 그 병원의 결장경 검사실을 관리하는 간호사에게 전화를 걸었다. 그리고 그녀에게 의료기록을 검토해달라고 부탁했다. 두 사람이 같은 날 처치받았을 가능성이 있는가? 간호사는 그날의 일정을 체크하더니 그렇지 않다고 답했다. 그는 그에 대해, 그리고 병원의 관례에 대해 생각해보았다. 그리고 그녀에게 만일에 대비해 그날 앞뒤의 며칠도 검토해달라고 부탁했다. 그의 직감이 옳았다. 29세 여성은 그 근무일의 마지막 환자였다. 69세 남성은 그 이튿날 첫 예약 환자였다. 그들 두 사람의 항문 속을 구불구불 들어간 길고 낭창낭창한 관찰기구는 사용할 때마다 새로 철저히 소독했어야 옳지만, 일부 살모넬라균이 살아남아 상처 난 남성의 내장을 오염시켰음에 틀림없다. 그의 내장에서 급속도로 번식한 살모넬라균이 혈관으로 새어나와 치명적인 패혈증을 일으켜 그의 목숨을 앗아간 것이다. 그가 사망한 뒤 그 병원의 병리학자들은 그의 내장·허파·혈액에서 살모넬라균—나중에 질병의 원인이 된 내성을 지닌 계통으로 밝혀졌다—을 발견했다.

암소에서 사람으로 조용히 옮아간 내성균이 일으킨 식품매개 질병은 병원 감염으로 번졌다. 부지불식간에 한 환자에서 다른 환자로 옮아간 것이다. 그런 일이 다른 곳에서도 일어났는지, 언제 다시 일어날 수 있는지는 알 길이 없었다. 삼촌의 암소들에서 유래한 쇠고기 조각에 오염된 버거를 먹은 수천 명 가운데 오직 18명만이 그 병에 걸렸다는 사실이 확인되었다. 오로지 훌륭한 탐지 체계를 갖춘 기민한 보건부가 그 사실을 알아차린 덕분이자, 또 연방정부에서 재정 지원을 받는 한 역학자(홀름버그—옮긴이)가 그 사례를 연구하는 데 수개월의 시간을 보내겠다고 작정한 덕택이었다. 결국 18명의 환자는 딱 하나의 농장에서 나온 쇠고기를 먹고 병에 걸린 것이다. 하지만 전국의 모든 농장은 사우스다코타주의 농부와 마찬가지로 원 없이 항생제를 사용하고 있었다. 홀름버그가 그 발병에 관한 연구 결과를 발표한 1984년, 미국 농부들은 가축용 항생제를 구입하는 데 2억 7000만 달러를 쏟아부었다. 매년 미국에서 제조되는 항생제의 절반을 사들인 것이다.

조사를 마친 홀름버그는 농업에 쓰이는 항생제가 빚어내는 위험의 규모를 밝히고자 애썼다. 그는 살모넬라균에 따른 발병과 관련하여 질병통제예방센터의 보고서를 모두 꺼내 살펴보았다. 멀리 1971년부터 그 기관이 1년분 데이터 전체를 확보하고 있는 마지막 해인 1983년까지 13년 치였다. 농업계는 여전히 내성은 오로지 인간 대상의 의료에서 항생제를 오용할 때만 생긴다고 우기고 있었지만, 홀름버그는 질병통제예방센터의 기록을 통해, 내성 살모넬라균 때문에 발생한 질병의 3분의 2가 동물에서 비롯되었음을 확인할 수 있었다.[4] 일부 발병 사례에서는 그 고리가 우유, 아이스크림, 구운 쇠고기 등 동물 원천에서 유래한 오염 식품을 먹은 것이었다. 하지만 또 다른 발병 사례에서는 내성균에 의한 질병이 동물에게서 인간에게로 전파되고, 다시 인간에게서 인간에게로 전해졌다. 특히나 가슴 아픈 하나의 예에서는 임신한 젊은 여성이 항생제를 투여해 사육한 송아지의 내성 살모넬라균에 감염되었다. 그녀는 출산 시 그 감염을 아기에게 전달했다. 이어서 그 아기가 병원 육아실에 누워 있을 때 간호사들이 저도 모르게 그 감염원을 묻혀서 다른 갓난아기들에게 퍼뜨렸다.

수백 명이 농장 항생제에 의해 내성을 갖춘 살모넬라균 탓에 병에 걸렸지만, 두세 명의 경우는 홀름버그가 그 고리를 알아차리기 전까지는 아무도 그들이 서로 결부되어 있다고 생각지 못했다. 이는 흔히 생각하는 것보다 더 광범위하고 더 위험한 유행병이었다. 그가 확보한 데이터는 농업 관련 내성균 계통에 감염된 이들은 여전히 항생제에 반응을 보이는 세균 계통에 감염된 사람들에 비해 사망 가능성이 무려 21배나 높다는 것을 보여주었다.

6년 전 성장 촉진제를 금지하려 한 케네디의 시도는 실패했다. 정치인, 그리고 그들을 밀어주는 농업계의 후원자들이 농장에서 쓰는 항생제, 식품매개 병원균, 인간의 질병 간 관련성을 받아들이지 않았기 때문이다. 하지만 이 중서부 지역의 조사는 그 관련성을 더는 부인하지 못하게 만들었다. 《사이언스》지는 그 조사 결과를 '스모킹건(smoking gun: 움직일 수 없는 증거-옮긴이)'이라고 표현했다.[5] 〈워싱턴포스트(Washington Post)〉지는 그 연구를 1면에[6] 실었으며, 그로부터 몇 개월 지나지 않아 하원은 우호적이지 않은 청문회에 FDA 관리들을 소환했다. 10년 전 레비가 실시한 실험은 내성이 동물에게서 인간에게로 옮아간다는 사실을 보여주었지만, 그것은 단일 토지에서 이루어진 통제된 소규모 실험이었다. 홀름버그·오스터홀름·세너 역시 내성이 그 같은 방식으로 야생에서 살아가는 동물과 인간 사이를 다우닝 농장의 길이보다 훨씬 더 먼 거리에 걸쳐 넘나든다는 것을 실제로 증명해 보였다. 다우닝 가족은 다행히 병에 걸리지 않았지만, 그와 달리 농장에서 발생한 내성은 인간을 병들게 만들거나 더러 인명을 앗아갈 수도 있음을 보여준 것이다.

그에 힘입어 논의는 새로운 국면에 접어들었으며, 농업에 쓰이는 항생제에 반대하는 최초의 시민운동이 전개되었다. 뉴욕에 본부를 둔 비영리 기구 천연자원보호위원회(Natural Resources Defense Council, NRDC)는 보건

사회복지부 장관 마거릿 헤클러(Margaret Heckler)에게 공식적으로 탄원서를 올려서[7] '치료 용량 이하로 처방된(subtherapeutic)' 페니실린과 테트라사이클린을 가축에 사용하는 행위를 즉각 중단시킬 것을 촉구했다. 천연자원보호위원회는 "최근에 나온 과학적 근거에 따르면 매년 수백 명의 인간 사망이 바로 '치료 용량 이하로 처방된' 약물을 사용한 결과였음을 알수 있다"고 주장했다. 그 집단은 이어 그 약물들을 사용하도록 놔두면 '가까운 시일 내에 위험이 닥칠 것'이라며 이는 장관이 청문회를 개최하지 않아도 시장에서 그 약물을 철수하도록 허락하는 여건이 무르익었다는 뜻이라고 덧붙였다. 하지만 헤클러는 그 탄원을 거부했고 행동에 나서지도 않았다. 그녀는 홀름버그의 조사 결과뿐 아니라 새롭게 나온 광범위한 두 가지 연구[8]―하원의원 휘튼이 케네디는 충분한 조사를 거치지 않았다고 주장하면서 자금 지원을 승인해준 연구들이다―의 결과도 무시했다.

하지만 이번에는 그 문제를 억누르기가 한층 어려웠다. 하원의 정부운영위원회(Committee on Government Operations)는 1985년의 마지막 날 발표한 몹시 비판적인 보고서에서[9] 가축용 약물의 유통과 사용을 규제하는데 소홀했다는 이유로 FDA를 맹렬히 비난했다. 위원회는 최근에 FDA가 승인한 2만 가지 약물의 90퍼센트가 안정성 검사는 고사하고 효율성 검사조차 받지 않았다고 성토했다. 그리고 FDA에 오랫동안 몸담아 온 내부고발자로부터, 그 기관이 이들 신약 4000개가 동물이나 인간에게서 '심각한 부작용'을 일으킬 소지가 있음을 알고 있었다는 사실을 보여주는 증거를 입수해 발표했다. 위원회는 FDA가 식용 동물에 쓰이는 약물이 인간에게 위험을 끼치는지 여부를 판단해줄 적절한 절차를 마련해놓지 않았다고 지적했다. 그리고 육류·우유·달걀에 발암 화합물이나 항생제 같은 약물―가금에 사용된 니트로푸란(nitrofuran), 새끼 돼지에게 쓰이는 카바독스(carbadox), 1940년대에 만들어졌으나 치명적인 혈액 질환을 일으킨다는 이유로 사용이 금지된 클로람페니콜―이 잔류해 있는 경우도 허다하다고 폭로했다.

위원회의 보고서는 동물용 약물 제조사들이 시험도 거치지 않고 승인도 받지 않은 채 새로운 제조법을 고안하여 시장에 출시하거나, 200여 개의 설파제 함유 항생제 등 FDA가 진작 시장에서 철수하라고 명령한 약물을 끝끝내 판매하는 등 대놓고 FDA에 대서고 있다고 꼬집었다. 위원회는 농업용 약물을 둘러싸고 무한경쟁이 벌어지는 시장 상황을 슬쩍 들여다보기도 했다. 그리고 비밀 조사관들을 돼지 농업의 본거지인 아이오와주까지 파견했다. 아무 서류도 없이 손님 행세를 하며 사업체에 걸어들어간 그들은 FDA가 위험한 약품으로 분류했거나 항생제를 비롯해 처방전이 있어야만 살 수 있는 동물용 약물을 얼마든지 구입할 수 있었다고, 그들이 찾아간 도매점은 절반 정도에서, 동물병원은 거의 모든 곳에서 그렇게 할 수 있었다고 보고했다.

의회의 연구자들이 이 일에 발 벗고 나선 것은 본시 항생제 내성에 대한 우려 때문이 아니었다. 그들은 FDA 규정에 도전하는 제조업체들에 주목했다. 하지만 그들이 내놓은 위력적인 보고서는 개혁을 추진하는 것이 얼마나 어려운지를 잘 보여주었다. 항생제가 너무나 이윤이 많은 데다 광범위하게 판매되고 있었기 때문이다. 이 보고서는 또한 머잖아 훨씬 더 큰 이슈로 떠오르게 될 무언가를 언뜻 보여주었다. 농업계는 오래되고 값싼 항생제를 사용하고 있었을 뿐 아니라 인간에서의 내성균에 의한 감염을 퇴치하기 위해 개발한 더욱 새롭고 강력한 약물들을 농장에 더해주고 있었다.

오스터홀름은 홀름버그의 미네소타주 조사가 거둔 성공을 지켜보면서 유행병정보국 관리를 늘 옆에 두고 있다는 게 얼마나 이로운지를 절실히 깨달았다. 그는 질병통제예방센터와 협상을 했다. 자신의 부서에 영구직을 하나 마련하고 매년 긴급대응팀의 일원이 애틀랜타 대신 트윈시티에서 훈련하도록 선택권을 제공한다는 내용이었다. 그 자리는 이내 인기가 높아졌고, 유행병정보국의 관리들은 그것을 서로 차지하려고 경합을 벌였다. 오스터홀름이 거느린 직원들은 교과서에 실릴 정도로[10] 규모가 크고 다루기가 까다로운 질병을 해결한 기록을 보유하고 있었다. 세계에서 가장 큰 아이스크림 공장의 살모넬라균에 감염된 환자 20만 명의 발생 사례, 병원 밖에서 일어난 메티실린내성황색포도상구균에 의한 초기 발병 사례 가운데 일부, 질병이 수면 위로 떠오른 동네의 이름을 딴 신비롭고 오래가는 위장병 브레이너드 설사(Brainerd diarrhea)의 최초 발생 등이다.

발병에 대해 다룬다는 흥분감을 안고 미네소타주에 온 유행병정보국 관리들은 빅데이터를 주무르는 프로젝트를 수행하도록 요구받았다. 의학 저널에 발표될 법한 것이었다. 그렇게 해서 1990년대 말 커크 E. 스미스(Kirk E. Smith)라는 수의사가 미네소타주 보건부에 자리를 잡게 되었다. 그는 그 주가 약 20년 동안 수집해온 한 묶음의 보고서에서 무엇을 뽑아낼 수 있을지 궁금해했다.

스미스는 농장을 운영하는 가족 출신이었다[11](그의 부모와 조부모는 노스다코타주에서 작은 농장을 운영하고 있었다). 야생동물 생물학, 수의학, 공중보건 분야에서 학위를 딴 그는 동물과 인간 간의 세균 이동에 깊은 관심을 기울였다. 그가 보고 있던 데이터베이스는 그 이동을 깊이 파헤치는 자료들이었다. 1979년 미네소타주 입법부는 그 주의 의사들에게 캄필로박터(campylobacter)다 싶은 균에 의한 식품매개 질병의 사례를 낱낱이 보건부에 보고하라고 요구했다. 캄필로박터는 대개 경미한 증상만 일으키므로 대다수 사람들이 관심을 기울이는 유기체는 아니다. 하지만 과거에도 미국에서 가장 흔한 식품매개 질환의 원인이었고 지금도 여전히 그렇다. 캄필로박터는 흔한 증상인 열과 메스꺼움에 더해 심장 감염, 수막염, 유산, 패혈증, 만성 관절염, 신장 손상, 그리고 길랭-바레증후군(Guillain-Barré syndrome)이라 불리는 소아마비 비슷한 희귀한 마비증 따위를 유발할 수 있다. 캄필로박터 감염은 아이들, 노인, 에이즈·암 환자, 혹은 면역계가 기능을 제대로 발휘하지 못하는 사람들에게 치명적일 수 있어서 해마다 약 100명이 그로 인해 목숨을 잃는다.

하지만 스미스는 그저 제대로 인식되지 못한 질병에 대한 공중보건의 임무 그 이상의 것을 염두에 두고 있었다. 그는 보건부의 데이터베이스에 보관된 17년간의 보고서에 분명 캄필로박터가 새로운 종류의 위협이 되어가고 있음을 보여주는 증거가 숨어 있으리라 생각했다. 그 유기체는 특이한 점을 한 가지 지녔다. 닭에서 너무나 흔하다[12]는 사실이었다. 그리고 불과 지난 몇 년 동안 닭고기 생산에서는 플루오로퀴놀론계(fluoroquinolones)의 새로운 항생제를 채택하는 의미심장한 변화가 이루어졌다.

플루오로퀴놀론은 1980년대에 시장에 나왔다. 그 약물은 말라리아 치료제를 개선하기 위해 시도된 화학 실험 과정에서 우연히 얻어낸 부산물이었다〔그 이름은 토닉워터를 쓰게(bitter) 만드는 것과 같은 화합물인 고대의 말라리아 치료제 키니네(quinine: 남미산 기나나무 껍질에서 얻은 약물—옮긴이)에서 따왔다〕. 플루오로퀴놀론계, 그중 특히 잘 알려진 시프로플록사신(ciprofloxacin)은 커다란 진보[13]를 이룬 항생제로서 당시에 가장 잘 팔리고 있었다. 부작용이 거의 없었으며, 폐렴, 요로 감염증(urinary tract infection, UTI), 성병, 뼈·관절 감염 등 다양한 종류의 질병에 효과가 있었기 때문이다. 또한 병원 치료를 받아야 하는 캄필로박터나 살모넬라균에 의한 매우 심각한 감염을 치료해주기도 했다. 그런 데다 곰팡이나 토양에 서식하는 유기체로부터 추출한 게 아니라 실험실에서 합성한 새로운 분자에 기반하고 있었으므로 의료계가 오랫동안 의지할 수 있는 약물처럼 보였다. 세균이 전에 그 약물을 접해본 역사가 없었던 만큼 내성은 서서히 진행되었어야 마땅했다.

하지만 플루오로퀴놀론계 항생제가 너무 성공적인 게 문제였는지도 모르겠다. 농업계, 특히 가금 생산업계 역시 그 약물을 사용할 수 있게 해달라고 강력하게 졸라댔기 때문이다. 1990년대 중반 FDA는 플루오로퀴놀론계에 속한 두 가지 약물, 즉 염산 사라플록사신(sarafloxacin hydrochloride)과 엔로플록사신(enrofloxacin)을 농업계에 사용할 수 있도록 허가했다. 성장 촉진제로서가 아니라 양계장에서 밀집 사육되는 닭과 칠면조가 걸릴지도 모를 질병을 예방하거나 치료하기 위한 목적이었다. 스미스는 그 보건부 기록을 통해 다음에 무슨 일이 펼쳐졌는지 알아볼 수 있다고 생각했다. 보건부에서 식품매개 질병이 캄필로박터나 다른 몇몇 유기체들에 의해 발발했는지 여부를 확인하고자 거의 20년에 걸쳐 실시해온 실험실 분석은 날리딕스산(nalidixic acid)이라 불리는 화합물에 의존했다. 날리딕스산은 플루오로퀴놀론계와 화학적으로 사촌뻘이었다. 따라서 스미스가 미네소타주의 캄필로박터균이 플루오로퀴놀론에 여전히 민감한지, 아니면 내성을 키우고 있는지 알아보고자 했다면 새로 실험 작업을 실시하지 않아도 좋았다. 그저 데이터베이스를 살펴보는 것만으로 충분했기 때문이다.

시프로플록사신은 1986년, 사라플록사신은 1994년에 시장에 출시되었으므로, 스미스는 농업용 플루오로퀴놀론이 사용되기 전과 후에 무슨 일이 일어났는지 알아보기 위해 1992년 자료부터 훑어보기로 결정했다. 그는 초기 보고서들에서 소량의 플루오로퀴놀론계 내성을 확인할 수 있었다. 이는 충분히 사리에 닿는 현상이었다. 시프로플록사신이 시장에 나온 지 좀 된 때이기 때문이다. 하지만 내성은 1995년에 크게 불어났다. 그리고 엔로플록사신이 시장에 나온 뒤인 1997년에는 다시 대폭 커졌다. 1998년 플루오로퀴놀론계에 내성을 갖춘 미네소타주의 캄필로박터균 샘플은 전체의 10.2퍼센트로, 6년 전의 약 8배로 불어나 있었다.

이는 매우 흥미로운 우연이지만 증거가 되기는 어려웠다. 그가 보고 있는 내성의 증가는 인간 약물에 의한 것일 수도 동물 약물에 의한 것일 수도 있었던 것이다. 스미스와 주정부 동료 몇은 식품이 문제였음을 증명하기 위해 트윈시티 전역을 돌면서 16개 마켓에서 91개의 생닭 포장물을 사들여 테스트를 실시했다. 91개 가운데 80개의 포장 닭고기에서 캄필로박터균이 검출되었으며, 그 균은 5개마다 1개꼴로 플루오로퀴놀론계에 내성을 지니고 있었다. 내성은 주 데이터베이스에 기록된 인간 격리 집단의 것과 유전적으로 일치했다. 미네소타주에서 내성 캄필로박터균의 비율이 증가하고 있는 현상이 닭고기로부터 비롯된 결과였다는 것은 의심할 나위가 없었다.

하지만 이는 비단 미네소타주만의 문제가 아니었다. 스미스와 동료들이 구입한 닭고기는 라벨에 표기된 상표만 해도 15개나 되었고, 모두 9개 주에서 온 것들이었다. 애틀랜타에 있는 스미스의 동료들은 질병통제예방센터의 기록을 이용해 그가 행한 데이터베이스 검색을 전국 차원으로[14] 확대 실시한 결과 그와 동일한 경향성을 확인했다. 즉 1997년 인간 캄필로박터 감염 중 13퍼센트가 플루오로퀴놀론계에 내성을 띠고 있었는데, 2001년에는 그 비율이 19퍼센트로 늘어난 것이다. 육계 생산을 선도하는 조지아주에서는 수치가 26퍼센트로 껑충 뛰었다.

이는 단지 미국의 문제만도 아니었다. 스미스는 감염 기록을 담은 주의 데이터베이스를 다시 한번 살펴보았을 때 뜻하지 않은 점을 한 가지 발견했다. '연(year)' 단위로는 내성이 완만한 상승곡선을 그리며 증가했지만, '월(month)' 단위로는 그 선이 들쭉날쭉했는데 1월에 최고점을 찍고 난 다음 다시 떨어지는 패턴을 보인 것이다. 해마다 1월이면 미네소타주 사람들이 연중 다른 달보다 내성균에 의한 식품매개 질병에 훨씬 더 많이 걸리도록 만드는 무슨 일인가 벌어지는 게 분명했다. 평생 어퍼미드웨스트 (Upper Midwest: 미국 중서부의 북쪽에 위치한 미네소타·위스콘신·미시건 주를 아우르는 표현—옮긴이)를 떠나본 적이 없는 스미스는 그것이 무엇인지를 단박에 알아차렸다. 바로 겨울방학이었다. 필사적으로 혹독한 추위와 어둠을 피해 날아간 비행기 여행이 문제였다. 멕시코는 따뜻하고 가깝고 물가가 싸고, 무엇보다 플루오로퀴놀론계의 거대 사용국이었다. 유엔의 자료에 따르면 1990년부터 1997년까지 멕시코에서 생산한 닭고기 양은 배로 불었고, 가금용으로 팔려나간 플루오로퀴놀론계의 매출액은 4배로 뛰었다. 이약물로 인해 생겨난 내성균이 낯모를 여행객의 창자에 머문 채 미국으로들어오고 있었던 것이다.

멕시코만이 유일한 원천은 아니었다. 인간 항생제를 지극히 소극적으로 처방하는 네덜란드에서는[15] 1982년에 퀴놀론계 항생제에 대한 내성이 없었다. 그랬는데 1987년 농업계에 엔로플록사신이 도입되었고, 그로부터 2년 안에 닭에 기생하는 캄필로박터균의 14퍼센트, 인간 환자에서 발견된 캄필로박터균의 11퍼센트가 플루오로퀴놀론계에 내성을 띠게 되었다. 에스파냐의 경우에는[16] 표집 캄필로박터균의 3분의 1에서 플루오로퀴놀론계 내성이 새로 생겨났다. 잉글랜드에서는[17] 엔로플록사신이 1994년에야 승인을 받았는데, 그로부터 불과 1년 만에 캄필로박터균에 감염된 영국인의 4퍼센트 이상이 플루오로퀴놀론계에 내성을 띠었다. 이미 그 약물을 사용하고 있는 유럽 국가들에서 매년 수백만 톤의 닭고기를 수입한 데 따라 가속된 추세였다.

내성은 플루오로퀴놀론이 너무 제멋대로 사용되고 있었기 때문에 급속하게 늘어났다. 플루오로퀴놀론계 약물은 본시 인간의 의료적 문제를 해결하려는 의도로 만들어졌지만 농업계에 큰 이득을 안겨주었다. 1998년 세계보건기구는 미국과 유럽에서 전에는 동물에게 전혀 사용하지 않던 플루오로퀴놀론이 불과 몇 년 만에 약 120미터톤이나 동물에게 쓰이고 있다고 밝혔다.[18] 스완 보고서도 성장 촉진제 사용 금지 조치도 플루오로퀴놀론을 막지는 못했다. 성장 촉진제가 아니었기 때문이다. 내성의 증가는 항생제를 질병의 예방 및 치료에 사용하도록 법적으로 허락한 데 따른 결과였다. 내성은 모든 곳에서 동시에[19] 늘기 시작했다. 이는 앤더슨이 처음에 잉글랜드에서 밝혀내고, 뒤이어 흘름버그가 미국 중서부에서 규명한 것처럼 단 한 곳의 농장에서 발원한 단 하나의 질병 발발에 따른 결과가 아니라 전 세계적 현상이었다.

우리는 식품매개 질병을 모두 다 같은 거라고 보는 경향이 있다. 즉 그 모든 한바탕의 병치레를 그것을 일으킨 유기체가 어떤 것이든 간에 그저 식중독(food poisoning)이라는 이름으로 뭉뚱그려서 부른다. 하지만 식중독에도 중요한 차이들이 있다. 캄필로박터균은 미국에서 식품매개 질환을 일으키는 가장 흔한 원인균이지만, 좀더 위험한 세균은 살모넬라균이다. 미국에서는 살모넬라균에 의한 감염으로 매년 16만 명의 환자가 의사를 찾고, 1만 6000명이 입원을 하며, 캄필로박터균에 의한 감염의 6배나 되는 약 600명이 목숨을 잃는다. 사망자 수는 더 높을 테지만 심각한 살모넬라균에 의한 발병 사례에서는 항생제가 문자 그대로 구명줄이 되어준다. 사람들을 벼랑 끝에서 끌어 올린 약물은 바로 시프로플록사신이다. 대다수가 그냥 시프로(Cipro)라고 부르는 약물이다. 1990년대 말,[20] 매년 미국인약 30만 명이 급성 설사(살모넬라균이나 다른 식품매개 병원균에 따른 감염의 가장 흔한 증상이다) 치료제로 시프로를 처방받았다.

1980년대 중반, 진기한 살모넬라균 계열[21]—공식 이름은 살모넬라 타이피뮤리움 DT104(*Salmonella* Typhimurium DT104)였다—이 잉글랜드에서 퍼져나가기 시작했다. 이 병에 걸린 환자들은 결국 3명에 1명꼴로 병원에 입원했다. 대부분의 살모넬라균 계열에서 100명에 1명꼴인 것보다 훨씬 높은 수치였다. 그 균은 여러 종류의 날고기에 의해 전파되는 것처럼 보였다. 여러 농장 동물에서 발견할 수 있는 이 균은 이미 다섯 가지나 되는 항생제 계열에 내성을 띠고 있었다. 오직 시프로만이 효과를 발휘했다. 하지만 미국에서는 엔로플록사신이 1994년 허가를 받기가 무섭게 살모넬라 타이피뮤리움 DT104를 방어하는 데에서 플루오로퀴놀론에 대한 내성이 나타났다.

살모넬라 타이피뮤리움 DT104는 전 세계적으로 급속하게 확산했고, 이내 미국에도 당도했다.[22] 1996년 10월 네브래스카주 맨리(Manley)의 작은 농장마을에 자리한 초등학교 학생 19명이 이 균에 감염되었으며, 1997년 2월에는 샌프란시스코 근방에 사는 거주민 110여 명이 병에 걸렸다. 이 질병의 발발과 관련한 제품은 생우유와 그것으로 만든 치즈였다. 1997년 5월, 버몬트주에 위치한 소규모 낙농농장[23] 하이어힐스팜(Heyer Hills Farm)은 그 균에 의해 초토화가 되었다. 먼저 하이어가 사육하던 송아지들이 병에 걸렸고, 이어 그가 키우는 젖소의 우유를 마신 가족들이, 즉 처음에는 다섯 살배기 사내아이 니컬러스 하이어(Nicholas Heyer)가, 그 다음에는 농장의 소유주인 그의 할머니 마저리(Marjorie)가, 이어 친척 6명이, 마지막으로 마저리의 딸이자 니컬러스의 고모 신시아 홀리(Cynthia Hawley)가 피해를 입었다. 특히 신시아 홀리는 사경을 헤매다시피 했다. 작은 시골 병원의 내과의사들은 그녀에게 항생제를 들이부었다. 어떤 것도 효과가 없었다. 결국 지역 수의사가 그녀를 구했다. 그는 송아지에서 채취한 샘플을 코넬 대학 수의학 대학에 보냈고, 그곳의 실험실이 내놓은 연구 결과는 홀리를 치료하는 의사들에게 그녀를 감염시킨 균 계열이 다제내성을 띠고 있지만 플루오로퀴놀론은 들을 거라고 알려왔다. 의사들은 그 조언을 따랐고 홀리는 기적적으로 살아났다. 암소는 147마리 가운데 13마리가 죽었다.

살모넬라 타이피뮤리움 DT104는 폭발적으로 불어났다. 미국에서 1980년 이전에는 존재하지 않았는데 1996년에 이르자 질병통제예방센터가 확보한 전체 살모넬라 타이피뮤리움 샘플 가운데 3분의 1 수준으로 증가한 것이다.[24] 질병통제예방센터는 미국에서 그 발병 사례가 34만 건에 달할 거라고, 그 균에 감염된 사람의 건강은 단 하나의 약물, 즉 시프로플록사신이 여전히 효과를 발휘할지 여부에 달려 있다고 밝혔다. 농무부는 지식의 깊이가 질병통제예방센터에 미치지 못했다. 그저 동물이 살모넬라균에 감염되었는지 점검하는 시스템만 가동하고 있었기 때문이다. 하지만 농무부는 1997년 말 대충 꿰맞춘 긴급 평가[25]를 통해 미국 전역에서 소에 그 유기체가 살고 있다는 보고를 받았다고 말했다.

강력한 내성을 지닌 악성 질병이 세계 농업계에 스며들어 다른 나라 사람들의 목숨을 앗아갔고, 미국 전역으로 퍼져나갔으며, 급기야 남은 중요한 약물(시프로플록사신—옮긴이)을 위협했다. 미국의 규제당국은 농업 항생제에 반대하는 조치를 취하는 게 내키지 않았지만 더는 행동을 미루기가 어려워졌다.

2000년 10월 31일, FDA는 좀 늦은 감이 있는 조치[26]를 취했다.《연방정부 관보》에 실은 '청문 기회 고지'—23년 전 케네디가 사용하려 애쓴 것과 같은 방법이다—를 통해 미국에서 가금류에 플루오로퀴놀론계 항생제의 사용을 금지할 계획이라고 발표한 것이다.

이는 시프로플록사신을 포기하는 데 대한 국제적 불안을 고려해보건대 상당히 당찬 조치였다. 그 약물과 농업 로비집단은 1977년보다 한층더 강력해졌다. 하지만 상황 역시 달라졌다. 의회적 방식으로 앙갚음하겠다는 협박을 무기 삼아 사사건건 FDA의 조치를 가로막고 나서던 하원의원 휘튼도 6년 전 은퇴하고 없었다. 농장에 항생제를 사용하는 데에는 그어떤 불리한 점도 없다고 지칠 줄 모르고 떠들어대던 주크스(1906~1999)도 세상을 떠난 지 1년이 다 되어갔다. 스미스가 실시한 미네소타주 연구는 전국적으로 대서특필되었으며, 살모넬라 타이피뮤리움 DT104의 출현은 전 세계적인 뉴스거리[27]였다. 영국과 덴마크뿐 아니라 프랑스와 독일에서도 다제내성균종이 등장했고, 그 유기체가 아일랜드에서는 치명적인 질병을 일으키고 있었다. 〈유에스뉴스앤드월드리포트(U.S. News & World

Report)〉는 버몬트주의 발병을 하이어의 죽은 송아지를 가까이 찍어놓은 비참한 사진과 함께 대서특필했다. 월드와이드웹(www)이 구축된 지 기껏 10년밖에 되지 않았고, 사람들은 여전히 대부분의 정보를 종이매체에 의존하고 있을 때였다. 그러니만큼 수백만 명의 통근자와 쇼핑객에게 노출된 뉴스 가판의 충격적인 사진은 인구에 널리 회자되었다.

한편 휘튼이 더 많은 연구가 이루어져야 한다고 주장한 때로부터 20년이 흐른 뒤 의회가 레비의 연구 결과를 재조사하기 위해 의뢰한 일련의 연구 중 하나는, 농업계 빼고는 진작부터 누구나 받아들이고 있었던 것이지만, 농장에서 항생제를 사용하면 인간의 건강에 해가 될 수 있다는 사실을 인정했다. 즉 국립과학아카데미의 산하기관 국립조사위원회(National Research Council)는 1998년 7월 6년에 걸쳐 작성한 253쪽짜리 보고서[28]에서 "항생제 내성균이 식용 동물로부터 인간에게 전달될 수 있다는 것은 의심의 여지가 없다"고 단언했다. "식용 동물에 사용한 항생제, 그 동물 속에서 내성을 지닌 미생물이 생겨나는 현상과 …… 인간에서의 병원균 확산 사이에는 명백한 관련성이 있다."

하지만 FDA는 이 주장을 펼치는 데 신중을 기했다. 20년 전 성장 촉진제의 경우에서처럼 《연방정부 관보》의 고지—엄밀하게 말하면 FDA 안건목록(docket)의 모방이다—는 과학저널을 인용한 각주 달린 변론 취지서처럼 쓰여 있었다. FDA는 한 해에만 캄필로박터균을 지녔을 가능성이 대단히 높은 육류인 소매용 닭고기 12억 4000만 파운드가 내성 캄필로박터균을 보유하고 있는 것으로 추정했다.[29] 그로 인해 미국 거주민 19만 421명이 병에 걸렸으며, 그들 가운데 1만 1477명은 병원균이 그것을 치료해야 할 약물에 내성을 지닌 사실로 말미암아 위험에 처했다. 하지만 FDA는 위험의 규모에도 불구하고 과거 그 약물에 허락해준 인가를 쉽게 취소할 수가 없었다. 일단 제조업체들에게 자사 약물이 위험하지 않다는 점을 증명함으로써 인가를 옹호할 기회를 제공할 필요가 있었던 것이다. 사라플록사신의 제조사 애벗(Abbott)은 스스로를 방어할 기회를 사양하고 그 약물을 미국 시장에서 철수시켰다. 하지만 엔로플록사신〔베이트릴(Baytril)이라는 제품명으로 팔리고 있다〕의 제조업체 바이엘(Bayer)은 굴하지 않고 끝까지 싸우기로 결정했다.

바이엘의 도전은 정부판 법정 소송이랄 수 있는 행정 소송[30]을 촉발했다. FDA가 원고이고 바이엘이 피고로 맞서는 소송이었다(약물 제조사를 대표하는 동업자집단 동물건강연구소가 공동피고인으로 서명했다). 바이엘은 2년 동안 전문가 증인들을 불러들이고, 연구자들로 하여금 선서 후 증언을 하게 했으며, 32차례나 별도의 정보공개법(Freedom of Information Act) 청원서를 제출했다. 소송이 2003년 4월 재판에 회부되었을 때 바이엘은 워싱턴 D.C.에서 증언한 모든 연구자를 소환해 FDA 법정에서 재차 심문을 받게 만들었다.

증인 목록에 들어 있던 오스터홀름과 스미스도 출석과 문서 제출을 요구받았다. 이제 미네소타 대학(University of Minnesota)의 전염병연구및조사센터(Center for Infectious Disease Research and Policy)의 창설자이자 센터장이며, 유행병과 바이오테러(bioterror: 생물학 무기를 이용한 테러—옮긴이)에 관한 저명한 정책 고문으로 활약하고 있는 오스터홀름은 협박처럼 여겨진 당시 상황에 대해 아직까지도 분통을 터뜨리고 있다. 그는 이렇게 기억한다. "우리가 한 일이 무엇인지, 우리가 누구인지에 관해 모든 정보를 그들에게 제공해야 했어요. 대단히 사적인 요구인 데다 그들은 소송으로 모든 걸 해결하려 들었죠. 우리의 자료는 너무나 명백했으므로 그들이 그에 대해 시비를 걸기는 어려웠어요. 다만 재판이 부지하세월이었다는 게 갑갑

한 노릇이었죠." 2004년 3월, 행정법 판사는 FDA에 유리한 판결을 내렸다. 바이엘과 동물건강연구소는 항소했고, 다시 변론 취지서 작성과 증거 수집에 착수했다. 하지만 최종 권위자인 FDA 국장은 행정법 판사의 판결을 확정했다. 바이엘은 연방법원에 항소함으로써 투쟁을 이어가겠다고 협박했지만 결국에는 포기했다. 2005년 9월 베이트릴은 인가가 취소되었다.[31] 베이트릴은 인간 건강을 위협하는 내성을 발생시킨다는 이유로 미국 시장에서 영구 퇴출된 유일한 동물용 약물이었다.

그것은 놀라운 개가였음에 틀림없지만 한동안 유일한 승리로 남아 있었다. 이 싸움은 FDA가 어떤 난관에 부딪칠 수 있는지를 잘 보여주었다. FDA가 다른 농업용 항생제를 통제하려 나설 경우 비타협적 태도, 매스컴의 관심과 주목, 막대하게 투자하지 않으면 안 되는 비용과 시간 같은 문제와 마주하게 된다는 것을 말이다. 그 과정은 또 다른 어떤 것을 드러내주기도 했다. 즉 FDA는 증거 수집이 시작될 때까지 미국에서 동물에게 사용되는 항생제 양이 얼마였는지를 그야말로 까맣게 놀랐던 것이다. FDA는 자체 보유한 데이터가 없었으므로 업계가 제출한 제한된 수치에만 의존해야 했다. 동물건강연구소가 회원 기업들이 독점한 정보들 가운데 제공한 수치 말이다. FDA가 정책을 마련하기에 충분한 정보를 가지고 있지 않았다는 사실이 드러나자 마침내 걱정하는과학자모임(Union of Concerned Scientists, UCS)—사회적 태도가 명확한 연구조직으로 베트남전에 반대하기 위해 1968년 매사추세츠 공과대학(Massachusetts Institute of Technology, MIT)에서 결성되었다—이 그 간극을 메우는 일에 나섰다. 2001년 1월 이 단체는 농업에서의 항생제 소비와 관련해 경악할 만한 분석 결과[32]를 발표했다. 인간이 의료용으로 소비하는 항생제는 연간 300만 파운드지만, 정부의 기록, 농장 인구조사, 정교한 계산 등에 따르면 농업계는 무려 그 8배가 넘는 2460만 파운드의 항생제를 그저 성장 촉진이나 질병 예방 목적으로 소비하고 있었던 것이다.

입이 떡 벌어지게 만드는 수치를 제시한 이 보고서는 즉각 업계의 도전을 받았다. 동물건강연구소는 농업에—즉 성장 촉진제로, 혹은 질병의 예방 및 치료 목적으로—사용한 항생제는 모두 1780만 파운드인데, 그중 성장 촉진제로 쓰인 것은 300만 파운드에 그친다고 주장했다. 하지만 걱정하는과학자모임이 작성한 문서는 더 자세했다. 그에 따르면, 매년 항생제를 소는 인간에게 쓰는 것보다 많은 370만 파운드를 투여받는다. 돼지는 1040만 파운드, 그리고 수효가 가장 많지만 수명이 가장 짧은 동물인 닭은 1050만 파운드를 투여받고 있었다. 만약 인간용 약물이 이 정도 용량으로 사용되었다면 그것은 위법으로 간주되고도 남았을 것이다. 오로지 성장 촉진이나 질병 예방을 위해 쓰였을 뿐 질병 치료에는 전혀 사용되지 않았기 때문이다. 항생제 내성을 일으키는 위험을 감수할지 말지와 관련한 비용-이익 분석에서 그 용량은 이익은 없으면서 오로지 비용만 발생시켰다.

교배종의 개가

농업계가 가축에게 매년 항생제 수백만 파운드를 먹이고 있다는 폭로는 가히 충격적이었다. 농장 동물이 고기로 변화하기 전에 어떤 삶을 사는지 상상해볼 일이 없었던 사람들은 새삼 궁금증을 품기 시작했다. 그처럼 방대한 약물을 필요로 한 농업은 대체 무슨 일을 겪은 것일까? 그 답은 농업계가 그토록 많은 항생제를 사용하는 까닭을 묻는 질문과 마찬가지로, 닭이 가장 잘 설명할 수 있다.

토머스 주크스가 실험을 수행하기 전, 혹은 제시 주얼이 조지아주 북부로 사료 트럭을 몰고 가기 전에는 미국에 농장이 600만 개가 넘었다(하지만 지금은 그 수치가 200만 개에 불과하다). 농장들은 대부분 영세했으며, 여러 가지 작물 재배와 동물 사육을 겸했다. 그리고 거의 모든 농장에서는 닭을 길렀다. 어떤 유형의 닭을 기를 것이냐는 까다로운 문제였다. 선택하기가 힘들 정도로 많은 종이 존재했기 때문이다. 《미국가금저널(American Poultry Journal)》 1921년 1월 호에는 6쪽에 걸쳐 짤막짤막한 항목별 광고가 실렸다. 전국적으로 수백 명의 육종가들이 수십 가지 품종의 닭을 광고하는 내용이었다. 홑볏 안코나종(Single-Comb Ancona), 은색 와이언도트종(Silver Wyandotte), 갈색 레그혼종(Brown Leghorn), 검은 랑산종(Black Langshan), 밝은 브라마종(Light Brahma), 시칠리아 미나리아재비종(Sicilian Buttercup), 금색 캠파인종(Golden Campine), 흰색이 가미된 붉은색 코니시종(White-Laced Red Cornish), 은회색 도킹종(Silver-Gray Dorking), 은색 섞인 햄버그종(Silver-Spangled Hamburg), 얼룩무늬 우당종(Mottled Houdan), 마호가니 오를로프종(Mahogany Orloff), 흰색 미노르카종(White Minorca), 반점 서식스종(Speckled Sussex)⋯⋯. 대부분의 농장에서 키우는 닭의 무리는 소규모로 몇 마리에서 200마리 정도였고, 대다수는 닭을 키우는 목적이 달걀을 얻기 위해서였다. 닭을 육류용으로 파는 것은 오직 암탉이 퇴계가되었거나 수컷 병아리로 부화한 경우뿐이었다. 농부들이 저마다 선택한 닭 품종은 그 지역에 사는 다른 농부들이 선호하는 품종—축축하거나 메마르거나 바람이 많이 불거나 습한 해당 지역의 자연조건에 잘 적응한 품종—을 참고한 결과이거나, 아니면 주·전국 단위의 가금 박람회에서 우승한 품종의 달걀 생산을 한껏 치켜세우는 자랑투성이 광고에 설득당한 결과였다.

　닭 생산에서 혁신, 그리고 그에 이어진 확장의 도정[1]으로 나아간 첫걸음은 바로 1923년 전기로 열을 공급하는 최초의 인공부화기가 등장한 사건이었다. 그 덕분에 농부들은 종계(種鷄)를 선택하고 유지할 필요도 없어졌고, 가뜩이나 짧은 암탉의 생산 가능 기간에서 알을 더 낳는 대신 알들을 부화하느라 몇 달을 빼앗기지 않아도 좋았다. 이제 농부들은 그 일을 업계의 새로운 분야에 외주 줄 수 있게 되었다. 그 결과 수천 곳의 부화장이 갓 부화한 병아리를 우편으로 부쳐주기에 이르렀다. 하지만 병아리를 선택하는 기준은 여전히 알을 가장 많이 낳는 품종인가 하는 것이지 그들이 산란 가능 기간을 다 마치고 제공하게 될, 고기로 팔려나갈 가능성은 아니었다. 얼마나 많은 알을 낳을 수 있는가를 기준으로 닭 품종을 선택한 것은 대공황의 궁핍과 제2차 세계대전의 구속 아래에서는 현명한 전략이었다. 닭 자체를 잡아먹지 않고도 그 닭으로부터 최대한의 단백질을 얻어낼 수 있는 방법이기 때문이다. 하지만 전쟁이 끝나고 쇠고기와 돼지고기를 배급하던 상황에서 벗어나자 달걀에 대한 수요가 상대적으로 줄어드는 것처럼 보였으며, 맛있는 근육이 부족한 산란 암탉 역시 만족스럽지 못한 대안이었다. 사람들은 전쟁을 지지하기 위해 오랫동안 기꺼이 고기 섭취를 참아왔다. 이제는 고기를 원 없이 좀 먹고 싶었다.

어느 똑똑한 소매업자가 그 문제에 주목했다. A&P푸드스토어스(A&P Food Stores)라는 슈퍼마켓 체인에서 가금 연구를 책임지고 있던 하워드 C. 피어스(Howard C. Pierce)였다. 그는 1944년 11월 캐나다에서 열린 한 가금 회의²에 참가해, 누군가가 나서서 호화로운 닭, 즉 칠면조처럼 보드라운 가슴살이 붙은 닭을 개발할 필요가 있다고 제안했다. 이듬해 여름 그의 바람은 희한한 방식으로 구현될 기회를 맞았다. 다름 아니라 개선된 닭 품종을 개발하려는 취지에서 농무부가 주최하고 미국의 주요 가금 및 달걀 생산업체들과 A&P푸드스토어스가 후원하는 '미래의 닭(Chicken of Tomorrow)' 경연대회가 열린 것이다.

대대적인 시도였다. 경연대회를 위해 전국 차원의 정부 기관, 생산자 조직, 랜드그랜트 대학의 과학자와 관료 55명으로 이뤄진 조직위원회가 꾸려졌다. 44개 주(당시는 아직 알래스카주와 하와이주가 통합되기 전이라 주의 수가 모두 48개에 그칠 때였다)에서 수백 명에 달하는 자원봉사자가 대거 참여했다. 1946년 주 경연대회로 막을 연 '미래의 닭'은 1947년 지역 심사를 거쳐

1948년 마침내 델라웨어 대학 농업시험장(Agricultural Experiment Station)에서 개최된 전국 결승전으로 마무리되었다.

1947년 〈새터데이이브닝포스트(Saturday Evening Post)〉는 그 경연대회가 3분의 2쯤 진행되었을 때 주최 측이 거두고자 한 목적을 이와 같이 그럴듯하게 묘사했다.[3] "한 마리만으로 가족 전체가 먹기에 충분히 실팍한 닭을 얻는 게 목표다. 스테이크용으로 잘라 구워 먹을 수 있을 정도로 두툼한 가슴살, 최소한의 뼈를 감칠맛 나는 쫀득한 육질이 여러 층 에워싸고 있는 닭다리살을 특징으로 하면서도 가격은 더욱 저렴해진 닭 말이다." 경합을 벌이고 싶은 사람─소농에서 탄탄한 대기업을 대표하는 이에 이르기까지 다양했다─모두에게 그 경연대회가 바라는 육질이 풍부하고 튼튼한 닭 품종을 고안하고 육종하는 데 1년의 시간이 주어졌다. 그들은 그 목표에 도달한 다음 자신들이 얻은 품종이 재생산이 가능하다는 것을, 즉 3개년에 걸친 최종 미계(美鷄) 선발대회까지 이어질 만큼 여러 세대를 거치면서 충분한 개체를 번식시킬 수 있다는 것을 증명해 보여야 했다.

의미심장한 도전이었다. 더 나은 가금 품종[4]을 개발하는 것은 수십 년 동안의 숙원사업이었지만, 믿을 만한 교배종을 얻어내기란 쉽지 않았다. 농부들은 병에 걸리거나 '항상 같은 특질의 새끼를 낳게(breed true)' 되지 않을지도 모른다고 우려하면서 교배종에 불신의 눈길을 보내고 있었다. 따라서 '미래의 닭' 경연대회에 지망한 이들 대부분은 자기가 이미 사육하고 있는 순종을 가지고 시도하는 식으로 경합을 벌였다. 경연대회의 최종단계에서는 참가자 40명 가운데 오직 8명만이 역사적으로 인정받는 품종들을 상호교배해 얻은 닭을 출품했다.

1948년 3월 육종가 40명 전원이(탈락하는 사람이 있을 경우에 대비해 후보 6명을 추가했다) 저마다 알 720개를 메릴랜드주의 이스턴쇼어(Eastern Shore) 부화장으로 실어 보냈다. 그들은 25개 주에서 출발한 알들이 인공부화기에 들어가기 알맞은 시간에 도착할 수 있도록 정확한 시간표에 따라 그것들을 기차에 실었다. 각 육종가들이 보낸 한 무더기의 알에는 오직 소수의 사람들만 식별할 수 있는 부호가 부여되었다. 대회 주최 측은 각자가 보낸 알들을 서로 다른 부화용 우리에 집어넣었다. 그리고 제 우리를 벗어나 이웃 우리로 기어 들어갈 경우에 대비해 이를테면 검은색 닭 옆에 흰색 닭을 배치하는 식의 조치를 취했다. 알들이 부화하면 500마리 가운데 410마리—400마리는 심사용이고 10마리는 혹시 다치는 병아리가 생길 경우에 대비한 여분이었다—의 병아리를 무작위로 골라내 특수 목적을 위해 새로 지은 헛간에 몰아넣었다.

병아리들은 86일 동안 사육하도록 허용되었으며, 만일 팔려나갈 예정이면 죽이고 털을 벗기고 무게를 재고 냉각하는 과정을 거쳤다. 각 육종가들은 이 닭들 가운데 50마리를 심사용으로 골라냈다. 이는 심사위원들이 모두 2000마리의 닭을 살펴보고, 그 각각을 신체 구조며 피부 색깔에서부터 얼마나 빨리 깃털이 나는지, 사료를 얼마나 효과적으로 근육으로 전환하는지 등 열여덟 가지 기준에 따라 평가해야 한다는 것을 의미했다. 1948년 6월 24일, 각 참가자들이 제출한 죽은 닭을 담은 상자와 고득점한 닭의 냉동된 횡단면으로 장식된 무대에서 심사위원들이 심사 결과를 발표했다. 먼저 발표된 차점자는 코네티컷주에 정착한 이탈리아 이민자 농부의 10대 아들 헨리 새글리오였다. 그는 자기 가족의 순종 백색플리머스록(White Plymouth Rock)을 육질이 풍부하고 근육이 발달한 닭 품종으로 길러냈다. 대회 우승자는 캘리포니아주의 찰스 반트레스(Charles Vantress)였다. 그는 동부 연안 사육자들 사이에서 가장 인기 있는 육계인 뉴햄프서종(New Hampshire)과 캘리포니아주의 코니시종(Cornish)을 교배해 깃털 붉은 잡종을 얻어냈다.

　그날 저녁[5] 대회 주최 측은 델라웨어주 조지타운(Georgetown)에서 가두행진을 벌이며 그 육종가들의 성취를 축하해주었다. 델마버 가금산업의 변화상을 보여주는 꽃수레들과 미소를 머금으면서 손을 흔드는 대회 우승 육계 여왕을 뚜껑에 장식한 차의 모습이 보였다. 주최 측은 새로운 닭의 출현을 치하했을 뿐 아니라 그 개발자들이 일구어냈으면 하는 새로운 경제의 등장을 축하해주고 있었다. 쇠고기보다 저렴하고 돼지보다 다루기 쉽고, 알을 낳고 난 뒤 홀대받는 시체로서가 아니라 그 자체가 고기로서 요구되는 '미래의 닭'이 농장과 시장을 주름잡는 시대가 온 것을 말이다. 3년 뒤 열린 이 경연대회의 후속판은 그 시대를 성큼 더 앞당겨주었다. 또 다른 교배종을 출품함으로써 다시금 순종 닭을 밀어낸 반트레스가 한 번 더 우승컵을 거머쥐었다.[6] 그는 내친김에 새글리오의 가족 기업 아버에이커스에 필적하는 가금업계 최고의 부화 업체를 세웠다. 아버에이커스는 1959년 교배종 육계를 얻기 위해 차점상을 탄 순종 백색플리머스록을 끝내 포기했다. 같은 해에 반트레스의 교배종이 미국 육계 시장에서 종계의 60퍼센트를 차지하며 기염을 토하고 있었던 것이다. 거의 100년 동안 미국의 농가 마당을 누비고 다닌 강인하고 자유롭게 살고 날씨를 잘 견디는 순종은 상업용에서 서서히 자취를 감추었다.

　'미래의 닭' 경연대회의 우승자들은 비단 새로운 닭을 창출해낸 데 그치지 않았다. 즉 그들은 닭을 달라지게 만들었을 뿐 아니라 닭 산업을 되살려놓기까지 했다. 교배종을 얻기 위한 초기 시도들은 두 품종 간의 단교배(single cross)에 그쳤다. 한 품종의 암컷과 다른 품종의 수컷 간에 이루어진 교배 말이다. 하지만 육종가들은 자신들이 사업적으로 원하는 특성을 믿을 만하게 재생산하기 위해 다중교배(complex cross)를 시도했다. 그들이 구축한 가계도의 복잡함은 그 닭을 교배한 기업 말고는 똑같은 닭을 재생할 재간이 없도록 보장해주었다. 만약 새로운 교배종을 구입한 농부가 자신의 농장에서 그들을 교미시키려 애쓴다 해도 그 닭들은 '같은 특질의 새끼를 낳지' 못할 것이다. 과거에야 육계 농부가 주로 효율 때문에 부화장에서 병아리를 구입했지만, 이제는 그러지 않을 도리가 없어졌다. 교배종 닭을 사육하는 것은 마치 교배종 대두나 옥수수를 재배하는 것과 같은 일[7]이 되어버렸다. 새로 작물 농사를 지을 때마다 종자 기업에 의존해야 하는 것과 같은 처지에 놓인 것이다. 놀랄 정도로 짧은 기간에, 수천 년 동안 농가 마당과 뒤뜰에서 살아온 (마치 오픈소스 소프트웨어처럼) '소스가 공개된(open-source)' 닭이 전매특허를 지닌 지식 재산권의 일부로 달라져버렸다. 특허의 도움조차 없이 오직 유전적 기법만으로 순종은 명맥이 끊겼으며 영업비밀이라는 제약이 그 자리를 대신했다.

지식 재산권을 보유한 기업의 수가 적어짐에 따라 기업들이 그 지식 재산권을 엄격히 통제하는 일은 점차 중요해졌다. 섣불리 그 시장에 뛰어드는 기업이 줄어드는 현상은 육종 프로그램을 유지하는 데 드는 비용으로 인한 자연스러운 결과일 것이다. 현대 육계가 보이는 특질을 안정되고 일관성 있게 유지하려면 모두 수십만을 헤아리는[8] 부모·조부모·증조부모 닭을 상대로 쉬지 않고 육종을 시도해야 한다. 닭들이 이미 보유하고 있는 특질을 잃어버리거나 불안정하게 만들지 않으면서 새로운 특질을 분리해 추가하는 데에는 수년의 세월이 걸릴 수도 있었다. 거기에 드는 시간과 비용은 다른 기업들이 선뜻 그 사업에 덤벼들지 못하도록 막았을 뿐 아니라―1960년 이후[9] '미래의 닭' 참가자가 아닌 기업은 하나도 그 사업에 진출하지 못했다―기업들의 통합·합병을 가속화했다. 2013년에 코브-반트레스(Cobb-Vantress), 아버에이커스를 흡수한 아비아젠(Aviagen), 그리고 유럽의 그루프그리모(Groupe Grimaud), 이 3대 기업[10]이 매년 전 세계에서 생산되는 수십억 마리 육계 대부분의 유전적 특징을 보유하고 있었다.

비단 기업만 통합·합병되는 것도 아니었다. '미래의 닭' 경연대회가 역사의 뒤안길로 사라지자 그 대회 이전에 존재하던 닭의 다양성마저 덩달아 줄어들고 말았다. 팔다리가 길거나 튼튼하거나 모성애를 지녔거나 혈기왕성하거나 흰색이거나 갈색이거나 가로무늬가 있거나 따위의 온갖 특질이 경연대회가 다른 어느 것보다 높이 산 '살 많음(meatiness)'이라는 특질의 아래쪽에 놓이게 되었다. 경연대회에 참가한 닭은 도축되는 무게에 이를 만큼 성장하는 데 86일이 허락되었는데, 그 기간 말미에 반트레스의 닭은 무게가 3.5파운드에 달했다(농무부가 1925년 통계를 남기기 시작했을 때[11]의 평균 체중보다 1파운드나 더 나가는 수치인데, 이것이 바로 우승한 닭들이 일군 성취였다). 이제 도계 시 평균 무게[12]는 6파운드이며, 닭은 평균 47일 만에 그 무게에 도달한다. 이렇듯 놀라운 변화가 가능한 것은 주로 성장 촉진제 때문이었지만, 다른 한편 육종기업들이 자기네가 사육하는 무리 가운데 먹이는 덜 먹고 근육은 더 키우는 닭을 선택하는 과정을 수없이 되풀이한 결과이기도 했다. 1945년에 육계의 무게를 1파운드 늘리는 데에는 사료 4파운드가 필요했다. 가금업계가 말하는 이른바 '사료전환율(Feed Conversion Ratio, FCR)'이다. 이제 그 수치는 2파운드 이하로 떨어졌다.

현대의 육종 프로그램에 힘입어 등장한 닭들―반트레스가 개발한 코니시 교배종과 또 다른 두 기업이 상이한 이름으로 만들어내고 있는 그와 유사한 품종―은 과거의 순종들과 닮은 구석이 한 군데도 없다.[13] 우선 새로운 닭들은 하나같이 흰색이다. 깃털 색조가 밝은 닭이 털을 뽑았을 때 거무칙칙한 솜털이 여전히 피부에 남아 있는 닭보다 더 깨끗하고 호소력 있게 보인다는 사실을 기업들이 일찌감치 간파한 결과였다. 또한 그 닭들은 불균형하다. 즉 미국인이 가장 선호하는 흰살 부위인 가슴 근육이 가장 많이 붙는 쪽으로 개량된 품종이었던 것이다. 오늘날 육계의 가슴살은 앞선 시대의 순종 닭보다 배가량 커져서[14] 몸통 전체의 20퍼센트를 차지하게 되었다. 가슴 근육은 그를 지탱해주는 뼈나 힘줄보다 더 빨리 발달하는데―오늘날의 육계가 도살되는 나이인 6주는 옛날 순종 닭의 10대 초반에 해당한다―그 무게 탓에 닭의 몸은 균형이 깨진다.[15] 속성 육계는 마치 이쑤시개 2개에 얹어놓은 올리브마냥 당장이라도 넘어질 것처럼 불안정한 모습이다. 육계는 가슴에[16] 죽거나 딱딱해진 근육 지대를 키우고 복부에 체액을 축적한다. 이 두 가지는 그들의 순환계가 근육에 산소를 계속 대주거나 대사 노폐물을 거둬갈 수 없다는 것을 말해준다. 닭은 다리뼈가 비틀리거나 걷기가 어려워져[17] 고통을 겪는다. 연구를 위해 그 닭들을 사육하는 과학자들은 통상적인 사료와 진통제를 섞은 사료를 놓고 선택권이 주어졌을 때 다리를 절룩거리는 닭들이 후자를 선택한다는 사실을 확인했다. 움직이는 데 어려움을 겪을수록 그들이 그렇게 할 가능성은 한층 커질 것이다.

순종 닭은 땅바닥에서 부리로 모이를 쪼아 먹고, 땅을 긁어대고, 해 위로 사뿐히 날아오르고, 심지어 짧은 거리는 날기도 한다. 하지만 '미래의 닭' 후예들은 그런 행동을 할 수 있도록 태어나지 않은 데다 그들을 수용하기 위해 고안된 헛간〔일명 닭장(house)〕은 그들이 그런 것들을 시도해볼 기회조차 거의 주지 않는다. 그들은 다른 수천 마리 닭들과 우르르 한꺼번에 몰려다니거나 아니면 앉아 있거나 한다. 닭장이 제대로 관리되지 않을 경우 그들이 앉아 있는 깔개는 배설물에서 비롯된 암모니아로 흠뻑 젖는데 그 때문에 닭의 발이나 (닭다리 중간에 위치한 뒤로 굽은) 무릎 관절(hock joint)의 피부가 얼얼해진다. 그들은 밀폐된 환경과 제 자체의 수동성이 합해져 질병에 더욱 취약한 상태가 된다. 이것이 바로 성장 촉진제가 그토록 성공을 거둔 뒤, 농부들이 수백만 파운드의 항생제를 질병 예방 목적으로 사용하고자 했던 주된 이유다.

만약 세상의 모든 닭이 오직 코니시 교배종이기만 하다면 과거의 닭이 어떻게 생겼고 어떻게 행동하는지, 어떻게 먹고 날고 질병에 맞서 싸우고 교미하고 새끼를 돌보는지 알 길이 없을 것이다. 하지만 여기저기 흩어져 있는 세상의 몇몇 귀퉁이에서는 닭들이 여전히 본연의 모습을 간직한 채 살아남았다. 그들은 산업용 교배종이 등장하기 전에 존재했던 닭들의 유전적 특성들, 즉 언젠가 더 나은 닭을 창출하는 데 필요할지도 모를 비밀 병기를 지니고 있다.

인구가 약 640명에 불과한 캔자스주의 마켓(Marquette)은 어쩌다 보니 그곳에 다다르게 되는 경우란 없는[18] 도시다. 거의 그 주의 한복판에 위치해 있는 마켓시는 편편한 평원, 완만한 구릉, 그리고 풀밭을 가로질러 사납게 몰아치는 매서운 바람을 막기 위해 100년 전 심은 방풍림에 둘러싸여 있다. 아무도 자동차를 타고 경유하지 않는 곳이다. 덴버(Denver)는 서쪽으로 6시간, 캔자스시티는 동쪽으로 3시간 거리에 있다. 그리고 두 도시를 이어주는 70번 주간고속도로(Interstate 70)는 북쪽으로 약 50킬로미터 떨어져 있다. 기차를 타고 통과할 수 있는 곳 역시 아니다. 유니온퍼시픽 철도(Union Pacific Railroad)와 BNSF철도도 마켓시를 따돌린 채 각기 그 북쪽과 남쪽으로 뻗어 있기 때문이다. 그리고 설사 그러고 싶다 해도 가까이 흐르는 스모키힐강(Smoky Hill River)—U자형 만곡부가 구불구불 이어져 꼭 어린애가 낙서를 휘갈겨놓은 것 같은 형상이다—에서 저쪽까지 물 위를 떠내려갈 수 있는 사람도 없을 듯하다. 마켓시에 닿기 위해서는 분명한 의도가 있어야 했다. 게다가 도시 바로 외곽에 자리한 선한목자가금목장(Good Shepherd Poultry Ranch)에 당도하려면 일단 대낮이어야 하고, 종이 지도와 동화 속에 나오는 어린아이와 같은 천진한 믿음이 필요하다. 도시 변두리 너머, 숲 너머, 저 언덕 너머에 보물이 숨겨져 있다는 믿음 말이다.

선한목자가금목장의 주인이자 유일한 일꾼이기도 한 프랭크 리스(Frank Reese)는 자신에게 맡겨진 보물, 즉 한때 소농들을 든든하게 떠받쳐주던 수십 품종의 닭·칠면조—스스로 바깥에서 모이를 쪼아 먹고 휴식을 취할 장소를 직접 찾아내고 외부의 도움 없이 질병을 무찌를 수 있는 가금—를 보호하기 위해 25년 전 이곳에서 살기로 했다. 낡은 트랙터들, 풍파에 시달린 빅토리아풍 농장의 현관, 그리고 측면을 금속으로 두른 헛간 밖에 펼쳐져 있는 땅바닥은 온통 가금들 차지였다. 검거나 희거나 적갈색이거나 구릿빛이거나 은색과 크림색의 가로무늬가 있거나 줄무늬가 있는 온갖 품종의 가금들이 가로 빗장을 두른 울타리 위로 사뿐히 뛰어오르기도 하고 트럭 아래를 경쾌하게 돌아다니기도 하고, 또 리스가 그들 속을 헤치고 걸을 때면 그의 발목 주위를 간질이기도 했다.

리스는 닭들이 왁자지껄하게 자신의 발을 스치고 지나갈 때 닭 품종을 하나하나 헤아리기 시작했다. "로드아일랜드레드종(Rhode Island Red),

블루안달루시아종(Blue Andalusian), 은색이 가미된 와이언도트종(Silver-Laced Wyandotte), 흰색이 가미된 붉은색 코니시종, 뉴햄프셔종, 블랙스패니시종(Black Spanish), 홑볏 안코나종, 장미색볏 흰색 레그혼종(Rose-Comb White Leghorn)." 그는 잠시 쉬었다가 하던 일을 계속했다. "이제 이들 중 단 50종만이 세상에 남아 있을 거예요."

70세쯤 된 호리호리한 남성 리스는 무거운 물건을 드는 일이 잦아서인지 근육 위로 힘줄이 불거져 있으며 커다란 손은 벌겋게 갈라져 있었다. 큰 얼굴은 귀 위로는 둥글고 넓적한데 하관은 점차 좁아지는 꼴로 코밑수염을 기른 모습이다. 상고머리에 모자가 달린 묵직한 재킷을 걸치고 있어서 어딘가 수도승 같은 분위기를 자아냈다. 그는 모이통 아래 쉬고 있는 검은색과 흰색이 뒤섞인 암탉을 발견하고 연못에 어리는 잔물결 같은 줄무늬가 그어진 깃털을 부풀게 만든 다음 함박웃음을 지었다. 그를 변화시킨 품종이다.

그가 그 암탉을 재빨리 겨드랑이에 끼워 넣으며 말했다. "바로 이 녀석이 가로줄무늬플리머스록(Barred Plymouth Rock)이에요. 저는 이 품종을 52년 동안 지켜왔죠."

리스의 목장에서 살아가는 모든 가금은 그곳에서 어미가 낳은 알을 가지고 그곳에서 부화시킨 것들이었다. 그 부모 역시 그곳에서 부화하고 자란 것들이었음은 물론이다. 이 농장은 가금의 유전적 특징과 역사를 오롯이 보여주는 살아 있는 기록 보관소다. 리스가 농장을 보존해온 것은 무엇보다 가금들이 자신에게 기쁨을 안겨주었기 때문이다. 그뿐만 아니라 지난 수십 년간 만연해진 풍조에 맞서면서, 가금산업이 그들을 희생시키는 오류를 저질렀고 언젠가는 다시 그들을 필요로 할 때가 오리라고 굳게 믿었기 때문이다.

리스는 '미래의 닭' 경연대회가 처음 열린 해에 태어났다. 그의 선조들은 1680년 펜실베이니아주에 정착한 뒤 일리노이주로 이주했다. 그런 다음 다시 남북전쟁 직후 땅을 일굴 뜻이 있는 자들에게 160에이커의 공유지를 무상으로 제공하겠다〔1862년 발표된 홈스테드법(Homestead Act)의 내용—옮긴이〕는 연방정부의 약속을 믿고 캔자스주로 거처를 옮겼다. 그의 선조들은 서부로 이주하기 전에도 그 후인 프랭크의 부모대까지도 대대로 농부들이었다. 그들은 그 땅에서 육우와 젖소, 돼지, 닭, 칠면조, 오리, 거위를 뒤섞어 길렀다. 네 형제 가운데 셋째로 태어난 리스는 젖소의 젖을 짜거나 암퇘지 우리를 안전하게 드나들기에는 너무 어렸으므로 가금 돌보는 일을 맡았다. 그는 닭에게 모이를 주고 달걀을 모았으며, 칠면조를 헛간에서 들판으로 몰고 갔다. 닭과 칠면조는 거기서 곤충을 쪼아 먹고 울타리 말뚝이나 나뭇가지로 사뿐히 뛰어올랐다.

그 자신의 기억에 따르면 리스는 어린 시절 그들에게 매료되었다. 1학년 때 애완동물에 관한 에세이를 써야 했을 때 '나와 나의 칠면조들(Me and My Turkeys)'이라는 제목의 글을 적었을 정도다. 아버지가 자신들이 기르던 소 헤리퍼드(Hereford) 품종을 캔자스시티에서 늦가을에 개최되는 대규모 가축쇼 아메리칸로열(American Royal)에 출품했을 때, 그는 가금 섹션에 몰래 기어 들어가 헛간을 장악하고 있는 육종가들을 성가시게 하곤 했다. 그의 가족은 그 지역에서 가로줄무늬플리머스록 품종을 기르는 것으로 유명했으며, 그는 일곱 살 때 자신이 기른 닭을 농업박람회에 출품해 입상하기도 했다.

대평원(Great Plains)을 이루는 주들(미국에서는 네브래스카·노스다코타·뉴멕시코·몬태나·사우스다코타·오클라호마·와이오밍·캔자스·콜로라도·텍사스 주가 포함된다—옮긴이)은 칠면조의 땅이었다. 칠면조가 너무 많아서 농부들은 그들을 소몰이의 칠면조 버전인 도보여행을 통해 한 번에 수천 마리씩 멀리 떨어진 시장까지 몰고 가곤 했다. 농업박람회는 칠면조 육종가들의 잔칫집이나 마찬가지였다. 우승을 거머쥐면 그저 으스댈 권리만 얻는 데 그치는 게 아니었다. 최상의 혈통 특징을 보유한 우승자는 1000달러가 넘는 돈을 벌어들일 수 있었다. 우승자가 구비해야 할 조건은 거의 100년 전에 《완벽의 기준(Standard of Perfection)》 — 미국가금협회(American Poultry Association)의 발행물로 한 품종을 다른 품종과 구별 짓는 특유의 성질을 정리해놓은 중요한 책 — 에 이미 분명하게 명시되어 있었다. '기준'이란 표현은 별거 아닌 것처럼 들리지만 가금 생산자들에게 '기준에 맞게 사육되었다(standard-bred)'라는 평가는 최고의 칭찬이었다. 캔자스주 농업박람회에서 칠면조 전시관을 관할한 남성들과 소수의 여성들은 리스가 태어나기 전부터 줄곧 '기준에 맞게 사육되었다'는 평가를 들어온 이들이었다.

그가 회고했다. "당시에는 젊은이를 대상으로 하는 쇼가 따로 없었어요. 열네 살이든 여든네 살이든 같은 분과에서 경합을 벌여야 했죠. 그러니 제가 5위를 차지한다면 정말 운이 좋은 거였죠. 저는 브론즈종(Bronze, 청동색)을 길러낸 롤라 헨리(Rolla Henry), 내러갠싯종(Narragansett)을 개발한 노먼 카도시(Norman Kardosh) 등 쟁쟁한 어른들에게 늘 밀렸으니까요. 그런 상황에 싫증이 난 저는 열네 살이 되었을 때 새디 로이드(Sadie Lloyd)를 만나러 직접 트럭을 몰고 애빌린(Abilene: 텍사스주의 도시 — 옮긴이)으로 80킬로미터를 달려갔죠. 오랫동안 칠면조의 육종에 전념해온 그녀는 전에 그 남성들의 어머니들과 함께 전람회에 가금을 출품한 적이 있었어요. 제가 그녀에게 '새디, 저는 노먼과 롤라를 이기고 싶어요'라고 말하자 그녀가 킥킥 웃으면서 '그래, 그들에게 뭔가 보여주자'고 답했죠. 정말 그 말대로 그해에 결국 제가 그들을 이겼어요."

육종가들은 까칠하고 까다로운 사람들이었다. 그들은 대다수가 독신남·독신녀들이라 배우자나 자녀에게 쏟았어야 할 관심과 사랑을 슬슬 사라져가는 가금의 혈통을 보존하는 데 오롯이 쏟아부었다. 필시 귀를 쫑긋한 채 열의를 보이는 농장 어린이에게서 자신들의 모습을 보았을 그들은 그에게 평범한 가금과 세대를 이어 전수할 가치가 있는 품종을 구분하는 법을 가르쳐주기 시작했다. 색깔과 키를 보는 안목을 키우는 것이 무엇보다 중요했다. 즉 기준의 몇 가지 측면은 가금의 목 길이, 달걀 무게 따위를 측정하는 데 있었지만, 기준에 부합하는지에 관한 판단은 대부분 정통함(familiarity)과 기술(skill)을 요구했다.

리스가 싹수가 있다는 것을 한눈에 알아본 로이드는 그에게 자신의 버번레드종(Bourbon Red)을 몇 마리 팔았다. 칼깃과 꽁지 둘레의 깃털이 흰색이고 나머지는 적갈색을 띠는 칠면조였다. 골다 밀러(Golda Miller)는 그에게 제가 키우는 닭 저지자이언트종(Jersey Giant)을 몇 마리 보내주었다. 1880년대부터 사육해왔으며 몸무게가 13파운드까지 불어날 수 있는 품종이었다. 전설적인 육종가 랠프 스터전(Ralph Sturgeon)은 리스에게 그가 아직까지도 소중하게 여기는 가로줄무늬플리머스록을 몇 마리 주었다. 차로 몇 시간 달려야 닿는 캔자스주의 작은 도시 올턴(Alton)에 살고 있던 카도시는 리스의 가장 첫손에 꼽히는 멘토가 되었으며,《완벽의 기준》에서 인정한 여덟 가지 칠면조 품종의 역사를 그에게 가르쳐주었다.

하지만 리스는 가금만 키우면서 숨어 사는 삶을 꿈꾸지는 않았다. 그는 처음에는 군 복무를 위해, 그런 다음 간호학교에 다니기 위해 캔자스주를 떠났다. 그는 간호학교에서 공인된 마취 전문 간호사가 되었고 샌안토니오(San Antonio) 근교에 정착했다. 닭과 칠면조를 계속 돌보긴 했지만 그

건 어디까지나 개인적 즐거움이었다 뿐 삶의 궁극적 지향점은 아니었다. 1980년대 말, 어머니가 그에게 캔자스주로 돌아오라고 간청했다. 어머니는 아들을 가까이 두고 싶었고 마침 작은 지역 병원에서 마취 전문가를 구하고 있었다. 리스는 승합차에 닭과 칠면조를 싣고 자신의 고향이자 미래의 삶이 기다리고 있는 북쪽으로 110여 킬로미터를 달려갔다. 지역에 전해오는 말에 따르면, 칠면조 농장으로 최적의 장소는 배설물이 흘러내릴 수 있게 해주는 경사면이면서 혹시나 포식동물이 마시러 찾아올지도 모르므로 물이 너무 가까이 있지는 않은 곳이었다. 그는 그 말마따나 스모키힐강까지 3킬로미터 정도 경사면을 이루는 얕은 언덕의 꼭대기 부근에서 160에이커 규모의 마침맞은 농장 터를 발견했다. 서쪽으로 마켓시를, 동쪽으로 스웨덴인이 정착한 마을 린즈보그(Lindsborg)를 바라보고 있는 그곳이 바로 결국에 가서 선한목자가금목장이 되는 곳이다.

그로부터 얼마 지나지 않아 어떤 사람이 리스에게 전화를 걸어왔다. 그는 전혀 모르는 이였는데 샌안토니오 서쪽의 외진 구릉 지역에서 소규모로 닭을 사육하고 있는 토미 리스(Tommy Reece)라고 자신을 소개했다. 그가 몇 년 동안 열정을 쏟아부은 품종은 인디언게임코니시(Indian Game Cornish)였다. 얼룩무늬 깃털이 달려 있는 근육질의 다부진 닭으로 반트레스가 자신의 코니시 교배종을 만들기 위해 사용한 닭들과 유연관계에 놓인 품종이었다. 그는 죽어가고 있었다. "그가 '우리 코니시를 살려달라'고 부탁했고, 저는 노력하겠다고 약속했어요. 결국 그가 저한테 보낸 알 24개 중 3개가 부화에 성공했지요."

그 많던 리스의 스승들은 모두 세상을 떠났다. 그를 훈련시킨 카도시가 마지막이었다. 2003년 카도시는 그의 옛 조수를 캔자스 병원으로 불렀다. 76세의 그는 살날이 얼마 남지 않았다는 것을 알고 있었다. 그는 자신의 칠면조 혈통을 리스에게 물려주면서 잘 보존해달라고 신신당부했다. 리스는 울면서 그들을 잘 보살피고 절대 멸종하지 않도록 지키겠다고 약속했다.

리스는 결코 의도하지는 않았지만 수십 개의 역사적인 가금 혈통의 수호자가 되었다(가금업계가 그들을 너무나 시대에 뒤떨어졌다고 여겼으므로 그들이 서서히 사라져가고 있다는 사실을 리스 말고는 아무도 알아차리지 못했다). 과거에는 가금 혈통을 맡아서 돌보는 농부 세대가 존재했다. 하지만 이제는 오직 그런 이가 세상에 리스 한 사람밖에 안 남은 것 같다.

우리는 리스의 닭과 칠면조 들을 소중하게 여겨야 마땅하다. 그들은 항생제 따위를 필요로 하지 않는 강인한 면역계, 달리거나 사뿐하게 날아오를 수 있는 균형 잡힌 몸, 제 스스로 모이를 찾아 먹고 병아리에게 같은 일을 할 수 있도록 가르치는 본능 같은 유전적 원천을 보유하고 있다. 그들은 상업용으로 기르는 육계, 혹은 1960년대에 개발되어 이제 모든 상업용 칠면조 기업의 효자상품으로 떠오른 교배종 흰넓은가슴칠면조(Broad-Breasted White)―이들은 가슴 근육이 지나치게 커져서 몸이 불균형해진 결과 교미 자세를 취할 수도 없어 인공적으로 수정해야만 한다―와는 완전 딴판이다.

그들은 교배종이 등장하기 전에 살던 모든 가금이 그렇듯이 천천히 자란다. 리스의 닭은 도살 가능 무게에 이르는 데 16주가 걸린다. 오늘날의 육계는 그렇게 하는 데 고작 6주밖에 걸리지 않는 것과 커다란 대조를 이룬다. 칠면조는 도살 가능 무게에 도달하는 데 6개월이 걸리고, 허락되기만 한다면 5년까지 살 수 있다. 하지만 그 가금의 혈통을 온전하게 유지하려면 그들을 계속 번식시킬 필요가 있다. 그들의 긴 수명과 자연적으로 교미할 수 있는 능력 덕택에 리스의 가금 무리는 계속 늘어났다. 그는 부화를 위해 달걀을, 다른 농부들이 사육할 수 있게 하기 위해 병아리와 새끼 칠면조 들을 팔기 시작했지만, 판매 방식을 엄격하게 관리했다. 즉 절대 우편을 활용하지 않았고, 반드시 농장으로 찾아오는 사람이나 가금을 배달해줄 운전사를 사서 보낸 사람에게 직접 가금을 건네는 방식을 고수한 것이다.

그는 농장을 지속해가려면 가금을 육류로 판매해야 하겠지만, 그것은 생각보다 더 복잡한 일임을 깨달았다. '미래의 닭' 경연대회는 비단 가금 업계가 간힌 생활을 할 수 있고 재생산되는 교배종을 지향하도록 만들었을 뿐 아니라 경연대회가 만들어낸, 날개가 크고 가슴살이 야들야들하고 하얀 가금을 더 좋아하도록 수십 년 동안 소비자들을 세뇌시켰다. 리스가 기르는, 모이를 쪼아 먹고 홰에 사뿐히 날아 앉는 가금은 그들이 오랫동안 운동으로 단련된 삶을 살았음을 말해준다. 즉 그런 가금은 살집이 별로 없고 색이 짙으며 깊은 풍미를 낸다. 이것은 요리사가 모험을 즐기는 고객들을 위해 진열장에 장식하기에는 어떨지 몰라도 슈퍼마켓에서 팔려나가는 포장용 식품으로서는 적합지 않다. 게다가 그의 가금을 요리사나 슈퍼마켓까지 전달하는 것부터가 문제였다. 선한목자가금목장을 개발로부터 안전하게 유지하는 데 도움을 주는 지리적 고립이 이번에는 도리어 그에게 불리하게 작용했다. 즉 식당에서는 닭을 신선한 상태로 받고 싶어 했지만, 손님들에게 유서 깊은 가금을 한번 먹어보라고 설득할 수 있는 유의 식당은 너무 멀리 떨어져 있어서 리스는 자신이 키운 가금을 냉동 상태로 수송해야 했던 것이다. 그가 누군가에게 자신의 가금을 도축하고 가공하도록 의뢰할 수 있느냐도 문제였다. 그에게는 가까이 있으면서 농무부가 발급한 면허증을 땄고, 그의 비표준화된 가금에 알맞은 설비와 비정기적으로 소량씩 도착하는 가금을 받아들일 수 있는 가공 일정표를 갖춘 도살장이 필요했다. 하지만 작은 농장들을 기업형 농장들에 편입시키는 합병의 여파로 독립적이고 영세한 도살장은 전국적으로 점차 사라져 가는 추세였다.[19]

　희소함, 외진 입지, 까다로운 가공 이 모든 것은 결국 가격 문제로 모아졌다. 리스는 제가 키우는 가금이 고가를 매길 만큼 가치가 있다는 것을 입증해야 했다. 그는 자신을 도와줄 온라인 판매업체를 찾아냈다. 칠면조의 경우는 '맛의 방주(Ark of Taste: 생물다양성 보존을 위한 슬로푸드 운동의 핵심 사업으로 사라져가는 독특한 음식을 보호함으로써 그 원료와 생산자, 문화까지 지키자는 취지다—옮긴이)'를 통해 위협받는 유서 깊은 품종을 소중히 간직하고 있는 국제 슬로푸드 운동 미국지회의 부산물 '헤리티지푸즈USA(Heritage Foods USA)'였다. 유구한 품종 시장을 창출하는 데 주력해온 신생기업 에머(Emmer & Co.)는 리스가 기른 닭을 마케팅하기 시작했다. 소비자들은 1년에 한 번 먹는 칠면조를 위해서는〔주지의 사실이지만 북아메리카에서는 추수감사절(미국은 11월 넷째 주 목요일, 캐나다는 10월 둘째 주 월요일—옮긴이)에 반드시 칠면조 요리를 해 먹는다〕 파운드당 10달러가 넘거나 심지어 휴일 수요에 몰려 한 마리에 수백 달러로 치솟는다 해도 그 가격을 기꺼이 지불한다. 하지만 닭은 그 절반 수준인데도 가격 저항에 부딪쳤다. 리스가 나에게 말했다. "가금업계는 새끼 칠면조를 90센트, 그러니까 약 1달러에 생산할 수 있어요. 그런데 같은 경우 저는 7~8달러의 비용이 들어요." 그래도 그의 칠면조들은 그가 닭에서 보는 손해를 메워주었다. 그의 셈에 따르면 본전치기를 하기 위해서는 매달 1500마리를 팔아야 했지만, 내가 2013년 리스를 만났을 당시, 그는 1년을 통틀어 2700마리를 가까스로 팔고 있었다.

아이러니한 것은 리스가 가금을 단 한 마리도 죽이고 싶어 하지 않는다는 사실이었다. 그런데도 그가 그렇게 하는 것은 오로지 개체를 솎아서 무리 전체를 완벽하게 만들기 위해서일 뿐이거나, 아니면 선한목자가금 목장의 명맥을 유지하는 데 필요한 자금을 마련하기 위해 그가 할 수 있는 유일한 일이었기 때문이다. 내가 리스를 방문한 날, 그는 사료통 아래 콘크리트 바닥에 주저앉아 자신이 키우는 가금들이 그의 주위에서 떼 지어 몰려다니는 광경을 지켜보았다. 쌀쌀한 바람이 불었지만 석양이 그들의 구릿빛 깃털과 밝은 눈망울에 설핏 어리었다. 그가 나직이 말했다. "저 녀석들을 죽이는 일을 그만둘 수 있다면, 그저 보존하고 지키기만 할 수 있다면 얼마나 좋을까요."

'미래의 닭'과 더불어 출현한 교배종은 '기준에 맞게 사육된' 품종이 요구하는 생활공간을 필요로 하지 않았다. 그들은 날거나 홰에 사뿐히 날아오르고자 하는 욕구가 거세되는 식으로 사육되어왔으며, 자동화한 사료와 식수 제공 시스템 때문에 모이를 찾아 땅을 쪼아댈 필요가 없어졌다. 가금에게 여분의 생활공간을 제공할 까닭이 없어졌으므로 가금 생산업체는 그 공간을 없애버리고 점점 더 많은 닭을 우리에 욱여넣었다. 그뿐만 아니라 자동화와 규모의 경제로 인해 농장의 대지를 늘리지 않고도 우리를 대형화하거나 더 많은 우리를 짓는 일이 가능해졌다. 1960년대부터 2000년대까지 닭 우리—업계에서는 닭장이라고 부른다—의 평균 크기[20]는 1만 3000제곱피트 미만이던 데에서 그 3배로 불어났다. 창문 없는 우리는 야구장 2개를 붙여놓은 것만큼 길이가 길다. 수십 년 동안 성장촉진제, 유전학, 세심하게 배합한 사료 덕택에 닭은 더욱 빠른 속도로 성장했으며 닭의 공급 주기도 훨씬 빨라졌다. 1950년대에 대부분의 육계 농장은 한 해에 10만 마리 미만을 생산했지만,[21] 2006년에는 자그마치 60만 마리를 키워냈다.

이렇듯 대규모로 그렇게나 많은 닭을 사육함에 따라 무리에서 발병 가능성(그리고 그들을 건강하게 유지하기 위해 항생제를 사용할 필요성)이 커졌을 뿐 아니라 사람 키보다 높게 설치한 환풍기를 통해 닭장에서 빼내야 하는 유해한 훈김과 가스도 덩달아 늘어났다. 파리 떼도 빼놓을 수 없다. 하지만 가장 큰 골칫덩어리는 두엄이었다. 보통 육계 20만 마리를 수용하는 우리하나―오늘날의 기준에 비추어보면 작은 규모다―는 깔개, 그 깔개에 폭신하게 뒤섞여 있는 배설물, 빠진 깃털, 흘린 사료, 더러워진 침구 등을 연간 150톤[22]씩 만들어냈던 것이다.

리사 인제릴로(Lisa Inzerillo)가 말했다.[23] "조명, 냄새, 환풍기 돌아가는 소음, 파리 떼 …… 저는 도저히 방 창문을 열어놓을 수가 없어요. 옷을 밖에 걸어 말리는 건 뭐 상상도 못 하고요. 밤에 집 베란다에 고즈넉이 앉아 있곤 하던 것은 이제 옛일이 되어버렸어요."

인제릴로는 응급실 의사와 결혼한 비행기 승무원이지만, 애초에 고조할아버지 것이던 농장을 최근 소유하게 되었다. 델마버반도상에 있는 메릴랜드주 프린세스앤(Princess Anne)의 북쪽이다. 건초와 숲이 넓게 펼쳐져 있는 대지 66에이커의 농장 중앙에는 희게 색칠한 농가와 연못이 자리하고 있다. 인제릴로는 자라면서 할아버지와 함께 들판을 거닐거나 아버지의 트랙터를 타고 쏘다니곤 했다. 육계 사육의 본산지에 사는 여느 토박이들처럼 그녀 역시 이웃들이 다른 가축들이나 줄뿌림 작물(row crop: 옥수수처럼 일렬로 심는 작물—옮긴이)과 더불어 닭을 키울 거라고 기대했다. 닭장 한두 개에 한 번에 수천 마리의 닭을 키울 거라고 말이다.

그녀와 남편 조(Joe)는 2010년 그 농장으로 이사 왔을 때 그 기대가 얼마나 물정 모르는 것이었는지 깨달았다. 델마버의 닭 농장들은 점차 농무부가 말한 이른바 '땅이 필요 없는 농장(no land farms)'[24]이 되어가고 있었다. 가능한 한 소유지 경계선에서 60미터라는 법적 건축선후퇴(setback)에 육박하는 거대한 양계장만 있으면 되는 농장 말이다. 그들 농장의 북쪽에 있는 대지에는 길디긴 닭장이 12개 세워져 있었다. 남쪽의 대지에는 무려 31개가 다닥다닥 들어서 있었는데, 그와 경계를 마주하고 있는 몇 개의 밭은 와서 살지도 않는 가족이 소유한 땅이었다. 바람이 불어올 때마다 인제릴로 부부는 훅 끼쳐오는 암모니아와 훈김 냄새에 시달렸다.

조가 말했다. "제 이웃은 막 천식환자가 되었어요." 그는 자기 아내를 보고 고개를 끄덕였다. "아내는 만성 축농증이죠. 저는 기관지염을 앓았고요. 45년 동안 응급실에서 일했지만 지금껏 단 한 번도 그래본 일이 없는데 말이죠."

그들 부부와 이웃은 비거주 농장 소유주 가운데 한 사람이 그들의 농장 바로 건너편에 길디긴 양계장을 세울 계획이라는 사실을 알게 되었을 때, 주민모임을 조직하고 서머싯군행정위원회(Somerset County Board of Commissioners)에 맞섰다. 그들은 지역 업계의 저항에도 불구하고 한 가지 개선안[25]을 얻어냈다. 건축선후퇴를 120미터로 늘린 것이다. 하지만 서머싯군행정위원회는 이미 허락받은 농장에 한해서는 과거대로 추진하도록 허락한다는 단서를 달았다. 그들의 투쟁은 동부 연안의 다른 카운티에 사는 거주민들을 자극해 닭 농장의 변화를 저지하도록 이끌었다. 하지만 그 투쟁은 델마버가 풀 수 없는 문제에 직면했음을 분명하게 보여주는 것이기도 했다. 땅이 흡수할 수 없는 어마어마한 두엄 문제였다. 인제릴로 부부가 그녀의 가족 농장으로 이사했을 때 델마버의 가금은 해마다 15억[26] 파운드의 두엄을 쏟아내고 있었다.

농부들은 이제껏 두엄을 거름으로 사용해왔다. 풍부하고 저렴하고 끊임없이 보충이 되었기 때문이다. 특히 가금 깔개는 비료의 성분이 되는 광물인 질소와 인을 다량 함유하고 있다. 하지만 거기에는 두 가지가 동일한 양으로 포함되어 있는데, 작물은 둘을 같은 비율로 흡수하지 않는다. 따라서 깔개를 밭에 뿌리면 그에 함유된 인의 상당 부분은 쓰이지 않고 남는다. 게다가 다량의 깔개를 너른 들판이나 우리 지붕 아래 쌓아 보관하면 그 여분의 영양물질이 빗물 따위에 씻겨 냇물 속으로 흘러가고 결국 대수층(帶水層: 지하수를 품은 다공질의 지층—옮긴이)으로 스며든다. '지류(支流)'라 불리는 냇물들이 수를 놓은 듯하고 작고 큰 만이 주위를 에워싸고 있는 델마버반도에서는 폭우와 지하수가 해안에 닿기까지 이동하는 거리가 얼마 되지 않는다. 서쪽으로 체서피크만에서 동쪽으로 델라웨어만까지 걸친 지역은 수십 년 동안 영양물질 과부하 문제로 몸살을 앓아왔다. 그 영양물질은 조류를 자라도록 부추기고 그 조류는 죽어서 썩으며 태양을 가리고 물에서 용해산소를 빼앗아간다. 산소가 없으면 체서피크만의 상징인 바닷게(blue crab)를 위시해 해산물과 물고기가 살아남지 못한다.

수질은 1972년 통과된 '청정수법(Clean Water Act)'에 의해 보호를 받아야 마땅했지만 그 법률은 산업용 공장에서 유출되는 폐수관 같은 '점오염원〔point source: 도시·도로·농지·산지·공사장 등 불특정 장소에서 불특정하게 배출하는 수질 오염물질을 의미하는 비점오염원(non-point source)의 상대개념으로, 공장·가정하수·분뇨처리장·축산농가 등 배출 지점이 명확한 오염원을 말한다—옮긴이)〕'을 주로 다루었다. 따라서 농장에 보관되어 있거나 옥수수·대두 밭에 깔려 있는 수많은 마른 깔개 더미로부터, 그리고 그 깔개에서 빠져나간 내용물을 실어 나르는 지하수와 폭우로 인한 유수로부터 유래한 복잡한 오염원을 규제하는 데까지는 힘이 미치지 않았다. 그 후 수십 년 동안 새로운 연방·주 규정들이 그렇게 간과한 부분을 바로잡기 위해 안간힘을 써왔다. 그 규정들은 얼마나 많은 두엄을 땅바닥에 펴놓거나 농장 대지에 보관할 수 있는지와 관련해 제한을 두는 허가제도를 도입했다. 하지만 사회활동가 집단은 이런 요구를 묵살하거나 도전받는 사례[27]가 수두룩했다는 사실을 확인했다.

그런가 하면 두엄 처리를 둘러싼 입씨름으로 이웃들 간에 민심이 흉흉해졌다. 누가 누구를 상대로 싸움을 벌일지 예측하기 힘든 경우도 없지 않았다. 농사를 짓고 싶어서 시골 지역을 물색하고 다니던 은퇴자들이 마을에 새로 이주해 와서 정착했다. 예로부터 그 지역에 살아온 마을민들은 인제릴로 같은 작은 토지를 소유한 이들이거나 아니면 농장을 확장하고 싶어 하는 대규모 생산업자거나 둘 중 하나였다. 하지만 누구에게 책임이 있는지를 놓고 벌이는 싸움은 걸핏하면 소송으로 번졌고, 작은 마을 사람들의 관계를 피폐하게 만들었다.

체서피크만재단(Chesapeake Bay Foundation)은 농업 유출수가 그 만으로 유입되는 초과 영양물질의 절반가량을 차지한다고 추정하고 있다. 연방기관들과 메릴랜드 대학은 이어서 무슨 일이 벌어질지를 직접 증명해 보였다. 즉 어류가 떼죽음을 당하고―용해산소 부족으로 질식한 물고기들이 강 지류나 해안가에 떠밀려오고―맛 좋고 경제적으로 중요한 청어(shad)·줄무늬농어(striped bass)·굴(oyster)·바닷게의 개체 수가 급감하면서 죽음의 지대를 형성한다는 것이다. 추적하기가 까다롭지만 그 못지않게 중요한 것은 역시 농장에서 비롯된 항생제 내성균―식품매개 유기체

뿐 아니라 두엄, 대기중의 먼지, 파리 따위를 통해서도 전파된다—이다.

1970년대에 레비의 연구가 암시한 바와 같이 두엄은 농업에서 확산한 내성균 상당수의 원천이다. 동물을 도축할 때 그들의 내장 내용물 일부가 절단해서 얻는 육고기에 튀어 들어갈 수 있다. 하지만 동물을 사육하는 동안 그들의 내장에서 살아가는 세균—그리고 그들의 몸에서 흡수되지 못했으며 대사작용으로 변형되지 않은 항생제—은 그 동물로부터 벗어나 닭장의 깔개나 돼지 농장이나 소 사육장에 형성된 거대한 액상 두엄 웅덩이 속으로 전해진다. 그 두엄이 환경을 통해 퍼져나가면—작물을 키우는 논에 그것을 뿌리는 식의 고의적 행위에 의해서일 수도 있고, 비나 웅덩이 속 물의 범람 혹은 저장용 구덩이에서의 유출 따위에 의한 우연의 결과일 수도 있다—거기에 들어 있는 세균도 덩달아 확산한다. 연구자들은 닭 농장 주변의 토양, 돼지 농장 아래의 지하수, 집약 농장에서 바람에 실려 날아든 먼지 속에서 내성균을 발견했다.[28] 철망 우리를 탑처럼 쌓아 올린 채 농장에서 도계장으로 닭을 수송하는 트럭[29]은 내성균을 흘려 같은 도로에 뒤따라오는 자동차들을 오염시킬 수 있다. 또한 과학자들은 파리가 델라웨어주·메릴랜드주의 닭 농장과 캔자스주·노스캐롤라이나주의 돼지 농장으로부터 내성균을 실어 날랐다[30]는 사실을 알아냈다.

때로 사람이 농장으로부터 내성균을 옮기는 매개체가 되기도 한다. 아이오와주의 돼지 농장과 노스캐롤라이나주의 돼지 도축장에서 일하는 작업자들은 그 이웃들보다 메티실린내성황색포도상구균, 즉 내약제 포도상구균을 실어 나를 가능성이 더 높은 것 같다. 델마버 가금 농장 노동자들[31]은 육계로 부화하기를 기다리는 달걀에 주입하는 항생제 젠타마이신에 내성을 띤 대장균 보균자가 될 가능성이 농장에서 일하지 않은 이웃들보다 32배나 높았다.

이 모든 우연적 전파로 인해 농장 밖 환경은 내성균뿐 아니라 그 내성을 부여하는 유전자들로 넘쳐나게 된다. 세균은 유전자와 그를 보유하는 플라스미드를 획득하여 다른 유기체에 전파할 수 있다. 그 같은 획득과 전파 과정의 말미에 사람이 놓여 있다. 농장 주변에 얼씬거려본 적도 없거니와[32] 농장과 관련한 건강 문제에 처하게 되리라고 생각할 만한 아무런 이유도 없는 사람 말이다. 따라서 펜실베이니아주에서는 1차 의료센터를 이용한 사람 수천 명[33]이 돼지 두엄을 잔뜩 뿌려놓은 밭 가까이에서 산다면 메티실린내성황색포도상구균에 감염될 가능성이 더 많았다. 아이오와주에서는 산업형 돼지 농장 1.5킬로미터 반경 내에 사는 재향군인들이 그보다 더 멀리 떨어져 산 사람들보다 내약제 포도상구균에 감염될 가능성이 배나 높았다.

내성균과 내성 플라스미드가 환경에 스며드는 경로는 복잡하다.[34] 농장의 두엄은 연안해로 흘러들고, 제약회사의 제조 공장에서 내보내는 오수 역시 마찬가지다. 병원의 하수도 건물 밖으로 내성균을 실어 나를 수 있다. 수질 처리시설은 폐수에서 분변계 세균을 제거하게끔 설계되어 있지만 내성 유전자까지 잡아내지는 못한다. 그 결과 개울물, 호숫물, 표층수에는 내성균이 바글거리게 된다. 야생동물은 이들 세균을 취한다. 물고기도 마찬가지다. 갈매기를 비롯한 물새들은 그것들을 해양 전역에 실어 나른다.

최근에 연구자들은 내성균과 거기서 떨어져나간 유전자만이 아니라 항생제를 투여한 동물로부터(그리고 역시나 항생제를 투여한 인간으로부터) 환경으로 흘러드는 여전히 활성 상태인 항생제도 위험하기는 마찬가지라고 주장했다. 아마도 항생제의 4분의 1 혹은 그 미만[35]이 동물이나 인간의 몸에 쓰이는 듯하다. 그 나머지는 배설물로 빠져나가 하수 시스템으로 흘러들어가 거기서부터 여행을 시작한다. 이 온전한 항생제들은 내성균을 예측 불가능한 방식으로 더더욱 진화하도록 재촉한다. 하지만 더 큰 문제는 그 약물들이 저도 모르게 그를 소비하는 인간에게서 나타내는 효과일지 모른다. 일부 연구자들은 그 같은 미미한 양의 항생제는 마치 동물에게 미치는 성장 촉진제와 같은 역할을 할 수 있다고 의심한다.[36] 그들은 또한 확증적인 진술로서 항생제가 등장한 것과 비만이나 당뇨병 같은 현대병이 시작된 시기가 거의 일치한다고 지적한다.

이러한 사건들은 같은 시기에 일어났다 뿐 아무런 인과론적 관련성이 없는 우연의 일치일 수도 있다. 하지만 마틴 블레이저(Martin Blaser) 박사와 뉴욕 대학(New York University, NYU) 랭곤의료센터(Langone Medical Center)의 동료들이 쥐를 대상으로 실시한 도발적인 실험은 생애 초기에 사용한 항생제는 그들 내장에 사는 세균들의 균형을 달라지게 만들고, 몸무게를 늘게 만들고, 면역계가 발달하는 방식을 변화시키는 식으로 유전자 활동에 영향을 끼친다는 사실을 밝혀냈다. 만약 인간에서도 같은 결과를 얻을 수 있다면 그 주범은 분명 아이들이 중이염 같은 아동기 질병을 치료하기 위해 '일시적으로' '이따금' 사용한 항생제였을 것이다. 그 아이들, 혹은 그 어머니들이 환경을 통해 '꾸준히' 항생제에 노출된 것도 그 공범쯤 된다.

세균이 지하수나 바람을 타고 이동하는 것과 마찬가지로, 내성 유전자가 농장에서 흘러나와 환경을 경유해 사람들에게―처음에는 농장 작업자들에게, 이어서 농장과 아무 관련도 없는 사람에게―흘러 들어가는 것도 눈에 보이지 않는 미묘한 과정이다. 오늘날의 방대한 닭 경제가 그처럼 복잡한 경로를 거쳐 유기체와 내성을 쏟아내는 방식을 규명하려면 상당한 자원과 연구가 필요하다. 2013년 가을 릭 실러를 곤경에 빠뜨린 것 같은 극적인 질병의 발발은 그 방식을 규명하는 데 큰 도움을 주게 된다.

오염의 대가

이가 덜덜 떨리는 오한으로 쓰러져 있던 릭 실러는 방대한 전국 네트워크가 이미 그를 그토록 아프게 만든 원인이 무엇인지 추적하고 있었다는 사실을 알 도리가 없었다.[1] 질병통제예방센터의 펄스넷 프로그램―전국적으로 식품매개 질환을 앓는 환자에게서 채취한 병원균의 DNA 지문들을 비교한다―의 패턴 인식 경보는 캘리포니아주의 여러 도시에서 업로드한 살모넬라 샘플들이 서로 일치한다는 것을 보여주었다. 복잡한 질병통제예방센터 관료체제의 일부인 모 사무실에서 상급 역학자 로라 지에랄토프스키(Laura Gieraltowski)는 그 사례를 넘겨받았다. 그녀는 캘리포니아주 보건부에 위험을 알렸고, 주 보건부 역시 그 사실을 인지하고 있었다. 부서의 조사관들은 이미 병에 걸린 사람들과 인터뷰를 진행하고 있었고, 좀 이른 감은 있지만 문제의 진원지는 닭일 거라고 직감했다.

그 발견은 그리 중요하지 않은 것처럼 보였다. 너무나 많은 사람들이 너무나 자주 닭을 먹기 때문이다. 어쨌거나 닭은 미국인이 가장 선호하는 단백질 급원이며, 질병이 발발하는 동안 질병 탐정들이 수행하는 조사에서도 그렇게 나타나고 있다. 즉 5명 중 최소 3명은 지난주에 닭을 먹었다고 대답할 것이다. 하지만 그 결과에는 집에서 요리하는 닭고기뿐 아니라 얼린 너겟, 패스트푸드 치킨 샌드위치, 닭날개, 튀김용 닭조각 묶음, 슈퍼마켓에서 구워 파는 통닭 등 온갖 종류의 닭이 포함된다. 조사관들이 범인 식품을 찾아내기 위해서는 매 순간 모든 이들이 닭을 먹는 상황이라는 배경소음으로부터 그 특정 살모넬라균에 오염된 구체적 닭 제품의 신호를 걸러내야 했다.

그들이 사용한 프로그램이 바로 그렇게 하도록 고안된 것이다. 펄스넷은 종래에 역학자들이 식품매개 질병을 해결하는 데 도움을 주었던 시스템—즉 홀름버그가 한 농장의 쇠고기를 추적하도록 만들어준 도축장의 스프레드시트, 그리고 스미스가 내성 캄필로박터를 발견하도록 도와준, 주에 의무적으로 제출해야 하는 보고서 따위—으로는 장거리에 걸쳐 유통되는 식품에 대처할 수 없다는 깨달음에서 생겨났다. 질병통제예방센터는 하나의 비극적인 발병 사태를 보고 식품매개 질병이라는 유행병이 얼마나 심각해질 수 있는지를 완전히 새롭게 충격적으로 깨달았다.

1992년 11월,[2] 서부의 주들—워싱턴·캘리포니아·아이다호·네바다—에서 아이들이 위경련·혈성설사 증세를 보이면서 갑자기 심하게 앓기 시작했고 놀란 부모들은 황급히 병원 응급실을 찾았다. 아이들 가운데 일부는 감염에 의해 파괴된 적혈구가 신장을 막아서 독소가 혈관으로 침투해 혈압을 높이고 신장의 기능을 망가뜨리는 위태로운 합병증 용혈성요독증후군(hemolytic uremic syndrome, HUS)을 나타내기도 했다. 원인은 세포 파괴 독소를 만들어내는 특별한 능력을 지닌 O157:H7이라 표기된 대장균종이었다. 2월에 726명—대부분이 10세 이하 어린이였다—이 그 균에 감염되었고, 그중 4명의 어린이가 목숨을 잃었다.

연결고리는 서부 전역에 지점을 둔 패스트푸드 체인 잭인더박스(Jack in the Box)에서 판매한 햄버거였다. 그 햄버거가 체인에 공급하는 식품을 생산하는 가공 공장에서 비롯된 대장균종에 오염되어 있었던 것이다. 73개 지점에 그 질병의 여파가 번지면서 식품안전 시스템에 적신호가 켜졌다. 1970년대 이후 영세한 기업들이 소수의 대기업으로 통폐합된 결과 육류, 가금류, 치즈, 우유, 가공 곡물 등 식품을 생산하는 공장 수는 점점 줄어들고 있었다.[3] 일례를 들자면 달걀 산업에서는 1969년에 존재하던 농장의 85퍼센트가 1992년이 되자 자취를 감추었고, 살아남은 농장들은 훨씬 더 크게 성장해서 암탉을 수백 마리 기르던 데에서 수천 마리, 때로 수백만 마리를 기르는 규모로 달라졌다. 식품은 과거보다 더 적은 수의 농장에서 생산되고, 더 많은 유통 장소로 수송하는 판매망을 통해 팔려나가고 있었다. 이는 만일 그 식품이 오염된다면 수천 킬로미터 떨어진 장소에서 질병을 일으킬 수도 있다는 것을 의미했다. 잭인더박스의 발병 사례가 있기 얼마 전,[4] 남부 주의 모 공장에서 포장된 토마토는 4개 주의 사람들을 앓게 만들었고, 샐러드바에서 제공한 중앙아메리카산 캔터루프(cantaloupe: 껍질은 녹색이고 과육은 오렌지색인 멜론의 일종 — 옮긴이)는 자그마치 28개 주에 걸쳐 사람들을 병나게 했다.

질병통제예방센터가 언제나 발병한 질병에 대해 알게 되는 방식, 즉 의사나 연구소가 주 보건부에, 주 보건부가 다시 질병통제예방센터에 보고서를 제출하는 방식은 이 새로운 현실에 맞지 않았다. 연방 조사관들이 1993년에 보고된 질병 사례 수백 건이 무슨 연관성이 있는지 파악하는 데는 39일이 걸렸다. 거기에는 질병에 관한 보고서를 접수하고 가족들을 인터뷰하고 의료 기록을 수합하고 세균 샘플을 확보하고 실험 작업을 실시하고 공통의 원천을 찾아내는 일이 따랐다. 만약 그런 과정을 더욱 빠르게 진행할 수 있다면 수백 가지 질병—그리고 그에 이어지는 법적 소송 수백만 건—을 미연에 방지할 수 있을 것이었다.

불과 9년 전 도입된 펄스필드젤전기영동법이라는 새로운 기법이 바로 그 같은 길을 열어주었다. 그것이 제공하는 바코드—검은색과 흰색의 단순한 그래픽으로 나타나는 바코드는 인터넷 접속이 느린 경우에도 전송과 수신이 가능했다—는 이메일이 아직 보편화되지 않았고 주파수대역폭(bandwidth)이 귀하던 당시의 인프라와 완벽하게 어울리는 기술이었다. 주 보건부 실험실에 그 기계장치를 설치하고, 그를 활용할 수 있는 인력을 훈련시키는 것은 돈이 많이 드는 일이었다.[5] 하지만 그 기법은 10년 만에 공중보건 조사에서 흔히 볼 수 있는 특징으로 자리 잡았으며, 조사 기간을 몇 개월 단축시키고 인명을 구해주고 있다.

인터뷰 결과와 펄스넷으로 얻은 동일 패턴을 근거로 지에랄토프스키는 어딘가에서 유래한 일부 닭이 사람들을 아프게 만들고 있다는 결론에 이르렀다. 하지만 새로워진 환경인 복잡한 식품 유통 시스템을 고려해보건대 그 원천을 찾아낼 길이 막막했다. 잭인더박스 사건의 여파로 창립된 또 하나의 정부 감독 기관이 단서를 제공했다. 국립항미생물제내성감독 시스템(National Antimicrobial Resistance Monitoring System, NARMS)은 동물·육류·인간에 존재하는 내성균을 측정하는 기관이다. 질병통제예방센터, 농무부, FDA는 모두 그곳에 데이터를 제공한다. 질병통제예방센터는 모종의 감염을 일으킨 환자들에 관해 공중보건 실험실들이 제공한 보고서를 도표화한다. 농무부는 농장과 도축장에서 같은 내성균을 지닌 동물들을 발견할 수 있는지 점검한다. 마지막으로 FDA는 내성균에 의한 감염이 식품 시스템을 타고 전파될 수 있는지 확인하기 위해 인력을 슈퍼마켓에 파견해 구매한 육류를 그 산하 실험실로 가져와 시험하기 위해 팀을 꾸린다.

국립항미생물제내성감독시스템은 다음과 같은 간략한 평가를 내놓았다.[6] "질병통제예방센터는 오직 5개 유형의 식품매개 세균만 시험했다. 농무부는 살아 있는 동물들을 충분히 접촉할 수 있도록 애쓰고 있다. 그리고 실러가 병을 얻었던 해에 FDA가 사용한 육류—닭고기 부위, 간 칠면조와 쇠고기, 돼지 갈빗살—는 오직 14개 주에서 온 것이다." 따라서 국립항미생물제내성감독시스템에서 지에랄토프스키의 상대역이던 이가 펄스넷이 캘리포니아주에 강조 표시를 해둔 살모넬라 하이델베르크 균종을 찾아보고자 그 기관의 기록을 훑어보았을 때 딱 하나가 불쑥 나타난 것은 정말이지 행운이었다. 마침맞은 시기에 캘리포니아주에서 닭 포장육으로부터 수집한 것이었다.

그것은 다름 아니라 포스터팜스(Foster Farms: 이하 포스터—옮긴이)라는 기업[7]이 생산한 닭이었다. 이 사실은 조사에 큰 도움이 되지 않았다. 그 기업이 캘리포니아주의 닭고기 시장을 완전히 휘어잡고 있었기 때문이다. 포스터는 2013년 그 유행병이 급속도로 번지기 시작했을 때 사업 74년차[8]를 맞았을 정도로 유서 깊은 지역 기반의 가족 경영 기업이다. 그리고 행실이 불량한 육계를 나타내는 인형 닭들이 포스터가 판매하기에 충분할 만큼 착해지기를 열망하나 결국 실패하게 되는 재미난 광고[9]로 잘 알려져 있다. 〔포스터는 인터뷰에 응하기를 거부했다. 마케팅부 부서장 이라 브릴(Ira Brill)의 발언을 확인하려면 주 7번을 참조하라.〕

질병통제예방센터는 한 건의 데이터베이스 히트(hit: 검색 결과 추출된 자료 또는 건수를 뜻한다—옮긴이)를 공개하기로 했다. 펄스넷의 첫 신호가 드러난 때로부터 4개월 후이자 실러의 긴급사태가 발생하고 일주일이 지난 2013년 10월 8일, 질병통제예방센터는 처음으로 질병이 발생하고 있으며 그 원천이 어디인지 알 것 같다며, "포스터 상표가 붙은 닭을 소비한 것이 발병의 원인으로 보인다"고 발표했다.[10] 그들은 세 기관이 저마다 수집한 증거를 통해 추적한 관련성을 근거로 그러한 주장을 펼쳤다. 질병통제예방센터와 주 보건부 산하 실험실들은 환자로부터 7개의 상이한 유전자 지문을 얻어냈는데 이는 서로 밀접하게 관련된 7종류의 살모넬라균이 있음을 시사한다. FDA는 국립항미생물제내성감독시스템을 다시 살펴보았고 포스터 닭 다섯 조각에서 그 7개 패턴 가운데 4개를 발견했다. 농무부 산하 식품안전검역국(Food Safety and Inspection Service)은 포스터 공장에 대한 조사에 나섰다. 조사관들은 면봉으로 기계장치에서 세균 샘플을 채취했으며 몇 마리는 표본으로 챙겼다. 그들은 세 시설물에서 질병을 일으킨 살모넬라균 가운데 네 가지를 발견했다.

실러가 병원에서 집으로 돌아온 직후 전화를 받았을 때, 조사관 에이다 유는 동료들이 병을 앓고 있는 다른 모든 이에게 물은 것과 같은 질문—외출했을 때 어디서 음식을 사 먹었는지, 식료품 쇼핑은 어디서 했는지, 주로 어떤 식품을 즐겨 사는지—을 그에게 던졌다. 그는 그녀에게 무엇을 어디서 샀는지 떠올릴 수 없다고 난감해했다. 너무 오래전 일이었을 뿐 아니라 매우 심하게 아픈 나머지 그 충격으로 자세한 기억이 몽땅 지워져버린 것이다. 하지만 그는 쇼핑할 때 늘 직불카드로 결제를 했으므로, 자신이 거래하는 은행의 온라인 기록에 뭔가 남아 있을 거라는 생각이 퍼뜩 떠올랐다. 자신의 계정으로 로그인한 다음 9월을 찾아간 그는 지역 슈퍼마켓 체인인 푸드맥스(FoodMaxx) 항목을 발견했다. 그는 자신의 약혼녀 로운 트랜에게 그때 둘이서 뭘 샀는지 기억해낼 수 있겠느냐고 물었다.

"물론이지"라고 그녀가 대답했다. 그녀는 당시 집을 떠나 있었고 그가 챙겨 먹는 것을 까먹을 경우에 대비해 냉장고에 뭔가 먹을 게 있도록 닭을 조금 구워둔 것이다. 그가 다크미트(dark meat: 흰 가슴살과 달리 가열하면 거무스름해지는 다리살 같은 부위—옮긴이)를 좋아했으므로 허벅지살이었을 테고, 그녀가 잘하는 조리법이므로 아마 바비큐소스를 끼얹었을 것이다. 그녀는 그가 그것을 먹었다고 기억했다. 오랜 주말 외출을 끝내고 집으로 돌아왔을 때 닭고기가 남아 있지 않았기 때문이다. 하지만 그녀는 그에게 두 봉지를 샀다고, 남은 한 봉지는 냉동실에 그대로 넣어두었다고 상기시켰다.

실러는 조사관 에이다 유에게 다시 전화를 걸어 그 사실을 알렸다. 그리고 냉큼 집으로 달려가 냉동실을 확인했다. 약혼녀는 닭을 본래의 포장 그대로 냉동시켰고, 실러는 그것을 단번에 알아보았다. 금색 스티로폼 용기에 담긴 허벅지살 3파운드였다. 단단하게 싼 투명한 랩 위에 푸른색 띠지, 달걀노른자색 라벨, 꼬끼오 우는 흰 수탉의 모습이 그려져 있었다(포스터 육계 제품의 포장 상태를 묘사한 내용—옮긴이). 그는 사진을 찍어서 문자 메시지를 보냈다. 이튿날 보건부 직원이 닭을 수거하러 왔고, 실험실로 챙겨갔다.

몇 주, 아니 몇 개월 동안 포스터가 일으킨 질병은 일파만파 번져나갔다. 질병통제예방센터는 최초 발표를 하고 사흘 뒤 환자 목록에 39명을 추가했다. 새로운 주 세 곳과 푸에르토리코에서 발생한 환자들이었다. 일주일 뒤, 환자가 21명 더 나타났다. 그달 말경에는 21개 주에서 362명이 병에 걸렸다. 그들 가운데 14퍼센트에서 그 세균은 내장으로부터 혈액으로 밀려 들어가서 실러를 몹져눕게 만든 것과 같은 염증과 심각한 감염을 일으켰다. 이는 살모넬라균에 의한 질병에서 흔히 기대되는 혈류 감염 비율의 거의 3배에 달하는 수치였다.

11월 중순경, 병에 걸린 사람들 수치는 23개 주에 걸쳐 389명에 이르렀다. 크리스마스 즈음에는 416명이 되었고, 질병통제예방센터가 분석할 수 있었던 세균의 절반이 약물에 내성을 띠었다. 2014년 1월 중순 환자 수는 총 430명이 되었다. 하지만 한동안 새로운 발병 사례는 보고되지 않았고 관리들은 그쯤에서 그 질병이 끝나기를 바랐다. 하지만 상황은 그들이 바라는 대로 되지 않았다. 2월 말엽 환자가 새로 51명 늘어났다. 3월 말에는 거기에 43명이 추가되었다. 처음 펄스넷이 경종을 울린 때로부터 1년이 지난 6월 말, 환자는 29개 주와 푸에르토리코에서 621명에 이르렀다. 그들 가운데 3분의 1 이상이 증상이 너무 심해서 입원 치료를 받아야 했다.

식품에 의한 질병 발발을 종식하려면 두 가지 조치를 취해야 한다. 첫째, 사람들이 이미 가지고 있는 오염된 음식을 먹지 못하도록 막아야 하고, 둘째, 그 식품을 더 이상 사지 못하도록 막아야 한다. 연방기관이나 주기관들은 가정의 주방에 오염된 닭고기가 있을지도 모른다고 소비자들에게 주의를 주기 위해 나름대로 할 수 있는 일을 했다. 즉 기자회견을 열고, 냉장고와 냉동고를 점검해보라고 촉구하는 소책자를 발간했다. 하지만 그 기관들 가운데 어느 곳도 더 많은 닭이 슈퍼마켓으로 수송되는 것을 막을 수는 없었다. 식품안전과 관련한 법들이 그들의 손을 묶어놓았기 때문이다.

활동가들은 잭인더박스 유행병을 기폭제 삼아 전국적으로 운동을 펼쳐나갔다. 운동을 이끈 이들은 햄버거로 상징되는 식품이 자녀들을 그토록 아프게 만들 수 있다는 사실에 격분한 어머니들이었다. 그들은 워싱턴 D.C.를 에워싸고 개혁을 촉구했으며 끝내 의미심장한 변화를 이끌어냈다. 업턴 싱클레어(Upton Sinclair)가 1906년에 쓴 《정글(The Jungle)》(육가공 공장의 위생 상태에 대한 충격적인 폭로가 담긴 소설로, 출간 직후 미국을 충격 속으로 몰아넣은 화제작이다. 미국에서는 책이 출간된 지 4개월 만에 식품의약품위생법과 육류검역법이 제정되었고, 오늘날 식품·의약품의 세계적 기준을 마련하는 기관인 그 유명한 FDA가 설립되었다고 한다ー옮긴이)에서 세기 전환기의 역겨운 육가공 실태를 낱낱이 까발렸을 때부터 식품안전에 관한 규정은 육류에 부주의하게 깨진 유리 조각, 금속 파편, 화학물질 따위가 들어가지 않도록 막는 데 주안점을 두었다. 그에 따르면 이들은 '불순물'이었고 아무리 소량이라 해도 불법이었다. 만약 불순물이 발견되면 농무부는 해당 기업에 관련 육류를 시장에서 전량 회수하도록 권한을 행사했다. 그런데 잭인더박스 사태가 일어나고부터는 사람들이 미생물도 불순물이 될 수 있다고 생각하기 시작했다. 있어서는 안 될 것이라는 의미에서, 또한 너무 치명적이라 즉각적 조치가 필요하다는 의미에서 말이다. 1994년 농무부 산하 식품안전검역국의 사무관 마이클 테일러(Michael Taylor)는 대장균 O157:H7은 무관용 원칙이 적용된 유일한 식품매개 병원균[11]이라고 발표했다. 그 기관은 나중에 O157:H7처럼 세포 파괴 독소를 만드는 다른 여섯 가지 대장균종에도 마찬가지로 무관용 원칙을 적용했다.[12]

하지만 농무부는 그 외 다른 식품매개 유기체들은 불순물로 여길 만큼 치명적일 수 있다는 것을 인정하지 않았다. 연방정부는 육류가 살모넬라균을 퍼뜨린다는 이유로 그것을 리콜하도록 강제하는 권한을 행사하지는 않은 것이다.[13] 포스터가 자진해서 그렇게 하는 것이 유일하게 기대할 수 있는 일이었지만, 그 기업은 1년 넘게 버티고 있었다.[14]

포스터가 과거에도 여러 질병을 일으켰다는 사실과 규제 당국이 그 점을 분명히 인지하고 있다는 사실을 알게 된 식품안전 지지자들은 기업의 무책임한 태도에 분통을 터뜨렸다. 2012년 6월[15] 살모넬라균에 의한 발병 사례가 워싱턴주와 오리건주에서 나타나기 시작했는데, 펄스필드젤전기영동법에 따라 그와 동일한 패턴으로 드러난 살모넬라균이 1년 뒤 캘리포니아주에서 발병을 일으킨 7종 가운데 하나로 다시 수면 위에 떠오르게 된다. 2013년 7월 마침내 그 질병이 종식되기까지 총 13개 주에서 134명의 환자가 발생했다. 실러를 죽다 살아나게 만든 캘리포니아주 중심의 발병에서와 마찬가지로 이 살모넬라균 역시 젠타마이신·스트렙토마이신·설파제, 그리고 아목시실린·암피실린·세프트리악손〔ceftriaxone, 인간 약제로 로세핀(Rocephin)이라는 상품명으로도 알려져 있다〕·세팔로스포린(살모넬라균에 의한 심각한 감염을 앓는 아동들에게 쓰는 중요한 처방제다) 등 다수의 약제에 내성을 띠고 있었다. 초기에 이 질병을 앓은 환자들은 대부분 북서부 태평양 연안(워싱턴주와 오리건주—옮긴이)에 살고 있었으며, 그 원인은 추적 결과 결국 워싱턴주 켈소(Kelso)에 자리한 포스터의 도계 공장이었던 것으로 드러났다.

실은 그보다 훨씬 더 이른 시기에[16] 발병한 사례도 있었다. 2009년 오리건주에서 22명이 병을 앓았고, 12개 닭 샘플에서 그 병원균과 일치하는 살모넬라균이 두 종 발견되었다. 2004년에는 발병 사례가 22건 있었는데, 오리건주에서 맨 먼저 확인된 뒤 펄스넷 비교를 통해 워싱턴·캘리포니아·오하이오·하와이·캔자스 주에서 발병한 사례들과의 관련성이 확인되었다. 그리고 포스터가 생산한 닭에서 그와 일치하는 살모넬라균이 6종 발견되었다. 질병이 처음 발생했을 때 그 주들은 농무부에 불만을 토로했다. 포스터에 파견된 조사관들은 그곳의 시설물에서 6종의 살모넬라균종을 발견했는데, 모두 환자와 닭고기에서 검출된 살모넬라균종과 일치했다. 하지만 그 모든 질병과 관련해 포스터는 단 한 차례도 리콜하겠다고 나서지 않았다.

실러를 앓게 만든 발병의 경우에도 리콜은 없었다. 연방기관들과 환자가 발생한 다양한 주의 조사관들은 고전적인 공중보건 문제에 직면했다. 그들은 그 질병이 전염성이 있음을 실제로 보여주는 숱한 증거를 가지고 있었다. 즉 같은 살모넬라균종을 가공 공장에서, 환자에서, 정부 실험실이 분석하고 있는 육류에서 발견했던 것이다. 하지만 아무것도 그 공장이 인간에서의 발병 원인이었음을 증명해주는 식으로, 혹은 그 육류가 그들 간의 매개체였다는 것을 증명해주는 식으로 증거의 조각들을 연결해주지는 못했다. 기관들은 움직일 수 없는 증거의 사슬을 필요로 했다. 즉 그 제품이 어디에서 가공되고 판매되었는지를 보여주는 훼손되지 않은 라벨이 붙은 포장지, 그 안에 들어 있는 질병을 일으킨 살모넬라균종을 보유한 육류, 그 같은 포장지 속의 육류를 먹은 사람, 마지막으로 그 사람에게서 같은 살모넬라균종이 일으킨 감염. 이는 충족하기가 몹시 까다로운 조건이었다.

그러던 중 2014년 7월 조사관들이 마침내 그 조건을 충족하게 되었다. 그들은 캘리포니아주에서 10세 소녀를 찾아냈는데,[17] 그녀의 부모는 3월 16일 포스터 닭고기를 구입했다. 그녀는 4월 29일에 그 고기를 먹었고 5월 5일에 아프기 시작했다. 농무부가 6월 23일 그녀가 병에 걸린 사실을 알고 그녀의 집을 방문했을 때 뼈 없는 닭가슴살 포장분 가운데 일부가 아직 냉장고에 들어 있었고, 그제까지 붙어 있던 라벨은 그것을 구입한 슈퍼마켓이 어디인지, 안에 들어 있는 닭고기를 가공한 공장이 어디인지에 관한 정보를 싣고 있었다. 빼도 박도 못할 증거를 들이대자 포스터는 마지못해 손을 들었고, 리콜을 선언해야 할 필요가 있음을 인정했다. 하지만 포스터는 문제가 된 제품—즉 2014년 3월 7일과 3월 13일 사이 캘리포니아주의 세 공장에서 도살한 닭—의 나머지에 대해서만 리콜하는 데 그쳤다. 질병은 16개월 동안이나 이어졌는데 리콜은 고작 일주일 미만 시기에 생산한 제품에 한한 것이다.

그렇기는 하지만 그 리콜 조치는 육류가 처음 도살되고 포장된 곳에서 얼마나 멀리까지 유통될 수 있는지를 생생하게 보여주었다. 농무부는 회보에서 다음과 같이 밝혔다. "이 제품들은 코스트코(Costco), 푸드맥스, 크로거(Kroger), 세이프웨이(Safeway), 기타 소매점들과 알래스카·애리조나·캘리포니아·하와이·아이다호·캔자스·네바다·오클라호마·오리건·유타·워싱턴 주의 유통센터들로 출하되었다." 행간 없이 빽빽하게 타자된 리콜 대상 닭제품 목록—닭다리, 닭날개, 허벅지살, 닭다리살, 닭가슴살, '조각 내 양념한 닭(seasoned splits)', '이중포장한 튀김용 닭(double-bag fryers)' 등—은 4쪽에 달했다.

포스터는 완강하게 저항하는 것처럼 보였다. 더 많은 이들이 병에 걸리는 것을 막고자 애쓰는 식품안전 옹호자들은 그렇다고 확신했다. 하지만 그 기업은 자신들의 늑장 대처에는 다 그럴 만한 이유가 있다고 생각했다. 미국의 다른 모든 주요 육가공업체들과 마찬가지로 포스터 역시 자체적으로 도살과 가공 라인을 거쳐온 닭을 테스트하는 식품안전 프로그램을 가동하고 있다. 살모넬라는 무관용 원칙을 적용하는 유기체가 아니므로 농무부의 기준은 적은 수일 때에 한해 그 존재를 허용하고 있다. 포스터는 그 비율이 실제로 연방정부가 제시한 기준보다 더 낮으며, 일부의 경우 '0'이다,[18]라고 주장했다.

하지만 테스트가 정확했다면, 그리고 어떤 조사에서도 그 기업이 꼼수를 부렸다는 기미가 나타나지 않았다면 어떻게 육류 포장 속에서 살모넬라균이 발견될 수 있었을까? 질병통제예방센터—이 기관은 육류 생산업체를 감시하면서 동시에 그들의 생산을 지원하는 데서 오는 농무부의 생래적 갈등에서 자유롭다—의 연구자들은 자신들이 답을 알고 있다고 생각했다. 살모넬라는 내내 거기에 있었지만, 미국인이 가금을 선호한다는 사실과 그 수요에 맞추기 위해 공장들이 어떻게 가금을 가공하고 있는지 고려하지 않은 테스트 방식 탓에 그 사실이 드러나지 않았을 뿐이라고 말이다.

질병통제예방센터에서 식품매개 질병 업무를 관장하는 로버트 톡스(Robert Tauxe) 박사가 그에 대해 설명했다. 닭이 도살되는 과정은 이렇다. 첫째 닭에게 충격을 주어 기절하게 만든 다음 목의 혈관에 구멍을 내 죽인다. 둘째 털을 뽑기 위해 죽은 닭을 뜨거운 물에 담갔다 꺼낸다. 셋째 맨살이 드러나도록 털을 뽑는다. 넷째 내장과 머리와 발 등 쓸모없는 부위를 제거한다. 마지막으로 시체를 세균이 자라기 힘든 온도인 섭씨 4도 이하로 낮추기 위해 재빨리 냉각한다. 톡스는 자신이 그 과정을 지켜볼 수 있도록 허락해달라고 가공업자들을 설득한 일이 있다. 그가 가장 우려한 대목은 막 죽여서 뜨거운 물에 담갔다 꺼낸 닭들을 안에 손가락 길이의 낭창낭창한 고무 봉들이 촘촘하게 달려 있는 거대한 드럼통에 넣어 돌리는 털 뽑기 단계였다. 닭은 헛간의 깔개, 그리고 그들이 도계장으로 실려 올 때 주위를 가득 채운 수천 마리 다른 닭들이 싼 똥으로 더럽혀진 채 도살 라인에 들어왔다.

톡스는 "고무 봉에 두엄이 잔뜩 묻어 있다"고 말했다. "그 봉은 모낭에서 깃털이 빠져나올 수 있도록 하기 위해 피부를 마사지한다. 봉에 묻어 있는 것은 뭐든 깃털이 빠져나간 구멍 속으로 들어갈 수 있다. 그런 다음 닭을 차가운 물과 차가운 공기에 노출하여 냉각하는데 이때 그 구멍이 닫히게 된다."

냉각용 목욕으로 차가워진 처참한 닭 시체는 살모넬라균 테스트를 받고 세척 과정을 거쳤다. 이때쯤 톡스는 피부에 있는 모낭의 구멍이 추위에 위축되어 꽉 다물린다고 가정했다. 하지만 만약 닭이 포장되어 배송되기 전에 몇 단계를 거친다면 부득이하게 약간 따뜻해질 테고, 모낭의 구멍은 세균이 다시 새어나올 수 있을 만큼 헐거워질 것이다. 미국에서 가공된 거의 모든 닭은 그처럼 몇 단계를 더 밟는다. 미국인이 더 이상은 닭을 통째로 사지 않기 때문이다. 미국에서 시판되는 생닭의 5분의 4는 잘린 조각 상태다.

톡스는 널리 존경받는 인물이었으므로 농무부는 발병과 관계가 있는 포스터의 공장을 조사할 때 그의 가정을 시험해보기로 했다. 그들은 포스터가 늘 테스트하는 온전한 생닭뿐 아니라 절단 라인을 거친 닭의 여러 부위도 수합했다. 생닭은 살모넬라균이 검출된 경우가 극히 드물었지만, 절단 닭은 전체의 25퍼센트, 간 닭은 무려 전체의 50퍼센트에서 살모넬라균이 발견되었다.

그렇다면 살모넬라균은 대관절 어디에서 왔을까? 살모넬라균을 닭에게 전파했을지도 모를 경로는 다양하며, 거의 대부분 오염된 사료, 닭장에 들어간 설치류, 문틈으로 기어 들어간 야생조류 등 농장과 관련되어 있다. 하지만 포스터는 2개 주에 있는 4개 가공 공장에서 살모넬라 하이델베르크를 경험했으며, 그 공장들 전부는 각기 다른 농장의 닭을 가공하고 있었다. 살모넬라균이 이 모든 장소 이전에 닭의 공급 사슬에 들어갔다고 보는 게 어느 모로나 더 사리에 닿았다. 즉 육류가 되기 전의 닭, 그 닭이 부화하기도 전일 가능성이 있었던 것이다.

멀리 떨어진 곳에서 일어난 거의 알려지지 않은 한 사건[19]이 해결의 실마리가 되어주었다. 2011년 덴마크의 농업 감시단체들은 세팔로스포린 항생제에 내성을 띠는 대장균이 덴마크의 육계 사이에 빠른 속도로 번지고 있다는 사실을 알아차렸다. 하지만 덴마크의 닭 생산업체들은 적어도 10년 동안 그 약물을 사용하지 않았고, 전반적으로 설사 항생제를 사용한다 해도 극히 적은 양에 그쳤다. 덴마크 공과대학(Technical University of Denmark)의 미생물학자 이본 아게르쇠(Yvonne Agersø)는 그 진원지를 찾아내기 위해 여러 세대에 걸친 닭의 출생 기록을 추적했다. 육계의 부모는 대부분 스웨덴에서 수입한 것들이었지만, 스웨덴은 세팔로스포린을 닭에 사용하도록 허용하지 않았다. 따라서 내성은 거기서 생겨날 수 없었다. 하지만 그 부모 닭의 부모―즉 육종회사의 생산 피라미드를 이루는 조부모와 증조부모―는 스코틀랜드에서 부화했고, 스코틀랜드는 세팔로스포린의 사용을 허용하고 있었다. 세팔로스포린 내성은 한 세대의 대장균에서 이후 세대로 전달되었다. 심지어 그 내성을 지탱해주는 약물이 없는데도 잔류해 있다가 모든 이들이 무항생제라고 여기는 닭 무리를 오염시켰던 것이다. 살모넬라균이 이런 식으로 행동하는 것은 얼마든지 가능했다. 즉 그 유기체는 세대에서 세대로, 즉 암탉에서 달걀에게로 (달걀이 난관에서 생성될 때) 전달될 수 있었던 것이다. 부화장의 생산 피라미드 전체에 약물 내성을 퍼뜨리는 데에는 조모·증조모 몇 마리면 족했다.

살모넬라균이 절단 닭의 조각들에 도사리고 있을 수 있다는 사실이 드러나자 충격을 받은 포스터는 즉각 행동에 나섰다. 포스터는 적극적으로 사업을 정비하기 시작했다. 닭장의 운영체계, 가공 과정, 미생물학 테스트 등을 개선하는 데 7500만 달러를 투자[20]한 것이다. 그 결과 2014년 말경, 포스터는 닭 조각 포장에서 살모넬라균이 발생하는 비율을 전체 표집의 5퍼센트 이하로 낮추었다[21]고 말할 수 있게 되었다. 그 발병의 여파로 농무부는 살모넬라균이 닭 조각에서 15퍼센트 넘게 검출되어서는 안 된다고 요구하는 새로운 규정을 발표했다. 포스터는 살모넬라균을 농무부가 요구하는 것보다 훨씬 낮은 수준으로 유지하는 데 성공함으로써 발병의 진원지라는 오명을 떨쳐버리고 가금업계의 나머지 기업들에게 훌륭한 본보기가 되었다.

하지만 농무부가 수용 가능 수준을 '0'으로 설정하지는 않았기 때문에―여전히 살모넬라균은 독소를 만들어내는 대장균종처럼 무관용 원칙을 적용하는 유기체는 아니었기 때문에―이는 규제 당국이 계속 소비자들을 살모넬라균 감염에 취약하도록 방치하고 있다는 의미가 되기도 했다.

2014년 8월, 그 질병을 일으킨 살모넬라균종의 새로운 보균자가 한 달 동안 나타나지 않았다. 연방기관들은 그 질병이 종료되었다고 생각했다. 하지만 기왕의 환자들은 그런 호사를 누리지 못했다. 실러의 후유증은 몇 달을 갔다. 그가 나에게 2016년 2월 말했다. "저는 살모넬라균에 감염되기 전에는 어딘가에 벤 상처가 나서 꿰매려고 병원을 찾은 것 말고는 병원 치료를 받아본 적이 없어요. 하지만 그때 이후로는 병원을 아주 제집

드나들듯 하죠." 그는 회복되는 동안 두 번째 유행병에 시달렸으며, 전 생애에 걸쳐 식품매개 질병의 후유증을 겪는 이들과 같은 길을 걸었다.

이는 미국에서 감지하기가 어려운 '감춰진 유행병(shadow epidemic)'이다. 미국에서 식품매개 질병의 발생을 알아내기 위한 감독체계는 환자들을 발견하는 것을 목표로 한다. 그들이 극심한 증세에 시달리고 있을 때 말이다. 사람들이 나중에 잔여 증상을 겪느냐 여부를 확인하려면 몇 개월 혹은 몇 년 동안 계속 연락을 취해야 하는데, 연방의 감독도 의료기록도 그것을 장려하는 방향은 아니었다. 하지만 정부가 비용을 부담하는 의료제도를 실시하는 다른 나라들에서는 환자의 기록이 중앙 보관소에 모이므로, 몇 년이 흐른 뒤에도 과거에 병력이 있는 사람들이 현재 비슷한 문제를 겪고 있는지 추적하는 것이 가능하다.

따라서 2008년 스웨덴의 연구자들[22]은 살모넬라, 캄필로박터, 혹은 예르시니아(Yersinia)라는 세 번째 식품매개 유기체에 감염되었다가 생존한 사람들이 대동맥류(aortic aneurysm), 궤양성 대장염(ulcerative colitis), 혹은 반응성 관절염(reactive arthritis, 노화나 과다 사용으로 인한 것이 아니라 감염 후 생겨난 유형)을 겪을 가능성이 평균보다 더 높다고 발표했다. 2010년 오스트레일리아 서부[23]의 과학자들은 식품매개 질병을 앓은 아이들과 10대들이 같은 장소, 같은 시기에 태어났지만 초기 감염을 겪지 않은 경우보다 궤양성 대장염이나 크론병(Crohn's disease: 만성 장염 — 옮긴이)에 걸릴 가능성이 50퍼센트나 높다는 사실을 확인했다. 에스파냐에서는[24] 2005년에 살모넬라균에 의해 질병이 발생하고 5년 뒤 환자의 3분의 2에서 근육과 관절에 문제가 생겼다. 이는 당시 같은 지역에 살았지만 그 병에 걸리지 않은 사람들보다 3배가량 높은 비율이다.

이것은 모두 과거로 거슬러 올라가 이루어진 연구라 조사 결과에 이의를 제기할 수 있다. 즉 그들이 조사한 식품매개 질병이 일어난 때와 연구자들이 그 환자들을 발견했을 때, 그 사이 기간에 다른 무슨 일인가 일어났을 가능성도 배제할 수 없다는 반론이다. 하지만 캐나다에서 실시한 또다른 연구는 현재 질병을 앓고 있는 환자를 대상으로 그들을 수년간 모니터링하는 방식을 취함으로써 이의를 제기할 수 없을 만큼 확실하게 관련성을 보여주었다.

연구는 한 작은 마을의 고통에서부터 출발했다. 2000년 5월, 캐나다 온타리오주 워커턴(Walkerton)이라는 농촌 마을의 식수가 캄필로박터, 그리고 잭인더박스 질병의 원인이었던 독소 생성 대장균 O157:H7종에 오염되었다. 폭우가 내려 암소 목초지에 쌓아둔 두엄이 씻겨나가 그 지역의 대수층으로 스며든 것이다. 마을 인구의 거의 절반에 해당하는 2300여 명이 열과 설사 증세를 보이기 시작했다. 2002년, 온타리오주 지방정부는 연구자들에게 그 환자들이 이후 어떤 경험을 했는지 추적해달라고 의뢰했고,[25] 2010년 연구진은 자신들이 발견한 결과를 발표했다. 그 질병이 유행하는 동안 캄필로박터와 대장균 O157:H7에 의한 급성 감염을 경험한 이들은 고혈압을 얻을 가능성이 33퍼센트, 심장마비·뇌졸중을 겪을 가능성이 210퍼센트, 머잖아 신장투석이나 신장이식을 받게 될지도 모를 신장 손상의 가능성이 무려 340퍼센트나 더 높았다.

실러의 경험도 그들의 경험과 다르지 않았다. 그는 오른쪽 무릎 관절염, 만성 피로, 소화계 손상 따위에 고루 시달렸다. 살모넬라균에 감염된 시점으로부터 3개월이 지났을 때는 게실염(diverticulitis, 憩室炎)을 한 차례 앓았다. 대장 벽의 약한 지점에 폐기물이 쌓여 염증을 일으킨 것이다. 그 질병의 공격을 받은 때로부터 1년여가 지난 2014년 12월에는 장의 일부를 잘라내는 수술을 받았다. 이듬해에는 반흔조직(scar tissue)이 장을 얽히게 만드는 장폐색을 다섯 차례나 앓았다. 그가 말했다. "그때마다 응급실로 달려갔고, 그들은 저를 입원시켰고, 사흘에서 닷새씩 입원해 있곤 했죠"

2016년 1월, 실러는 갑자기 복통을 일으켰다. 다시 병원을 찾았을 때 의사들은 결장의 약해진 부위가 파열되어 대변이 복부로 새어나오고 있다는 사실을 확인했다. 응급 수술이 이루어졌다.

우리가 처음 이야기를 나누었을 때, 그는 복부에 수술 상처를 봉합하는 스테이플러가 21개 박혀 있고 노폐물을 몸 밖으로 내보내는 결장루낭(colostomy bag)을 복벽에 달고 있는 상태였다.

실러는 급성 질환의 공격에서 회복한 뒤 변호사를 구했다. 미국에서 식품매개 질환을 겪은 환자를 대변하는 데에서 가장 이름이 높은 변호사 빌 말러(Bill Marler)였다. 잭인더박스 질병으로 앓다 사망한 아이들을 대변하는 것으로 직업 이력을 시작한 인물이었다. 말러는 포스터와 합의를 이끌어냄으로써 거금은 아니지만 실러가 일을 하지 못한 시간에 대한 보상과 의료비를 감당하기에 충분한 정도의 보상금을 얻어낼 수 있었다. 하지만 돈이 그 감염으로 완전히 달라져버린 그의 삶을 돌려놓을 수는 없었다. 실러가 내게 말했다. "그 살모넬라로 인한 발병이 있기 전에는 딱히 문제랄 게 없는 인생이었죠. 하지만 그 후로는 정말이지 가시밭길의 연속이었어요."

예측 불허의 위험

질병통제예방센터의 추산에 따르면 실러의 인생을 송두리째 바꿔놓은, 포스터가 원인을 제공한 질병으로 알려진 환자만 634명이 발생했다. 그 기업의 도계장 가운데 두 군데와 관련되어 있는 그 이전의 발병 역시 182명이 넘는 환자를 만들어냈다. 실제로는 환자가 그보다 더 많았을 것이다. 식품매개 질병은 대체로 다음과 같은 양상을 보이기 때문이다. 사람들은 아프긴 하지만 의사의 진찰을 받지는 않는다. 그리고 설사 치료를 받는다 해도 샘플 분석을 받는 경우란 없다. 포스터 사태는 알려진 환자 수만으로도 내성균에 의한 식품매개 질환 가운데 최대 규모를 자랑했다. 하지만 그 사태는 좀더 대규모인 데다 오래 지속되는 유행병에 의해 뒷전으로 밀렸다. 농업용 항생제의 사용에 의해 만들어져 식품을 통해 전달되는 그 질병은 전 세계적으로 아무도 모르게 퍼져가고 있었다.

그 유행병과 관련한 최초의 신호는[1] 1999년 의학에서 가장 흔한 질환 가운데 하나인 요로 감염증에서 나타났다. 주지하듯이 요로 감염증은 그를 앓고 있는 당사자 빼고는 거의 아무도 심각하게 여기지 않는 질환이다. 이 병은 여성이 남성보다, 젊은 여성이 나이 든 여성보다 더 많이 걸리는지라 의료 문제의 암묵적 위계에서 이중의 불이익을 받는다. 하나는 여성의 건강 문제로 여겨지기 때문이고, 다른 하나는 젊은 여성이 너무 섹스를 많이 해서 걸리는 병이라는 인상을 풍기기 때문이다〔요로 감염증은 이성 간 성교와 관련성이 매우 깊어 허니문 방광염(honeymoon cystitis)이라 불리곤 한다. 물론 성관계 경험이 없는 남녀가 결혼해서 신혼 첫날밤 지나치게 무리를 했다는 발상에서 비롯된 이름이다〕. 요로 감염증은 대장균에 의해 발생하는 경우가 압도적으로 많은데, 의료계는 역사적으로 이 병을 여성의 결장에서 슬그머니 빠져나와 짧은 거리를 이동해 요도에 이른 장내 세균이 일으킨 우연한 사건으로 해석했다. 이런 해석은 요로 감염증에 걸린 여성은 모두 자체 보유한 세균에 의해 감염된 것이라는, 다른 존재들과는 무관한 것이라는 가정에서 도출된 결과였다.

UC버클리에서[2] 박사과정을 밟고 있던 역학자 에이미 맹기스(Amee Manges)는 오랫동안 고수해온 그 가정이 과연 옳은지 확인하는 일에 관심이 있었다. 그녀는 섹스 파트너가 상대에게 그 세균을 전해줄 수 있는지 알아보기 위해 요로 감염 세균을 연구하고 있었다. 그녀는 일군의 여학생과 그들의 남자 친구를 모집한 뒤 그들 간의 세균 이동을 보여줄 수 있는 대변 샘플을 정기적으로 자신에게 건네달라고 부탁했다. 젊은이들로 가득 찬 대학 캠퍼스는 요로 감염증을 연구하기에 더없이 좋은 공간이다. 그런 사례가 많을 것이기 때문이다. 하지만 맹기스가 연구를 진행하고 있을 때 샌프란시스코 만안 지역(Bay Area, 灣岸地域)에 자리한 제멋대로 뻗은 유서 깊은 대학 캠퍼스에서 희한한 일이 벌어지기 시작했다. 여느 때처럼 그 대학 의료센터에서 진단을 받고 처방전을 받은 다음 그에 따라 치료한 여성들이 요로 감염증이 재발했다고 투덜거리면서 도로 의료센터를 찾은 것이다. 여성들의 소변에서 채취해 배양한 대장균은 대개 박트림(Bactrim)으로 통하는 복합항생제 트리메토프림-설파메톡사졸(trimethoprim-sulfamethoxazole)에 내성을 띠었다.

이것은 문제였다. 박트림은 요로 감염증 치료에 쓰도록 사전승인을 받은 약물 목록에서 맨 꼭대기에 놓인 약물이었기 때문이다. 여성들의 감염은 재발된 게 아니었다. 그들의 감염에 쓰인 약 박트림은 듣지 않았으므로 그 감염은 결코 사라진 것이 아니었다. 요로 감염증은 저마다 고유하며 무작위로 걸리는 병이라 여기고 있을 때 한 의료기관을 찾은 그토록 많은 요로 감염증 환자들이 같은 방식으로 하나의 약물에 반응하다니 어쩐지 이상한 일이었다.

요로 감염증이 재발했다고 불평하던 여성들 가운데 일부가 맹기스의 연구 대상자였다. 그녀는 다음번에 자신을 위해 그들의 대변 샘플을 보관해놓고 있던 의료센터를 찾아갔을 때 그들의 소변 샘플까지 챙겨왔다. 그리고 여성들의 샘플에서 대장균을 분리해낸 다음 DNA-지문분석법인 펄스필드젤전기영동법을 활용하기 위해 사전작업을 진행했다. 펄스필드젤전기영동법은 질병통제예방센터가 나중에 포스터 유행병을 해결하는 데 쓰게 되는 방법이다. 분석을 완료했을 때 그녀는 타이머를 끄고 젤 시트를 꺼냈다. 그리고 지문이 어떻게 생겼는지 확인하기 위해 자외선 뷰어에 올려놓았다. 만약 여성들의 감염에 어떤 공통점이 있다면 젤에 나타난 패턴은 서로 닮아 있을 것이다.

딱 소리를 내면서 뷰어를 켜고 젤 시트에 주목하던 맹기스는 깜짝 놀랐다. 분리한 대장균의 절반이 동일한 패턴을 띠고 있었던 것이다. UC버클리 캠퍼스의 요로 감염증은 무작위적인 게 아니었다. 발병의 결과였다.[3]

그녀는 세균들이 대체 어디서 연유한 것인지 찾아낼 필요가 있었다.

요로 감염증이라는 질병이 발병했다니―동일한 항생제 내성 패턴을 띠는 동일한 유기체들에 의해 수많은 유사 사례가 동시에 생겨났다니―지금껏 듣도 보도 못한 일이었다. 맹기스가 확인한 바에 따르면, 이는 잉글랜드에서 전에 딱 한 번 문서화된 적이 있었지만 그때 역시 그 질병이 어디서 유래했는지는 끝내 밝혀지지 않았다.

　13년 전인 1986년 12월,[4] 런던의 세인트토머스 병원(St. Thomas' Hospital)에서 근무하는 내과의사와 미생물학자가 의학저널 《랜싯》에 짧은 편지를 써 보낸 일이 있다. 그들은 바로 전달에 자기들 병원에서 좀처럼 보기 드문 유형의 대장균에 감염된 환자를 60명 치료했다고 밝혔다. 환자들은 모두 램버스(Lambeth) 자치구에 사는 한동네 사람으로 한 살배기에서 97세 노인까지 전 연령에 걸쳐 있었다. 그들은 하나같이 패혈증을 심하게 앓았다. 정상적으로는 신장이 필터 역할을 하여 신진대사 노폐물을 피에서 걸러내 방광으로 보낸다. 하지만 너무나 많은 혈액이 한꺼번에 통과하면 신장은 뜻하지 않게 세균이 거꾸로 혈액 속으로 흘러들게 만드는 관문 노릇을 할 수가 있다. 이게 바로 세인트토머스 병원을 찾은 환자들에게 일어난 일이었다. 그리고 대장균은 그들의 몸에 퍼져나가 폐렴, 수막염, 심장판막 감염을 일으켰다. 실험실 분석은 그 대장균이 박트림을 보완해주는 두 가지 유형의 항생제를 비롯해 여섯 가지 상이한 항생제군에 반응하지 않았음을 보여주었다.

　세인트토머스 병원의 내과의사와 미생물학자가 편지를 보낸 것은 먼저 경종을 울리고, 그리고 비슷한 발병과 관련한 정보를 요청하기 위해서였다. 《랜싯》은 10주 뒤[5]—온라인 출판이 시작되기 전 시대치고는[6] 대단히 신속한 반응이었다—서쪽으로 몇 킬로미터 떨어진 로햄프턴(Roehampton) 소재 퀸메리 병원(Queen Mary's Hospital)의 미생물학자들이 내놓은 답변을 실었다. 그들은 그 전의 몇 달 동안 램버스에서와 같은 대장균종이 일으킨 감염 사례—요로 감염증으로 시작했으며 항생제에 반응하지 않았고 몸의 위쪽으로 퍼져나갔다—를 8건 발견했다. 8명의 환자 가운데 7명은 나이 든 여성이었고, 나머지 1명은 막 출산한 16세 소녀였다. 8명 중 2명이 숨졌다.

1년여 뒤,[7] 처음 편지를 쓴 연구자들이 또다시 보고를 해왔다. 처음에 60명을 공격한 그 질병이 그들의 병원에서 급격하게 늘어났고, 상황은 여전히 계속되고 있다는 내용이었다. 요로 감염과 신장 감염 환자가 385명, 혈류 감염 환자가 34명, 내성을 지닌 대장균종에 의해 뜻밖에도 폐·귀·눈이 감염된 환자가 19명이었다. 그들은 환자가 수두룩했으므로 분석에 활용할 샘플을 넉넉히 확보했고, 드디어 문제의 진원지를 알아낼 수 있었다. 그것은 대장균이 보유한 플라스미드였다. 그 플라스미드에 내성 유전자가 쌓여 있어 어느 경우에는 최대 10개의 다른 항생제에 내성을 띠기도 했던 것이다. 하지만 그들은 그 밖에도 보고할 게 더 있었다. 보기와 달리 세인트토머스 병원의 수백 가지 사례는 병원 발병이 아니었다. 즉 환자들은 병원에 입원한 뒤 감염된 게 아니었던 것이다. 몇몇을 제외하고는 그들이 병원에 도착했을 때 이미 강한 내성을 띠는 대장균을 보유하고 있었다. 그들을 아프게 만든 것이 뭔지는 모르지만 런던의 두 동네, 램버스와 로햄프턴의 일상적인 삶에서 흔히 접할 수 있는 어떤 것임에 틀림없었다.

모든 질병은 심지어 발생하고 있을 때 무작위적으로 보이는 경우라 하더라도 모종의 패턴을 따른다. 역학자들은 이를 곡선으로 표현했다. 발병 날짜별 사례 수를 보여주는 곡선이다. 유행병 곡선은 그 질병 발발의 역사를 말해주지만, 그와 더불어 병원균이 아직 밝혀지지 않았을 때조차 원인이 무엇인지 암시해줄 수 있다. 독감처럼 모든 환자가 잠복기를 거치고 나서 다른 사람에게 퍼뜨리는 전염성 질병의 곡선은 길고 완만하게 상승한다. 하지만 많은 이들이 동시에 같은 곳에 노출되는 질병의 곡선은 가파르게 상승한다.

램버스의 발병 곡선은 가팔랐다. 대장균 감염이 갑자기 시작되어 순식간에 불어나고 그런 다음 잦아들었다. 맹기스는 몇 년 뒤 《랜싯》 기사들을 읽었을 때 패턴을 단박에 알아보았다. 패턴은 UC버클리 사례들의 곡선과 일치했고, 비록 요로 감염증에 관한 의료계의 지식에는 맞지 않았지만 UC버클리에서 벌어진 일이 다름 아닌 발병이었음을 재확인해주었다. 그리고 그 패턴은 어디서 원인을 찾아봐야 하는지를 그녀에게 넌지시 알려주었다. 식품이 일으키는 질병의 형태와 같았기 때문이다.

물론 식품에 들어 있는 세균이 수많은 질병의 원인이 될 수 있다는 생각은 새로울 게 없었다. 하지만 요로 감염증은 결코 그러한 질병에 포함된 적이 없었다. 요로 감염증을 일으키는 대장균은 지금껏, 식중독의 원인이 되는 설사를 유발하거나 독소를 생성하는 유형과 달리, 항구적으로 장을 점령하고 있는 유순한 존재로만 여겨져왔다. 하지만 맹기스가 연구를 시작할 무렵 연구자들은 요로 감염증의 원인인 대장균 유형을 그 유기체의 세 번째 범주[8]로 구분하자고 제안하기 시작했다. 미생물학자들은 거기에 장외병원성대장균(extraintestinal pathogenic *E. Coli*, ExPEC)이라는 이름을 붙였다.

이 요로 감염 대장균종은 그들을 내장 밖의 조직에 부착하도록, 그리고 면역계의 공격으로부터 스스로를 보호하도록 도와주는 유전자를 추가로 보유하고 있었다. 게다가 복강, 뼈의 안쪽, 폐, 뇌, 척추로 옮아가는 것도 가능했다. 과거에는 이 신체 부위의 감염 사례들을 보면 누구라도 그것들이 서로 무관하다고 여겼을 것이다. 다른 장기들에서 감염이 발생한 것이니 말이다. 하지만 그 질병들이 모두 단 하나의 대장균 집단에서 유래했다는 사실을 깨달은 연구자들은 장외병원성대장균종이 일으키는 모든 감염을 단일한 현상으로 재구성하기 시작했다. 즉 그 감염들을 식품매개 질병이라기보다 마치 폐·뼈·뇌 어디에 생기든 같은 질병으로 간주되는 결핵처럼 새롭게 재정의한 것이다.

연구자들은 이 같은 재정의에 힘입어 장외병원성대장균 문제가 실로 어마어마하다는 것을 인식하게 되었다. 특히 두 과학자 미네소타 대학의 제임스 R. 존슨(James R. Johnson) 박사와 버팔로 소재 뉴욕 주립대학(State University of New York)의 토머스 A. 루소(Thomas A. Russo) 박사는 기존의 공중보건 자료를 파헤치면서 그 문제를 규명하고자 애썼다. 그들은 2003년 미국에서 매년 요로 감염증이 600만~800만 건 발생하고 있으며, 장외병원성대장균이 그들 거의 대부분의 원인이라는 결과를 얻어냈다.[9] 신장 감염 환자는 25만 명이었고 그중 10만 명이 병원 신세를 졌는데, 그를 일으킨 원인의 90퍼센트가 장외병원성대장균이었다. 이 대장균은 수천 건의 게실염, 맹장염(appendicitis), 복막염(peritonitis), 골반내염증질환(pelvic inflammatory disease), 쓸개염증(gall bladder inflammation), 폐렴, 그리고 유아에서 발생하는 100여 건의 수막염과 관련되어 있었다. 장외병원성대장균은 미국에서 발생한 패혈증(sepsis)의 주요 사망 원인 가운데 하나로 매년 4만 명의 목숨을 앗아가고 있다.

어마어마한 사망자 수치에 따른 비용 역시 어마어마했다. 연구자들은 미국에서 이 패혈증 사망 사례에만 약 30억 달러, 외과 감염 사례에는 2억 5200만 달러, 폐렴에는 1억 3300만 달러의 의료비가 지출되었다고 밝혔다. 그들이 추산한 바에 따르면, 그보다 하찮은 질환인 요로 감염증으로 인해 발생하는 비용도 미국에서 연간 10억 달러를 헤아린다고 한다. 진찰실을 뻔질나게 드나들고 처방전을 받으러 수시로 병원을 찾고 증상이 가라앉길 기다리면서 근무 시간을 빼앗긴 결과다.

이 놀라운 수치는 이내 한 가지 질문으로 이어졌다. 왜 아무도 진작 장외병원성대장균이 그토록 위협적이라는 사실을 알아차리지 못했는가? 이 문제가 드러난 것은 항생제 내성이 증가하는 현상에 주목한 맹기스 덕분이었다. 그녀는 항생제 내성이 아니었다면 서로 무관해 보였을 질병들 간의 관련성을 밝혀낸 것이다. 미시건 대학과 미네소타 대학의 의료센터가 요로 감염증을 경험한 여성 학생들에게서 수집한 소변 샘플을 UC버클리 대학생들 것과 비교해본[10] 맹기스는 다시 한번 내성 감염의 비율이 높다는 것을 확인했다. 두 대학에서 내성 감염의 40퍼센트는 UC버클리의 요로 감염증을 일으킨 대장균과 같은 종에 의해 발생했다. 그 캠퍼스들에만 국한된 특별한 문제도 아니었다. 요로 감염증에서 발견된 내성은 미국 전역에 걸쳐 증가하고 있었다.[11] 1990년대에 박트림에 내성을 지닌 감염의 비율은 9퍼센트에서 18퍼센트로 불어났으며, 박트림이 더 이상 효과가 없어지면서 차선책으로 선택된 항생제들도 사정은 마찬가지였다. 하지만 요로 감염증의 진단 방식 탓에 약물 내성이 증가하고 있다는 사실이 드러나지 않았으므로 의료계는 그 추세를 뒤늦게야 알아차렸다.

요로 감염증에 대한 의료적 접근은 대체로 이러한 과정을 거쳤다. 거의 언제나 여성인 환자가 소변을 볼 때 화끈거린다거나 신장에 고통을 느끼는 증상을 호소하면서 병원을 찾았다. 그녀는 소변 샘플을 제출하고, 의사는 감염을 확인하는 신속한 테스트를 거친 뒤 여러 의학협회 가운데 하나가 미리 권고한 항생제들을 정해 처방전을 써주었다. 신속한 테스트란 거의 언제나 소변 샘플에 사용하는 담금띠(dipstick)였다. 담금띠는 믿을 만하고 저렴하고, 무엇보다 빨라서 균 배양에 필요한 24시간을 기다리지 않아도 단 몇 분이면 결과가 나왔다. 빠른 테스트 결과를 얻었으니 여성 환자는 좀더 빨리 항생제를 복용할 수 있었다. 하지만 이 혁신적 방법에도 대가는 따랐다. 배양한 세균이 없다면 그 세균의 약물 내성 여부를 알 길이 없기 때문이다. 따라서 만약 그 환자가 증상이 재발해 다시 병원을 찾는다면 의사는 그녀가 두 번째로 감염되었다고 가정할 것이다. 처음 방문에서 발견된 감염이 결코 사라진 게 아님을 보여줄 세균 배양 결과가 없기 때문이다.

너무나 많은 여성이 요로 감염 증상이 재발했다고 호소하면서 부인과 의사를 다시 찾아가자 1차 진료의(primary care physician)들이 연례 의료학회에서 그 문제를 언급하기 시작했다. 신장 감염이나 혈류 감염을 치료하는 전문의들은 젊고 건강한 여성에게서 얼마나 많은 사례가 발생하고 있는지와 관련해 기록을 검토해보기 시작했다. 감염을 전문으로 하는 의사들의 주요 전문가조직은 그 문제에 어떻게 반응할지 고심했다. 이 조직은 맹기스가 처음 연구를 시작한 때로부터 12년이 흐른 2011년 그 조직 회원들에게 각자의 지역에서 내성 자료를 모아달라고 요청했다.[12] 데이터를 수집해놓지 않은 곳도 많았지만 말이다. 하지만 그 12년 동안 또 다른 몇몇 연구자들이 문제의 원천을 꼬집어낸 그녀의 직관을 진지하게 받아들이

고 식품에 장외병원성대장균이 들어 있는지 여부를 조사하기 시작했다.[13]

장외병원성대장균종이 얼마나 많은 질병을 일으킬 수 있는지, 그리고 그것이 얼마나 많은 비용을 발생시키는지를 최초로 예측한 미네소타 대학교수 제임스 R. 존슨은 그 문제에 대해 이례적인 견해를 내놓았다. 그는 미니애폴리스의 재향군인병원(VA Hospital)에서 전염성 질환을 치료하고 있는데, 병원을 찾는 환자는 대부분 남성이고 맹기스가 연구 대상으로 삼은 학생들보다 나이가 훨씬 더 많았다. 그의 환자들 역시 요로 감염증에 걸렸다. 하지만 그들은 여성들과는 다른 이유에서였다. 즉 전립선이 비대해져 방광을 비울 수 없게 된 결과이거나 아니면 나이가 들면서 면역계가 약해진 결과였던 것이다. 그들 역시 신체의 다른 부위에서 장외병원성대장균 감염을 앓았다. 이는 그 내성 대장균 문제가 젊은 여성만의 질병에 그치지 않고 더 광범위하고 복잡하다는 것을 보여주는 증거였다. 오랫동안 대장균에 대해 학문적 관심을 기울여온 존슨은 맹기스가 UC버클리의 지도교수 리 W. 라일리(Lee W. Riley)와 함께 자신이 발견한 최초의 내성종을 분석할 수 있도록 도와주었으며, 직관적으로 이 문제가 식품매개 질병과 유사하다고 판단한 그들과 입장을 같이했다.

하지만 그들의 직관을 뒷받침해줄 만한 자료는 거의 없었다. 여러 기관이 연합하여 추진한 국립항미생물제내성감독시스템 프로젝트는 UC버클리 발병이 시작되기 3년 전에 실시되었지만, 전국 차원에 걸친 국립항미생물제내성감독시스템의 조사는 오직 하나의 대장균종, 즉 독소를 만들어내는 O157:H7종만 찾아냈다 뿐 새로 인지된 장외병원성대장균은 발견하지 못했다. 만약 존슨이 그들의 발병률을 알아내고 싶다면 자신만의 데이터를 따로 수집해야 했다. 다행히 그 일을 어떻게 진행해야 하는지 실제로 보여준 모델이 있었다. 스미스와 오스터홀름이 존슨의 사무실로부터 그리 멀지 않은 미네소타주 보건부에서 막 시행한 조사였다.

시프로는 요로 감염증 치료에 있어 매우 중요한 대안적 약물이었으므로 존슨은 스미스와 오스터홀름이 닭의 캄필로박터균에서 확인한 플루오로퀴놀론계 내성이 대장균에서도 나타나고 있는지 조사해보기로 했다.[14] 그는 미니애폴리스 인근의 식료품 가게 명단을 입수했다. 17개 도시와 마을에 독립적인 가게와 전국·지역 체인 가맹점이 모두 24개 있었다. 그와 미네소타주 농무부의 동료들은 2000년 4월에서 12월까지 2주에 한 번씩 무작위로 가게를 골라 거기서 판매하는 미리 손질해 자른 포장육계를 상표 불문 10개씩 구매했다. 그들은 그 일을 7개월 동안 이어간 끝에 모두 169개 닭고기 꾸러미를 분석할 수 있었다. 존슨 연구진은 대장균을 발견할 때마다 퀴놀론계 내성의 유무를 분석했고 그 유형을 확인하기 위해 내성균을 분류했다. 유순한 공생동물인지, 설사를 일으키는 식품매개 질병종인지, 그도 아니면 부착하거나 독소를 생성하는 독특한 유전자를 지닌 장외병원성대장균인지 알아내기 위해서였다.

존슨 연구진은 기대한 것보다 훨씬 더 많은 내성 장외병원성대장균을 발견했다. 그들이 닭 꾸러미에서 발견한 대장균종의 40퍼센트가 퀴놀론계 약물에 내성을 띠었으며, 내성 대장균종 가운데 20퍼센트가 장외병원성대장균이었다. 결국 식료품 가게에서 판매하는 닭의 약 10퍼센트가 새로 인지된 심각한 감염의 원인일지도 모르는 대장균을 지니고 있었으며, 그를 치료하는 데 쓰이는 주요 약물 가운데 하나(시프로—옮긴이)에 내성을 띠고 있었던 것이다.

이 결과는 맹기스와 존슨이 옳은 방향으로 가고 있다는 것을 보여주었다. 이들 닭 샘플에서 내성 장외병원성대장균은 식품매개 유기체였다. 하지만 식품과 장외병원성대장균에 의한 감염의 연관성을 확인하기 위해서는 훨씬 더 많은 연구가 뒤따라야 했다. 2005년 존슨 연구진[15]은 어떤 식품이 장외병원성대장균을 보유하고 있을 가능성이 가장 많은지, 그 종이 내성을 띠고 있는지 여부를 알아보고자 한 해 동안 트윈시티 주변에서 구입한 식품—쇠고기·돼지고기·닭고기·칠면조, 그리고 농산물—샘플 346개를 분석했다고 보고했다. 연구진은 모두 칠면조에서 12개의 내성균 종을 발견했는데, 그들은 저마다 다른 10개의 인간용 항생제에 방어기제를 갖추고 있었다. 연구진이 칠면조 샘플에서 발견한 장외병원성대장균 10종 가운데 4종이 이미 인간을 감염시킨 것으로 알려진 대장균종과 일치했다.

존슨 연구진은 같은 해에 발표한 두 번째 연구에서는[16] 195개의 닭·칠면조를 비롯해 1648개 식품의 샘플을 면밀히 조사했다. 그들 분석의 첫 번째 단계인 어떤 식품 유형에 대장균이 있는지 평가하는 것으로부터 문제에 대한 정의가 시작되었다. 즉 과일·야채·해산물은 불과 9퍼센트에서, 쇠고기와 돼지고기는 69퍼센트에서, 닭과 칠면조는 자그마치 92퍼센트에서 그 유기체가 검출되었다. 두 번째 단계로서 그들은 발견한 대장균종 가운데 어느 것이 내성을 띠는지 확인했다. 그럴 개연성이 가장 높은 대장균종은 가금 샘플에서 나왔다. 가금 샘플 가운데 일부에서는 자그마치 서로 다른 다섯 가지 항생제군에 내성을 띠는 다제내성균도 검출되었다. 세 번째 단계에서는 식별해낸 내성균을 조사했다. 다시 한번 장외병원성대장균임을 말해주는 분자적 증거를 찾아 나선 것이다. 그 결과 가금은 다른 육류에 비해 장외병원성대장균종의 보유 가능성이 배나 높은 것으로 드러났다.

　가금이 장외병원성대장균종을 가금 섭취자에게 옮기는지 여부를 확인하기 위해 연구진은 트윈시티 부근 마을에 자리한 4개 병원에 협조를 요청했다.[17] 그들은 병원에 입원한 환자 622명에게 입원 직후—그 시점에 그들의 내장에 있는 것은 외부 세계에서 들어온 것일 테니까—채취한 대변 샘플을 기부해달라고 부탁했다. 그러는 한편 전보다 한층 더 많은 육류를 사들였다. 한 해 동안 4개 마을에서 각각 40개의 닭 꾸러미를 구입했을 뿐 아니라 항생제를 사용하지 않고 사육한 닭을 농부들로부터 직접 40마리 구매했다. 그들은 닭고기에 대장균종이 들어 있다는 사실을 확인했고, 내성을 띠는 종을 분류했고, 그리고 다른 내성균으로부터 장외병원성대장균을 구별해냈다. 환자의 대변 샘플에서도 내성 대장균을 확보했다. 그런 다음 맹기스가 수년 전 사용한 것보다 좀더 정확한 분자적 기법을 통해 환자에게서 채취한 내성 대장균과 약물에 민감한 대장균, 닭고기에서 채취한 내성 대장균과 약물에 민감한 대장균이 어떤 식으로든 서로 닮았는지 여부를 탐구했다.

　인간의 내장에서 검출된 내성 대장균과 약물에 민감한 대장균은 서로 관계가 없었다. 하지만 인간의 내성 대장균과 닭고기에서 검출한 내성 대장균은 일치했다. 몇 년 전 맹기스의 직관이 옳았다. 내성을 띠는 장외병원성대장균으로 인한 대규모 유행병은 다름 아닌 식품에서 비롯되었던 것이다.

　가금이 인간 대장균 감염의 진원지일 거라는 존슨의 가설은 연구자들의 관심을 끌었고, 세계의 다른 여러 나라에서도 그의 가설을 뒷받침하는 조사 결과가 쏟아져 나왔다. 2006년, 자메이카의 연구팀[18]은 닭과 지역민에게서 검출된 내성 대장균의 패턴이 유사하다는 것을 밝혀냈다. 같은 해 에스파냐의 연구자들[19]은 병원 환자들의 내성 대장균이 닭 속의 내성 균종과 거의 일치한다는 사실을 확인했다. 2009년에서 2014년 사이[20] 미국의 아이다호주, 이탈리아, 독일, 체코 공화국, 핀란드, 그리고 캐나다의 여러 주에서도 연구자들이 같은 결과를 얻었다.

2010년, 덴마크에서 시행한 대규모 연구[21]는 사람들에게서 요로 감염증을 일으키는 다제내성 대장균종과 닭고기 및 도살을 앞둔 닭에 들어 있는 다제내성 대장균종이 상당히 유사하다는 사실을 실제로 증명해 보였다. 덴마크에서는 인간의 항생제 사용량이 극히 낮으므로 연구자들은 인간에게서 나타나는 내성 대장균종이 의학적 처방 때문이 아님을 보여줄 수 있었다. 2011년 유럽 11개국에서 데이터를 수집한 또 하나의 연구[22]는 각각 인간과 가금으로부터 채취한 대장균에서 네 가지 상이한 항생제군에 내성을 띠는 패턴이 기본적으로 동일하게 나타난다는 사실을 보여주었다.

맹기스는 UC버클리에서 박사학위를 딴 뒤 캐나다로 돌아가 처음에는 맥길 대학(McGill University)에서, 이어 브리티시컬럼비아 대학(University of British Columbia)에서 교수직을 얻었다. 그녀는 두 대학과 캐나다 연방기관에 속한 다른 연구자들과의 공동연구를 통해 닭을 자주 섭취하는 여성은 항생제에 내성을 띠는 요로 감염증에 걸릴 가능성이 높다는 것, 인간과 소매용 닭에서 각각 채취한 대장균종이 유전적으로 긴밀한 연관성을 띤다는 것, 그리고 캐나다의 가금육에는 다제내성 장외병원성대장균이 들어 있었다는 것을 보여주었다.[23]

맹기스가 처음 UC버클리 여대생들의 감염을 확인하기 시작한 때로부터 거의 20년 동안, 닭고기의 내성 대장균에 의한 감염이랑 그와 같거나 비슷한 내성 장외병원성대장균에 의한 감염이 상당히 유사하다고 보고한 연구가 50개 가까이 발표되었다. 과학자들은 신중한 언어를 선택하는 경향이 있지만, 이 연구들은 유행병을 일으킨 인간의 장외병원성대장균과 그 진원지임에 분명해 보이는 가금의 대장균을 비교하면서 '구분이 안 가는(indistinguishable)', '동일한(identical)' 같은 강한 표현을 썼다.

한편 장외병원성대장균 문제는 제아무리 명백한 과학적 증거가 나왔다 해도 그에 힘입어 정책 변화를 꾀하는 것이 얼마나 지난한지를 잘 보여주었다. 실러의 경우에서 연방 조사관들이 그랬다시피 그 어떤 감염 사례에서도 하나의 가금 생산업체를 원인으로 꼭 짚어낼 수는 없었다. 한 여성이 장외병원성대장균에 의한 요로 감염증, 혹은 그보다 더 심각한 질병을 앓을 때면 그 대장균을 지니고 있던 육류며 포장지가 진작 사라지고 없었다. 누구도 얼마나 오래전부터였는지 말할 수 없었다. 몇 주, 혹은 몇 개월이 될 수도 있고, 어디서 식사를 했는지, 어떻게 쇼핑을 했는지에 따라 그 여성은 수십 개의 회사가 가공한 고기를 먹었을 가능성이 있었다. 게다가 단 한 번의 음식 섭취가 원인이 되었을 수도 있지만 여러 번 혹은 수많은 경우가 원인이 되었을 수도 있는 것이다.

감염의 원인균, 그리고 그것이 지닌 내성은 단 한 명의 농부 혹은 단 하나의 육류 생산기업으로 좁혀지기 어려웠다. 그러니 어느 생산업자, 가공업자가 자진해서 내성 장외병원성대장균을 그토록 끔찍하게 만들어주는 항생제를 포기하겠다고 나서겠는가. 수천 가지 질병, 수백만 달러의 의료비, 그로 인한 생산성 손실은 어느 누구도 책임지려 들지 않고 심각하게 받아들이지도 않는 문제였다. 이용할 수 있는 또 다른 항생제가 늘 대기하고 있었기 때문이다. 그러던 중 2015년 더 이상 사용할 항생제가 없다는 사실이 분명해지게 되었다.

2015년 여름,[24] 웨일스 카디프 대학(Cardiff University)의 미생물학자 티머시 월시(Timothy Walsh)는 연구차 방문한 중국을 막 떠나려 하고 있었다. 내성 유전학의 대가인 그는 그제까지 지상 최대의 항생제 생산국이자 소비국으로 떠오른 나라에서 내성균이 어떻게 나타나고 있는지 탐구할 수 있도록 중국 과학자들을 도와주었다.

공항으로 가는 길에 동료 한 사람이 불편한 듯 의자에서 자세를 고쳐 앉았다. "팀(Tim: 티머시의 애칭─옮긴이), 저 할 말이 있어요."

마음속으로는 이미 하늘 저편을 날고 있던 월시가 고개를 들어 그를 바라보았다. 그는 거꾸로 고개를 떨구었다.

"뭔가를 발견했어요." 그의 동료가 말했다. "콜리스틴 내성요. 전염성이 있죠."

월시는 놀라서 벌린 입을 다물지 못했다. 그것은 내성균 연구자 집단 밖에 있는 이들에게는 아리송하게 들리는 말이겠지만 뭘 좀 아는 사람들에게는 불길한 소리였다. 콜리스틴은 그저 하나의 항생제에 그치는 게 아니었다. 그것은 마지막 항생제, 즉 다른 모든 항생제가 내성에 무릎을 꿇고 만 순간에도 꿋꿋하게 효험을 발휘하고 있던 단 하나의 항생제였던 것이다. 월시보다 그 상황을 더 잘 이해할 수 있는 이는 거의 없었다. 그는 새로운 내성균의 심각성을 인식시키고자 싸우는 동안 의도치 않게 세계적인 유명인사로 떠올랐던 것이다. 그 싸움에 힘입어 그는 중국에 갔고, 이제 배웅받는 차 안에서 항생제로 인한 대재앙이 임박했음을 알게 되었다.

이제 50줄인 오스트레일리아인 월시는 사각턱에 자유분방하고 치열한 인물이었다. 그는 태즈메이니아섬(Tasmania: 오스트레일리아 남동쪽 섬─옮긴이)

에서 나고 자란 뒤 박사학위를 취득하기 위해 영국으로 이주했고 결국 그 나라에 눌러앉았다. 2006년 그는 카디프 대학의 정교수이자 학과장이 되었으며, 세계적 위협으로 떠오른 내성에 대해 우려하는 비공식적이긴 하나 끈끈한 연구자 네트워크를 이끌었다. 그해 중반쯤 월시는 그 네트워크의 일원인 모 연구자로부터 이메일을 한 통 받았다. 스톡홀름에서 160킬로미터쯤 떨어진 곳에 살고 있는 남아시아 혈통의 59세 남성을 돌보고 있는 연구자였다. 환자는 상태가 좋지 않았다. 수년 동안 당뇨병을 앓아왔고 뇌졸중도 여러 차례 겪었으며 이제 욕창이 심해져 병원에 입원해 있는 상태였다. 또 다른 연구자인 카롤린스카 연구소(Karolinska Institute: 스웨덴의 유명 의과대학─옮긴이)의 크리스티안 이스케(Christian Giske)는 그 남성의 병변보다 그의 소변에서 발견한 세균종에 더 우려를 표했다. 그것은 병원에서 흔히 볼 수 있는 병원균 폐렴간균(Klebsiella pneumoniae)이었는데 이례적일 정도의 내성을 지닌 것처럼 보였다. 이스케는 그 의미가 무엇인지를 월시가 해석해주었으면 했다.

월시의 분석은 그 폐렴간균이 그를 치료하기 위해 최초로 선택된 그 어떤 항생제에도 반응하지 않았다는 것과 카르바페넴이라는 최후의 보루 범주에 드는 항생제에 내성을 부여하는, 결코 본 적 없는 유전자를 지니고 있었다는 것을 동시에 드러내주었다.[25] 카르바페넴은 오직 의료적 용도로만 사용되었다 뿐 농업에는 쓰이지 않는다. 그리고 다른 약물들이 듣지 않을 때도 여전히 효과를 발휘했으므로 의료계가 크게 기대고 있는 약물이었다. 그만큼 카르바페넴은 소중했다. 그랬던 터라 그 효과를 갉아먹고 있는 새로운 유전자라니 놀랍지 않을 수 없었다. 그 유전자가 세계 전역을 돌아다니고 있다는 사실은 더욱 놀라웠다. 이 남성은 아마도 고향 방문차 들른 인도에서 병원에 입원해 있는 동안 그 유전자를 지닌 폐렴간균에 감염된 듯했다.

월시는 미생물학의 오랜 전통에 따라 이 새로운 유전자에 그것이 유래한 지명을 따서 뉴델리메탈로-베타락타마제(New Delhi metallo-beta-lactamase), 즉 NDM-1이라는 이름을 붙여주었다. 그와 이스케를 포함한 연구자들이 2009년 12월 발견 결과를 발표했다. 순식간에 난리가 났다. 뉴델리메탈로-베타락타마제 내성이 영국에서, 이어 미국과 유럽 전역에서 발견되었다. 월시 연구진이 발견한 결과는 의료관광이라는 경제학, 국가적 자부심이라는 정치학과 맞물리게 되었다. 월시는 인도 언론에서 뭇매를 맞았으며, 영국 의회에서도 지탄의 대상으로 떠올랐다. 그는 뉴델리메탈로-베타락타마제 유전자를 지닌 세균이 병원뿐 아니라 수돗물과 물웅덩이에도 퍼져나가고 있다고 우려하면서 연구를 좀더 진행하기 위해 인도로 입국을 시도했다. 하지만 결국 비자 발급을 거부당했다(그는 인도에서 임무를 수행하고 있던 영국의 모 텔레비전 카메라맨을 설득해 물 샘플을 밀반출해왔고 그것들을 분석해 결국 자신의 우려가 옳았음을 입증해 보였다).

2012년 말,[26] 뉴델리메탈로-베타락타마제 유전자가 42개 세균종으로 옮아갔고, 55개국에서 거의 1000건 정도 발견되기에 이르렀다. 서방에서는 이 일로 스완 보고서가 발표된 이래 최초로 각국 정부가 항생제 내성에 입장을 표명하게 되었다. 2013년 3월,[27] 영국의 의료 총책임자 샐리 데이비스(Sally Davies)는 '파괴적 위험'을 안겨주는 내성의 증가는 테러리즘에 비견되는 심각한 국가적 위협으로 간주해야 마땅하다고 주장했다. 2013년 9월[28] 질병통제예방센터는 내성균에 관한 그 기관 역사상 최초의 '위험 보고서'를 발표했으며, 카르바페넴 내성 유기체를 '악몽균'이라고 불렀다. 당시 질병통제예방센터의 센터장 토머스 R. 프리든(Thomas R. Frieden) 박사는 "곧 (항생제가 듣지 않는) 항생제 이후 시대(post-antibiotic era)가 도래할 것"이라고 경고했다. "그것은 일부 환자와 일부 미생물의 경우에서 이미 현실이 되었다."

그나마 뉴델리메탈로-베타락타마제 유전자로 인한 긴급사태에서 벗어 날 수 있었던 것은 그 유전자를 지닌 세균이 그때껏 내성에 굴하지 않고 버틴 한두 가지 항생제에 여전히 취약한 상태로 남아 있었기 때문이다. 그 유전자를 지닌 세균은 주로 콜리스틴에 민감했다. 제조법이 너무 조잡 하고 신장에 해를 끼쳐서 의사들이 벽장 뒤로 밀어놓았던 오래된 약물이 다. 더 효과적인 약물을 사용할 수 있을 때는 어떤 의사도 그 약을 처방하 지 않았던 것이다. 그런데 뉴델리메탈로-베타락타마제 유전자의 등장으 로 콜리스틴은 홀대받던 처지에서 귀하신 몸으로 달라졌다. 2012년 세계 보건기구는 그 약물을 자체적으로 작성한 대단히 중요한 항생제 목록에 실었다. 세계가 무슨 수를 써서라도 보호해야 하는 항생제 목록에 이름을 올린 것이다.[29]

하지만 그 조치는 너무 늦은 감이 있었다. 2015년 EU(유럽연합)의 기록 을 살펴보던 연구자들은 EU 가입국들에서 식용으로 사육되는 동물종 대 부분은 해마다 100만 파운드가 넘는 콜리스틴을 투여받고 있었으며, 그 에 대한 내성이 진작부터 나타나고 있었다[30]는 사실을 확인했다. 하지만 그들의 작업은 거의 주목을 끌지 못했다. 콜리스틴 사용은 합법이었다. 스완 보고서 발표 이후 항생제를 성장 촉진제로 사용하는 것은 금지되었 지만, 콜리스틴은 여전히 질병 예방 범주로는 써도 좋다는 허락을 받고 있었다.

콜리스틴은 중국에서도 같은 범주로 사용되고 있었다. 월시의 중국인 동료들은 중국에서의 콜리스틴 내성이 지금 막 부상하고 있는 새로운 현 상이 아니라는 것, 진작부터 굳건히 자리 잡은 농업계의 동반자로서 인간 세계에까지 퍼져나가고 있는 중이라는 증거를 막 찾아냈다. 중국의 연구자들은 월시에게 처음 그 유전자를 발견한 것은 이미 2년 전이었노라고 실토했다. 그들이 농장 동물의 항생제 내성을 알아보기 위해 진행한 모 프로젝트를 통해서였다. 그들은 그 유전자가 플라스미드상에 존재한다는 것을 확인했고, 그 플라스미드는 세균종 사이를 자유롭게 오갈 수 있다고 판단했다. 그들은 움직이는 콜리스틴 내성의 첫 사례에서 이름을 따 이 새로운 유전자를 MCR-1이라 불렀다. 그들은 이어 1500여 킬로미터에 걸친 여러 장소에서 동물·육류·인간의 MCR-1 유전자를 찾아 나섰고 거듭해서 그 유전자를 발견했다. 콜리스틴은 중국의 국가처방의약품집(national formulary)에는 들어 있지 않았다. 다시 말해 그 약물은 중국에서 인간 환자들에게는 쓰이지 않았다. 따라서 새로운 내성이 나타날지 모른다는 초기의 경고처럼 그 약물이 인간 환자들에게 듣지 않게 될 것임을 암시하는 조짐은 없었다.

월시와 중국 동료들은 2015년 11월 자신들이 얻어낸 연구 결과를 발표했다.[31] 뒤이은 대소동은 6년 전 뉴델리메탈로-베타락타마제 유전자로 인한 분노쯤은 아무것도 아니게 만들어버렸다. 이번에 위협받은 것은 '거의 마지막' 약물이 아니라 '맨 마지막' 약물이었기 때문이다. 콜리스틴을 대체할 새로운 항생제들을 일부 제약회사에서 개발하고는 있었지만, 그것들은 시장에 출시하기까지 몇 년이 더 남았고, 또 판매할 준비가 거의 다 되어가는 어떤 것들은 생산량이 얼마 되지 않았고 신중하게 사용할 수 있도록 보장하고자 의료계가 지나치게 고가를 책정해놓은 상태였다. 마지막 약물인 콜리스틴이 모든 것에서 효과를 잃어버리면, 앞의 두 가지 범주의 약물은 그를 대체하기에 충분치 않을 것이다.

2016년 MCR-1 유전자는 30여 개국[32]의 동물과 인간에서 나란히 발견되었다. 이는 그 모든 나라에서 세균 감염이 완전히 치료 불가능했음을 의미하는 것은 아니다. 미국을 포함한 일부 국가에서는 그 유전자를 지닌 세균이 전혀 감염을 일으키지 않았다. 그들은 어쩌다 결장이나 방광에 머물게 된 국외자로서 환자가 다른 것을 검사받다 우연히 발견되었을 따름이다. 반면 중국·아르헨티나·덴마크·독일·네덜란드 같은 나라에서는[33] MCR-1 유전자를 지닌 세균이 심각한 감염을 일으키고 있었다. 다행히도 일부 감염 사례는 여전히 다른 항생제들에 반응했다. 연구자들이 분명하게 규명한 대로 내성 유전자는 노름꾼이 포커에서 받아 드는 카드처럼 무작위 우연에 의해 플라스미드에 쌓인다. 하지만 콜리스틴 내성은 다른 모든 카드를 무찌르는 에이스였다. 그저 그런 패에 상당하는 세포에 자리 잡은 세균은 여전히 일부 항생제에 민감한 반응을 보일 것이다. 하지만 만약 로열플러시(카드 게임에서 같은 조의 에이스·킹·퀸·잭·10, 이렇게 같은 무늬로 다섯 장이 연속된 최고의 패─옮긴이)에 해당하는 세균, 즉 콜리스틴과 카르바페넴과 세팔로스포린과 페니실린에까지 내성을 지닌 팔방미인 세균이라면 그에 감염된 환자에게는 남은 선택지가 거의 없을 것이다. 세계를 뒤덮은 수조 개에 달하는 세균은 20분마다 새로운 세대를 만들어내고 있다. 이는 포커 패가 무수히 많아지는 것처럼 플라스미드가 수도 없이 많아진다는 것을 뜻한다. 노름꾼들이 가장 높은 가치의 조합을 만들기 위해 테이블 밑에서 에이스를 건네는 것처럼 플라스미드 역시 같은 목적을 위해 눈에 보이지 않게 유전자를 전달하는 것이다.

MCR-1 유전자의 발견은 인간 활동에 대한 일종의 심판이었다. 이 유전자는 의료계로 하여금 오랫동안 광범위하게 지속해온 항생제 오용 문제를 불편한 시선으로 바라보지 않을 수 없도록 이끌었다. MCR-1 유전자는 항생제를 제멋대로 '의료용'이니 '농업용'이니 편 가르고 세균이 그 차이를 존중해주리라 믿는 것이 너무 안일한 생각이라고 말해주었다. 오직 동물과 인간, 물과 토양 속에서 살아가는 미생물이 공유하는 영역인 단 하나의 세균계만이 존재할 따름이었다. 다시 말해 그들에게 해를 끼치거나 그들 중 어느 하나를 달라지게 만들면 그 여파가 전 세계 생태계에 미치는 것이다. 이제는 항생제를 전 지구의 건강에 해를 끼치는 의도치 않은 결과를 수반할지도 모를 물질로 바라보아야 했다. 세계의 몇몇 국가에서는 진작부터 그런 움직임이 일어나고 있었다. 결국 그 국가들에서 규제 당국과 농부들이 한 일은 막 개혁을 향해 나아가기 시작한 미국에게 연구하고 따를 수 있는 모범이 되어주었다.

3부

BIG CHICKEN
닭은 어떻게 달라졌나

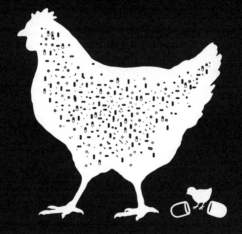

작음의 가치

날개, 다리, 허벅지살, 네 조각난 가슴살로 나뉜 채 커다란 은색 접시 위에 놓인 구운 닭고기는 무척 근사했다. 후추를 뿌려 갈색으로 잘 구운 껍질이 바삭하고 향기로우며 육질이 풍부한 닭고기였다. 프랑스 남서부의 자기 소유 농장에서 닭을 기르고 있는 베르나르 토지아(Bernard Tauzia)는 구운 닭 조각 하나를 나에게 건넸고 그러고는 주뼛거렸다.

그가 프랑스어로 물었다. "우리 닭이 미국 닭하고 다르다는 것을 아시겠어요? 우리는 풍취가 강하고 씹는 맛이 있는 우리 닭고기를 좋아하죠. 우리가 생각하기에 당신네 닭고기는 뭐랄까……." 그는 거기까지 말하다 말고 잠시 말을 멈추었다. 머릿속으로 적절한 단어를 고르는 듯했다. 그는 결국 '부드럽다(soft)'는 단어를 추려냈다. "그래요, 우리가 생각하기에 당신네 닭고기는 부드러워요."

프랑스의 대서양 연안에서 에스파냐 국경 위에 자리한 삼각형 지역 랑드(Landes)의 캉파뉴(Campagne)시에서 맞이한 어느 점심시간이었다.[1] 오전

내 군살 없고 머리카락이 철회색에 동안인 토지아가 소유하고 아내 마리 오딜(Marie Odile), 처남, 아들과 함께 운영하는 농장의 대지를 걸으면서 시간을 보낸 뒤였다. 우리는 토지아가 키우는 랑드노란육계(poulets jaunes des Landes)—깃털이 녹빛이고 다리가 길며 몸매가 균형 잡히고 머리통이 꼿꼿하다—수천 마리가 나뭇가지 위로 사뿐히 날아오르거나 그의 농장 일부를 차지하고 있는 소나무 숲의 나무들 사이를 내달리는 모습을 지켜보았다. 닭들은 미국 육계 생산의 대부분을 차지하는 깃털이 희고 가슴이 큰 교배종보다 더 활달하고 더 넓은 땅을 누비고 다녔다. 따라서 육질이 다르다는 것은 하등 이상할 게 없었다. 그들의 육질은 퍼석퍼석하거나 질기지 않고 탱글탱글했으며 씹을 때마다 감칠맛 나는 육즙이 새어나왔다. 고기 맛은 농장 한편에서 키우는 옥수수를 모이로 먹어서 달콤했고, 숲의 식물을 먹어서 약초 향이 났으며, 근육 속을 흐르는 피 때문인지 광물성과 약한 금속성을 띠었다.

미국에서는 토지아처럼 키운 닭이 희귀하고 값도 비쌀 것이다. 만나기도 어렵고, 프랭크 리스의 경험이 증명하듯 사기도 어려울 것이다. 하지만 프랑스에서는 그게 보통이었다. 토지아는 정부가 후원하는 프로그램인 라벨루즈(Label Rouge, '붉은 라벨'이라는 뜻)에 의거해 닭을 기르고 있다. 농부들이 일련의 엄격한 기준[2]을 준수하고 있음을 입증해주는 프로그램이다. 라벨루즈는 오직 느리게 자라는 닭 품종만 허용하고, 닭이 일과가 시작되는 시간부터 황혼이 질 때까지 바깥에서 지내도록 허용해줄 것을 요구하며, 밤새 닭을 가두어놓는 닭장의 크기와 농장에 지을 수 있는 닭장의 수에 제한을 두며, 닭이 노닐 수 있는 땅의 면적을 어느 정도 확보해야 하는지 규정하고 있다. 가장 중요한 것으로 라벨루즈의 가금 규준은 항생제 사용을 금지한다. 비단 내성균에 대한 두려움 때문만이 아니라 그 약물이 산업형 생산의 전제조건이기 때문이기도 하다. 프로그램에 의거해 기르는 닭은 비용이 통상 전통적인 닭 사육 방식의 배에 달한다. 하지만 가격이 시장에서 걸림돌이 되는 것 같지는 않다. 라벨루즈 닭이 프랑스에서 팔리는 닭 전체의 60퍼센트 이상을 차지하고 있으니 말이다.

토지아가 말했다. "사람들은 기왕이면 라벨루즈를 먹고 싶어 해요. 그들도 라벨루즈가 동물복지며 훌륭한 맛을 보증한다는 것을 알거든요." 그가 앞에 놓인 탁자를 힐끗 내려다보고 씩 웃으며 덧붙였다. "사람들이 라벨루즈 닭을 먹으면 접시에 아무것도 남지 않는답니다."

라벨루즈 프로그램은 집중사육 방식에 대한 우려에서 출발했다.[3] 본시 잉글랜드에서 앤더슨으로 하여금 약물 내성의 원천을 조사하도록 이끌고, 스완 보고서를 통해 항생제를 통제하도록 만드는 데 영향을 끼친 집중사육 방식 말이다. 프랑스에서 사람들이 그에 거북함을 느낀 것은 내성 감염의 위험 때문이라기보다 소중한 식품뿐 아니라 자신들의 생활양식이 위협받고 있다는 생각 때문이었다. 전후 유럽에서는 더 많은 단백질을 만들어내야 한다는 압박이 거셌고, 그로 인해 빨리 자라서 질 낮은 단백질 덩어리가 되는 '미래의 닭' 품종을 수입하기에 이르렀다. 산업형 가금 농장이 프랑스 북서부 연안에 자리한 브르타뉴 지방을 중심으로 확산하기 시작했다. 그런데 사람들은 풍부함과 낮은 가격을 반기면서도 못마땅하다는 듯이 '생선 맛 나는 육계(poulet au goût de poisson)'라고 투덜대곤 했다. 닭고기에서 사료로 제공되는 갈아 넣은 잡어 맛이 난다는 것이었다.

반면 그 나라의 다른 한쪽인 랑드 지역은 고전을 면치 못하고 있었다.

프랑스 인구의 1퍼센트 이상을 죽음으로 몰고 간 전쟁으로 물리적·경제적 피해[4]가 엄청났기 때문이자, 다른 한편 가까스로 이어가던 재건 작업을 망쳐놓은 또 하나의 재난 탓이었다. 1949년 8월 현대 유럽을 강타한 최대의 산불이 났다. 불은 거의 200제곱마일의 숲을 불태웠으며, 소나무에서 테레빈유의 원료인 송진을 채취하는 랑드 지역의 유서 깊은 산업을 무너뜨렸다. 송진 채취업자 1만여 명이 길거리에 나앉았는데, 랑드 지방은 그들에게 대체 일자리며 소득을 제공해주지 못했다. 그런 와중에도 몇몇 발 빠른 농부들은 위기 속에서 기회를 찾았다. 그들은 랑드 지역의 유서 깊은 닭인 노란육계(poulet jaune)—1200년 전 무어인이 점령한 에스파냐의 병사들이 국경 너머 들어온 닭의 후예다—를 중심으로 새로운 산업을 일구어보자고 의기투합했다.

육계 사육은 지역 작물 농부들에게는 언제나 부차적 농사였다. 이름에서 보듯 그 닭이 '노란(jaune)' 까닭은 그들이 마당에서 쪼아 먹는 옥수수 알갱이의 금빛 색조가 피부에 전해졌기 때문이다. 그들은 특색이 있었다. 머리통 바로 아래 목 부위에 맨살의 고리가 드러나 있고, 숲 가장자리를 돌아다니면서 몸이 탄탄해졌고, 운동을 하고 나이가 들면서 풍미를 더해갔다. 1959년 한 지역 농민들이 프랑스에서 최초의 가금 생산자 협회인 랑드노란육계보호조합(Syndicat de Défense du Poulet Jaune des Landes)을 결성했다. 1965년에 그들은 정부에 노란육계 원산지임을 인증해달라고〔정부는 다른 닭 품종인 알프스산맥 부근 브레스 지방에서 사육되는 다리가 파란 브레스육계(poulet de Bresse)에 대해 이미 그렇게 해준 바 있다〕, 그뿐만 아니라 그들을 생산하는 공급 체인의 독특성(즉 농장의 크기, 유서 깊은 우리 디자인, 사료를 만드는 비법, 도축에 이르는 나이 등)을 인증해달라고 요청했다.

그렇게 해서 그들은 최초의 라벨루즈 증명서를 획득하게 되었다. 그 이후 그 증명서를 따낸 가금 생산 집단은 전국적으로 29군데에 달했다. 이들 모두는 느리게 성장하고 야외활동을 하는 강인한 닭 품종을 사육한다. 그와 같은 품종과 생산자 집단이 손을 잡은 결과가 지역적 보호종(géographique protegée)임을 말해주는 EU직인(European Union seal)이었다. 이 직인은 닭이 합법적으로 사육된 지역에서 온 것임을 입증하며, 그 지역 특유의 풍취를 보장하는 상품임을 말해준다. 그 과정에서 전문가와 소비자 시식 위원회에 의한 육질 및 맛 조사를 포함해 여러 검사와 제3자 증명이 이루어지는 것은 물론이다.

검사에는 식품안전 점검이 포함되며, 그 결과는 건강한 식이, 야외에서 자란 과정을 인증해준다. 라벨루즈 닭에서 살모넬라균이 검출되는 비율[5]은 3퍼센트다(현대식 집중사육을 통해 생산되는 프랑스 닭의 같은 비율 70퍼센트와 크게 대조되는 수치). 이 닭들은 일상적으로 항생제를 사용하지는 않으므로—오직 닭 무리가 병에 걸린 것으로 밝혀질 때에만 사용한다—그 살모넬라균도 내약성이 아니다. 라벨루즈 닭에 의해 중요한 식품매개 질환이나 내항생제 감염이 발생한 일은 단 한 차례도 없었다.

우리가 300에이커쯤 되는 토지아의 농장을 걷고 있을 때, 그는 성장 촉진제와 예방적 목적으로 항생제를 사용하지 않는 것—즉 눈에 띌 만큼 아프고 수의사가 확진한 닭을 치료할 때 빼고는 어떤 용도로도 사용하지 않는 것—이 라벨루즈를 생산하는 데 가장 중요하다고 설명했다. 하지만 항생제 사용을 피하는 것은 작은 농장과 지역농장의 경제를 보호하기 위한 목적을 향해 가는 여러 단계 가운데 하나일 뿐이었다. 때는 9월이었고, 그가 재배하는 세 종류의 옥수수―사료옥수수, 사탕옥수수, 그리고 산업용 전분을 추출을 위해 판매하는 또 하나의 품종―가 바람에 살랑이면서 그의 농가 건너편을 노랗게 물들이고 있었다. 1965년에 그 프로그램을 창설한 본래의 조합은 결렬되었고 수십 년에 걸쳐 일련의 농업 협동조합들로 거듭났다. 토지아는 그 진화 과정에서 성장한 가장 큰 조직 마이자두르(Maïsadour)―프랑스어 옥수수(maïs)와 랑드를 둘로 가르는 아두르강(Adour)의 합성어―의 부회장이었다. 토지아는 농부의 후예였지만 과거 그의 선조들은 하나같이 소작농이었다. 그는 1996년 자신의 땅을 매입했다. 그는 그 일이 가능했던 것은 어디까지나 옥수수 덕분이었다고 말했다.

"라벨루즈는 지역을 기반으로 한 개념이에요." 우리가 닭들이 노니는 벌판에 난 풀로 뒤덮인 길을 따라 걷고 있을 때 그가 설명했다. "제 선조들은 우리 지역에 기반을 둔 생산방식, 우리가 여기서 하는 일에 가치를 부여할 수 있는 생산방식을 보존하고 싶어 하셨죠. 그것은 두 가지에 토대를 두었어요. 하나는 느리게 성장하는 닭을 보존하는 거고, 또 하나는 우리가 기르는 옥수수의 경제를 발전시키는 거예요." 그 같은 규칙에 따라 닭에게 주어지는 사료의 80퍼센트는 반드시 옥수수여야 했다. 옥수수 사료만으로 부족한 영양분은 콩과식물 등 식물성 단백질로 보충했다. 그뿐만 아니라 닭 스스로가 들판에서 식물이며 곤충을 잡아먹는 식으로 사료를 보충하기도 했다. 토지아는 닭과 뿔닭(guinea fowl) 4만 8000마리를 키우는데, 이는 랑드의 농장치고는 규모가 제법 큰 편이다. 랑드 지역의 농장 대부분은 미국의 단 1개 양계장의 절반에 불과한 1만 2000마리 정도를 생산하기 때문이다. 그는 닭이 먹을 옥수수를 전부 직접 재배한다.

그 길은 소나무로 경계가 나뉜 작은 들판에서 끝이 났다. 거기에 일련의 우리가 들어서 있었다. 측면은 목재이고 지붕에는 금속을 얹은 약 9미터 길이의 우리였다. 바닥까지 이어진 우리의 벽은 수평 돌쩌귀가 달린 벽널이었다. 토지아는 그 벽들을 위로 휙 젖힌 다음 열린 상태로 고정했다. 그러자 속털은 하얗고 겉털은 붉은 닭들이 나무들 사이로 쏟아져 나왔다. 닭 수천 마리가 마치 깃털 화살처럼 눈 깜짝할 사이에 널리 퍼져나갔다. 그들은 목적을 가지고 움직였지만 초조한 기색은 없었다. 토지아 부부가 다시 황혼 녘에 우리에 가둘 때까지 벌판에서 온종일 지낼 터다. 그런 규칙 아래에서 랑드의 가금은 얼마나 멀리까지 쏘다닐 수 있는지에 대한 아무런 제약 없이 자유롭게(en toute liberté) 사육되고 있다. 하지만 그들은 어두워지면 자연스럽게 우리로 돌아온다. 같이 사육된 닭 전체를 도계장으로 데려가려면—그들은 미국 기준보다 2배 많은 81일째에도 미처 준비가 되지 않았을 것이다. 시장 여건에 따라 92일이 되기 십상이었다—토지아는 우리를 깨끗하게 청소하고 소독한 다음 초목이 다시 회복될 수 있도록 우리를 트랙터에 싣고 다른 들판으로 이동한다.

우리는 고작 650제곱피트에 불과할 정도로 작다〔토지아는 그것을 '오두막(cabane)'이라 부른다〕. 그 디자인은 사람들이 기억하는 것보다 더 오래된 것이다. 오두막은 늘 숲에서 이용할 수 있는 재료들로 지었지만 소나무를 목재로 쓰려고 잘라낼 때보다 곧게 자라도록 놔둘 때가 송진 채취자에게 더 이득이 되므로 사용하는 목재 양은 최소한에 그쳤다. 수년에 걸쳐 이 저렴한 구조물은 풍광에 의해 강요된 불가피한 결과물이라기보다 이점을 지닌 장치로 떠올랐다. 즉 젊은이들을 농사에 입문할 수 있도록 이끌어준 것이다. 토지아가 말했다. "이 시스템은 작은 건물들만 있으면 되니까 투자금이 그리 많이 필요 없죠. 물론 일은 쉴 새 없이 해야 해요. 하지만 돈이 없다 해도 시작해볼 수는 있죠."

마이자두르 농부들은 늘 수입을 다변화하기 위해 닭 이외에 부차적 작물을 재배했다. 그러나 그것이 언제나 옥수수인 것은 아니다. 토지아의 농장에서 동쪽으로 50킬로미터상에 위치한 농장을 운영하는 장마르크 뒤루(Jean-Marc Durroux)와 안 마리 라바브(Anne Marie Labarbe)의 부차적 작물은 포도다. 그들은 프랑스 남서부 특유의 브랜디 아르마냑(Armagnac, 그보다 좀더 잘 알려진 코냑은 한참 더 북쪽의 대서양 연안에서 생산된다)의 생산자들이다. 뒤루는 협동조합에서 사료를 사들이지만 그 사료를 보충하기 위해 자신의 포도밭에 닭을 풀어놓는다.

"닭이 포도를 너무 좋아해요." 방금 전 오두막에서 풀려나온 닭 떼가 막 포도 수확을 마친 포도원을 향해 구릉 위로 날개를 퍼덕이며 달려가는 광경을 바라보면서 그가 프랑스어로 내게 말했다. "때로는 들어가지 못하게 해야 해요. 보는 족족 죄다 먹어치울 테니 말이에요. 하지만 추수가 끝난 다음이나 겨울에는 저 녀석들이 우리 대신 말끔하게 청소를 해주죠. 게다가 똥을 누어 땅을 기름지게 만들어주니 따로 거름을 칠 필요도 없어요."

"농장에서 동물과 식물, 이 두 가지를 생산하는 것이 우리 문화에는 정말이지 중요해요." 그가 말했다. "뭐가 우선이고 뭐가 부차적이랄 게 없고 두 가지가 상호보완적이죠. 이런 농법은 궂은 날씨며 질병의 위험을 이겨내도록 도와줍니다."

60줄인 뒤루는 땅딸막하고 유쾌한 남자로 그의 가족은 1921년부터 같은 농장에서 살아왔다. 내가 아침나절 내내 닭을 돌보는 그를 따라다녔을 때, 그는 나를 작은 닭장들 가운데 하나로 데려갔다. 그래서 나는 그가 농장 트럭 뒤에 연결한 커다란 호스로 그날에 할당된 사료를 노나주는 모습을 지켜볼 수 있었다. 닭장 안으로 들어가기 전에 그가 나에게 수술 마스크를 건넸다. 그 과정이 너무 시끄럽고 먼지가 많이 날렸기 때문이다. 그 일은 지루할 정도로 반복적이고 고달파 보였다. 미국 농장의 거대한 닭장에 설치된 자동화 장치들과는 거리가 멀었다. 하지만 그것은 미국의 양계업자들보다는 자신이 키우는 닭들과 더 많은 시간을 보낼 수 있는 기회를 제공해주었다.

"이제는 이런 식으로 생산하고 싶어 하는 이들이 거의 없어요." 호스를 타고 사료가 쉴 새 없이 쏟아지면서 우르릉 쾅쾅 요란한 소리를 내는 가운데 그가 악을 쓰듯 외쳤다. "하지만 이 일은 정말 보람 있죠. 고품질 생산은 우리가 키우는 가금의 가치일뿐더러 우리 자신의 가치이기도 하니까요. 우리는 그렇게 하도록 요구받기 한참 전부터 생태학적 관점을 견지해왔어요."

라벨루즈가 초장부터 농장 항생제 사용을 거부한 것은 주목할 만하다. 1969년 발표된 영국의 스완 보고서보다 앞섰기 때문이기도 하고, 야심만만하고 명확한 영국의 권고사항이 받아들여지지 않았을 때조차 라벨루즈 농부와 그들을 후원하는 정부 인사들이 꿋꿋하게 그 프로그램을 고수했기 때문이기도 하다. 스완 위원회를 구성한 개혁가들, 그리고 그 위원회의 성공을 부르짖던 앤더슨과 언론계의 동지들은 스완 보고서에 영향을 받은 규정이 가축 사육에 변화를 이끌어낼 거라고 기대했다. 그들은 다음과 같이 생각했다. 성장 촉진제가 시장에서 철수하고 인간 약물과 관련한 항생제가 수의사의 통제 아래 놓이면 밀도가 점점 더 높아지는 북적이는 농장에 동물을 몰아넣는 일이 중단될 거라고 말이다.

지나친 낙관이었다. 또한 너무 순진한 생각이기도 했다. 규정이 시행되는 것과 거의 때를 같이하여 농업계는 그 규정을 피해 속임수를 쓸 방안을 궁리해낸 것이다. "스완 보고서가 발표된 데 따라 동물에 쓰이는 항생제의 전반적 매출이 줄어들었다는 것을 말해주는 지표는 사실상 거의 없다." 영향력 있는 브리스틀 대학(University of Bristol) 교수 A. H. 린턴(A. H. Linton)은 1977년 한 수의학 저널에서 이렇게 경고했다.[6] "그리고 농장 동물은 필시 다른 목적의 명분으로 지금도 과거와 다름없는 양의 항생제를 투여받고 있을 것이다." 농부들은 새로운 규정을 자구 그대로 준수하고는 있었다. 무슨 말인고 하니 수의사로부터 처방전을 받아서 새로 제약이 가해진 항생제를 손에 넣고 있었던 것이다. 하지만 너무나 많은 처방전을 남발한 결과[7] 스완 보고서가 발표된 이후 영국의 농장에서 쓰인 항생제 양은 되레 종전보다 더 늘고 말았다. 1969년 스완 보고서가 발표된 이후 해마다 인간 치료에 중요한 약물의 농장 사용량은 떨어져야 마땅했음에도 불구하고 오히려 15퍼센트씩 증가했다. 스완 보고서가 발표되기 2년 전, 영국에서 가축에게 투여한 항생제는 41톤이었는데, 그로부터 6년 뒤에는 그 수치가 80톤으로 배 가까이 불어난 것이다.

그 약물들이 자유롭게 사용됨에 따라 식품과 관련한 내약제균 감염이 폭발적으로 늘어났다. 1980년 《영국의학저널》은 '스완은 왜 실패했는가?'라는 제목을 단 사설에서 격정적으로 외쳤다.[8] 그 저널은 수의사의 통제를 피하기 위해 시골 암시장에서 약물을 사들이는 식으로 새로운 규정을 피해가도록 농부들을 부추겼다고 농업 관련 매체―지역 기반의 영세 신문과 동업자 잡지들―를 비난했다. 이는 단순히 성장 촉진제를 금지하는 것만으로는 농업계에서 부상하는 약물 내성 문제를 해결하기에 역부족임을 보여주는 초기 조짐이었다. 몇 년이 지나자 스완 보고서는 가물가물한 옛일이 되고 말았다.

영국이 이런 사태가 일어나도록 방치했다는 것은 당혹스럽기 그지없다. 영국은 인간용 약물에서 항생제들이 얼마나 빠르게 힘을 잃어갈 수 있는지를 이미 여실히 체험했기 때문이다. 페니실린의 고향인 잉글랜드는 초기에 그 약에 내성을 지닌 포도상구균으로 최악의 발병을 수차례 겪은 바 있다. 따라서 잉글랜드에서는 제약회사 비첨래버러토리스(Beecham Laboratories)가 페니실린을 대체하는 반합성 약제 메티실린—비첨래버러토리스가 1960년《계간 영국의학저널(British Quarterly Journal of Medicine)》에서 "모든 포도상구균을 퇴치하는 데 효과적"이라고 뽐내던 약물이다—을 개발했지만, 역시나 그 약이 세상에 나온 지 딱 1년 만에[9] 메티실린내성황색포도상구균으로 인한 최초 발병 사례들을 마주하게 되었다.

메티실린의 약화는 남아 있는 얼마 안 되는 항생제를 보호하기가 얼마나 어려운지 잘 보여주었다. 메티실린을 대체하기 위해 의료계는 사용 빈도가 적은 항생제 반코마이신(vancomycin)에 의존했다. 반코마이신은 의사들이 그 부작용을 기꺼이 감수하고 싶어 하지 않았기에 효능이 보존된 약물이라 할 수 있다. 1980년부터 2000년 사이 세계적으로 그 약물의 사용은 100배로 불어났다.[10] 내성이 나타나지 않을 도리가 없었다. 특히 장에서 살지만 병원 환경을 오염시킬 수 있는 세균인 장구균(enterococci)이 문제였다.

반코마이신내성장구균(vancomycin-resistant enterococci, VRE)이 전 세계적으로 너무나 급속도로 불어나는 바람에 연구자들은 과연 의료적 사용만으로 그 현상을 설명할 수 있을지 의아해했다. 그 소중한 약물의 효용을 위태롭게 만드는 다른 무언가가 있지 않을까?

그 무언가는 바로 농업에 있었다.[11] 유럽의 가축 생산업계는 글리코펩타이드계(glycopeptides)라고 알려진 약물군에 속한 반코마이신과 화학적으로 관련이 깊은 항생제 아보파신(avoparcin)을 대거 사용하고 있었다. 반코마이신은 인간에게만, 아보파신은 동물에게만 사용하도록 허가를 받았다. 하지만 그들은 누구도 생각하지 못한 내성 문제를 일으킬 정도로 분자적으로 대단히 유사했던 것이다. 어떤 항생제가 허가하기에 안전한 것이었는지, 농부들이 무슨 용도로 사용하느냐를 어떻게 감독할 수 있었는지와 관련하여 큰 싸움이 벌어질 판이었다. 항생제를 일절 사용하지 않은 라벨루즈 생산업자 같은 농부들만이 그 싸움에서 예외였다.

토지아의 닭들이 어린나무가 늘어선 곳으로 쏟아져 들어가는 모습을 바라보노라면 누구라도 라벨루즈의 가금이 살아 숨 쉬는 농업 판타지처럼 여겨질 것이다. 그 판타지는 역사적 체제를 지탱해주는 숨은 기술을 간과하기 쉽다. 뒤루가 잡고 있던 호스에서 쏟아져 나오는 사료는 가금과학 박사학위를 소지한 어느 연구자가 계절에 따라 숲의 식물이며 곤충이 달라지는 상황에서 영양물질을 보충해주기 위해 배합한 것이었다. 라벨루즈 협동조합은 닭이 모이를 먹는 행동을 연구하고 그들의 에너지와 무게 증가량뿐 아니라 그들이 먹이를 먹으면서 즐거워하는지 여부를 낱낱이 기록했다. 라벨루즈 산하의 생산집단들은 모두 제품을 구매할 때면 항시 그를 생산하는 농부를 지지해주는 지역 기반 사업체들—즉 곡물상, 영양 관련 제품 취급업체, 도축 및 포장 공장—과 거래했다. 슈퍼마켓에서 판매하는 라벨루즈 닭에는 이 사업체들과 링크되는 숫자코드가 붙어 있다. 소비자들은 이 숫자코드를 통해 닭의 수송일, 도축일, 가공한 도세장, 닭이 속한 무리, 닭을 키운 농부의 신원 따위를 확인할 수 있다. 나는 파리

외곽에 자리한 한 슈퍼마켓에서 달걀이 들어 있는 상자를 열어본 적이 있다. 각 달걀에는 생산된 농장의 이름과 주소, 세상에 나온 날짜가 도장으로 찍혀 있었다. 나는 뚜껑 안에 인쇄된 QR코드(웹주소 등의 정보를 표시하는 흑백의 격자무늬─옮긴이)를 찍어 정보를 읽어 들였다. 웹페이지에 농부의 주소와 약력이 소개되었고, 그의 농장 풍경을 보여주는 동영상이 휴대전화에 떴다.

파스칼 보가르니(Pascal Vaugarny)는 내가 하는 양을 어깨너머로 바라보면서 말했다. "보통은 닭장에 갇힌 암탉이 산란한 날만 알 수 있잖아요. 우리 암탉은 '아무런 제약 없이 자유롭게' 사육되지만, 농부들은 암탉이 언제 알을 낳았는지 다 알아요. 그 닭들로부터 멀리 떨어져 있는 법이 좀체 없으니까요."

보가르니는 '페르미에 드루에(Fermiers de Loué: 이하 루에─옮긴이)'에서 일하고 있다. 루에는 나중에 마이자두르가 되는 조합이 라벨루즈 증명서를 발부해달라고 정부를 설득하고 난 뒤 두 번째로 그 증명서를 받은 협동조합이다. 내 안내자가 되기로 자청하고 나선 보가르니는 정말이지 그 일에 제격이었다. 그의 아버지 레몽 보가르니(Raymond Vaugarny)는 1960년대에 루에를 창립한 이들 가운데 하나였다. 마이자두르와 루에는 대체로 우호적인 경쟁관계를 유지하고 있다〔그들은 느리게 성장하는 닭에게 요구되는 유전적 특성을 보유한 육종회사 사소(Sasso)의 공동 소유자다〕. 하지만 루에가 유서 깊은 경쟁업체 마이자두르보다 규모가 좀더 크다. 루에는 프랑스에서 소비되는 라벨루즈 닭의 25퍼센트를 공급함으로써 10퍼센트를 감당하고 있는 마이자두르를 크게 앞지르고 있다. 라벨루즈의 규정을 준수하는 것은 마찬가지지만 두 곳의 생산방식은 차이가 있다. 루에의 닭은 피부가 노란 랑드의 닭과 품종이 다르다. 무엇보다 피부가 희다(blanc). 옥수수가 아니라 밀을 기반으로 한 사료를 먹어서다(내가 마이자두르를 떠나기 전 토지아가 어깨를 으쓱하면서 말했다. "남서부에 사는 우리 눈에는 흰 닭이 꼭 아픈 것처럼 보여요. 하지만 저 북쪽 사람들은 흰 닭을 선호하죠."). 그리고 루에의 닭은 하염없이 숲을 쏘다니는 대신 낮에는 울타리가 쳐진 넓은 들판에 풀려났다가 밤이 되면 다시 우리로 돌아온다. 밤의 거처인 우리는 랑드의 오두막보다는 크지만 미국 가금의 닭장보다는 작다.

"저희는 그 우리를 루에 건물이라고 불러요. 저희가 고안한 거니까요." 보가르니가 로터리에서 차를 휙 돌리면서 말했다. "우리는 금속으로 되어 있고, 길이 50미터 폭 9미터로 면적이 400제곱미터 남짓 됩니다. 그 우리는 각각 닭 4400마리를 수용하는데, 한 번에 딱 4개만 소유할 수 있어요. 만약 농장이 너무 크면 두 군데로 나누어 각각 한 곳에 4개씩 우리를 지을 수 있고요. 그리고 한 해에 딱 세 무리만 사육할 수 있죠." 나는 차 문에 몸을 기댄 채 공책에 셈을 해보았다. 루에 헛간은 미국 헛간과 비교해볼 때 5분의 1만 수용하고, 각각의 닭은 미국의 육계보다 3분의 1 더 넓은 공간을 차지한다는 결과가 나왔다. 루에 농장은 미국의 평균적인 가금 농장의 대지보다 수천 제곱피트나 더 넓음에도 불구하고 1년 내 생산한 양은 미국 농장 평균의 극히 일부에 불과했다.

하지만 루에는 시장에서 분명 경쟁력이 있었으며(라벨루즈 생산업체 가운데서도 단연 유력한 협동조합이었다) 재정적으로도 탄탄했다. 슈퍼마켓에 다녀온 뒤 보가르니는 달그락거리는 소리가 나는 포장 공장으로 나를 안내했다. 수술실처럼 깨끗한 공장에서는 작업자들이 출처에 따라 라벨을 붙일 수 있도록 세척된 달걀이 판에 담기고 있었다. 그런 다음 우리는 도계장을 둘러보았다. 거기서는 사육된 농장과 공급받은 사료를 알려주는 꼬리표—유기농 사료에는 '바이오(bio)', 유전자변형유기체(genetically modified organism, GMO) 사료가 아니면 '논GMO(non-GMO)'라는 뜻의 '상 OGM(sans OGM)' 꼬리표가 붙는다―를 단 내장 뺀 닭들이 선반에 놓인 채 여러 냉장실을 오가고 있었다. 보가르니가 내비쳤듯 공기를 냉각하는 작업은 꽤나 손이 많이 가는 일이었지만 닭의 풍미를 개선하고 식품매개 유기체가 확산할 기회를 줄여주었다.

보가르니는 나를 차에 태우고 협동조합의 조합장을 만날 수 있도록 안 내했다. 파리에서 남서쪽으로 200여 킬로미터 떨어져 있는, 중세의 유산 을 간직한 도시 르망(Le Mans)―'르망의 24시간(24 Hours of Le Mans)'이라는 자동차경주가 열리는 곳이다―의 외곽에 있는 본부에서였다. 날렵하게 생긴 에너지 절약형 사무실 건물은 전원적인 마이자두르 본부와는 영판 달랐다. 건물 외벽에는 스텐실로 인쇄된 문구가 눈에 띄었다. "좋은 맛의 공유, 좋은 맛의 보장, 좋은 맛의 재발견! 우리는 같은 이념을 공유한다." 건물 안에는 산업형 닭과의 비교를 통해 루에의 닭을 우위에 두는 풍자색 짙은 광고판이 깜빡이고 있었다. 수영복을 입은 호리호리한 이가 육중한 보디빌더를 곁눈질하고 있고, 여남은 명의 경찰이 너무 작아서 마치 광대 차처럼 보이는 승합차에 꾸역꾸역 타고 있는 광경을 한 건강미 넘치는 경 찰이 거리를 순찰하고 있는 광경과 대비시킨 광고다〔식용 닭이라는 의미의 프 랑스어 풀레(poulet)는 '경찰'을 뜻하는 속어이기도 하다〕.

회의실에는 루에가 해마다 개최하는 농민 집회 장면을 담은 오래된 흑 백사진이 줄줄이 걸려 있었다. 보가르니는 그 가운데 하나에 실린 자신의 아버지 모습을 가리켰다. 콧수염을 기른 근엄한 표정으로 금속테 안경을 쓰고 70년대에 유행한 체크무늬 재킷을 걸치고 있었다. 색 바랜 사진들 속에 담겨 있는 이 연례 집회는 아직도 열리고 있다. 매년 한 차례씩 그 회사를 공동 소유하고 지배하는 농민 1천여 명이 사업 방향과 목표를 정하기 위해 모이는 것이다.

"우리가 가금을 기르는 것은 그들의 몸집을 키우기 위해서가 아니에요." 보가르니가 루에의 조합장 알랭 알리노(Alain Allinant)를 나에게 소개해주려고 데려갔을 때 두상이 둥글고 건강해 보이는 그 닭 사육자가 프랑스어로 내게 말했다. "우리는 규격화된 가금과 라벨루즈 중 선택할 기회가 주어졌을 때 소비자들이 주저 없이 라벨루즈를 고르기를 바랍니다. 다른 라벨루즈와 루에의 가금 중 꼽으라고 했을 때는 선뜻 루에를 집어 들었으면 하고요. 하지만 우리가 시장이 요구하는 것보다 더 많은 가금을 공급하는 일은 결단코 없을 겁니다. 시장이 3000만 마리의 닭을 원한다면 딱 그만큼입니다. 절대 3100만 마리를 공급하지 않습니다."

이는 항생제가 뒷받침하고 급속한 성장―닭이든 기업이든―이 촉발한 기존 가금산업의 무자비한 확장과는 확연하게 달라서 라벨루즈가 그 산업의 일부라는 사실이 믿기지 않을 정도다. 알리노의 설명에 따르면, 닭의 사육과 관련한 모든 이들―농부, 협동조합, 슈퍼마켓, 소비자―이 저렴한 가격과 높은 이윤을 최대 목표로 삼아서는 안 된다는 데 뜻을 같이했다. 그는 수입이 계속 이어지는 것이 중요하다는 데 동의했다. 하지만 소농의 독립성을 지키고 농업을 뒷받침하는 농촌경제를 지탱하는 것도 그만큼 중요했다. 농장을 중간 규모로 유지하자는 규정은 아무도 빚더미에 올라앉아 허덕이지 않도록 보장해주었다. 닭 떼의 크기에 제한을 두는 것은 닭을 건강하게 유지해주었다. 실외사육을 고집한 규정은 관례적인 가금 생산이 포기한 느리게 성장하는 품종이 시장에서 설 자리를 마련해주었다.

결국 인정받았다는 것을 말해주는 징표는, 동유럽이나 브라질의 거대 생산업체에서 수입한 산업형 닭보다 라벨루즈 닭이 더 비싼데도 불구하고 사람들이 계속 그 닭을 구매한다는 사실이었다. 하지만 프랑스인의 식생활 패턴이 달라지고 있음에도—소매점과 소비자들은 가금을 부위별로 잘라 포장하거나 뼈 없는 제품을 공급해달라고 요구하고 있고, 루에는 오븐에 바로 구워 먹을 수 있게끔 미리 양념해 포장한 닭을 막 시장에 내놓았다—사람들은 계속해서 기꺼이 비싼 가격을 지불하고자 했다. 협동조합의 일원이 되기 위해 신청하는 농부의 행렬도 끊이지 않았다. 루에의 회원으로 이루어진 위원회는 매년 신청자들을 인터뷰해 그들의 농장 부지며 재정상태, 특히 그들의 성취동기가 만족스러운지를 평가한다.

알리노는 궁극적 목적은 동물·토지·시장 간의 균형이었노라고 설명했다. 그 균형이 농부의 삶의 질뿐 아니라 가금의 품질을 보장해주었다. 그는 "농장을 한 가족이 운영하기에 알맞은 크기로 '유지하는(conserver)' 것이 핵심"이라고 말했다〔그는 '유지하다' '지키다' '소중히 간직하다'를 의미하는 단어 '콩세르베르(conserver)'를 사용했다〕. "남편과 아내, 그리고 그 자녀들이 가금 우리 두서너 개를 돌보는 규모입니다. 얼추 100헥타르(250에이커) 정도죠. 제가 경험한 바에 따르면 미국에서는 농부와 그 아내가 투잡, 심지어 스리잡까지 뛰는 것 같더라고요. 하지만 우리는 그런 경우가 드물죠. 우리 정도 규모면 수지를 맞출 수 있어요."

라벨루즈 농장들은 스스로의 전통을 지키고 동물복지를 존중하고 소비자가 원하는 제품을 시장에 공급하는, 항생제 사용을 최소화한 모범적인 생산방식을 정착시켰다. 프랑스에서 주도적인 닭을 생산한다는 데 자부심을 느끼는 그들을 바라보노라면 자연스레 다음과 같은 질문이 뒤따른다. 그들의 성공은 프랑스의 시장이 작아서일까, 아니면 프랑스 소비자들이 기꺼이 웃돈을 얹어주고 닭을 살 만큼 식품의 질에 유별스레 관심이 많아서일까? 무항생제 육류에 끈질기게 따라붙는 비판은 작은 농장들을 제아무리 크게 그러모아도 세계 인구—흔히 90억에 육박한다고들 말한다—를 먹여 살리기에는 충분치 않으며 오직 집중적인 산업형 생산만이 세계의 단백질 수요를 충족시킬 수 있다는 주장이다. 라벨루즈와 크게 다르지 않은 또 하나의 모델은 가축을 유지하기 위해 일상적으로 항생제를 사용하지 않으면서도 가축을 산업형 규모로 사육할 수 있음을 실증적으로 보여준다.

협동을 선택하다

당신은 네덜란드 남동부를 관통하는 긴 길을 볼 수 있다.[1] 그곳의 땅은 완전한 평지다. 농장 터는 마치 타일을 붙여놓은 듯 네모반듯하고 기하학적으로 잘 구획되어 있으며 운하가 그 경계선을 이루고 있다. 농장 터들 사이에 조성된 작은 잡목숲에 나무가 모여 자란다. 농장 터를 나누는 울타리는 야트막하다. 도로는 좁으며 마을에서는 도로가 작은 로터리에서 서로 만난다. 마치 사려 깊게 조성하고 꼼꼼하게 관리한 잘 다듬어놓은 공원 같은 풍광이다. 머리 위에서 끼룩거리거나 화살처럼 돌진하는 기러기를 제외하면 야생의 흔적이라고는 찾아볼 수 없는 곳이다.

멀리서 볼 때 농가들과 울타리들 사이에 보일 듯 말 듯 자리한 후버 데 휠스동크(Hoeve de Hulsdonk)는 작은 벽돌집, 커다란 금속 헛간, 트랙터들이 정문으로 드나들면서 엉망으로 후벼놓은 진창을 만날 수 있는 여느 농장과 다를 바 없는 모습이다. 그 농장이 그곳을 둘러싼 풍경과 마찬가지로 열려 있는 곳임을 알아차리려면 좀더 가까이 가서 들여다보아야 한다.

공공 오토바이길이 부지를 관통하고 있고, 그 길과 가장 중요한 돼지 헛간 사이에 공공 피크닉 테이블이 여러 개 놓여 있다. 헛간 벽에 가로로 길게 설치한 커다란 창문은 안을 들여다보고 싶어 하는 이들 누구에게나 새끼 돼지와 그 어미를 보여준다. 군데군데 유리를 끼운 조망용 객실은 그 헛간의 다락에 마련되어 있는데, 낮에는 늘 열려 있는 문과 넓은 금속 계단을 통해 접근할 수 있다. 객실에는 회의용 ㄷ자형 테이블과 의자들이 놓여 있고, 화장실이 있고, 커피와 식수가 마련되어 있으며, 돼지 포스터들이 붙어 있다. 온화하고 화창한 어느 겨울날 아침, '돼지는 멋져(Pigs Are Cool)'라고 쓰인 티셔츠를 입은 농부 헤르버르트 오스테를라컨(Gerbert Oosterlaken)을 만났다.

그가 말했다. "대부분의 사람들은 안에서 직접 돼지우리를 본 적이 없어요. 그러니 온갖 종류의 이야기가 난무하죠. 저는 이웃들에게 우리가 아무것도 감추는 게 없다는 것을 보여줄 필요가 있다고 생각해요."

규모가 크고 집중사육하며 산업화한 이 농장에서는 일상적으로 항생제를 사용하고 있다는 흔적을 어디서도 찾아볼 수 없었다. 사료 봉투의 라벨에서도 그런 기미는 없었다. 또한 분말 약물을 퍼 담는 양동이도, 주사기로 흡입할 준비를 마친 항생제 용액 병도 보이지 않았다. 후버 데휠스동크에서는 거의 아무런 항생제도 사용하고 있지 않기 때문이었다. 세계 농업에서는 이례적이지만 네덜란드에서는 매우 정상적인 상황이다. 정부와 농부들이 2010년 상호합의한 엄격한 국가적 기준 덕택이다. 오스테를라컨은 그 같은 노력을 지휘한 지도자들 가운데 한 사람이다. 그는 키가 크고 호리호리하고 짧게 자른 머리에 두꺼운 무테안경을 낀 남성이다. 이따금 말을 멈추었지만 한번 말문이 터지면 할 말이 많다는 듯 숱한 말들이 술술 쏟아져 나왔다. 그는 금속으로 된 층계참에서 몸을 돌리며 바깥에서 신는 장화의 가장자리에 묻은 진흙을 털어냈다. 그리고 조망용 객실의 문을 열었다. 암퇘지들의 콧방귀 소리와 새끼들이 꽥꽥거리는 소리가 아래층에서 올라왔다.

"우리는 동물의 건강과 인간의 건강을 최우선 고려사항으로 삼기로 결정했어요." 그가 어깨너머로 말했다. "저는 매일 항생제를 복용할 필요가 없어요. 제 돼지들 역시 그럴 까닭이 없기는 매한가지죠."

오스테를라컨은 그가 지금 농장을 경영하는 곳에서 나고 자랐다. 베이르스(Beers)의 외곽이자 독일과 마주한 국경에서 16킬로미터쯤 떨어진 곳으로, 인구가 채 2000명도 되지 않는 아담한 마을이다. 그의 아버지는 돼지를 사육하는 농부였다. 아내 안투아네터(Antoinette)의 부모 역시 마찬가지였다. 1982년 농업학교를 졸업했을 때부터 오스테를라컨이 삶에서 주력한 일은 수많은 돼지를 일상적으로 항생제를 사용하면서 사육하는 관례적인 집중식 영농이었다. 아버지가 그 일에서 손을 뗐을 때, 오스테를라컨과 남동생이 가족 농장을 나누어 맡았다. 안정적인 수입을 보장하기 위해 아내 안투아네터는 지역 은행에서 시간제 일자리를 구했다. 부부는 딸 둘에 아들 하나를 키웠고 농장을 증축했다. 그들은 부모에게서 배운 지식이 있는 만큼 자신들이 열심히만 하면 돼지를 사육하고 보호하기 위해 요구되는 것을 터득하게 되리라 생각했다. 하지만 일련의 비상사태가 터지면서 자신들의 준비상태가 얼마나 허술했는지를 뼈저리게 깨달았다.

1997년 돼지열병(classical swine fever)이라 불리는 치명적인 질병—옛날 사람들은 '돼지 콜레라(hog cholera)라고 불렀다—이 독일에서부터 국경을 넘어 네덜란드 농장들에까지 파고들었다. 어찌나 빠르게 번져나가던지 아무도 무엇이 그 질병을 퍼뜨리는지 추적하기가 어려웠다. 작업자나 상인, 이 시장 저 시장 이 렌더링 공장 저 렌더링 공장을 오가는 트럭, 사료, 두엄, 인공수정에 쓰이는 돼지의 정액, 바람 등이 그 후보군으로 꼽힐 수 있었다. 질병이 계속해서 퍼져나가는 것을 막을 유일한 방법은 병원균을 지니고 있거나 그 병원균에 감염될 소지가 있어 보이는 돼지를 모두 죽이는 길뿐이었다. 네덜란드 정부는 네덜란드 남동부 대부분의 지역과 왕래를 금하고 자그마치 1100만 마리에 육박하는 돼지를 살처분하겠다고 선언했다.

그 여파가 다행히 오스테를라컨의 농장 후버 데휠스동크는 비켜갔지만 인근의 다른 농장에까지 미쳤다. 그런데 관계 당국이 그 유행병을 억제하기 위해 과감한 조치가 불가피하는 판단을 내림으로써 오스테를라컨의 돼지 떼 역시 불행한 최후를 맞게 되었다. 1998년 어느 날 아침, 일군의 인력이 트럭을 타고 들이닥쳤다. 그들은 트럭에서 모종의 기구를 끌어내렸다. 이동식 감전사 장치였다. 돼지 한 마리가 들어갈 만한 크기의 그 상자는 동물이 젖은 금속판 위를 걸어가면 머리에 재빨리 전류를 흘려보냈다. 그 팀이 도착한 날, 오스테를라컨은 농장에 돼지 2500마리를 보유하고 있었고, 그의 장인 장모는 거의 2000마리를 거느리고 있었다. 그는 농장 마당에 돼지를 모두 모은 다음 한 마리 한 마리 그 기구로 밀어 넣었다. 그는 그날에 관한 이야기를 들려주면서 언제나처럼 눈물을 흘렸다.

오스테를라컨은 자신의 농장이 그런 험한 꼴을 당한 뒤부터 질병에 걸리지 않도록 막고 돼지를 가능한 한 건강하게 유지하는 것을 최우선 고려사항으로 삼았다. 그는 자신이 이름 붙인 이른바 '3주 시스템'에 입각해 농장 운영을 재조직했다. 즉 3주마다 상이한 집단의 암돼지를 번식시킴으로써 114일 뒤 일군의 새끼 돼지를 틀림없이 확보하는 식이었다(그의 농장에서는 암퇘지 1마리가 최소 14마리의 새끼를 낳았다). 3주 동안 젖을 떼고 자란 새끼 돼지는 애초의 농장을 떠나 근처의 다른 농장으로 이동해 그곳에서 살을 찌운다. 동일 출생집단(birth cohorts) 간에 3주의 간격을 띄우면 혹시나 부지불식간에 오염원을 묻혀올지도 모를 가능성을 줄여주는 것으로, 외부자—사료를 배달하는 사람, 동물을 치료하는 기술자 등—의 방문 시간대를 단축할 수 있다. 누군가 그의 농장 부지에 트럭을 몰고 오면 그는 되도록 헛간에서 멀리 떨어진 좁은 장소에 트럭을 주차해달라고 강력하게 요청한다.

오스테를라컨은 다른 변화들도 시도했다. 암퇘지들이 쇠창살이 달린 우리가 아니라 열린 축사에서 새끼를 낳도록 하고, 새끼 돼지들이 어미와 함께 지낼 수 있도록 한 것이다. 그런가 하면 여물통이 아니라 축사 바닥에 사료를 주고 암퇘지와 새끼 돼지가 함께 먹도록 했다. 좀더 천천히 먹을 수 있게 하기 위해서였다. 새끼 돼지들이 어미에게서 분리되면 그는 그 동일 출생집단을 따로따로 떼어놓았고, 한 마리가 세균에 감염될 경우에 대비해 무리가 섞이지 않도록 조치했다. 그는 난방비를 넉넉히 투자해 헛간을 전보다 따뜻하게 유지했다. 그리고 대기중에서 암모니아 가스를 제거해주는 필터를 달았다. 오스테를라컨은 자신의 헛간을 몇 개 영역으로 나누고 각각 파란색·노란색·빨간색을 부여했다. 그리고 각 영역에 맞는 색깔의 작업복과 장화를 구비해놓음으로써 누군가 바깥옷이나 신발을 신고 헛간에 들어오거나 아니면 복장을 바꾸지 않고 한 영역에서 다른 영역으로 이동하면 금세 알아차릴 수 있도록 했다.

오스테를라컨은 자신이 키우는 돼지의 건강을 보호하는 데 심혈을 기울였기 때문에 항생제를 사용했다. 대규모로 돼지를 사육하는 남동부의 농장에서는 일상적인 모습이었다. 네덜란드는 면적이 너무 좁아서 제멋대로 뻗어나가는 개방사육을 하는 데 할애할 토지가 부족하다. 따라서 기왕지사 요구되는 일을 기꺼이 해냄으로써 집중식 가축 생산에 통달하게 되었다. 인구가 1700만인 네덜란드에 돼지 1400만 마리가 살고 있으니 돼지 수가 사람 수와 거의 맞먹는다. 네덜란드는 돼지열병이라는 유행병의 충격에서 벗어난 2000년대 중반 유럽에서 첫째가는 육류 수출국으로 떠올랐다.

이는 성장 촉진제의 도움 없이 이룩한 쾌거였다. 아보파신이 반코마이신내성장구균을 낳고 인간의 의료적 치료를 약화한다는 발견으로 충격을 받은 유럽은 급기야 수십 년 전 스완 위원회가 해내지 못한 일을 이루어낼 수 있었다. 당시 일부 국가들은[2] 자국 내에서 스완 보고서의 권고사항을 시도했다. 즉 스웨덴은 1986년 성장 촉진제를 금지했고, 1988년에는 예방 목적의 항생제 사용도 금지했다. 덴마크도 1994년 그 뒤를 따랐다. 1997년 EU는 아보파신의 사용을 금지했고,[3] 1999년에는 성장 촉진제로 사용하던 다른 항생제들과 인체용 항생제랑 흡사하거나 동일한 항생제들의 사용을 금지했다.

네덜란드 농부들은 모든 항생제를 포기하지는 않았다. 즉 유럽의 규정이 허용한 대로 자기네가 운영하는 농장이 질병 발발의 피해를 입지 않도록 하기 위해 예방적 용도로는 항생제를 써왔던 것이다. 그들이 너무나 많은 돼지를 질병으로 잃었던지라 그와 같은 조치는 합당해 보였다. 하지만 동물건강과 관련해 새로운 비상사태가 발생함에 따라 항생제를 이용한 질병 억제는 불충분하다는 사실, 그리고 그러한 위험은 남의 나라 이야기가 아니라 바로 자신들 가까이에 도사리고 있다는 사실이 실제로 드러났다.

네덜란드가 농업에 쓰는 항생제를 그렇듯 신뢰했다는 것은 뜻밖의 일이었다. 인체용 항생제 사용에 대해서는 신중할뿐더러 금지적 입장을 취했으니 말이다. 그 나라는 의료용으로는 유럽의 다른 어느 나라보다 항생제를 적게 사용했다. 가령 프랑스와 비교해보면, 프랑스인이 복용하는 양의 4분의 1에 불과했다. 정부 규정은 내성균이 발생하지 않도록 막기 위해 의사가 처방할 수 있는 항생제를 정해놓았다. 병원 위생에 관한 엄격한 국가적 규준도 내성균이 퍼져나가지 못하도록 막는 것을 목표로 삼았다. '찾아서 없애기(search and destroy)'라 알려진 그 규준은 1988년에 마련되었는데,[4] 1961년 잉글랜드에서 등장해 세계를 강타한 메티실린내성황색포도상구균을 겨냥했다. 이 균은 피부에 잘 달라붙으므로 특히 병원에서 위험했다. 의료계 종사자들이 손 씻기를 게을리하거나 건성으로 하면 그 균을 전파할 수 있었고, 실제로 그런 예는 비일비재했다. 1990년대에 메티실린내성황색포도상구균은 전 세계적으로 병원에서 치명적인 유행병을 일으켰다.

하지만 네덜란드만은 예외였다. 네덜란드의 규정은 일단 그 균에 감염된 사람이 그 사실을 모르고 병원을 찾을 가능성이 있다고 가정했으며,[5] 따라서 병원에서 근무하거나 모종의 위급상황 때문에 병원에 입원한 사람은 누구라도 메티실린내성황색포도상구균을 지니고 있는지 여부를 확인하기 위해 먼저 검사를 받아야 했다. 다른 나라의 병원에서 치료받은 사람은 네덜란드 병원에 발을 들여놓자마자 격리실에 들어가야 했고, 테스트 결과 내성균을 지니고 있지 않다는 사실이 드러나야 비로소 풀려날 수 있었다. 내성 포도상구균 보균자로 밝혀진 사람은—환자든 의사든 간호사든 하급 의료 노무자든 간에—누구라도 의무적 조치를 따라야 했다. 강력한 소독용 비누로 샤워를 하고, 코에 항생제 젤을 찍 뿌리고 나서야 다시 병원으로 돌아갈 수 있었던 것이다.

이 규정은 엄격했고 병원이 따르기에는 비용도 만만치 않았다. 하지만 효과는 그만이었다. 병원이 수행한 체크인(check-in) 테스트는 메티실린내성황색포도상구균의 보균자는 100명 가운데 1명도 안 될 정도로 대단히 희귀하다는 사실을 보여주었다. 따라서 2003년 10월에 일어난 사건은 사람들에게 불쾌한 충격[6]을 안겨주기에 충분했다. 오스테를라컨의 농장으로부터 약 25킬로미터 떨어진 농장에서 돼지를 사육하는 에릭 판덴회벌(Eric van den Heuvel)이 수술을 앞두고 검사를 받게 하려고 딸 에벨리너(Eveline)를 지역 병원에 데려갔다. 한 주 뒤에 병원에서 전화가 걸려왔다. 에벨리너에게서 메티실린내성황색포도상구균이 검출되었다는 내용이었다.

에벨리너는 두 살 여아다. 심장 구조에 몇 가지 심각한 결함을 지니고 태어난 그녀는 좌심실과 우심실 사이에 난 구멍을 매우기 위해 이미 한 차례 응급수술을 받은 바 있는데, 다시 한번 응급수술을 앞두고 있었다. 병원은 그녀가 1년 동안 병원을 찾은 적이 없고 가족이 메티실린내성황색포도상구균이 흔한 나라로 여행을 다녀온 적도 없기에 무언가 발견하게 되리라고 생각한 것은 아니지만 일단 '찾아서 없애기' 규정에 따라 그녀를 검사했다. 그러나 그 통상적 검사에서는 그녀가 메티실린내성황색포도상구균을 지니고 있다는 사실만 드러난 게 아니었다. 네덜란드에서 전에는 한 번도 보고된 적 없는 세균종이 그녀의 몸에서 발견된 것이다. 병원 측은 그 문제가 해결될 때까지 그녀가 수술을 받도록 허락할 수 없었다. 병원 직원들은 에벨리너의 부모에게 그녀가 통상적으로 요구되는 절차—강력한 소독용 비누로 씻고, 항생제 젤을 코에 뿌리고, 항생제를 투여한다―를 거치게 하도록 요청했다. 그러는 사이 병원 역학자들은 그 내성균의 진원지를 찾아 나섰다.

그들은 먼저 그녀의 가족을 검사했다. 아버지 에릭과 어머니 이너(Ine), 그리고 열네 살인 오빠 헤르트Gert)도 그 변칙적인 종을 지니고 있었다. 오직 그녀의 여덟 살 언니 마리커(Marieke)만이 예외였다. 역학자들은 그녀 부모의 친구들도, 돼지 사육에 관한 정보를 공유하기 위해 서로의 집을 돌아가면서 한 달에 한 번 만나는 농부 집단도 검사했다. 검사 대상인 23명 중 6명이 그 종을 보유하고 있었다. 마지막으로 그 외 단서를 필요로 했던 그들은 판덴회벌이 키우는 돼지 500마리 중 무작위로 30마리를 골라 검사했다. 그중 한 마리에서 똑같은 진기한 종이 검출되었다.

이 새로운 메티실린내성황색포도상구균―이 종은 널리 쓰이는 그 테스트의 토대가 되는 기법(spa typing―옮긴이)에 착안해 ST398이라는 이름이 붙었다―과 관련해서는 유독 이상한 점이 하나 있었다. 세계 전역의 과학자들은 1961년 내약제 포도상구균이 등장한 이래 그 균을 면밀히 추적해왔다. 급속도로 전 세계를 돌아다니면서 폭발적인 유행병을 일으켰기 때문이다. 이 종은 테트라사이클린에 내성을 지녔는데[7] 참으로 알다가도 모를 일이었다. 테트라사이클린은 그 병원균에 의한 감염을 치료하는 데 쓰인 적이 거의 없었기 때문이다. 심지어 2004년 메티실린내성황색포도상구균에 의한 유행병이 맹위를 떨쳤던 미국에서조차 테트라사이클린은 의사들이 그 병을 치료하기 위해 최초로 선택한 약물이 아니었다. 그러나 네덜란드는 인체에 항생제를 사용하는 비율이야 유럽 국가들 가운데 가장 낮았지만, 농업계에는 다른 어느 EU 국가들보다 항생제를 더 많이 쓰고 있었다.[8] 네덜란드의 농부들은 자신들이 사육하는 돼지에게 연간 65만 파운드가 넘는 테트라사이클린을 쏟아부었다. 인간을 감염시키는 메티실린내성황색포도상구균이 농장의 동물들 속을 돌아다니다[9] 농장 항생제로 인해 내성을 획득한 다음 다시 인간에게 전파된 것이다.

네덜란드가 이 새로운 '돼지 메티실린내성황색포도상구균', 즉 MRSA ST398을 감지할 수 있었던 것은 자국에 내약제 포도상구균이 거의 없어서 그것이 눈에 확 띈 덕분이었다. 하지만 같은 이유에서ㅡ즉 진작부터 손, 코, 병원 카운터 등 이용 가능한 생활공간을 장악한 경쟁적인 메티실린내성황색포도상구균종이 없었기 때문에ㅡ메티실린내성황색포도상구균 ST398은 마치 삭벌(削伐)한 숲에 솟아난 잡초처럼 삽시간에 온 나라로 퍼져나갔다.

에벨리너 판덴회벌이 그 균을 보유하고 있다ㅡ하지만 그녀는 그 균에 의해 발병하지는 않았다ㅡ는 진단을 받은 때로부터 4개월 뒤, 거기서 100킬로미터 떨어진 마을에 사는 한 여성[10]이 악성 흉부 감염으로 에벨리너가 치료받던 그 지역 병원을 찾았다. 감염은 메티실린내성황색포도상구균 ST398 때문인 것으로 드러났다. 네덜란드에서 그 새로운 종에 따른 최초의 감염 사태가 발생한 것이다. 그녀의 남편과 갓 태어난 딸도 역시 그 균을 지니고 있는 것으로 드러나긴 했지만 병을 앓지는 않았다. 바로 그녀의 남편이 돼지 사육농이었다. 그의 종업원 3명도 그 새로운 균의 보균자였다. 연구자들이 8000마리의 돼지 무리에서 무작위로 추출한 10마리 가운데 무려 8마리에서 그 균이 검출되었다. 이어 두 가족과 80킬로미터 넘게 떨어진 곳에 살고, 나날의 일상에서 돼지나 농부들과 전연 접촉이 없는 한 여성[11]이 자기가 막 신장이식 수술을 받은 병원을 다시 찾았다. 그녀는 심장 내벽이 메티실린내성황색포도상구균 ST398에 감염되어 호되게 앓았다. 그 일이 있고 난 뒤[12] 병원 질병이 발발했다. 환자 3명이 메티실린내성황색포도상구균 ST398으로 인해 당뇨병성 족부궤

양을 잃었고, 또 다른 환자 3명과 병원 직원 5명도 그 균을 보유하고 있었던 것이다. 그런 다음 장애인과 맹인이 집단 수용된 시설에서도 질병이 발생했다.

네덜란드인들은 메티실린내성황색포도상구균 ST398이 마을에서 마을로 그토록 빠르게 퍼져나간 것은 그 균이 이미 전국의 돼지들에게 퍼져 있는 상태였기 때문이 아닐까 의심했다. 네덜란드에서 사육되는 돼지만 해도 자그마치 수백만 마리였으니 그것을 증명하기란 어려웠다. 하지만 네덜란드는 작은 나라인 만큼 돼지들을 비교적 소수의 장소에서만 도축한다. 전국적으로 도살되는 돼지의 약 3분의 2를 집단적으로 가공하는 9개 도축장이 정부의 검사를 받는 데 동의했다. 조사관들은 도축장에 들어온 돼지의 40퍼센트에서, 그리고 그들에게 돼지를 보내주는 농장들 부지 가운데 80퍼센트에서 그 진기한 메티실린내성황색포도상구균을 발견했다.[13] 2007년 메티실린내성황색포도상구균은 네덜란드의 포도상구균 감염의 1퍼센트를 차지하던 데에서 30퍼센트를 차지하는 수준으로 불어났으며,[14] 그 감염의 거의 대부분은 돼지종인 ST398이었다.

돼지 사육으로 인한 위협이 너무나 명백했던 만큼 네덜란드 정부는 행동에 나서지 않을 수 없다고 느꼈다. 그래서 '찾아서 없애기' 전략을 수정했다. 이제 수의사, 농부, 농부의 아내와 자녀 등 돼지와 직접 접촉하는 생활을 하는 사람은 병원을 찾으면 일단 격리실에 수용된 다음 테스트 결과 깨끗하다는 사실이 확인되고서야 풀려날 수 있었다. 이 새로운 전략은 즉각 의료 시스템에 부담을 안겨주었다. 오스테를라컨과 판덴회벌의 농장을 위시해 7000개가 넘는 돼지 농장과 가까운 큰 도시 네이메헌(Nijmegen)에서는 주요 병원들이 농부들을 수용할 수 있는 격리실이 부족해서 큰 어려움을 겪었다.

ST398로 인한 유행병은 EU가 1999년 아보파신을 비롯한 여러 성장 촉진제에 대해 '부분적으로' 금지 조치를 시행한 이후 발생했다. 그 일은 유럽의 국가들로 하여금 다음 대응에 나서도록 압박했다. 결국 유럽 각국은 2006년 1월 1일을 기점으로 항생제를 인간에게든 동물에게든 성장 촉진제로 사용하는 행위를 '전면적으로' 금지했다.[15]

이는 역사적인 조치였다. 그토록 많은 정부가 최초로 항생제 내성을 우선순위로 삼는 데 함께 동의했기 때문이다. 하지만 여전히 그것만으로는 부족했다. 메티실린내성황색포도상구균 ST398의 출현은 항생제가 성장 촉진제로 쓰이는 경우만큼 예방적 용도로 쓰이는 경우에도 내성을 부추긴다는 사실을 분명하게 보여주었기 때문이다. 이런 설명방식이 있을 수 있다. 즉 성장 촉진제의 금지는 그것이 동물의 건강에 하등 기여하지 않는지라 정치적으로 옹호하는 게 가능했다. 반면 예방적 목적으로 쓰이는 항생제는 과용할 경우 인간의 건강에 위해를 끼치기도 하지만, 여전히 동물의 건강에 이바지했던 것이다. 게다가 시장에서 성장 촉진제를 제거하면 전반적으로 항생제 사용이 줄어들 거라는 가정도 분명 있었던 것 같다. 하지만 실제로는 그렇지 않았다.

1999년의 성장 촉진제 금지 조치 이후, 네덜란드 정부는 가축에게 사용한 항생제의 잔류량을 점검하는 감시 제도를 도입했다. 또한 해마다 사료 제조사가 판매한 항생제와 농부들이 구매한 항생제 총량을 발표했다. 정부가 발표하는 내용에는 가축을 도축한 뒤 일부 육류에서 채취한 세균 샘플의 분석 결과도 포함되었다. 네덜란드 정부는 동물의 건강, 항생제 사용, 내성의 상호작용에 대해 다른 어느 정부보다 더 소상한 그림을 그

렸으며, 2006년의 전면적 금지가 모든 사람들이 생각하는 개가가 아니었음을[16] 재빨리 간파했다. 그렇다, 성장 촉진제는 더 이상 시장에 나오지 않았다. 그 연례보고서에 따르면 네덜란드에서 성장 촉진제로 판매되는 항생제 총량은 해마다 서서히 줄어들고 있었다. 결국 성장 촉진제를 '부분적으로' 금지한 1999년에 성장 촉진제로 쓰인 항생제는 275톤이 넘었지만 '전면적으로' 금지한 2006년에는 매출액이 0퍼센트가 되었던 것이다. 그러나 농장에서 사용하기 위해 팔려나간 항생제 총량은 전혀 달라지지 않았다. 1999년부터 2006년과 그 이후까지 매년 606톤 남짓으로 같은 수치를 유지해온 것이다. 약물 제조업자들은 자신들이 판매하는 농업용 약물의 상표를 다시 갈아입혔다. 성장 촉진제에서 예방적 용도의 약물로 라벨을 슬그머니 바꿔치기한 것이다. 스완 보고서가 발표된 이래 영국에서 일어난 사태와 비슷하게, 그들은 법조문을 자구 그대로 준수하기야 했지만 그것이 실제로 의도한 바는 모르쇠했다.

그렇게나 많은 항생제가 농장으로 흘러 들어감에 따라 네덜란드는 더 많은 새로운 형태의 내성 사례를 겪게 되었다. 이번에는 식품과 직접적으로 연관된 사태였다. 페니실린과 그 사촌들, 그리고 세팔로스포린 계열 약물의 여러 종을 무력화할 수 있는 광범위베타락탐분해효소가 닭고기에서 검출된 대장균과 살모넬라균에서 생성되기 시작했다[17](네덜란드는 매년 1억 마리의 닭고기를 사육한다). 네덜란드 연구자들은 인간과의 관련성을 파헤치기 시작했다.[18] 스미스가 플루오로퀴놀론계 내성과 관련해, 존슨이 식품매개 요로 감염증을 일으킨 세균과 관련해 그렇게 했던 것처럼 말이다. 둘로 나뉜 연구집단이 네덜란드의 여러 도시에서 닭고기를 구입했으며, 병원 환자들의 혈액과 대변 샘플을 수집했다. 두 연구집단은 같은 결과를 얻어냈다. 그들이 테스트한 닭의 대부분—한 연구에서는 80퍼센트, 다른 연구에서는 94퍼센트—이 광범위베타락탐분해효소 내성균에 오염되어 있었던 것이다. 그리고 인간을 감염시킨 광범위베타락탐분해효소 내성균은 닭에서 검출된 세균종과 유전적으로 동일했다. 메티실린내성황색포도상구균 ST398이 EU의 '부분적' 금지만으로는 불충분하다는 사실을 실증적으로 보여준 것처럼, 광범위베타락탐분해효소 생성균에 의한 유행병은 심지어 성장 촉진제를 '전면적으로' 금지한 조치조차 인간의 건강을 보호하는 데 충분치 않음을 말해주었다.

이 발견에 자극을 받은 네덜란드는 2009년 농장에서 항생제 사용과 관련해 그때껏 시행한 것 중 가장 포괄적인 통제 정책을 실시했다. 그 정책은 항생제 판매를 규제했으며, 농부들이 농지에서 하는 일을 감시했고, 수의사들이 거래 농장의 고객들과 무슨 말을 하고 무엇을 판매하는지 면밀히 조사했다. 이는 자칫 정치적 재앙으로 번질 수도 있는 일이었다. 하지만 광범위한 내성이 발견됨으로써 워낙 나라 전체를 뒤흔들어놓았던 터라 농민, 수의사, 사료 판매상, 그리고 그들을 대표하는 강력한 전국 조직들은 찍소리도 낼 수 없었다. 실제로 그들은 그 정책의 설계를 도왔고 그것을 반드시 실시해야 한다고 입소문을 냈다.

내가 2013년 11월 헤르버르트 오스테를라컨을 만났을 때는 그를 비롯한 모든 네덜란드 농민이 거의 7년 동안 농장 항생제와 관련해 모종의 제약 속에서 살아온 시점이었다. 자신의 일에 열의가 많은 사람은 자기 돼지들에게 제공하는 것과 관련해 검열과 통제가 심하다는 데 짜증이 날 만도 하겠다 싶었다. 하지만 오스테를라컨은 그렇게 할 수 있다는 것을 기쁘게 여겨졌고, 그 규정들을 좀더 순정하고 책임감 있는 농법으로 돌아가기 위한 지침으로 받아들였다.

"2006년에 저는 돼지사육자조합의 이사회에 참여했어요." 오스테를라 컨이 말했다. 우리는 그의 헛간을 막 다 돌아본 뒤 색깔로 구분한 구역들을 가르는 복도에서 좀 떨어진 휴게실에 앉아 있었다. 그가 자신이 키우는 돼지들이 감염되지 않도록 준수하고 있는 엄격한 생물보안(biosecurity: 정해진 구역 안에서 모든 생물체의 출입을 제한함으로써 질병의 전염을 막는 것―옮긴이) 기준을 존중하기 위해 나는 입고 있던 옷을 모두 벗고 화장을 지우고 머리를 감고 샤워를 해야 했다. 그리고 농장에서 제공하는 깨끗하게 세탁한 옷―상하가 붙은 작업복, 양말, 스포츠 브래지어와 속옷―으로 갈아입고 소독약으로 닦아놓은 장화를 신어야 했다. 그는 향으로 짐작하건대 한동안 끓고 있던 커피를 나에게 부어주었다. 헤어드라이어가 없는 탓에 나는 머리를 뒤로 질끈 묶어 목으로 늘어뜨려놓았다.

그가 말했다. "우리는 수의사들과 농장에서 항생제를 좀더 잘 사용하기 위해 노력하자고 협약을 맺었어요. 조사하는 데 몇 년이 걸릴지도 모를 어려운 일이 아니라 오늘 이야기해서 내일 당장 농장에 도입할 수 있는 그런 일을 하고 싶었죠."

오스테를라컨은 가까운 농민 모임을 통해 알고 지내던 판덴회벌의 일에 커다란 영향을 받았다. "만약 당신의 딸이 병원에 가서 치료를 받아야 하는데 그럴 수 없다는 이야기를 들으면 당신은 스스로의 삶이 송두리째 흔들리는 충격을 받을 거예요." 그가 두 손으로 커피잔을 돌리면서 말했다. "가족 중 누군가가 병원에 갔는데 항생제 내성균을 보유하고 있다는 진단 결과가 나왔다는 이야기를 듣는다면 얼마나 끔찍하겠어요. 그런 말은 정말이지 듣고 싶지 않잖아요."

〔에벨리너 판덴회벌은 회복되었다. 그녀는 탈집락화 치료(decolonization treatment)를 마치고 테스트를 통해 깨끗해졌다는 사실을 확인받은 뒤인 2004년 1월 예정보다 몇 달 늦게 수술을 받을 수 있었다.〕 이제 열다섯 살이 된 에벨리너 판덴회벌은 요양원 조무사가 되기 위해 준비하고 있다. 아버지 에릭은 그녀의 메티실린내성 황색포도상구균 공포를 겪고 난 뒤 몇 년 동안 힘겨운 세월을 보냈다. 그는 그 경험이 그때껏 한없이 자랑스러워하던 자신의 돼지 사육에 씻을 수 없는 오점을 남겼다고 느꼈다. 그래서 2016년 결국 돼지 키우는 일을 집어치웠고, 지금은 헛간 청소용 용액—병원균이 점령한 생활공간을 되찾아오는 '이로운' 균이 가득 담긴 용액—을 만드는 벨기에 회사에서 일하고 있다.

네덜란드 정부가 새로운 정책을 실시하면서 항생제에 대해 한층 더 규제의 고삐를 죄어왔을 때 오스테를라컨과 돼지사육자조합의 다른 구성원들은 그 조치를 반겼다. 다행스러운 일이었다. 새로운 규정을 따르는 것은 필시 만만찮은 일이었기 때문이다. 성장 촉진제는 진작 논의가 마무리된 사항이었지만, 이제 예방적 용도까지 금지된 것이다. 항생제는 오직 질병 치료를 위해서만 쓸 수 있었다. 그때도 반드시 수의사로부터 사용승인을 받아야 했고 인간 의료용 항생제는 쓸 수 없었다. 여러 수의사를 전전하는 사태를 막기 위해 모든 농부는 반드시 단 한 사람의 수의사와만 거래해야 했고 그 관계를 국가에 등록해야 했으며, 수의사가 발급한 모든 처방전은 국가 데이터베이스에 보관해두어야 했다.

농부들이 여전히 사용할 수 있도록 허락받은 항생제는 여러 층으로 분류되어 있었다. 그중 어느 것은 농장에서 소량 보관할 수 있었지만, 또 어느 것은 수의사의 명에 따른 배양 검사와 감수성 테스트를 거쳐 사용이 부득이하다는 사실을 입증하고서야 제공될 수 있었다. 정부기관과 돼지·

소·닭 사육자를 대표하는 주요 생산자 집단은 복잡한 알고리즘을 고안해냈다. 농부들이 얼마나 자주 항생제를 사용하고 있는지 보여주고 그들에게 목표량을 제시하기 위한 것이었다. '동물의 1일 사용량(defined daily dose for animals, DDDA)'이라 불리는 그것은 농장에서 항생제를 사용하는 날이 연중 며칠인지를 효과적으로 드러내주었다. 전국적으로 같은 유형의 동물을 사육하는 농부들은 이를 토대로 마치 신호등처럼 초록-노랑-빨강으로 분류되었다. 초록지대에 머물려면 육계 사육자는 1년에 오직 15일만, 돼지 사육자는 10일만 항생제를 사용해야 한다(오스테를라컨의 수치는 1일이었다).

2010년 초반 네덜란드 정부는 첫 번째 목표를 설정했다. 2009년 사용된 농장 항생제 총량을 기준으로 2년 내에 20퍼센트를, 3년 내에, 그러니까 2013년까지 50퍼센트를 감축하겠다는 내용이었다. 네덜란드 농부들이 그 제도를 어찌나 적극적으로 수용했던지 일찌감치 목표에 도달할 수 있었다.[19] 그들은 전국적으로 2012년이 채 지기도 전에 농장 항생제 사용량을 절반으로 줄인 것이다. 같은 기간 동물을 도축할 때 육류에서 검출되는 항생제 내성균의 수도 덩달아 줄어들었다.

오스테를라컨은 항생제를 포기하는 일에 힘을 쏟아도 최종 결산 결과가 그리 나쁘지 않았다는 말을 냉큼 덧붙였다. "당신은 더 나은 결과를 얻게 돼요. 더군다나 건강한 돼지를 키울 때 모든 것이 한층 더 순조롭죠. 녀석들이 건강하면 그들은 당신에게 이윤을 안겨줘요. 아픈 돼지는 조금도 이윤을 제공해줄 수 없어요."

오스테를라컨은 여전히 훨씬 더 잘할 여지가 있었다면서 아쉬움을 토로하기도 했다. 그는 돼지들을 질병으로부터 보호할 수 있는 참신한 방법을 연구하고 있다. 개선된 축사 디자인, 혹은 사료에 추가하거나 헛간에 살포할 프로바이오틱스(probiotics: 인체에 이로운 미생물―옮긴이) 같은 것들이다.

그가 말했다. "만약 우리 아이들에게 얼마간의 약물을 남겨주는 문제에 대해 진지하게 생각한다면, 농장에서 사용되는 항생제와 관련해 무슨 일인가 해야 합니다. 바로 그 때문에 이런 노력이 우리 자신에게나 미래세대에게나 값진 거죠. 그런데 그게 바로 우리가 농장에서 더 많은 이윤을 낼 수 있는 방편이기도 해요."

네덜란드의 모든 농부들이 그 새로운 제도 아래 서로 협업하는 동안ㅡ정부야 자발적이라고 표현했지만 그를 거부하기란 사실상 불가능했다ㅡ남들보다 더 고전한 이들도 없지는 않았다. 그런 농부들은 노련하고 경험이 많으며 굳은 신념을 지닌 채 그 새로운 규정을 따랐을 때조차 난관에 봉착하기 일쑤였다.

로프 빙언스(Rob Wingens)와 에흐버르트 빙언스(Egbert Wingens) 형제랑 그 가족들은 오스테를라컨의 농지로부터 불과 몇 킬로미터밖에 떨어지지 않은 레이크(Reek)라는 작은 마을에서 육계 농장 두 곳을 운영하고 있다. 그들은 한번에 25만 마리씩 닭을 사육하는 일을 연중 여덟 차례 되풀이한다. 그 닭들은 빠르게 자라고 가슴살이 두툼한 교배종으로, 먼 옛날 '미래의 닭' 경연대회에서 2위를 차지한 아버에이커스 닭 품종을 흡수했던 세계적인 유전자 분석기업 아비아젠이 판매한다〔본시 로스(Ross)라는 스코틀랜드 기업에서 유래한 아비아젠 닭 품종은 본질적으로 미국의 가금 농부들이 기르는 코니시 교배종과 같다. 코브–반트레스 기업에서 제공하며 '미래의 닭' 경연대회의 우승자로 거슬러 올라가는 종 말이다〕.

돼지를 주로 사육하는 네덜란드 남동부에서는 이례적으로, 빙언스 형제는 닭을 사육하는 가정 출신이다. 그들의 할아버지는 작은 무리의 닭과 돼지를 키웠다. 아버지는 그 규모를 확장해서, 일을 그만두고 물러날 때 해마다 육계 4만 마리와 돼지 700마리를 키우고 있었다. 그는 자신의 농장 부지를 두 아들에게 팔았다. 에흐버르트는 인근에 두 번째 농장을 구입했다. 두 농장 모두 정면의 좁다란 포장도로 가까이에는 야트막하고 정감 어리고 따뜻한 느낌의 붉은 벽돌 건물이, 뒤꼍에는 현대식 금속 헛간이 들어서 있다. 그리고 군데군데 형제의 아버지가 은퇴 후 무료함을 달래기 위해 만든 엉뚱하고 기발한 닭 관련 예술작품이 전시되어 있다.

빨리 자라는 교배종 닭―빙언스 형제네 닭은 42일 동안 살고 도축된다―은 새로운 항생제 규정하에서 완전히 합법이다. 그 규정이 유전학에 대해서는 아무것도 말해주지 않고 있기 때문이다. 하지만 슈퍼마켓이 구매결정을 할 때 동물복지를 준수했음을 말해주는 '더나은삶(Beter Leven)' 증명서가 붙은 육류를 선택하는 사회인지라 그들은 그런 문화적 분위기에 민감할 수밖에 없다. 네덜란드의 동물복지 활동가들은 교배종 닭을 그들이 자라는 속도에 빗대 '뻥튀기 닭(plofkip)'이라고 불렀다.

로프는 반박했다. "저는 '행운의 닭(bofkip)'이라고 부릅니다. 우리 가족에게 행운을 안겨주었거든요."

새로운 네덜란드의 기준으로 판단해볼 때 빙언스 형제는 책임을 다하는 농부들이다. 그들의 연간 '동물의 1일 사용량' 수치는 13일로 초록지대에 넉넉히 들어가고도 남는다. 하지만 엄격한 새 규정을 준수하면서 그들의 교배종 닭의 건강을 관리하는 일은 녹록지 않았다. "항생제를 덜 쓰려는 것은 좋은 태도죠." 에흐버르트가 농가와 닭 헛간 사이에 놓인 와그작거리는 자갈길을 가로질러 걸으며 말했다. "저는 꼭 그래야만 하는 때를 제외하고는 항생제를 쓰고 싶지 않아요."

빙언스 형제는 다른 거의 모든 육계 사육자들과 마찬가지로 병아리 형태로 닭을 사들인다. 한 네덜란드 부화장에서 인공부화를 거쳐 부화한 지 하루 만에 그들에게 배달해주는 닭들이다. 만약 보송보송한 갓난 병아리들이 병들거나 비실대는 상태로 도착하면 그들은 뭐가 잘못인지 안다고 믿고 있음에도 이제 과거와 달리 약물을 투여할 수 없다. 에흐버르트가 말했다. "우리는 경험을 통해 사용이 허락된 것들 중 첫 번째로 선택한 약물이 듣지 않으리라는 것을 알고 있어요. 그러니 두 번째, 심지어 세 번째 선택을 해야 하지만, 수의사가 테스트를 실시하지 않으면 사용할 수 없어요. 하는 수 없이 첫 번째 선택으로 시작을 하죠. 그리고 그게 안 들으면 두 번째 약물을 이용합니다. 그것도 안 먹히면 테스트 결과를 기다렸다가 세 번째 약물을 사용할 수 있도록 허락을 받죠. 하지만 그러다 보면 이레나 어드레가 훌쩍 지나버려요. 결국 수많은 닭이 기다리지 못하고 죽고 말아요."

생을 맞은 처음 며칠 동안 시름시름 앓다 죽어가는 병아리들은 흔히 볼 수 있다(그래서 수많은 부화장에서는 처음부터 일정 비율이 결국 살아남지 못하리라 가정하고 농부들이 주문한 양에 여분을 얹어 준다). 가금업계는 닭이 '좋은 출발'을 하도록 만드는 일에 사활을 건다. 빙언스도 마찬가지다. 대부분의 항생제가 사용 금지된 터라 닭의 건강을 지켜줄 묘안을 모색하는 일이 수지 맞추는 데 더없이 중요하기 때문이다. 형제는 가외의 비용을 들여 헛간을 기준보다 더 따뜻하게 유지하고, 닭에게 제공하는 사료의 내용물을 이렇게 저렇게 달리하면서 저만의 제조법을 개발해 그렇게 배합해달라고 사료 공장에 의뢰한다. "사료만 잘 만들어도 해결할 수 있는 문제가 엄청나게 많아요." 로프가 나에게 큰소리를 쳤다. 하지만 그들이 사료를 개선해서 얻는 이득은 그리 오래가지 않았다. 그가 이렇게 덧붙였다. "육종기업들은 해마다 닭의 유전적 특성을 바꿔요. 그런데 그럴 때마다 닭이 먹어야 하는 사료도 달라져요. 그 기업들이 자기네가 가한 변화가 무엇인지 투명하게 공개한다면 알맞은 사료를 만들기가 한결 쉬울 텐데 말이죠."

내가 방문했을 당시 빙언스 형제는 한창 한 가지 실험을 진행 중이었다. 그들이 자체적으로 닭 품종을 개발할 가망은 없었다. 유전자 분석기업들이 그들의 지식 재산권을 꽉 틀어쥐고 있어서 개별 농장들이 빨리 성장하는 닭 품종을 자체 개발하기란 애당초 불가능해졌기 때문이다. 대신 그들은 자기네 농장에서 직접 닭을 부화함으로써 그들이 세상에 첫발을 딛는 초기 삶을 개선하는 일에 착수했다. 그렇게 되자 형제는 트럭에 실려 오면서 받는 스트레스와 온도 변화를 막을 수 있었고, 한꺼번에 부화하는 집단에서 다른 개체들보다 일찍 세상에 나온 병아리들이 먹이 없이 너무 오래 견뎌야 할지도 모를 가능성을 예방할 수 있었다. 그들은 어느 헛간에 바닥에서 불과 10센티미터 정도 떨어진 위치에 달걀 트레이를 설치해 갓 부화한 병아리들이 구르듯 바닥으로 내려와 바로 모이를 먹을 수 있도록 해두었다. 그리고 트레이마다 부화를 사흘 앞둔 달걀을 가득 채웠다.

그들은 이런 일을 여러 차례 했다. 그들이 처음으로 직접 부화에 성공한 무리는 이제 3주 정도 자랐다. 에흐버르트가 헛간 문을 당겨 열자 여전히 깃털이 일부밖에 나지 않은 절반쯤 자란 닭들이 호기심 어린 눈을 반짝이며 쏟아져 나와 내 장화에 달린 버클을 쪼아댔다.

"그들은 이 헛간에서 태어났고, 여기서 그들의 전 생애를 보내게 될 거예요." 그가 어떤 장비 위로 깡충 뛰어오른 닭을 부드럽게 내쫓으면서 설명했다. "그들이 좋아 보이는 게 느껴지지 않나요? 녀석들은 스트레스를 받지도 않고 겁에 질려 있지도 않죠. 우리는 이 헛간에서 항생제를 덜 쓰는 게 가능했어요."

가축우리의 관점

빙언스 형제와 오스테를라컨은 네덜란드의 새로운 제도가 그들에게 제공한 혁신을 적극 반겼다. 프랑스에서는 라벨루즈의 농부들이 새로운 기술을 신중하게 선택해 전통적 가치를 기반으로 한 제도에 접목했다. 미국의 가금 생산업자들은 그런 선택과는 거리가 멀었다. 제시 주얼과 그가 1930년대에 개발한 수직적 통합 시스템 덕분에 과거에는 농부들이 직접 내리던 결정들이 거의 모두[1] 기업의 손으로 넘어갔다. 미국 전역에 흩어져 있는 35개가량의 가금 기업은 닭 품종을 선택하고 달걀을 받아서 부화시키고 사료 재료를 사들이고 사료 배합 공장을 운영하고 가금 사육자들에게 사료를 배달한다. 그리고 사육자들에게 값을 지불하고 닭을 수합한다음 그들 소유의 도축·가공 공장으로 싣고 가 육류로 만들어 포장한 다음 판매하기로 협의한 곳이면 어디든 실어다 준다.

겉으로 보이는 이러한 가금 기업들의 천편일률성은 그들의 철학이나 공정에서 드러나는 차이 ─ 이를테면 그들이 언제 어떻게 항생제를 사용하는가 하는 문제 따위—를 가려버린다. 또한 사육자들이 닭을 키우는 일을 얼마나 다르게 경험하는지—즉 소중한 유산으로 받아들이는지, 그저 하나의 직업으로 받아들이는지, 그도 아니면 도무지 자신들이 추구하는 이상과 맞지 않는 일로 치부하는지—도 감춰버린다. 일부 농부들에게는 항생제가 마치 포장할 때 맨 마지막으로 매는 장식용 리본 같은 것이었다. 다시 말해 그들이 건강한 동물을 생산하기 위해 할 수 있는 일을 다 했음을 마지막으로 보장해주는 장치였던 셈이다. 또 어떤 농부들에게는 그것이 유령의 집 거울 같은 것이었다. 전에 결코 생각해본 적 없는 관점에서 그들의 행동과 신념을 비춰주는 거울 말이다.

미국에는 육계 생산업자가 대략 2만 5000명 있다. 단 하나의 농장으로는 그들 모두를 말해줄 수 없다. 하지만 내가 만난 수많은 가금 생산업자 가운데[2] 레이턴 쿨리(Leighton Cooley)와 그의 아버지 래리 쿨리(Larry Cooley)는 비록 그들을 둘러싸고 가금산업이 변화하고 있음에도 자신들이 농장을 경영하는 방식에 편안함을 느끼는 사람들의 대표격이었다.

"저는 우리가 하는 일을 정말이지 좋아합니다." 래리가 말했다. 래리의 하얀색 농가는 조지아주 애틀랜타에서 남쪽으로 140킬로미터가량 떨어진 로버타(Roberta)에 있다. 우리는 그의 농가 옆 실외 간이 구조물에 놓인 낡은 소파에 앉아 있었다. 2016년 3월의 어느 청명한 아침이었다. 재킷을 벗어버리고 싶을 만큼 포근했지만, 이르게 도착한 벌레들이 가까이 오지 못할 만큼은 바람이 불었다. 우리는 낡은 트랙터를 등진 채 쿨리 가족의 말들이 풀을 뜯어 먹는 광경을 지켜보았다. "사람들이 이곳을 망쳐놓기를 우리는 바라지 않아요."

60세인 래리 쿨리는 어른이 된 이후 대부분의 시간 동안 닭을 기르고, 닭장을 짓는 건축업을 하면서 살아왔다. 그의 가족은 수 세대에 걸쳐 조지아주와 노스캐롤라이나주에서 가금 키우는 일을 해왔다. 결혼선물로 받은 땅에서 그와 아내 브렌다(Brenda)는 독자적으로 가금 사육을 시작했다. 1985년 4월 래리는 쿨리팜스(Cooley Farms)의 문을 열었고, 일련의 기업들을 위해 육계를 생산했다. 그의 아들인 32세의 레이턴은 대학 졸업 후 가족의 농장에 합류했고, 래리와 브렌다는 다시 그에게 얼마간의 땅을 주었다. 레이턴은 그 땅을 담보로 자신만의 양계장을 4개 지었다. 이제 가족의 땅에는 인접한 세 곳의 부지에 닭장 18개가 들어서 있고, 그들은 거기서 닭을 한 차례에 대략 50만 마리씩 기른다. 1년이면 300만 마리를 배출하는 셈이다.

키도 덩치도 큰 레이턴은 짧게 자른 머리 위에 트랙터가 그려진 모자를 눌러 쓰고 있다. 그는 한때 고등학교 교사나 풋볼 코치가 될 생각이었지만 하루 온종일 밖에서 지낼 수 있다는 유혹이 풋볼 사랑을 끝내 이기고 말았다. 이제 그는 농장 부지 가운데 하나에서 아내, 세 어린 아들과 함께 살면서 닭과 소규모의 육우 사육을 병행하고 있다. 전통적인 닭 생산에서 그는 조용한 유명인사다. 미국 최대의 전통농업 조직인 전미농민연합(American Farm Bureau)을 위해 젊은 농민들의 대변자 노릇을 했으며, 2014년 제작된 다큐멘터리 〈농지(Farmland)〉에 출연한 덕이다. 미국농장주및목장주연합(U.S. Farmers and Ranchers Association)이 자금을 대고 미국 전역에서 상영한 다큐멘터리다.

쿨리 부자는, 헛간은 2만 제곱피트의 공간을 확보해야 하고 닭은 헛간당 2만 3500마리까지만 수용해야 한다는 산업 기준을 준수하면서 닭을 키운다. 닭은 깔개 위에서 생활하는데, 깔개는 약 15센티미터 두께로 깐 소나무 대팻밥이 오줌이며 두엄과 뒤섞여 있어 스펀지처럼 폭신폭신하면서도 두툼한 고무판 위를 걷는 것 같은 탱탱한 느낌을 발바닥에 전해준다. 닭이 뽀송뽀송하던 병아리에서 성체 크기로 자라기까지는 채 두 달도 걸리지 않는다. 패스트푸드 가맹점에 공급하는 중간 크기의 닭으로 크기까지는 38일이 걸리고, 슈퍼마켓 닭고기 코너에 공급하는 그보다 좀더 큰 닭으로 성장하기까지는 50일이 소요된다. 닭은 벽이 단단한 헛간에서 반복적으로 돌아오는 어둠을 느끼지 못하도록 햇빛을 차단당한 채, 잠자고 깨어나고 먹으라고 명령하는 전깃불 아래에서 사육된다. 머리 위에 길게 설치된 파이프가 웅웅거리면서 발목 높이로 매달려 있는 동그란 붉은 트레이에 사료를 나눠준다. 사료 파이프와 나란히 설치한 식수 파이프에는 새들이 주둥이로 톡톡 쳐서 물을 받아 먹을 수 있도록 일정 간격을 둔 꼭지들이 아래쪽을 향해 점점이 박혀 있다. 팬(fan)을 통해서 불어오는 바람은 지독하게 더운 조지아주의 여름날에는 외부의 관에 의해 냉각되고, 추운 며칠 동안에는 덥혀져 헛간의 온도를 닭들이 막 부화한 병아리일 때는 32도로, 좀 컸을 때는 27도로 일정하게 유지해준다.

쿨리 부자는 몇 년 동안 몇 차례나 자기네 헛간을 보여줌으로써 내가 전통적인 가금 생산이 어떻게 이루어지는지를 이해할 수 있도록 도와주었다. 습한 바람이 시속 13킬로미터 속도로 일정하게 불어왔다. 내 작업복의 소매를 펄럭이게 만들고 묵직한 플라스틱 장화의 끈이 정강이를 누를 정도로 강한 풍속이었다. 그 복장은 내 옷에 묻어 있을지도 모를 바깥 세상의 오염물질이 헛간 환경에 들어오지 못하도록 막아줌으로써 내 발목을 간질이며 왁왁거리고 있는 닭들을 보호해준다. 그날 아침 당시 기르고 있는 닭은 42일째 되는 녀석들이었다. 다 큰 것처럼 보이고 볏이 붉고 머리와 등에 난 깃털은 희고 배는 맨살이었다. 할애된 공간이 충분치는 않아 보였지만 그들은 헛간 안을 자유롭게 돌아다녔다. 닭들은 마치 물고기 떼처럼 한꺼번에 우르르 몰려다니고, 또 함께 도란거리는 무리 속에 묻혀 주저앉았다. 그들은 깨끗하고 자세가 꼿꼿하고 몸매가 균형 잡혀 있었으며, 불안하거나 공포에 사로잡혀 있거나 고통을 겪는 것처럼 보이지 않았다.

미국에서, 그리고 점점 더 늘어나고 있는 세계의 여러 나라에서 식용으로 쓰이는 거의 모든 닭은 수십 년 동안 이런 식으로, 즉 언제나 실내에서, 인공 불빛 아래에서, 오직 농부가 제공하는 것만 먹는 식으로 길러졌다. 그렇게 해야만 한 해의 모든 달에 걸쳐 기후가 저마다 다른 상이한 장소에서 사육되는 수십억 마리의 닭을 육질이며 맛, 영양적 조성이 일관된 육류 제품으로, 즉 예측 가능한 식량으로 만들 수 있기 때문이다. 이것이 닭 경제의 토대다. 패스트푸드점에서 치킨 샌드위치를 주문해 먹거나 술집에서 닭날개를 안주로 시켜 먹거나 슈퍼마켓이 세일할 때 닭다리를 추가로 사서 쟁여놓는 이들이 매일 뒷받침해주는 닭 경제 말이다.

이는 쿨리 부자에게 효과적인 운영 방식이었다. 그들은 자기네가 거둬들인 이윤을 농장에 다시 투자했고, 대출을 받아서 새로운 닭장을 짓고 시설도 개선했다. 그들은 그 결과에 자부심을 느끼며 자신들의 제품을 신뢰한다. 레이턴이 말했다. "흔히들 전통적인 가금 농부 하면 아파서 비실대거나 무기력한 닭들을 수용한 우중충하고 역겨운 닭장에서 생활하는 사람이라는 이미지를 떠올리는 듯해요. 하지만 우리는 그렇지 않아요."

만약 쿨리팜스에서 정동쪽으로 차를 몰아간다면 미국의 육계 지대의 동쪽 절반을 가로지르게 된다. 육류용 닭 생산은 처음에야 델마버에서 시작되었지만, 오늘날 그것을 주도하는 주는 모두 남쪽에 몰려 있다. 조지아가 그중 첫손에 꼽히는 주[3]다(만약 그 주가 하나의 독립된 국가라면 세계에서 네 번째로 큰 닭 경제국이 될 것이다). 앨라배마·아칸소(미국 최대 닭 생산기업 타이슨의 본거지)·노스캐롤라이나·미시시피 주가 조지아의 뒤를 잇고 있다. 로버타에서 6시간 좀 못 되게 걸리고 노스캐롤라이나주 경계에서 동쪽으로 90미터 정도 떨어진 곳에 사는 또 한 사람의 닭 사육자는 그 일을 쿨리 부자와는 다르게 경험하고 있다.

노스캐롤라이나주 페어몬트(Fairmont)라는 작은 마을에서 C&A팜(C&A Farm)을 운영하는 크레이그 와츠(Craig Watts)는 키가 크고 흐느적거리듯 걸으며 짙은 회색 머리를 길게 자라도록 내버려두었다가 주기적으로 짧게 자른다. 갓 머리를 자른 그는 마치 이발소에서 방금 나온 어린애처럼 옆머리는 바짝 치고 윗머리는 숱을 살린 모습이다. 2014년 우리가 처음 만났을 때 그는 48세였다. 와츠는 노스캐롤라이나가 주가 되기 전부터 농장을 운영해온 가족 출신의 1세대 육계 생산업자로, 1901년 그의 증조할아버지가 지은 농가에서 살았다. 가족이 수 대에 걸쳐 살아온 땅이었다. 몇 개의 들판 너머에 살고 있는 숙모는 그곳이 여전히 영국의 식민지던 1700년대에 왕이 가족에게 하사한(royal grant) 땅을 보존하고 있다. 그의 부모님은 담배작물을 재배했지만, 집안을 꾸려가기에 충분한 돈을 벌기 위해 일용직을 계속해야 했다. 와츠가 고등학교에 다닐 때 아버지가 심장마비를 일으켰다. 다행히 목숨은 건졌지만 38도를 오르내리는 무더위 속에서 낮게 자라는 작물 위로 몸을 굽히는 일은 그의 약해진 심장으로는 무리였다. 가족은 담배 건조에 사용하던, 지붕이 금속인 마녀모자 꼴 우리를 폐쇄하고 농지를 세놓았다.

와츠는 1988년 경영학 학위를 취득했고, 농업용 화학약물을 시험하는 회사에 취직했다. 그는 농부들을 일일이 찾아다니면서 어떤 곤충이 그들의 대두 작물이며 면화 따위를 갉아 먹는지, 어떤 살충제가 그들의 토양에 잔류해 있는지 알아냈다. 번듯한 직종이었고, 결혼하기에 충분할 만큼 봉급도 두둑했다. 하지만 그는 넥타이를 매고 매일 똑같은 일을 되풀이하는 데 진력이 났다. 뭔가 변화를 모색하기 위해서는 아마도 회사의 본사가 있는 중서부 지역으로 이사를 가야 할 것 같았다. 그가 알고 있는 것과 풍광이며 문화가 다른 곳이었다. 그러던 중 1992년 한 가금 계열주체(integrator)를 위해 일하는 영업사원이 지역 농민들에게 말을 걸기 시작했다. 그는 도표를 들이밀면서 사우스캐롤라이나주 경계선 바로 너머에 짓고 있는 퍼듀팜스(Perdue Farms: 이하 퍼듀—옮긴이) 도계 공장을 위해 육계를 길러준다면 얼마나 많은 돈을 벌 수 있는지 설명했다.

와츠는 그 사전 선전요원의 권유를 들었고, 스프레드시트를 살펴본 다음 계약서에 서명하기로 합의했다. 그런 다음 닭장 2개를 짓고 각각의 닭장에 닭 3만 마리를 들였다. 3년이 지난 뒤 그는 닭장 2개를 더 지었다. 얼마 뒤 퍼듀를 위해 그 지역을 감독하는 가공 공장 관리자들이 그에게 처음 지은 헛간 2개를 개선하라고 요청했다. 와츠는 저당 잡히지 않은 토지와 농가를 소유하고 있었던지라 재정적으로 그 일을 감당할 수 있었다. 그는 2001년에 첫 번째 닭장 2개를, 2004년에는 두 번째 닭장 2개를 손보기 위해 빌린 대출금을 모두 갚았다. 비로소 아내와 아이들이 더는 허리띠를 졸라매지 않아도 될 터였다. 하지만 그와 거래하는 지역의 도계 복합체가 그에게 다시 헛간의 질을 개선하라고 요청했다.

그가 말했다. "그럴 필요가 없는데도 요청에 따르지 않으면 그들은 더 이상 병아리를 공급해주지 않아요."

그는 진절머리가 났다. 자신이 속한 복합체에서 지역의 우수생산자 가운데 하나임을 증명하는 증서를 받았음에도 그런 대우를 받았으니 말이다. 그는 농장에만 65만 달러를 오롯이 쏟아부었고 10년 동안 단 한 번도 급여를 인상하지 못했다. 그는 한 지역의 농부들을 서로 경쟁 붙이는 이른바 토너먼트 시스템이라는 고달픈 생활에 갇히게 되었다. 그들은 닭을 수합한 뒤 닭의 늘어난 무게를 거기에 도달할 때까지 제공한 사료에 대비해 계산하는 공식에 따라 노동 가격을 지불했다. 한 차례의 닭 사육이 끝나갈 무렵 최고 실적의 닭을 배출한 사육자들은 보너스를 받았고, 최하 실적의 닭을 내놓은 사육자들은 그에 상당하는 돈을 차감당했다.

토너먼트는 가금 생산의 경제적 기반[4]으로 본디 가금산업에서만 볼 수 있었던 독특한 제도다(이제는 돼지나 달걀 생산에서도 서서히 그 모델을 채택하고 있다[5]). 가금산업은 그 제도가 훌륭한 성과를 낸 농부들에게 보상을 주고 그들이 독립적으로 일했을 경우 투자했어야 하는 자본량을 줄여준다고 주장한다. 환경 옹호론자들은 그 제도가 기업들로 하여금 오염에 대한 재정적 책무와 쌓여가는 쓰레기에 대한 부담을 피할 수 있도록 해준다고 지적한다.[6] 계약과 게임이론을 연구하는 경제학자들[7]은 독립적인 하도급업자에게 동기를 부여하는 문제를 해결하고 가격 위험을 낮춰준다는 이유로 이 제도를 높이 평가한다. 하지만 그 제도를 연구해온 다른 학자들[8]은 그 영향권에 놓인 농부들에게 그것이 어떤 영향을 미치는지 기술하기 위해 '플랜테이션(plantation)'이니 '소작(sharecropping)' 같은 단어를 사용한다.

가축 사육자들은 자신이 속한 지역의 경쟁자들보다 성적이 더 좋을 경우에 한해 그 제도가 제공하는 보상을 반긴다. 하지만 외츠는 계속 농장 일을 하면서 그 제도가 자신이 통제할 수 없는 것들을 이유로 들어 자신을 벌한다고 느꼈다. 또래보다 작게 도착하거나 어떻게 해도 무게가 늘지 않는, 혹은 백신에 올바르게 반응하지 않는 병아리들이 한 예다. 부화장에서 그의 농장으로 몇 시간을 달려 도착하는 병아리는 밤새 상자에 실린 채 트럭에 갇혀 있다. 배달되어 온 그들은 사흘이 지나면 보통 수천 마리가 죽는다.

와츠는 농부들이 열심히 노력하지만 번번이 그에 대해 제대로 보상받지 못하는 현실에 맞서 지역신문에 편지를 쓰고 의회에 나가 증언을 하기 시작했다.[9] 2010년 그는 사법부와 농무부가 주최하는 청문회에서 발언하기 위해 여러 주를 지나 800킬로미터를 달려갔다.[10] 첫 번째 임기를 맞은 오바마 행정부가 가축 및 가금 사육자들의 고충을 파악하기 위해 개최한 청문회였다. 그가 그 자리에 참석해 말했다. "우리는 전 재산을 털어 투자한 일에서 정작 발언권이 없습니다. 가축 사육자들은 가금기업과 관계를 맺으면 장기적으로 쌍방이 이득이 될 거라는 가정 아래 농장과 농가를 저당 잡힙니다. 하지만 우리가 얻는 것이라고는 아무것도 보장해주지 않는 계약서뿐입니다."

2014년 크게 실망한 와츠는 과감한 조치를 취했다. 그는 농장 동물의 권리를 위해 싸우는 조직인 '전 세계 농장 동물에게 연민을(Compassion in World Farming, CIWF)'한테 그의 농장 내부를 비디오 촬영하도록 요청했다. 농장의 상황을 폭로하고 싶어 한 동물복지 조직들은 거의 언제나 은밀히 촬영한 영상에 의존해왔다. 하지만 이번에는 농부가 자신이 경험한 것을 증언할 목적으로 직접 그들을 안내해 가금 생산의 실상을 보여주고 카메라에 담도록 했다.

그가 닭 우리로 안내하기 위해 트럭을 2차선 도로로 진입시키며 나에게 말했다. "그 제도에 동의하지 않는 저로서는 그것을 바꾸기 위해 할 수 있는 일을 하는 게 당연하죠. 사람들은 슈퍼마켓에 가서 흰 농가와 붉은 헛간, 그리고 팔짝팔짝 뛰는 암소들과 꼬꼬댁거리는 닭들이 노니는 광경이 담긴 포장지를 보지요. 하지만 실상은 그와 전혀 다릅니다."

와츠가 서명한 계약서에는 그가 영상물 제작진을 헛간으로 데려가거나 내부 실태에 대해 논의해서는 안 된다고 명시한 문구가 없었다. 하지만 그 일은 업계의 불문율을 위반하는 것처럼 여겨졌다. 그랬으니만큼 와츠는 곧 나오게 될 영상물이 파급력 있기를 기대했다. 그렇듯 억압받는 느낌은 업계의 비밀을 지키려는 욕심, 전통적인 농업을 맹비난하는 식품운동가들에 대한 불신과 더불어 가금 생산에서 무슨 일이 벌어지고 있는지 말하기를 꺼리는 분위기를 만들어내는 데 일조했다.

항생제 사용 역시 그 침묵의 카르텔에 영향을 받았다. FDA가 항생제를 성장 촉진제로 사용할 수 있도록 허가해준 1950년대부터 21세기에 이르는 가금산업 역사의 대부분 시기 동안, 전통적인 농업에서 사용한 항생제에 대한 자세한 실상은 좀처럼 드러나지 않았다. 이것이 바로 걱정하는 과학자모임이 2001년 발표한 농업 항생제 추정치가 세상을 발칵 뒤집어놓은 한 가지 이유였다.

그 추정치가 발표된 이후 10년 동안은 제대로 된 폭로가 이루어지지 않았다. 2003년 제정된 동물용의약품사용자수수료법(Animal Drug User Fee Act, ADUFA)이 명령한 연방보고서 덕에 불충분하게나마 농업 항생제 수치를 얻어낼 수는 있었지만 말이다. 이 법은 신약 승인 속도에 대한 동물용 약물 기업들의 조급증에서 비롯된 것으로, 그 과정의 속도를 높이는 방식을 고안한 것이었다. 즉 기업들이 FDA에 사용자 수수료를 지불하면 그 기관은 서류 작업을 추진하는 직원을 더 고용하는 식이었다. 이 조치는 너무 인기가 높아서—FDA는 이 제도 덕택에 5년 동안 4300만 달러를 더 거둬들였다—2008년 법의 갱신 여부를 결정할 시기가 닥쳤을 때 아무 문제 없이 갱신을 보장받을 수 있었다. 베이트릴을 시장에서 철수시킨 지리한 싸움에 간담이 서늘해진 국회의원들은 절호의 기회를 맞았다. 그들은 신약을 승인받고자 하는 항생제 제조사는 누구든 그 보답으로 약간의 매출액 데이터를 제출해야 한다는 조항을 억지로 끼워 넣었다.[11]

항생제 제조사들은 처음에는 극히 소량의 정보만 찔끔찔끔 알려주었다. 즉 ADUFA 보고서(엄밀히 말하면 '식용 동물용으로 판매·유통된 항균물질에 관한 요약 보고서(Summary Report on Antimicrobials Sold or Distributed for Use in Food-Producing Animals)'의 초기 버전이었다)는 길이가 4쪽에 그쳤다.[12] 하지만 보고서에 실린 숫자는 놀라울 정도여서 걱정하는과학자모임의 2001년 추정치가 사실상 낮잡은 것이었음을 드러내주었다. 2009년에 항생제 2880만 파운드가 미국의 가축에게 사용될 목적으로 팔려나갔다(그리고 항생제 360만 파운드가 같은 용도로 외국에 수출되었다). 식용 동물에게는 시장에 나와 있는 거의 모든 종류의 항생제, 즉 인간도 투여받는 약물이나 그와 화학적으로 유사한 약물—스트렙토마이신·세팔로스포린 같은 아미노글리코사이드계(aminoglycosides), 클린다마이신(clindamycin) 같은 린코사미드계(lincosamides), 가장 많이 쓰이는 아지트로마이신·페니실린·셀파제·테트라사이클린 등의 마크롤라이드계(macrolides)—뿐 아니라 인간이 사용하지 않는 약물 이오노포어계(ionophores)까지 투여되었다.

최초의 보고서가 발표된 후 해를 거듭하면서 동물에게 사용되는 항생제의 양은 늘어났다. 2016년 크리스마스 직전에 발표된 2015년도 수치를 보면,[13] 동물용으로 팔려나간 항생제 총량은 3430만 파운드였다. ADUFA 보고서들은 결코 인간에게 쓰인 항생제 양과 직접적으로 비교하지는 않는다. 하지만 2011년 비영리기구 퓨위탁자선단체(Pew Charitable Trusts)가 처방 약물 매출에 관한 개별 기록을 이용해 그에 상당하는 수치를 얻어냈다.[14] 2011년 미국의 가축은 항생제 2990만 파운드를 투여받았는데, 이는 770만 파운드에 그친 인간 환자 투여량의 4배에 달한다.

ADUFA 보고서들은 미국 국민에게 농장에 쓰이는 항생제의 규모를 처음으로 얼핏 보여주었을 뿐 아니라 수많은 가축 사육자들이 공유하고 있던 비밀에 최초로 균열을 냈다. 계열주체가 닭에게 무엇을 주고 있는지 계약농에게 알려주어야 한다고 요구한 조항은 없었고, 실제로도 그 대다수는 그렇게 하지 않았다.

"우리가 직접 물어봤다 해도 그들은 알려주지 않았을 거예요. 우리는 까맣게 몰랐어요." 래리 쿨리가 닭을 사육하기 시작한 초창기를 떠올리면서 나에게 말했다.

좀더 용의주도한 기업들은 사료를 넘겨주면서 건네는 영수증 '사료티켓(feed ticket)'을 통해 계약한 농부들에게 정보를 제공했다. 사료티켓에는 제조된 사료에 들어 있는 단백질·지방·섬유소의 비율이 얼마인지(육계는 그들의 짧은 생애 동안 제조법이 상이한 네 가지 종류의 사료를 먹는다), 그리고 사료 1톤당 첨가한 항생제 양이 얼마인지가 죽 적혀 있다. 내가 쿨리 부자와 와츠를 만났을 때 그들이 속해 있던 회사 퍼듀는 이 같은 세부사항이 적힌 사료티켓을 소속 농부들에게 나눠주었다. 와츠는 자신이 보관해온 사료티켓을 한참 거슬러 올라간 1990년대 것부터 내게 보여주었다. 그 사료티켓에서는 놀라운 경향성이 드러나고 있었다. 와츠의 닭이 제공받은 항생제들이 더디긴 하지만 알아차릴 수 있을 정도로 달라지고 있었던 것이다.

처음에 그 약물은 토머스 주크스가 세상에서 맨 먼저 성장 촉진제로 사용하기 시작한 클로르테트라사이클린 같은 역사에 남을 만한 문제적인 것들이었다. 그 후 사료티켓에는 미국에서는 허용되었지만 유럽에서는

2006년부터 사용 금지된[15] 뱀버마이신(bambermycin)이 이름을 올렸다. 와츠의 기록에 따르면, 뱀버마이신은 2000년대부터 자취를 감추고 그 자리를 이오노포어계가 대신했다. 그 약물 계열은 항생제 시대 초기로 거슬러 올라가는데,[16] 진균감염(fungal infections)을 치료하기 위한 항생제 니스타틴(nystatin)을 제외하면 이오노포어계는 결코 인간에게 실제로 사용된 적이 없었다. 가금에서 이오노포어계 항생제는 콕시디아증(coccidiosis)이라는 근절하기 어려운 기생충 질병의 발발을 줄여준다.[17] 콕시디아증은 과밀한 가금 우리에서 흔히 발병하는 질병으로 가금의 내장에 염증을 일으키고, 닭을 죽음에 이르게 할 수도 있는 감염에 취약하게 만든다. 가금 생산업자들은 그 약물에 지나치게 의존하고 있어서—유럽이 성장 촉진제 금지 정책을 도입한 이후에도 가금에 쓰이는 이오노포어만큼은 거기서 예외였다—그것이 혹시나 내성을 자극하지는 않는지 면밀한 조사의 대상이 되어왔다. 연구자들은 오직 한 가지 잠재적 문제[18]에 주의를 기울였다. 즉 미국에서 응급처치용 연고에만 쓰이는 바시트라신(bacitracin)에 대한 교차내성(cross-resistance: 한 가지 약물에 의해 유발된 내성 변이가 노출된 적 없는 다른 약물에도 감수성 저하를 보이는 현상—옮긴이)이었다. 농업이 수십 년 동안 너무나 자유롭게 이용해온 다른 약물들과 달리 이오노포어계는 인간 건강에 위협을 제기하는 것 같았다.

와츠의 사료티켓에 나타난 이오노포어는 가금 사육의 적어도 한 귀퉁이는 수십 년에 걸친 내성균 질병의 메시지에 귀 기울이고 있었음을 분명하게 보여주는 증거였다. 농부들은 제가 속한 가금산업이 공중보건에는 어떨지 몰라도 그들 자신은 감당하기 어려운 방식으로 은밀하게 변화하고 있음을 감지했다.

와츠도 그렇게 고전한 이들 가운데 한 사람이었다. 그는 상시적으로 항생제를 사용하는 생산 체제를 근본적으로 불건전한 것이라 여겼다. 그것이 특히 항생제 내성을 불러일으키기 때문은 아니었다(물론 그것도 걱정이긴 했지만 말이다). 그보다 종래의 가금 사육이 잔인하게 느껴졌기 때문이다. 그는 항생제 사용 여부만 빼면 닭 사육에서 다른 모든 것—그들의 유전적 특성, 짧은 수명, 그에게 떠안도록 요구된 밀집사육 환경—은 동일하게 남아 있다는 것을 깨달았다. 항생제 사용을 인식하게 된 그는 자신이 키우는 닭의 복지에 관심을 기울이기 시작했다. 자신에게 요구되는 일에 맞섰을 때 그는 아무래도 겁이 났다.

2014년 가을, 와츠는 닭장 가운데 하나에서 생후 35일째를 맞은 3만 마리 닭 사이를 지나 내게 걸어왔다. 닭장 안은 후텁지근했다. 깔개에 설치된 온도계가 31도를 가리키고 있었다. 쿨리의 닭장과 비교해볼 때 그의 것은 좀더 낡아 보였다. 벽은 단단한 금속이 아니었다. 본래는 대기중으로 열려 있었지만 야생 새들이 들어오지 못하게 철망을 치고, 커튼이라고 알려진 말아 올릴 수 있는 방수포로 그 위를 덮었다. 그는 본래 한차례 닭장 개선을 요구받았을 때 그 열린 부분에 벽을 쳐야 했다. 당시는 노란 전구에서 나오는 빛과 팬의 통풍구에서 새어나온 햇빛 기둥이 전부였다. 닭장은 썩어가는 물질들로 시큼털털한 냄새를 풍겼지만 그 냄새는 대부분 기류에 실려 나갔다. 작은 깃털이며 깔개 쪼가리들, 먼지가 대기중에 떠다녔다. 우리는 마치 똥 냄새가 나는 스노글로브(snow globe: 안에 장식을 하고 투명한 액체를 넣어 흔들면 눈이 내리는 것처럼 보이는 유리구(球)—옮긴이) 안에 들어 있는 것 같았다.

와츠는 무리 가운데 한 마리를 들어 올리고 거꾸로 뒤집어보았다. 이 암탉의 복부는 붉고 피부가 벗겨진 것처럼 보였다. 그 닭장에서 살아가는 닭들 가운데 일부는 앉아 있을 때 보면 다리 하나가 비틀어져서 이상한 각도로 튀어나와 있거나 아니면 잘못된 방향인 꼬리 뒤로 뻗어 있다. 그는 그중 한 마리를 들어 올린 다음 둥근 모양의 껌 크기만큼 부풀어 오른 관절을 보여주었다. 우리가 관찰하고 있을 때 같은 기형을 지닌 또 한 마리 닭이 닭장에 길게 설치된 식수관의 꼭지 가운데 하나에 닿기 위해 몸을 폈다. 하지만 불구가 된 다리로는 균형을 잡는 것이 불가능했으므로 결국 물을 마시지 못하고 고꾸라졌다.

그가 말했다. "저 암탉은 식수 꼭지에 닿을 수 없게 될 테고 자라지 못하겠죠. 오늘 이후 계속 고통을 겪을 겁니다. 죽이는 게 그나마 저 녀석에게는 나은 일이 될 거예요."

와츠와 내가 그들 무리 속을 헤치며 걸어갈 때 대부분의 닭은 우리를 피해 벽 쪽으로 우르르 몰려갔다. 그들이 우리가 가는 동안 길을 터주며 무리 지어 도망치면 사지를 축 늘어뜨린 채 죽어 있는 앙상한 닭들이 발 아래 드러났다. 닭 한 마리가 다른 닭들이 모두 흩어진 빈 공간을 비척비척 걸어가다 걸음을 멈추더니 쪼그리고 앉아 눈을 감았다. 와츠는 그 앞에 무릎을 꿇고 앉았다. 그는 위로하듯 혀를 차며 그의 머리를 쓰다듬고는 몸통과 날개 사이에 난 깃털 속으로 손가락을 집어넣었다.

그가 혼잣말처럼 내뱉었다. "닭을 다르게 키울 수 있었으면 해요. 이 벽을 다시 걷어내고, 자연 환기를 통해 맑은 공기를 제공해주고 싶어요. 닭들이 날아올라 쉴 수 있는 홰며 할 수 있는 뭔가를 마련해주고 싶어요. 닭은 땅바닥을 긁거나 쪼거나 돌아다니고 싶어 해요. 일어나서 물 마시고 그리고 바로 앉는 것, 이건 정상이 아니에요."

와츠는 23년 동안이나 가금 사육 분야에서 잔뼈가 굵었으니만큼 마치 교리문답서를 외듯 일 자체에는 도가 텄다. 하지만 한편으로 농업은 믿음을 기반으로 하는 활동인데 자신이 그 믿음을 서서히 잃어가고 있다고 느꼈다. 우리가 닭장으로 들어가기 전에 그는 나에게 동영상을 보여주었다. 그가 밤새 무슨 문제가 생기면 알려주도록 하기 위해 닭장 서까래에 설치해놓은 카메라로 찍은 것이다. 거기에는 기업의 인부들이 병아리를 인계하는 모습이 담겼다(그들은 그가 잠든 밤 시간에 작업을 하는데, 그때가 닭장 온도가 낮고 닭들이 좀더 차분하기 때문이다). 인부들은 트랙터 뒤에서 병아리들이 담긴 상자를 꺼낸 다음 어깨 높이에서 그 상자들을 거꾸로 뒤집어 쏟아부었다. 닭들은 서로의 몸에 세게 부딪치면서 작은 회전초(tumbleweeds: 다양한 종류의 식물에서 만들어지는, 식물의 밑동 일부가 말라 비틀어져 뿌리에서 분리된 뒤 바람에 날려 여기저기 굴러다니는 덩어리—옮긴이)마냥 깔개 위로 굴러떨어졌다. 일부는 되튕겨나가기도 했다.

와츠는 이미 비슷한 동영상을 수십 차례 돌려보았을 것이다. 하지만 볼 때마다 여지없이 눈살을 찌푸렸다. "제가 닭을 나쁘게 대한다고는 결코 말하지 못하지만 시스템의 설계대로 해서는 결코 닭을 잘 돌볼 수가 없어요." 그가 말했다. 그는 아픈 닭의 목을 다시 한번 긁었다. 그러자 닭이 눈을 뜨고 희미하게 꼬꼬댁 소리를 내뱉더니 그의 다리 위에 편안하게 앉았다. "가금업계는 자기네가 동물복지에 관심을 기울인다고 말하죠. 천만의 말씀입니다."

와츠가 녀석을 두 손으로 부드럽게 들어 올리니 다리가 펴졌다. 그는 그 닭을 도로 바닥에 내려놓았다. 녀석은 잠시 꿈틀거리더니 균형을 잡고 우리에게서 멀어져갔다. 그는 닭이 그렇게 하는 양을 물끄러미 바라보았다.

와츠가 말했다. "저는 이 일이 다르게 이루어지는 광경을 정말이지 보고 싶어요. 그리고 할 수만 있다면 그렇게 하고 싶어요. 하지만 설사 이 계약을 파기할 수 있다 해도 그다음에 제가 다시 닭을 키우게 될지 모르겠어요. 이상과 현실의 간극이 너무 크니까요."

와츠가 공동 작업한 〈공장형 닭 사육자의 고백(Chicken Factory Farmer Speaks Out)〉이라는 영상물[19]은 2014년 12월 방영되었고 입소문을 타고 수백만 회의 조회수를 기록했다. 믿기 어려운 병아리의 실상과 고통스러워 보이는 닭의 모습을 담은 동영상이었다. 〈뉴욕타임스〉가 보도하고 이중언어 네트워크 퓨전(Fusion)이 43분 길이의 다큐멘터리로 내보내자 그에 대한 언론의 관심이 쇄도[20]했다.

와츠가 그간 지시를 받아온 퍼듀 가공 공장이 그 동영상에 관심을 보였다. 그에게 '실적 개선 계획'을 부과하고 그가 괴롭힘이라고 받아들인, 과거에는 없던 숱한 점검을 실시하던 공장이다(2015년 2월 와츠는 내부고발자로서 법적 보호를 신청했다[21]). 식품 산업 비영리기구인 식품무결성센터(Center for Food Integrity)는 그 동영상이 폭로한 실태에 답하고자 동물건강 과학자들로 구성된 위원회를 소집했다. 위원회의 대응은 닭 사육과 관련한 업계의 기준과 와츠가 그 대신 하고자 열망한 바 사이의 간극을 고스란히 드러내주었다.

그 전문가들은 닭이 고통당하는 것처럼 보였다고 입을 모았지만,[22] 그건 어디까지나 와츠가 잘못해서라고 진단했다. 즉 기형을 지닌 닭이 고통을 겪지 않도록 죽였어야 마땅했을 때 그들을 살려두었기 때문이라는 것이다. 그들은 어떤 닭이든 무리 가운데 3퍼센트는(즉 3만 마리의 닭을 키우는 닭장이라면 그중 900마리는) 도축 시점까지 살아남지 못하리라 기대하는 게 맞는다고 주장했다. 어떤 닭은 자연적으로 죽지만, 만약 고통당하는 것처럼 보이는 개체가 있다면 그때그때 처치하는 것이 농부의 도리라는 내용이었다. 닭이 돌아다니지 않고 한자리에 쪼그리고 앉아 있다고 볼멘소리를 하는 와츠에게 전문가들은 "육계는 본시 자기 시간의 76퍼센트는 앉아서 지내고, 7퍼센트는 두 발로 가만 서 있고, 3.5퍼센트는 부리로 몸을 다듬고, 4.7퍼센트는 모이를 먹으면서 서 있다"며 업계의 입장만 되풀이했다. 닭들에게 신선한 공기와 자연채광을 제공하고 싶어 하는 와츠에 바람에 대해 그들은 다소 어리둥절하게 들리는 말을 했다. "닭들이 비타민 D 요구량을 충족하기 위해 햇빛을 받을 필요는 없다. 사료에 이미 충분한 수준의 비타민 D가 첨가되어 있기 때문이다."

그 동영상은 결국 동물복지가 의미하는 바가 무엇인가 하는 논의로 귀결되었다. 가금 사육의 기저에 깔린 가정이 지극히 못마땅했던 와츠가 생각하는 동물복지란 자신이 키우는 수천 마리의 닭을 지능과 능동적 동인(動因)을 지닌 개체로 존중하는 것이었다. 그는 닭들에게 운동할 기회를 제공하고 그들이 즐거움을 추구할 수 있도록 허용해주는, 뭔가 다른 형태의 사육을 마음속으로 그려보았다.

나는 와츠의 농장을 방문한 뒤 다시 쿨리 부자를 찾아가 와츠의 입장이 그 토너먼트 시스템에서 성공하고 그 생산 요구사항에 편안함을 느끼는 이들에게는 과연 어떻게 비치는지 알아보았다. 래리 쿨리는 전에 내게 아들 레이턴이 그 사업에 합류하기 전에는, 그리고 그들이 퍼듀와 계약하기 전에는 자신에게도 더러 나쁜 닭들—자신이 거기에 대해 말할 만큼 충분한 지식을 가지고 있진 않지만 아마도 유전적 특성이 나쁜 닭에서 비롯된—이 걸리곤 했다고 말한 적이 있었다. 어디까지나 운수소관이라는 뜻이었다. 당시 래리는 이렇게 말했었다. "그 닭들은 생후 35일에 이르면 시름시름 죽어가기 시작했어요. 우리는 하루에 수천 마리씩 죽은 닭들을 솎아냈죠. 그것 말고는 달리 할 수 있는 일이 없었으니까요."

레이턴도 닭들 가운데 일부는 명을 다하지 못하고 죽었다는 데 동의했다. 그는 날마다 죽은 닭을 골라내거나 고통스러워하는 닭을 죽였다. 아침마다 반복되는 축산의 일부였다. 내가 방문했을 때도 그는 매번 내가 도착하기 전에 그 일을 해치웠던 것이다. 레이턴은 어느 시기든 전체 무리의 2퍼센트 정도로 추정되는 개체를 죽은 다음 솎아내거나 미리 죽여야 했다고 말했다. 그가 그 일을 달가워했을 리는 만무다. 그는 "솎아서 죽이는 일은 언제나 괴롭다"고 말했다. 우리는 그의 헛간 가운데 하나에 서 있었고, 닭들은 우리 주위의 바닥에 앉아 있었다. 닭 세 마리가 내 장화 위에 몸을 기대고 잠이 들었다. 레이턴이 유독 발육이 부진해 보이는 닭을 가리켰다. 덩치가 주변 닭들의 3분의 2밖에 되어 보이지 않는 그 닭은 몸을 한껏 뻗었는데도 와츠의 농장에서 본 닭처럼 부리가 식수관 꼭지에 닿지 않았다. 그가 말했다. "저 닭은 물을 못 먹어서 서서히 죽을 거예요. 당신이라도 저렇게 내버려둘 수는 없지 않겠어요? 그러니 미리 골라내 도태시키는 거죠."

쿨리 부자의 농장에서 동물복지를 존중하는 것이란 닭들을 고슬고슬하게 유지하고 잘 먹이고, 겁에 질리거나 고통 속에서 발버둥치는 게 아니라 고요하게 살 수 있도록 만드는 것이다. 나는 래리에게 동물복지 활동가들이 '사육환경 풍부화(enrichment)'라고 부르는 것─날개를 퍼덕일 공간, 홰처럼 걸터앉거나 기어오를 수 있는 장치, 그들의 작은 두뇌를 써서 해볼 수 있는 일─을 추가하려고 고민해본 적이 있느냐고 물었다. 그는 모자의 챙을 뒤로 들어 올리며 대답했다. "아이고야, 왜 닭에게 지적 자극이 필요한가요. 운동은 또 뭐고요. 대부분의 사람들은 살을 빼기 위해서 운동을 하죠. 우리는 닭들이 그렇게 하기를 원치 않아요." 그는 우리가 서 있는 닭장에 그들이 투자해놓은 시설들—자동 식수 및 사료 공급 장치, 냉각 장치, 경보 장치, 자동 안전장치, 일이 잘못될 경우 즉시 그에게 알려주는 휴대전화 중계 장치—을 손으로 가리키며 말했다.

"닭의 안녕을 점검하는 게 우리가 하는 일의 전부죠. 닭은 건강한 닭장에서, 그들이 여기 있는 이유에 부합하는 좋은 환경에서 살아갈 가치가 있어요. 그들이 여기 있는 이유란 사료를 먹고 살을 찌워 건강하고 영양가 있는 육고기가 되는 거죠."

미국의 가금 사육자들은 필시 대부분 쿨리 부자와 같은 입장일 것이다. 와츠처럼 느끼는 이는 소수이리라. 문제는 도축당하기 위해 사육되는 동물이 경험하는 삶의 질에 관한 두 가지 서로 다른 입장이 과연 조화를 이룰 수 있느냐, 그 상이함을 부각하는 데에서 항생제 사용이 어떤 역할을 담당하느냐였다. 활동가들의 호소와 소비자들의 압력에 직면한 미국의 육계 산업은 막 그 여정에 나섰다. 놀랍게도 업계의 최대 기업들이 그 흐름을 주도했다.

시장이 입을 열다

볼티모어와 윌밍턴(Wilmington) 사이 동부 연안에 접해 있으며, 뉴포트뉴스(Newport News) 조선소의 곳으로 이어진, 바닷가재 집게발처럼 생긴 델마버반도는 기만적인 장소다. 톱니 모양의 구불구불한 연안을 달리다 보면 당신은 갯바람이 불고 사유지 진입로에서 마르고 있는 그물 게잡이 통발과 작은 배들의 모습이 보이는 지역으로 접어든다. 하지만 델라웨어, 메릴랜드 동부 연안, 버지니아의 일부 지역을 지나며 그 반도의 척추를 관통하는 미국 13번 도로(U.S. Route 13)를 타보라. 그러면 야트막한 금빛 들판, 도열해 있는 방풍림, 완전히 평평한 수평선을 특징으로 하는 풍광이 아이오와주처럼 펼쳐져 있다. 그곳은 시골이지만 폭이 너무 좁아서—가장 넓은 지점이라고 해봐야 110킬로미터 남짓이다—오직 소규모 농장을 짓기에나 적당하다. 델라웨어주 오션뷰(Ocean View)에 있는 농장이 그런 곳이다. 세실 스틸과 남편 윌머(Wilmer)가 1923년에 육계 사업을 시작한 장소다. 거기서 50킬로미터쯤 떨어진 메릴랜드주 솔즈베리(Salisbury)에 붉은 덧문이 달리고 흰색 판자로 지은 농가가 있다. 1920년 철도 관리자이던 아서 W. 퍼듀(Arthur W. Perdue)가 처음 달걀 사업에 뛰어든 곳이다.

퍼듀 농장이 보존된 곳에서 길 건너에 어지럽게 들어선 단지는 여느 애그리비즈니스(agribusiness: 기업식 농업─옮긴이)의 본부처럼 담백하게 보인다. 높은 금속 우리들은 창고처럼 생겼고, 낮은 벽돌 건물들은 복합 상업지구에서 흔히 볼 수 있을 법한 모습이다. 하지만 그 단지는 보이는 것과 다르다. 퍼듀─미국에서 네 번째로 크고 가장 유명한 닭 생산업체─의 본부는 산업형 닭고기 생산업체가 항생제 사용에 관한 생각을 고쳐먹기 시작한[1] 장소다.

퍼듀의 재평가는 10년 넘게 비밀에 부쳐진 프로젝트였다. 그 결과는 2014년 9월에 공개되었다. 기업의 회장이자 아서의 손자 짐 퍼듀(Jim Perdue)는 워싱턴 D.C.에서 자청한 기자회견에서 일어나 이렇게 간단히 말했다. "요는 퍼듀가 항생제를 성장 촉진제로서 사용하지 않는다는 것입니다. 우리는 2007년부터 줄곧 그래왔습니다."

퍼듀의 발표는 산업형 농업의 여타 부문들과 마찬가지로 수십 년간 항생제 문제를 개선하려는 노력에 맞서 싸워온 닭 산업에서 분연히 떨어져 나오겠다는 충격적인 선언이었다. 그가 뒤이어 한 모든 말들로 인해 차이는 점점 더 확연해졌다. 퍼듀는 사육하는 닭의 95퍼센트에 인간용 항생제를 쓰지 않고 있었다. 이오노포어계만 제한적으로 사용했다. 2014년 시비논란의 대상으로 떠올랐지만 여전히 합법적인[2] 첨가제 비소도 쓰지 않았다. 부화장에서는 항생제를 일절 사용하지 않았다. 퍼듀는 그날 이렇게 밝혔다. "12년의 세월과 숱한 고심을 거친 결과였습니다. 하지만 우리는 거의 항생제를 사용하지 않고도 얼마든지 건강한 닭을 길러낼 수 있다는 것을 확인했습니다."

FDA가 농장에 성장 촉진제라는 선물을 안겨준 때로부터 60년이 지난 뒤이자 가금업체들이 FDA가 성장 촉진제를 금하지 못하도록 훼방 놓은 때로부터 거의 40년이 지난 뒤, 이 거대하고 까다로운 농업기관(FDA—옮긴이)은 그 약물이 그들의 주장만큼 투자할 가치가 없을지도 모르고, 그들이 불러일으킨 다툼에 값하지 않을 수도 있음을 서서히 알아차렸다.

가금업계가 정해놓은 선을 넘은 최초의 기업이 바로 퍼듀였던 것은 충분히 수긍이 가는 일이다. 그 기업은 항시 약간 별났던 것이다. 그런 특색을 가장 잘 구현한 이는[3] 퍼듀의 2대 회장 프랭크 퍼듀(Frank Perdue)였다. 아서의 아들이자 짐의 아버지다. 아버지가 그 기업을 시작하던 해에 태어나 19세가 되던 해에 대학 진학을 포기하고 아버지 회사에 입사한 프랭크는 1970년대에 회사를 대표하는 공적 인물이 되겠다는 야심을 품었다. 그는 뉴욕의 한 대행사에 의뢰해 '부드러운 닭고기를 만들려면 터프가이가 필요하다'는 도발적인 슬로건을 배경으로 자신을 밴텀급(체중 등급의 하나—옮긴이)의 코 큰 인물로 등장시킨—그는 실제로도 닭을 약간 닮았다—광고를 제작했다. 그 광고는 다소 충격적일 정도로 웃기고 반문화적이었다. 당시로서는 허구적인 캐릭터를 만들어내거나 명사를 고용하지 않고 최고경영자를 기업의 대변인으로 활용하는 사례가 흔치 않았다. 게다가 소비자들에게 날고기의 신선도나 가격이 아니라 포장지에 붙은 상표에 신경을 쓰라고 호소한 것도 이색적이었다. 하지만 그 광고는 즉각 문화적 시금석이 되었다. 퍼듀의 꺼벙함과 진솔함은 끊임없이 인구에 회자되고 패러디되었다. 밈(meme: 유전자처럼 개체의 기억에 저장되거나 다른 개체의 기억으로

복제될 수 있는 비유전적 문화요소 또는 문화의 전달단위로 1976년 출간된 영국의 생물학자 리처드 도킨스의 저서 《이기적 유전자(The Selfish Gene)》에서 소개된 용어—옮긴이) 이라는 개념이 생겨나기 전이었지만 바로 밈의 한 예였던 것이다. 이 광고는 텔레비전, 신문과 잡지에 20년 동안 실렸다.

반면 그의 아들 짐은 가업과는 무관한 이력을 가지려고 노력하다가 그 사업에 발을 들여놓았다.[4] 그는 어업과 관련해 박사학위를 취득했지만 1983년 진로를 바꾸어 퍼듀 가공 공장에서 일자리를 구했고, 그런 다음 다른 부서들을 거쳐 마침내 1991년 회장 자리에 올랐다. 그는 소비자들과의 관계에 힘쓰던 부친의 뜻을 이어받아 소비자들이 매달 그 기업에 보내온 3000건의 코멘트를 분석하고 정기모임이나 화상회의를 통해 최고관리자들과 그에 대해 토론했다.

"우리는 항생제에 대해 점점 더 많은 질문을 받기 시작했어요." 퍼듀의 식품안전, 식품의 질 등을 담당하는 수석 부회장 브루스 스튜어트브라운(Bruce Stewart-Brown)이 나에게 말했다. 항생제에 대한 소비자들의 우려가 커지기 시작한 1990년대 말, 그는 현장 수의사직을 접고 매년 그 기업이 기르는 닭 6억 마리와 칠면조 1000만 마리의 건강을 감독하는 일을 맡았다. "우리는 이렇게 생각하게 되었죠. 사람들은 자녀가 아파서 의사를 찾아가 처방전을 받은 다음 일정 기간 동안 처방약을 복용하고 낫게 되는 상황은 수긍할 거예요. 하지만 만약 당신이 사람들에게 매일 아침 댁의 아이들이 먹는 시리얼에 항생제를 넣을 테고 그들이 죽을 때까지 그렇게 할 거라고 말한다면 아무도 수긍하지 못할 거예요. 그들은 자녀가 그렇게 되는 상황을 결코 받아들이지 않을 테고, 자신들이 먹는 식품과 관련해서도 마찬가지일 거예요. 우리는 이렇게 의기투합하게 되었죠. '바로 그 지점을 개선하려 애써야 한다'고요."

퍼듀는 항생제를 포기할 수 있는지 여부를 따져보기 위해 그 약물로 얻는 이득이 어느 정도인지를 확실히 알아야 했다. 그 기업은 연구 계획을 설정[5]한 다음 하도급 농장 19곳을 선택했다. 본부로부터 그리 멀지 않은 델마버에서 13곳, 노스캐롤라이나주 동부에서 6곳이었다. 퍼듀는 각 농장에서 같은 시기에 지었고 크기며 구조적 특성이 동일한 닭장을 2곳 골랐다. 퍼듀는 모든 닭장에 새로운 병아리를 동시에 공급할 수 있게 일정표를 짰고, 그들 각각에게 딱 한 가지만 다르고 나머지는 모두 동일한 사료를 제공했다. 각 농장에서 한 닭장에 수용한 닭에게는 비소, 이오노포어, 성장 촉진 항생제 바시트라신·플라보마이신(flavomycin)·버지니아마이신(virginiamycin)이 포함된 그 기업의 표준 사료를 먹였다. 다른 닭장의 닭에게는 성장 촉진 항생제를 빼고 나머지는 동일하게 배합한 사료를 먹였다.

1998년 10월에서 2001년 9월까지 3년 동안 퍼듀는 두 집단에 속한 닭 700만 마리를 평가했다. 두 집단 모두 52일 동안 사육한 뒤였다. 2002년 퍼듀는 그 결과를 표로 만들었다. 항생제를 투여한 닭과 그렇지 않은 닭에서 드러난 사료요구율(feed conversion ratio: 사료가 고기로 바뀌는 효율을 나타내는 수치―옮긴이)과 도축 시 체중 간 차이는 몇 퍼센트에 불과했다. 초기에 사망한 닭의 수는 몇 십 퍼센트 정도 차이가 났다. 항생제를 사용하지 않은 집단에서는 아무 발병도 없었고, 농무부 검역관들이 내장에 질병 조짐이 있다고 거부한 날닭의 수도 실제로 더 줄어들었다.

이 결과는 퍼듀 소속 수의사와 사육자 들이 한동안 의혹을 품어온 바가 맞는다는 것을 확인해주었다. 즉 주크스가 실험을 실시한 때에서 퍼듀가 테스트를 시행한 때까지의 50년 사이 어느 시점부터 성장 촉진제가 그 업계의 믿음과 달리 힘을 잃어버린 것이다. 상황이 그렇다는 것을 알아차리고 그에 맞는 브랜드 정체성을 구축한 기업은 시장에서 엄청난 규모로 앞서 나가게 될 판이었다. 식품 구매의 세계에서는 큰손 소비자나 소규모 소비자나 항생제로 키운 육류를 거부하고 있었기 때문이다. 수십 년 동안 미뤄오던 정치적 변화도 농장에서 항생제 사용에 반대하는 쪽으로 서서히 기울었다.

◖ ◗

그 발견이 이뤄진 지 13년 뒤, 스튜어트브라운이 퍼듀 본부를 둘러싼 공장과 농장 사이를 지나 나에게 걸어왔다. 2015년 6월의 일이었다. 짐 퍼듀의 폭로가 있고 9개월이 지난 때이자 그 회사가 또 하나의 이정표가 될 만한 발표를 앞두고 있던 때[6]였다. 퍼듀는 인간 치료에 사용하는 항생제를 포기하는 것뿐 아니라 그들이 키우는 닭의 60퍼센트를 대상으로 사료에서 이오노포어계를 없앤 것이다. 퍼듀는 그런 닭을 '항생제를 전혀 사용하지 않은(no antibiotics ever, N.A.E.)' 닭이라 부르고 있었다.

이제 퍼듀는 과거와 달리 전매상표가 붙은 유전적 조합을 지닌 저만의 조부모·증조부모 닭을 보유한 자체 육종회사를 거느리고 있지 않다. 대신 사료의 배합을 의뢰하듯 국제 유전회사 가운데 하나에 닭 품종을 의뢰한다. 퍼듀는 대기업들로부터 부모 닭 품종을 사들인다. 장차 퍼듀의 육계가 될 알을 낳을 수 있도록 하도급 농장에 나눠주기 위해서다. 항생제가 필요 없어지도록 그 육계의 건강을 지키는 일은 닭이 알 단계일 때부터 시작된다. 퍼듀가 항생제 프로그램에서 포기한 것들 중 가장 마지막이자 스튜어트브라운의 말마따나 항생제 없이 행하기가 가장 어려웠던 일은 인간용 항생제 젠타마이신을 부화 전의 배아기 닭에게 투여한 것이었다. 백신 주삿바늘로 인해 생긴 알껍데기의 작은 구멍을 통해 들어올지도 모를 감염원으로부터 병아리를 보호하기 위해 백신과 동시에 항생제를 투여하는 것은 업계의 표준적 관행이었다. 어느 무더운 금요일 아침, 상하가 붙은 작업복을 입고 머릿수건을 동여맨 작업자들이 물수건을 들고서 상아색 달걀이 담긴 시렁을 살펴보고 있었다. 탁한 윤이 나는 보호층을 훼손하지 않으면서 달걀을 닦아내기 위해서다.

스튜어트브라운이 말했다. "우리는 항생제가 소용이 없을 정도로 깨끗하게 달걀을 닦는 단계에 이르러야 했어요. 달걀이 대변이나 부스러기나 먼지가 묻은 상태로 부화장에 들어가서는 안 되기 때문이에요. 그러려면 우리 부화장 관리인이 번식닭(breeder) 관리인에게 말대답할 수 있는 권한, 그리고 그들에게 너무 더러운 달걀을 보내주고 있다고 따질 수 있는 권한이 주어져야 했어요. 그렇게 되면 다시 번식닭 관리인은 그들의 닭을 면밀히 주시하지 않을 수 없죠. 저쪽 귀퉁이 바닥에 알을 낳으러 가고 싶어 하는 암탉은 늘 있게 마련이니까요."

백신은 항생제보다 좀더 효과적으로 감염을 막아준다. 만약 당신이 백신을 한 번 투여하면 면역계는 영원히 싸울 태세를 갖춘다. 하지만 항생제는 감염이 일어날 때마다, 아니면 감염이 시작되지 않도록 예방하기 위해 계속 투여해야 한다. 백신은 내성을 일으키지 않으므로 장기적으로도 더 안전하다. 하지만 훨씬 비싸고 좀더 엄밀하게 사용해야 할 필요가 있다.

스튜어트브라운은 부화장 깊숙이 자리한 실험실 꼴의 무균실로 나를 안내했다. 그 기업에서 사용할 백신을 합성하는 데 주력하는 곳이다. 내용물을 계속 소독하기 위해 용기에서 부드럽게 흐르는 공기가 불어오는 안전 캐비닛 층류 후드(laminar-flow hood) 아래 살균복을 입은 이들이 작업에 한창이었다. 그들은 두 가지 바이러스성 질환을 막아주는 달걀 내 제조 성분들을 혼합하고 있었다. 퍼듀는 부화 전에 그 표준주사(이제 항생제를 곁들이지 않는다)를 접종했을 뿐 아니라 육계의 짧은 생애에 백신을 몇 차례 더 추가했다. 두 번은 알을 깨고 나온 첫날에, 나머지는 이후 어느 시점에. 또한 퍼듀는 이례적으로 그 육계를 낳은 암탉들에게도 백신을 접종하기 시작했다.

스튜어트브라운이 말했다. "우리는 항생제 수요를 줄이는 최선의 방법 가운데 하나가 그 닭들뿐 아니라 번식닭에게도 더 나은 백신을 맞히는 거라 믿고 있어요. 만약 당신이 암탉에게 백신을 맞히면 암탉은 항체를 난황에 전달하고, 따라서 새끼들은 어미가 준 보호물질을 흡수하죠." 그가 나에게 보여준 내부 문건에 따르면, 퍼듀는 2002년에는 백신 접종에 업계 평균보다 낮은 약 100만 달러를 지출했다. 그런데 2013년에는 그보다 400만 달러를 더 쓰고 있었다.

항생제에서 백신으로 옮아간 것은 닭의 삶의 다음 국면을 질적으로 변화시켰다. 그 기업은 사료 제조법을 수정해 항생제를 빼고 유기산, 허브, 우유를 요구르트로 만들어주는 것과 흡사한 세균 등 프로바이오틱스와 프리바이오틱스(prebiotics: 결장에 있는 세균 수를 한정하며 선택적으로 세균 성장을 자극하여 인체에 유리하게 작용하는 물질—옮긴이)를 포함시켰다. 퍼듀는 또한 그 업계가 '동물 부산물(animal by-products)'이라는 미화된 용어로 지칭하며 사용하는 단백질—즉 소와 돼지를 도축하고 난 뒤 남은 껍질·발굽·내장 등, 그리고 이따금은 가금에서 생기는 찌꺼기들—을 배제했다. 도축 시 닭 무게의 약 3분의 1은 먹을 수 없는 것이다. 따라서 미국에서 해마다 거의 90억 마리의 닭이 살해되면 수십 억 파운드의 내장이며 뼈, 털이 남는데 이는 분쇄해 사료 첨가물로 재활용한다(2012년 연구자들은 공장형 가금산업에서 비롯된 '우모분(feather meal, 羽毛粉: 가금의 우모를 증기압 아래 가공 처리하여 건조·분쇄한 것—옮긴이)'이 잔류 항생제를 슬그머니 닭 먹이에 끌어들이고 있음을 밝혀냈다[7]. 퍼듀는 이 모든 것을 금지했다. 게다가 산업형 제과점에서 판매하는 유효기간 지난 빵, '제빵 부산물', 싸구려 지방이나 기름 따위도 마찬가지였다.

퍼듀 단지에서 30분 정도 떨어진 델라웨어주 검버로(Gumboro), L. B. 콜린스팜(L. B. Collins Farm)의 헛간에서 새로운 사료가 활송장치(사람이나 물건을 미끄러뜨리듯 이동시킨다—옮긴이)를 통해 부화한 지 24일째 되는 닭들의 허기진 부리를 향해 달달거리며 떨어졌다. 닭들은 꼿꼿하게 서 있긴 했지만 호리호리하고 아직 털이 완전히 자라지 않은 모습이었다. 그들은 성장의 여정에서 이제 막 민감한 지점을 지나쳤다. 즉 생후 3주째에 접어들면서부터 어미로부터 전달받은 면역력을 잃은 것이다. 예전 같으면 예방적 용도의 항생제가 그들이 이 시기를 무사히 통과하도록 도와주었다. 동물성 단백질을 소화시키는 대사 부하를 견뎌내도록 함으로써 그들의 몸을 지탱해준 것이다. 하지만 이제는 그런 항생제가 필요치 않다. "'동물 부산물'의 질은 악명 높을 정도로 들쭉날쭉하며, 그 구성성분들이 대체 어디서 연유하는지 추적하기가 어렵습니다." 스튜어트브라운이 모이통으로 몰려드는 닭들을 바라보면서 말했다. "게다가 '동물 부산물'은 쉽게 산패할 수 있어서 닭들의 비위를 거스릅니다. 우리는 '항생제를 전혀 사용하지 않은' 닭을 통해 좀더 소화가 잘되는 먹이를 공급하면 항생제 사용을 줄이기가 한결 용이하며 완전한 채식 식이가 소화가 더 잘된다는 것을 알아냈어요."

우리가 차를 몰고 이 농장 저 농장 돌아다녔을 때, 농장 주인들은 자신들이 주목하지 않을 수 없었던 다른 세부사항에 대해서도 들려주었다. 이를테면 닭장을 더욱 깨끗하게 관리하기, 병원균을 죽일 수 있을 만큼 깔개를 따뜻하게 유지하기, 한 무리의 사육이 끝나고 다음 무리를 받아들이기 전 기존의 깔개로 두엄 만들기, 식수관에서 바닥으로 물이 질질 흘러 곰팡이가 자랄 여건을 부추기고 있는 건 아닌지 수시로 확인하기 따위였다. 스튜어트브라운의 말에 의하면, 항생제를 사용하지 않는 데 따른 궁극적 이득은 닭의 건강성 여부를 가려준 여과장치가 사라짐으로써 기업 측이 농장에서 무슨 일이 일어나고 있는지를 좀더 정확하게 인식하게 되었다는 점이다. "사료로부터 점점 더 많은 것을 빼낼수록 농장에서 일어나고 있는 일을 더욱 잘 볼 수 있게 된다는 사실을 확실하게 깨달았어요."

퍼듀가 상시적 항생제 사용으로부터 벗어나면서 몰래 실행한 계획은 좀더 넓은 식품 세계에서 일어난 몇 가지 사건과 유사했다.

1970년대의 식품운동 제1세대 출신인 영세한 지방 기업들―이를테면 매사추세츠주의 브레드&서커스(Bread & Circus)와 캘리포니아주의 미시즈구치스(Mrs. Gooch's) 등―은 당시 제한적으로 공급되던 유기농 육류와 가금을 구매해 제공하는 일에 경쟁적으로 뛰어들었다〔2002년 농무부가 만든 연방 국가유기농기준(National Organic Standards)에 따르면 부화하고 이틀째부터만 항생제를 사용하지 않은 육계도 '유기농'으로 분류되고 있긴 하나 어쨌든 '유기농'은 대체로 '무항생제'와 같은 의미로 쓰인다〕. 공급 측면에서는 소시지 제조사 애플게이트팜스(Applegate Farms)가 선구자였다. 그 회사는 1990년대에 항생제를 사용하지 않고 보존 처리 및 가공된 육류를 생산하기 시작했다. 요식업계에서는 파네라브레드(Panera Bread Co.)가 2004년 항생제를 사용하지 않은 닭을 제공했다. 하지만 항생제 없이 기른 육류 시장이 얼마나 커질 수 있는지 보여준 것은 바로 1980년에 창립된 홀푸즈마켓(Whole Foods Market: 이하 홀푸즈—옮긴이)과 1993년 문을 연 치포틀레 멕시칸 그릴(Chipotle Mexican Grill: 이하 치포틀레—옮긴이)이었다.

홀푸즈는 처음부터 '무항생제'를 약속했다. 치료적 목적으로 항생제를 투여받은 동물뿐 아니라 성장 촉진제나 예방적 목적으로 항생제가 쓰인 동물은 거부하겠다는 뜻을 분명히 한 것이다. 치포틀레는 '진정성 있는 음식'이라는 기치 아래 사업을 시작했다. 즉 지역에서 키운 농산물과 동물복지를 누리며 좋은 환경에서 자라고 항생제를 쓰지 않은 동물의 육고기를 사용하겠다고 선언한 것이다. 두 기업은 너무나 성공적이어서 농산물 재배농과 가공식품 제조업체, 그리고 가축 사육 농부들로 구성된 자체 공급망을 구축할 수 있었다. 게다가 홀푸즈는 농업 대출을 제공함으로써 더 많은 농부가 무항생제 영농을 실시하도록 이끌기까지 했다.

그들의 성공을 보고 거대 식품기업들이 즉시 그들을 따라 한 것은 아니었다. 항생세 없이 키운 육류를 파는 것은 유기 농산물이 한때 그랬던 것처럼 틈새시장인 양 비쳤던 것이다. 하지만 기업들은 대중의 견해를 근거로 그 시장이 성장하고 있음을 서서히 알아차렸고 시장에 진입하기 위한 정지작업을 벌이고 있었다. 가장 먼저 나선 것은 거의 누구도 예측하지 못한 기업이었다. 퍼듀의 발표를 몇 달 앞둔 2014년 2월, 남부 샌드위치 체인 칙필라(Chick-fil-A)가 5년 내로 자사가 사용하는 닭고기에서 모든 항생제를 포기하겠다고 선언했다.

칙필라 본부는 애틀랜타의 하츠필드 잭슨 국제공항(Hartsfield Jackson International Airport) 바로 바깥에 자리하고 있다. 바이블벨트(Bible Belt: 기독교 색체가 강한 미국 남부와 중서부 지대—옮긴이)의 버클에 해당하는 부유한 교외 주택지의 가장자리다. 민간기업인 칙필라는[8] 기독교 기업임을 천명했으며, 가맹 레스토랑에 일요일에는 무조건 문을 닫도록 요구한다. 기업의 모토 '위임받은 모든 것의 충직한 청지기가 됨으로써 하나님을 찬미하자'를 본부 정문 밖에 설치한 명판에 새겨뒀다. 회사의 최고경영자는 대중에게 익히 잘 알려진 인물이다. 성경에 기초해 동성애 결혼을 결사반대[9]하는 바람에 악명을 떨친 것이다. 어쨌거나 칙필라는 남부 주에서 가금산업의 강자다. 매출액을 기준으로 할 때[10] 미국 패스트푸드 체인 가운데 8번째로 크고, 닭고기 기반 메뉴로만 보면 단연 1등이다. 칙필라의 매출액은 경쟁사인 KFC의 미국 분과보다 더 많고, 산하의 개별 매장은 각각 맥도날드 매장보다 더 많은 돈을 벌어들인다. 가맹점이 새로 개장할 때마다 밤새 진을 칠 만큼 유별난 고객층에게 칙필라는 강박적일 정도로 충성스럽다. 그들은 특유의 홀스타인(Holstein: 희고 검은 얼룩이 박힌 식용소의 일종. 특히 젖소 품종으로 유명하다─옮긴이) 암소 마스코트로 분한 채 고객들을 맞이한다. 고객들은 하나같이 그만의 특징적 메뉴─즉 버터 발라 구운 번(bun: 작고 둥글납작한 빵─옮긴이)을 갈라서 짭짤한 양념옷을 입힌 뼈 없는 닭가슴살 튀김을 피클 조각과 함께 넣은 메뉴─를 기다리고 있다[홀스타인 암소들은 스스로를 보호하는 차원에서 고객들에게, 필경 맞춤법을 잘 모를 테니, '닭을 더 마니 드세요(Eat Mor Chikin)'라고 호소하고 있다].

칙필라는 오로지 닭 메뉴만 취급한다. 음료도 샐러드도, 흔히 패스트푸드 가맹점들이 집 밖에서 자는 이들을 위해 제공하는 몇 가지 아침 메뉴도 없다. 그들의 메뉴에는 버거도 칠리도 생선·새우 튀김도 들어 있지 않다. 따라서 칙필라는 소비자의 선호가 어디로 향하는지를 면밀히 주시한다. 홀푸즈가 문을 연 지 30년이 지나고 치포틀레가 출범한 지 거의 20년이 흐른 즈음 분위기는 확연히 달라지고 있었다. 비단 개별 소비자들의 선택에서뿐 아니라 시장을 창출하거나 좌우하는 힘을 지닌 거대 기관구매자들이 체결한 계약에서도 변화가 감지되었다. 2010년 300개 병원으로 구성된 전국 차원 연합체[11]가 상시적으로 항생제를 사용해 기른 육류를 더 이상 구매하지 않겠다고 발표했다. 2011년에는 미국에서 세 번째로 큰 교육청 시카고공립학교(Chicago Public Schools)[12]도 무항생제 닭고기로 돌아섰다. 2013년 캘리포니아 대학 샌프란시스코 캠퍼스(University of California, San Francisco, UCSF)[13]—대학뿐 아니라 그 도시 최대의 병원도 운영한다—의 대학평의회가 투표를 통해 무항생제 식품을 조달하는 데 찬성했고, 다른 캘리포니아주의 대학들에도 그 조치를 따르도록 촉구했다.

척필라의 선언은 가금 생산이 미국의 나머지 육류 산업과의 관계를 서서히 단절해가고 있음을 보여주는 신호탄이었다. 그로부터 7개월 후 퍼듀의 발표가 뒤를 이었다. 외식업계의 주요기업들과 가금 계열주체들이 차례차례 바통을 이어받았다.[14] 맥도날드는 2015년 3월 북미 전역의 모든 가맹점에서 무항생제 닭고기를 사용하겠다고 선언함으로써 시장을 뒤흔들었다. 서브웨이(Subway)는 2015년 10월에 그 뒤를 따랐다. 코스트코는 2015년 3월, 월마트(Walmart)는 그 한 달 뒤부터 구매력을 총동원해 항생제를 상시적으로 사용하지 않은 닭을 확보했다. 가금 생산업체 필그림스 프라이드(Pilgrim's Pride)는 2015년 4월 자사 닭의 25퍼센트를 무항생제 닭으로 생산하겠다고 약속했다. 식품매개 질병의 발발로 오랫동안 고전한 기업 포스터는 2015년 6월 그 대열에 동참했다. 북미 최대의 닭고기 생산업체 타이슨은 2015년 4월, 육계 생산량의 80퍼센트(부화장 포함)에서 진작부터 인간용 항생제를 사용하지 않았으며, 향후 2년 내로 완전한 무항생제 목표에 도달할 계획이라고 발표했다.

기업들은 저마다 자기네 조치에 대해 상시적 항생제 사용을 포기한다고 표현했지만, 모두 동일한 조치에 헌신하고 있었던 것은 물론 아니다. 타이슨만 해도 이오노포어계—EU가 성장 촉진제를 금지했을 때 닭에게는 쓸 수 있도록 허락해준 약물 계열—항생제는 계속 사용했다. 맥도날드 역시 공급업체가 그 약물을 사용하는 것은 수용하겠다고 밝혔다. 하지만 퍼듀는 이오노포어를 없애는 데 헌신했다. 퍼듀를 비롯한 5개 주요 기업에서 닭고기를 구매하는 칙필라는 엄격한 기준을 세웠다. 공급업체에게 닭의 생애 어느 단계에서든 항생제 사용을 용납하지 않겠다고, 심지어 이오노포어계도, 질병을 치료하기 위해 사용한 항생제도 예외가 아니라고 못 박은 것이다. 공급업체들은 그 기준을 준수하고 있음을 증명하기 위해 해마다 품질 검사를 받아야 했다.

약속을 이행하는 것은 간단치 않았다. 칙필라가 무항생제 닭을 보장하기 위해 겪은 일[15]은 가금산업이 전통적인 가축 사육에서 벗어나면 어떤 도전에 직면하게 될지를 잘 보여준다. 하지만 그 기업은 자사 결정이 시장의 요구에 따른 조치라고 주장했다. 즉 칙필라가 독립적으로 실시한 연구에서 고객의 70퍼센트가 농장 항생제에 대해 우려하고 있다고 답한 것이다. 칙필라가 선택할 수 있는 길은 흐름을 선도하거나 뒤처지거나 둘 중 하나였다.

칙필라는 자사가 해마다 얼추 2억 5000만 파운드의 닭고기를 사들이고 있다고 추정한다. 따라서 체인 경영진은 그 선언을 하기 전 가금 공급업체 다섯 군데와 만나 과연 그 수요를 감당할 수 있겠는지 타진했다.

칙필라 체인의 메뉴 전략·개발 담당 부사장 데이비드 파머(David Farmer)는 회사가 무항생제를 선언한 때로부터 몇 달 뒤 애틀랜타 본부에서 내게 말했다. "완벽한 세상이라면 우리도 속도를 더 낼 수 있을 거예요. 하지만 현실은 그렇지가 않아요. 해마다 우리가 공급하는 닭의 20퍼센트에서 그 목표를 달성해 결국 5년 내로 최종 목표에 도달할 계획입니다."

파머는 일단 시작하려면 더 많은 돈이 들 것임을 인정했다. 상시적 항생제 사용 없이 키운 닭은 가격이 올라간다. 그 비용의 일부를 소비자들에게 떠넘길 수 있는지 여부를 파악하는 것도 숙제였다. 그런 다음 그 기업은 물품의 대외구입, 고객은 결코 볼 수 없는 막후결정에 따른 복잡성을 단순화할 필요가 있었다. 가령 칙필라는 좀더 큰 닭을 추구하는 업계의 추세를 결코 수용한 적이 없었다. 가슴살이 너무 커지면 칙필라만의 고유 메뉴인 샌드위치에 들어맞지 않았기 때문이다. 하지만 칙필라는 튀긴 치킨텐더(chicken tender: 뼈와 껍질을 제거하고 옷을 입혀 바싹 튀겨낸 길쭉한 닭살 요리—옮긴이)도 팔았는데, 치킨텐더는 사실상 가슴살—가슴뼈에 붙어 있는 소흉근—로 만들기 때문에 샌드위치에 딱 맞는 가슴살 크기를 지닌 닭에서 나온 소흉근은 한 입 먹거리치고는 또 너무 작았다. 몇 년 전부터 칙필라는 소속 농부들이 좀더 큰 닭을 사육하는 계열주체들로부터 오직 치킨텐더만을 위한 닭을 따로 주문하기 시작했다. 항생제 없이 키우는 가금의 수는 상대적으로 희소했으므로 이 문제에 직면한 칙필라는 닭을 통째로 구입해 쓰는 '부리에서 꼬리까지(beak to tail)' 방침을 수용해야 했다. 전에 구매하지 않던 닭을 이용할 수 있으려면 새로운 메뉴를 출시하거나 기존에 제공하던 품목의 조리법을 달리해야 했다. 이를테면 완전히 미리 만들어진 수프를 하도급업자에게 구매하는 대신 식당에서 무항생제 닭을 수프에 넣는 것을 예로 들 수 있다.

2014년 초 만약 당신이 식품운동 지도자들에게 어느 회사가 무항생제 사업을 선도할 것 같으냐고 물었다면 아무도 칙필라를 지목하지는 못했을 것이다. 거의 언급되지 않은 사실이지만 식품운동은 분명 자유로운 연안의 소수민족 거주지에서 일어난 뒤 공화당 지지자들 사이로 서서히 확산되었다. 칙필라의 경영진과 그 회사의 골수 고객층은 교회에 다니고 교외의 대형 할인점에서 쇼핑을 하고 대학 풋볼을 관람하는 보수주의자들이며, 딱히 동물복지나 항생제 내성에 관심이 있지는 않은 부류였다(이들 교회 가운데 일부는 진화론에 의혹을 품는 설교를 할 가능성이 크다. 항생제 내성이야말로 실시간으로 확인할 수 있는 진화 현상임에도 불구하고 말이다). 하지만 바로 그런 까닭에 그 기업의 방침 전환은 놀라운 것이었다. 그것은 농장에서 항생제 사용에 대한 우려―그리고 항생제 사용 감소에 따른 농장 운영의 변화―는 문화적 분열이나 정파를 넘어설 수 있는 문제임을 보여주었다.

내가 파머에게 무항생제를 지향하는 칙필라의 조치가 농장의 항생제 사용과 내성 간 관련성을 인정한다는 의미냐고 묻자, 그는 그 질문을 이렇게 묵살했다. "그것이 항생제 내성을 일으키느냐를 다투는 과학적 논쟁에 끼어들 뜻은 없었어요." 그는 대신 그 조치를 자사의 기독교적 소신에 따른 결정이라고 설명했다. 성경의 창세기(1장 26절)에서 말하는, 바다의 물고기와 공중의 새와 가축들, 온 땅의 생명체들에 대한 인간의 책임[16]을 존중하기 위한 결단이었다고 말이다.

파머가 말했다. "그것은 주주의 가치가 아니라 충직한 청지기정신 (stewardship)에 따른 거예요. 우리는 올바른 이유에 입각해 올바른 일을 하기 위해 노력해야 해요."

고객의 요구는 칙필라, 퍼듀, 그리고 그들을 뒤따른 기업들이 항생제 사용 문제를 재평가하도록 설득했다. 하지만 그와 동시에 일어난 다른 사건들의 영향이 없었다면 문화적 압박만으로 거기에 다다를 수는 없었을 것이다. 항생제 사용과 관련하여 수십 년간 교착상태에 놓여 있던 정책 역시 변화를 겪었다.

FDA 국장 케네디가 성장 촉진제를 허가하지 않으려고 버티던 싸움에서 패했을 무렵부터 정치적 분위기는 시종 그것을 재시도하는 데 비우호적이었다. 이는 비단 FDA의 예산을 좌지우지한 국회의원 휘튼이 그 어떤 시도도 허용하려 들지 않았기 때문만은 아니었다(그는 1995년 마침내 85세의 나이로 물러날 때까지 기나긴 의정활동 기간 내내 그 입장을 고수했다. 그는 국회의사당을 떠나고 몇 달 뒤 숨을 거두었는데, 자그마치 53년에 이르는 최장기 봉직 하원의원으로 기록되었다). 1977년 케네디가 실패감을 안고 떠난 뒤 백악관을 거쳐 간 행정부 인사들이 그 문제를 다시 제기할 수도 있었지만 그들에게는 더 시급한 문제들이 기다리고 있었다.

두 자릿수 인플레이션, 석유 부족, 이란 인질극 사태 등이 FDA 국장으로 케네디를 임명했던 지미 카터 대통령의 권력 기반을 약화시켰고 그는 결국 단임으로 임기를 마치고 말았다. 그의 뒤를 이은 로널드 레이건과 조지 H. W. 부시 대통령은 둘 다 친기업적 성향에 작은 정부를 표방하는 공화당 대통령이었다. 그들은 주요 제약회사의 매출을 억제하는 데 결코 동의하지 않았을 것이다. 민주당의 빌 클린턴 대통령은 그 문제에 도전했을 수는 있지만—국가적 의료계획을 만들어내려는 그의 시도는 그가 복잡한 의제들을 다룰 의향이 있음을 보여주었다—그는 고작 집권 2년째인 1994년 중간선거에서 40년 만에 공화당에게 의회의 다수당 자리를 내주고 말았다. 그 정치 진영의 권력과 집요한 일련의 스캔들이 중요한 개혁을 추진하려 할 때마다 그의 발목을 잡았다. 클린턴에 이어 집권한 조지 W. 부시 역시 작은 정부를 표방하는 보수주의자였다. 그는 집권 말기에 심각한 경기후퇴 문제를 챙겨야 했다.

경제, 국가적 분위기, 백악관이 합세해 정책입안자들이 제약 부문을 다룰 수 있는 방향으로 전열을 재정비한 것은 2009년 1월 버락 오바마 대통령이 당선되고 난 뒤였다.[17] 책임을 떠안은 인물은 뉴욕주 북부 출신의 민주당 하원의원 루이즈 슬로터(Louise Slaughter)였다. 그녀는 공중보건 분야의 석사학위 소지자로 더러 '의회 유일의 미생물학자'로 언급되곤 했다. 그녀의 여자형제가 어렸을 적 폐렴으로 목숨을 잃었고, 그래서 그녀는 개인적으로 전염성 질환의 위협을 민감하게 받아들였다. 슬로터는 PAMTA라 불린 '의료 치료를 위한 항생제 보존법(Preservation of Antibiotics for Medical Treatment Act)'을 열렬히 옹호했다. 이 법안은 인간 치료에 중요한 항생제를 농업계가 사용하지 못하도록 막는 것을 목적으로 했다. PAMTA는 그 어떤 호응도 얻지 못하고 의회 임기 2년의 끝자락에 이르자 흐지부지됐다. 하지만 슬로터는 집요하게 그 법안을 재도입했다. 2009년 7월, 그녀는 그 법안을 발의하기 위해 또 한 차례 청문회를 열었다.

새로운 FDA의 부국장 조슈아 샤프스타인(Joshua Sharfstein)이 행정부를 대표해 그 자리에 참석했다. 그는 "FDA는 미국에서 성장 촉진이나 사료의 효율성을 위해 항생제를 사용하는 행위의 종식을 지지합니다"라는 말로 좌중을 놀라게 했다.

이전의 EU처럼 미국 정부도 신중한 조치를 취하기로 결정했다. 즉 가장 변호하기 힘든 형태의 농장 항생제 사용만 근절하기로 한 것이다. 그럼에도 격분한 농업용·축산용 약물 제조사들은 벌떼같이 들고일어나 과학은 성장 촉진제의 금지를 지지하지 않는다고 우겨댔다.

40여 개의 막강한 생산자 조직을 아우르는 상부조직 축산연합(Animal Agriculture Coalition)과 동물건강연구소가 신속하게 작성해 FDA에 띄운 편지[18]에서 이렇게 항변했다. "FDA는 어떤 과학적 근거도 없이, 그 기관과 축산업계 간의 심층적인 대화도 없이 중요한 문제에 관한 정책적 결정을 이미 내려버렸다." 그 가운데 20개 조직은 백악관에 직접 제출한 성명서에서[19] 이렇게 주장했다. "농장에서 항생제 사용이 인간 내성의 증가에 중대한 영향을 끼친다는 것을 보여주는 그 어떤 결정적인 과학적 증거도 나와 있지 않다." 레비가 중요한 실험을 실시한 이후 수십 년 동안 연구가 이뤄졌음을 감안하면 이러한 주장은 믿기 어려워 보인다. 공중보건 관련자들은 그 전략의 본질을 꿰뚫어 보고 있었다. 정확하게 '담배회사의 각본(tobacco playbook)'[20]을 모방한 전략이었다. 담배회사들이 흡연과 폐암의 관련 사실이 드러난 후에도 증거가 불충분하다고, 좀더 많은 연구가 필요하다고 우기면서 수십 년 동안 규제를 연기하도록 해준 로비용 대본 말이다.

'담배회사의 각본'을 동원하는 것은 농업용·축산용 약물 제조사들이 싸움 한번 안 해보고 항생제를 포기할 뜻은 없음을 말해주는 신호였다. FDA 소속 변호사들은 그 기관의 지도자들에게 싸움의 규모가 어느 정도에 이를지 알려왔다. 케네디가 성장 촉진제를 금지하려고 분투했을 때, 거기에 해당되는 것은 16개 제조사의 제품 62가지였다. 이제 그 수는 27개 제조사의 제품 287가지로 불어나 있었는데,[21] 관련사들은 개별 약물에 대해 각각 FDA를 상대로 소송을 준비 중이었다. 불과 몇 해 전 시장에서 베이트릴을 철수시킨 싸움도 법정에서 5년을 질질 끌었다. 다른 식의 접근이 필요해 보였다.

1년 뒤 FDA는 그 다른 식의 접근이 무엇인지 보여주었다. 약물 제조사들이 자사 항생제를 철수하도록 몰아붙이기보다 라벨을 바꿈으로써 그들의 약물이 성장 촉진제로 사용되지 못하게 막는 프로그램에 자발적으로 협조하도록 요청한 것이다. 이 전략은 '기업용 지침 초안 209(Draft

Guidance for Industry 209): '의학적으로 중요한 항균제를 식품 생산용 동물에 분별력 있게 사용하기'라는 미덥잖은 제목이 붙은 FDA의 문서[22]에서 시작되었다. '기업용 지침 초안 209'는 26쪽 길이의 문건이었지만 핵심은 샤프스타인이 슬로터 청문회에서 언급한 목표로 모아졌다. 즉 미국의 시장에서 성장 촉진제를 몰아내자는 것, 그리고 나머지 항생제는 수의사의 통제 아래 두자는 것이었다.

제목에 들어 있는 '지침'은 규제와 관련한 중요한 전문용어로서, 그 문서가 법적 구속력을 띠지 않는다는 것을 암시한다. 실제로 문서의 제목 쪽 상단에는 '구속력 없는 권고사항을 담고 있다'는 디스클레이머 (disclaimer: 상품의 사용상 주의사항이나 영화·TV·언론 따위의 '미성년자 관람불가', '실제 사실과 무관함' 같은 책임 경감용 혹은 면책용 문구—옮긴이)가 실려 있었다. 지지자들은 적이 못마땅했다.[23] 그들은 케네디가 도입하려 애쓴 것 같은 모종의 법적 조치를 원했다. "이 지침을 자발적 정책으로 남아 있도록 놔두면 결과는 미미할 것이다. 항균물질의 무분별한 사용이 아주 조금밖에 감소하지 않는 결과를 낳을 게 뻔하다." 공중보건 비영리기구인 미국건강트러스트(Trust for America's Health)는 FDA가 받은 논평 1000여 개 중 하나에서 이렇게 말했다. 수년 동안 좀더 엄격한 통제를 시행하라고 FDA를 압박해온 퓨위탁자선단체는 "FDA는 강제할 수 있는 조치를 취하기 위해 지침을 넘어서야 한다"고 촉구했다. 한편 업계는 그저 그 각본에 충실했다. "가축한테 분별력 있게 항생제를 사용하는데도 인간 감염에서의 항생제 내성이 증가한다고 확인해준 (동료심사를 거치는) 과학연구는 없다." 미시건 농장국(Michigan Farm Bureau)은 수많은 유사 코멘트 가운데 하나에서 다음과 같이 주장했다.[24] "'기업용 지침 초안 209'가 제안한 조치는 실제로 안전성 위험을 검증한 결과에 기반하고 있지 않다."

FDA는 2012년 4월에는 '기업용 최종 지침 209(Final Guidance for Industry 209)'를, 2013년 12월에는 그 자매격 문서[25]인 '지침 213(Guidance 213)'을 발표했다. 수의사의 책무에 관해 정리해놓은 세 번째 문서 '가축 사료 훈령(Veterinary Feed Directive)'의 최종본은 2015년 6월 발표했다. FDA는 제조사들에게 필요한 변화를 추진하기 위해 2017년 1월 1일까지 3년의 말미를 주었다. 그날 이후로는 미국에서 성장 촉진제를 전면 불법화할 거라는 내용이었다.

동물 항생제 제조사들은 이런 조치에 맞서 격렬하게 저항했지만, 결국에는 놀라운 속도로 협조에 나섰다. 2014년 4월, 한 약물 제조사는 아예 회사 문을 닫고 자사가 만든 약물 세 가지도 미국 시장에서 철수했다. 같은 해 6월에는 그 밖에도 31개 약물의 판매가 중단됐다. 그러자 남은 26개 제조사들이[26] 모두 FDA의 계획에 동조하기로 뜻을 모았다. 수십 년 동안 소소한 제약들에까지 사사건건 반대를 일삼아오던 제약회사들의 돌연한 심경 변화는 얼핏 자포자기처럼 보였다. 하지만 그 업계는 퍼듀가 진작부터 인지하고 있었던 것, 즉 성장 촉진제는 더 이상 효과가 없다는 것을 깨달았을 가능성이 높다.

1948년으로 다시 돌아가 보자. 당시 토머스 주크스는 실험에서 사료를 먹여 닭의 무게를 2배 넘게 불려놓았다. 그것은 그가 자신의 실험실에서 그 목적을 위해 교배하고 먹이를 먹여 키운 병아리를 가지고 행한 실험으로부터 얻은 결과였다. 그러니만큼 아무도 그 과정이 현실세계에도 고스란히 먹혀들 거라고는 기대하지 않았다. 하지만 1950년대에 페니실린과 테트라사이클린은 농장이라는 환경에서 사료량을 더 늘리지 않고도 닭 한 마리당 무게를 10퍼센트 이상 불려주었다.[27] 1970년대와 1980년대에 개발된 좀더 새로운 항생제들은 그 증가분을 12퍼센트까지 끌어올렸다.[28] 1970년의 어느 추정치에 따르면[29] 가금업계는 성장 촉진제를 사용할 경우 매년 사료 비용을 2000만 달러씩 절감할 수 있었다.

하지만 1990년대에는[30] 그 이득이 돼지의 경우 4퍼센트, 육계의 경우 3퍼센트로 뚝 떨어졌다. 차이가 너무 미미했으므로 농무부에 따르면 가축 생산업체 일각에서는 그 사실을 진작부터 알아차렸고, 성장 촉진제를 포기하기 시작했다. 2011년에는 미국에 있는 사육장 소의 25퍼센트, 육계의 48퍼센트를 항생제 없이 기르고 있었다(퍼듀도 아직 드러내지는 않았지만 상당 비율의 육계에서 항생제를 배제했다). 2015년 농무부 소속 경제학자들은[31] 미국 농장에서 성장 촉진제를 철수할 경우 생산성 차이가 1퍼센트에 그칠 거라고 추산했다.

과학자들은 무슨 일이 벌어졌는지를 그저 가정해볼 수 있었을 따름이다. 대부분의 연구는 육류 기업의 독점적 영역 내에서 이루어졌기 때문이다. 소량의 항생제에 영향을 받은 장내 세균은 결국에 가서 그 약물들의 효과에 내성을 키웠고, 더 이상 그 약물에 반응하지 않게 되었을 공산이 크다. 처음에 주크스가 예측한 대로다. 또한 가축이 그들의 유전적 잠재력의 최대치, 즉 각 종이 얼마나 커질 수 있고 얼마나 빠르게 성장할 수 있는지와 관련해 상한선에 도달했을 가능성도 있다.

가장 그럴싸한 설명은 성장 촉진제가 실제로는 한 번도 이익을 제공한 적이 없었다는 주장이다. 즉 성장 촉진제는 영농에서 결핍된 부분을 보상해주었지만 이제 그 결핍이 더는 존재하지 않았던 것이다. 실제로 1950년대에는 연구자들이 실험에서든 농장에서든 대단히 깨끗한 환경 아래 동물을 키울 경우 평균적 농장 동물보다 성장 촉진제로 인한 무게 증가가 적었다고 주장했다. 70년이 흐른 뒤, 개선된 농장 위생, 모니터링, 산업적으로 정확한 영양 따위에 힘입어 농장 환경이 몰라보게 개선되었으므로 성장 촉진제는 더 이상 차이를 만들어내지 못했다.

하지만 그것이 대부분의 육류 생산업체가 모든 항생제를 기꺼이 포기하려 한다는 것을 뜻하지는 않았다. 성장 촉진제가 힘을 잃었다 하더라도 예방적 항생제는 여전히 소중했던 것이다. 생산자로 하여금 질병에 걸릴 위험에 대한 걱정 없이 동물을 사육하도록 도와주었기 때문이다. 게다가 FDA의 지침도 그 이전에 나온 유럽의 규정처럼 예방적 항생제 사용은 제한하지 않았다. 2008년 네덜란드 정부가 발견한 대로, 다른 억제 조치가 병행되지 않는다면 성장 촉진제를 금지하는 것만으로는 그저 시장을 예방적 약물로 이동시키는 풍선효과만 낳을 뿐이었다. FDA가 실시한 '가축 사료 훈령'은 그런 유의 꼼수를 막아보겠다는 취지에서 도입되었다. 하지만 FDA의 지침들이 그리 엄격하지 않다고 주장한 퓨위탁자선 단체는 수많은 신약의 라벨이 너무 모호해서[32] 여전히 허용되는 항생제 가운데 3분의 1은 지속기간에 관한 제한 없이 무한정 쓸 수 있도록 해준다고 밝혔다. 이는 새로운 규정의 정신에 위배되는 것이자 성장 촉진제를 확장하는 조치요 항생제 사용과 내성으로의 초대처럼 보였다.

육류 생산업체는 항생제 없는 상황에 대비하고 있는 업계처럼 굴지 않았다. 최초의 ADUFA 보고서가 2009년 발표된 때로부터 미국 육용 동물에의 항생제 사용량은 꾸준히 증가했다. 2016년 말에 발표된 가장 최근 보고서는 가축에 쓰인 항생제의 매출액이 FDA가 통계를 시작한 이래 24퍼센트 늘어났다[33]고 밝혔다(그 보고서는 늘 1년의 시간지체가 발생하므로 이는 2015년 자료다. 2015년은 최종 지침이 나오기 전 FDA가 업계에 허용한 3년 준비 기간의 중간 해졌다). FDA 자료는 결코 종별로 구분되어 있지 않았으므로 어떤 동물이 그 약물들을 제공받는지—즉 가금이 실제로 약물을 덜 사용하는지, 만약 그렇다면 그에 따라 돼지와 소는 약물을 더 사용하는지—말하는 것은 가능치 않았다. 그 기관은 2017년 12월 발표될 보고서에서 처음으로 세부사항을 추가할 예정이다. 따라서 실제로 성장 촉진제 사용을 근절하고 농장에서 사용되는 모든 항생제의 사용량을 줄이는 식으로 지침이 계획에 따라 실행되었는지 보여줄 보고서는 2018년 말이나 되어야 나올 것이다. 〔2018년 12월, FDA는 2017년 '식용 동물용으로 판매·유통된 항균물질에 관한 요약 보고서'를 발표했다. 보고서는 그 수치가 2016년부터 2017년까지 두 해에 걸쳐 약 33퍼센트나 감소했다고 밝히면서, 이는 FDA를 비롯한 관련 기관들의 노력이 큰 결실을 거둔 결과라고 자평했다. 보고서에는 약속대로 판매·유통된 항생제(의학적으로 중요한 항생제와 의학적으로 중요하지 않은 항생제로 구분했다)를 소, 돼지, 닭, 칠면조, 기타 등 다섯 종으로 분류하여 비교해놓은 표가 실려 있다. 의학적으로 중요한 항생제의 경우, 소·돼지·칠면조·닭·기타 순이었으며, 2016년에서 2017년까지 감소 폭이 가장 큰 종은 47퍼센트를 차지한 닭이었다. 한편 의학적으로 중요하지 않은 항생제의 경우, 소·닭·돼지·칠면조·기타 순이었으며, 2016년에서 2017년까지 감소 폭이 가장 큰 종 역시 13퍼센트를 차지한 닭이었다. https://www.fda.gov/downloads/ForIndustry/UserFees/AnimalDrugUserFeeActADUFA/UCM628538.pdf—옮긴이.〕

퍼듀는 성장 촉진 용도와 예방적 용도를 비교해 언급한 적이 없었다. 그 기업은 두 유형을 구분하지 않고 항생제 사용을 되도록 최대한 줄이기로 결정했다. 스튜어트브라운은 사료티켓에 담긴 내용을 읽고 예방적 용도로 쓰인 항생제 이름을 발견한 고객에게 자신이 그 차이를 설명해야 하는 상황을 머릿속으로 그려보았다. 그렇게 발버둥 칠 가치가 없어 보였다. 그는 "우리는 사람들이 우리를 믿게끔 만들려 애쓰고 있다"고 내게 말했다.

2016년 6월, 퍼듀는 거대 가금 생산업체 가운데 최초로 포괄적인 동물복지 계획을 발표했다. 그 계획은 동물복지 활동가들이나 크레이그 와츠 같은 불행한 농부들이 견디기 힘들어했던 육계 사육의 거의 모든 측면에서 변화를 이끌어냈다. 그 변화는 너무 파격적이라 3개의 주요 동물복지 조직, 즉 '동물에게 자비를(Mercy for Animals)', 미국동물애호협회(Humane Society of the United States), 그리고 와츠의 헛간 풍경을 카메라에 담은 집단인 '전 세계 농장 동물에게 연민을'의 지지를 이끌어낼 수 있었다.

그 계획은 닭에게 자연채광을 제공할 수 있도록 창문을 달 것, 닭이 날아올라 쉴 수 있는 홰와 짚더미를 설치할 것, 자연의 일상과 좀더 유사하도록 만들기 위해 하루 중 불 꺼두는 시간을 더 늘릴 것, 그뿐만 아니라 닭을 도축하는 시스템을 개선할 것, 그들이 차질 없이 잠에 빠져들 수 있도록 해주는 가스실을 설치할 것 등을 촉구했다. 퍼듀는 내친김에 닭을 도축 체중에 그토록 빨리 도달시키는 속성 유전학을 재고해보는 일에도 힘썼다. 퍼듀가 직접 드러내놓고 말한 적은 없지만 그들의 변화는 10년 전 유럽에서 성장 촉진제가 전면 금지된 이래 대다수 농장들이 구현해오던 바를 지지했다. 2016년 10월, 퍼듀는 유럽이 항생제 금지 조치에서 여지를 남겨두었으며 다른 미국의 계열주체들이 여전히 허용하고 있던 이오노포어계 항생제를 예방적 목적으로 상시 사용하는 것마저 관두었다. 그 기업은 이오노포어계 항생제를 오직 콕시디아증이라 불리는 기생충 질환 진단을 받은 헛간과 농장을 위해서만 따로 남겨두겠다고 밝혔다. 그렇게 함으로써 퍼듀는 그들 닭의 최소 95퍼센트—어느 해에는 그보다 더 늘기도 했다—를 항생제를 전연 사용하지 않고 생산했다.

짐 퍼듀가 내게 말했다. "우리는 이를 농장으로 다시 돌아가는 것이라고, 과거에 우리가 하던 방식으로 돌아가는 것이라고 말합니다. 당시의 그들은 우리가 생각한 것보다 더 똑똑했을지도 모르겠어요."

과거에서 미래를 보다

"저는 닭과 관련해서 무슨 계획을 세워본 역사가 없어요." 윌 해리스 3세 (Will Harris III)가 말했다.[1]

우리는 차 옆에 붉은 진흙이 잔뜩 튀어 있는 지프 랭글러(Wrangler)에 함께 타고 있었다. 지프는 진초록 목초지 옆에 세워져 있었는데, 그 목초지에서는 육계 수천 마리가 쏘다녔다.

닭들은 볏이 붉고 다리가 노랗고 녹빛 깃털에 광택이 났다. 그들은 젖은 풀밭에서 땅바닥을 긁거나 쪼아대거나 작은 차고처럼 보이는 크림색 닭장 옆에 붙은 직사각형 차양 아래 느긋하게 서서 휴식을 취했다. 벌판에는 닭장들이 마치 땅 위로 솟아 있는 버섯처럼 군데군데 흩어진 채 들어서 있었다. 여기에 6개 저기에 4개, 그리고 저 멀리 울타리 옆에 또 한 무리의 닭장이 보였다. 울타리 건너편에는 햇빛을 받아 피부가 붉게 반짝이는 검은색 소떼가 노닐고 있었다. 소떼 너머가 해리스의 농장인 화이트오크목장(White Oak Pastures: 이하 화이트오크—옮긴이)의 중심부였다. 거기에는 사무실과 가축용 우리, 농무부가 인가한 도살장이 자리하고 있었다. 우리가 주차한 곳에서는 보이지 않았지만 그 너머로는 토끼와 양, 돼지와 염소, 칠면조와 오리, 거위, 뿔닭, 암탉과 산란용 암탉, 채소, 과일, 꿀벌, 더 많은 육계들이 거의 3000에이커의 무성한 풀밭을 수놓고 있었다.

해리스는 화이트오크의 운영을 맡은 네 번째 세대다. 인구밀도가 낮은 조지아주 서쪽 가장자리에 자리 잡은 이 농장은 미보병훈련소가 있는 포트베닝(Fort Benning)의 군교통로에서 남쪽으로 1시간, 플로리다주 경계에서 북쪽으로 40분 거리에 있다. 그의 가족은 줄곧 이 땅에서 살아왔다. 그의 증조부, 제임스 에드워드 해리스(James Edward Harris)가 남부연합이 와해되자 도망쳐 나와 1866년 블러프턴(Bluffton) 외곽에 자경자급 농장을 세운 때부터다. 이 농장은 미국 농업의 성장을 거들어준 온갖 20세기 발전의 결실들—이를테면 작물의 단일재배를 뒷받침해준 살충제와 화학비료, 호르몬 이식, 인공수정, 소의 단일사육을 가능케 해준 항생제 등—에 힘입어 수십 년 동안 상당한 규모의 소 목장으로 변신했다. 해리스는 목장을 물려받았고, 조지아 대학에서 동물과학을 공부하면서 배운 모든 수칙을 따르면서 규모를 더욱 확장했다. 그는 목장을 운영한 지 20년이 되어서야 비로소 종전과는 다른 길을 걸어야 한다는 양심의 소리에 귀를 기울이기 시작했다.

이후 20년 동안 해리스, 그의 아내와 딸들, 그리고 직원들—약 135명으로 불어나 있었다—은 단일종에 의존하던 전통적인 농장을 미국 남동부 최대의 인가받은 유기농 농장으로 탈바꿈시켰다. 지속가능성과 혁신을 추구하기 위해 복수종, 목초지에 기반한 축산, 쓰레기 제로에 도전하는 농장을 지향한 것이다. 그 과정에 닭을 추가한 것이야말로 농장의 성공에 결정적이었다. 닭들은 가금이 항생제 사용뿐 아니라 속성 유전학과

산업화한 생산에서 벗어날 수 있음을 실제로 입증해주었다.

화이트오크, 전통적인 산업의 언저리에서 언제인지 모르게 등장한 그외 몇몇 사업체들은 가금 생산이 항생제 없이 이루어지는 것이 어떤 형태가 될 수 있는지 실제로 구현해 보였다. 새로운 모델은 인간적이고 사적이고 야심 찼다. 그렇다고 완벽한 것은 아니었다. 그 모델들은 빅 치킨에 소속되지 않은 기업체로서의 한계를 저마다 양상과 정도를 달리해 드러낸다. 그리고 아직껏 답을 얻지 못한 문제, 즉 시장은 그들에게 어떤 반응을 보일 것인가 하는 문제를 안고 있다.

해리스가 말했다. "저는 2010년 1월 이전에는 깃털 달린 동물을 길러본 적이 없어요. 잉꼬 한 마리 키워보지 않았으니까요. 그때, 그러니까 2010년 1월에 우리는 처음으로 닭 500마리를 샀죠. 그리고 지금은 닭을 한 번에 6만 마리씩 기릅니다. 하지만 규모가 그보다 더 커지지는 않을 거예요."

60세를 넘긴 해리스는 영락없이 목장주처럼 생겼다. 건장하고 차분한 그는 염소수염을 기르고 머리를 밀었다. 해리스는 대중 앞에 나설 때면 어김없이 장화를 신고 앞에서부터 뒤까지 깊게 골이 파인 흰색 카우보이모자를 썼다. 하지만 그가 하는 말은 단호하고 다소 외설적인 설교조였다. 물론 종교에 관해서가 아니라 지속가능성에 관한 이야기이기는 했지만〔그는 언젠가 내게 이렇게 말한 적이 있다. "예전에는 산업형 모델이라는 수렁에 빠져 허우적거렸지만 이제는 뭐랄까, 정신 차린 창녀죠. 저는 달라지고자 하는 열정(zeal: '지일' 정도로 발음된다―옮긴이)이 있어요." 남부의 전형적인 사투리와 크게 다른 조지아주 남서부 억

양을 실은 단어가 그의 이 사이로 '지—일' 하고 새어나왔다). 그의 심경 변화는 느닷없이 맞닥뜨린, 인생을 바꿔놓는 경험 같은 게 아니었다. 그가 농장에서의 삶을 동물의 관점에서 바라보려 애쓰며 오랜 세월에 걸쳐 서서히 도달한 결론이었다.

"저는 훌륭한 동물복지란 그들이 사료를 먹고 물을 마시게 해주는 한편 일부러 그들에게 고통이나 불편을 안겨주지는 않는 것을 의미한다고 배웠습니다." 2012년 중엽 우리가 처음 만났을 때 그가 말했다. "그건 마치 훌륭한 부모노릇이란 자녀를 낳아서 벽장 안에 고이 가둬두는 거라고 말하는 것과 같습니다. 당신은 자녀들에게 음식을 넉넉히 주고 불을 계속 켜놓고 온도를 22도로 유지합니다. 아이들은 동물한테 물리지도 벌에게 쏘이지도 공놀이를 하다 다리가 부러지지도 않을 겁니다. 그러니 그게 훌륭한 부모노릇입니까? 그렇지 않잖아요. 훌륭한 동물복지는 비단 고통을 겪지 않도록 막아주는 데 그치는 게 아닙니다. 동물이 그들의 본능적 행동을 표출할 수 있는 환경을 조성해주는 거지요."

해리스가 가족의 영농 전통에서 방향을 선회하면서 처음으로 한 일은 우리를 개방하고 앵거스(Angus)종을 주축으로 하는 소떼를 풀밭에 풀어놓고, 사료로 제공해온 곡물을 포기하고 소들이 자연 속에서 제게 필요한 영양분을 스스로 얻게끔 내버려둔 것이었다. 그다음으로 호르몬과 항생제에서 손을 뗐다. 그리고 나서는 목초지를 연중 푸르게 만들어준 합성비료의 사용을 중단했다.

그러나 그는 이내 난관에 부딪쳤다. 암소들이 뜯어 먹기 좋아하지 않는 식물이 문제였다. 그가 불과 얼마 전까지만 해도 잡초라고 부르던 것이다. 그는 열매 맺지 않는 교배종 풀 티프턴85버뮤다(Tifton 85 Bermuda)를 관리하기 위해 매일 물을 뿌릴 때마다 그 식물들을 보았다. 소들이 그 경쟁자인 맛있는 티프턴85버뮤다를 우적우적 씹어 먹을 때마다 그 식물들이 온 들판을 뒤덮을 것처럼 위협했다. 그래서 해리스는 한 무리의 양을 사들여 그 잡초를 뜯어 먹게 했다. 소 사육자로서는 상당히 대담한 조치였다. 19세기에 서부주에서 소 주인들은 양치기를 무력으로 몰아냈던 것이다. 하지만 털 깎을 필요가 없는 육용 품종인 새로운 양은 그가 수확할 수 있는 두 번째 동물이 되어주었고 그의 농장과도 썩 잘 맞았다. 잘 맞아도 너무 잘 맞은 게 분명하다. 그 잡초도 티프턴85버뮤다 풀도 죄다 초토화되고 말았으니 말이다. 해리스의 목초지는 양의 똥과 암소들이 둥글납작하게 싸놓은 똥으로 뒤덮이다시피 했다.

닭은 어떤가? 만약 애초에 진화해온 대로 목초지에서 산다면 그들은 씨앗이며 곤충 같은 먹이를 직접 사냥하러 나설 것이다. 맛있는 벌레며 파리 유충을 찾아 똥무더기를 파헤치고 다니고 질소가 풍부하게 함유된 똥을 땅에 더해줌으로써 초목이 신선함을 유지하도록 거들면서 말이다. 앨라배마주에서 유서 깊은 닭과 느리게 성장하는 교배종을 취급하는 부화장을 한 군데 발견한 해리스는 그들에게 병아리를 좀 보내달라고 부탁했다. 모두 508마리였다. 그는 목초지를 한 군데 정한 다음 이동식 닭장을 설치하고 병아리를 그 안에 집어넣었다. 그리고 대체 어떻게 되는지 보려고 기다렸다. 시장에 내놓을 수 있는 무게에 다다랐을 때—산업형 닭보다 배가 긴 12주째—닭은 506마리가 살아남았다. 울타리 안쪽 지역은 몰라보게 변했다. 소똥은 어디에도 보이지 않았으며 울창하고 푸르게 달라져 있었던 것이다. 해리스는 그 최초의 무리를 도축하고 다시 더 많은 수의 병아리를 주문했다. 다양한 품종—여기에는 빠르게 성장하는 산업용 닭도 포함되어 있었는데, 그는 그 품종에 대해 묘사할 때는 입이 상당히 거칠어졌다—을 시도해본 끝에 그는 결국 여러 유서 깊은 품종의 교배종인 레드레인저(Red Ranger)라는 활달한 품종으로 낙착을 보았다.

해리스는 처음에 양, 그다음에 닭을 더함으로써 순환방목(rotational grazing)에 착수했다. 순환방목은 산업화 이후 외면당하긴 했지만 역사적으로 이어져온 관례로, 그에 따르면 농장에서 살아가는 모든 종은 전에 그 들판을 거쳐 간 동물의 효과를 증가하거나 보완해준다. 또한 해리스는 더 많은 동물을 거느리게 되었다. 예전 같으면 사육장으로 보냈을 송아지 수백 마리뿐 아니라 닭 수천 마리까지도 말이다.

송아지 몇 마리를 도축장으로 보내려고 세미트레일러(앞쪽에는 바퀴가 없이 견인차에 연결하는 트레일러—옮긴이)에 싣던 어느 날, 그는 마치 난생처음인 양 한 가지 사실을 깨달았다. 아래층에 실린 송아지들이 이동하는 내내 위층 송아지들이 폭포처럼 쏟아내는 소변과 대변을 속절없이 맞고 있을 수밖에 없다는 사실을 말이다. 자신이 느끼는 동물복지에 부합하지 않는 일이었다. 그 문제를 바로잡기 위해 그는 수백만 달러를 쏟아부어 농지 중앙에 농무부로부터 검열받는 자체 소유 도살장을 2개—하나는 소 도축장, 그 옆에 들어선 다른 하나는 닭 도계장—짓는 이례적 조치에 돌입했다. 또한 인도적인 도축이 차질 없이 이루어질 수 있도록 동물복지 전문가 템플 그랜딘(Temple Grandin)을 고용해 자신들의 설계가 적절한지 조언을 구했다. 도살장을 완공하자 그의 동물들은 마지막의 잠깐을 제외하고는 자신의 전 생애를 그 농장에서 풀을 뜯어 먹으며 살아갈 수 있었다.

화이트오크는 현재 10종의 동물을 사육하고 있다. 5종은 네발동물이고 나머지 5종은 두발동물이다. 그들은 저마다 제품으로서 제 밥값을 할 뿐 아니라 농장의 경제적 순환에 기여하는 존재들이다. 염소는 칡(kudzu)을 자라는 것보다 더 빠른 속도로 먹어치울 수 있는 유일한 동물이다. 따라서 해리스는 돼지를 들판이나 과수원에 들여보내기 전에 너무 웃자란 풀을 청소하는 데 염소를 활용한다. 이어 돼지는 남은 풀뿌리들이 뒤엉켜 단단해진 표층을 뒤엎어주어 티프턴85버뮤다를 대체한 여러 종의 풀이 그 들판에 어우러져 자랄 수 있도록 도와준다. 동물의 뼈는 들판에서 말리고 갈아서 천연비료로 쓴다. 무두질한 소가죽은 깔개나 지갑으로 변신한다. 동물의 지방은 비누나 양초의 원료가 되며, 동물의 기관(氣管), 닭발, 기타 연골질 부분은 잘 말려서 반려동물용 껌으로 판매한다. 도살장을 씻은 물은 들판에 뿌린다. 내장은 닭의 모이로 쓰이는 고단백질의 파리 유충 번식장을 만들기 위해 큰 통에 던져 넣는다.

닭은 여기서 가장 중요한 역할을 담당한다. 화이트오크는 1년에 육계 26만 마리를 길러내며 산란용 암탉 1만 2000마리를 보유하고 있다. 닭을 비롯한 기타 가금류—오리, 거위, 칠면조, 해리스가 가장 좋아하는 뿔닭—는 태어난 지 하루 만에 농장에 도착해 중앙 사무실 뒤 육추사(brooder barn, 育雛舍: 부화 직후의 가금을 인공적으로 보호하며 키우는 데 쓰이는 양계용 닭장—옮긴이)에서 3~4주를 지낸 다음 벌판으로 나가서 살게 된다. 새로 들여온 육계 떼는 한 무리의 닭장에 집어넣는데, 그 닭들은 다른 무리의 닭장들과 충분히 멀리 떨어져 있어서 닭이 엉뚱한 닭장을 배회하거나 서로 뒤섞이는 일은 없다. 그들은 하룻밤 동안 갇혀 있고 난 다음 풀려나서 마음대로 돌아다닌다. 물론 밤이 되면 자연적으로 안전을 위해 제집으로 돌아온다. 목장 작업자들은 그들에게 식수와 영양이 보완된 사료를 가져다주며, 2주에 한 번씩 우리를 트랙터로 12미터 정도씩 밀고 가서 닭들이 새로운 땅을 즐길 수 있도록 해준다.

닭은 농장에 이득을 안겨주지만, 다른 한편 동물복지를 개선하고자 고심하는 해리스의 덕을 보기도 한다. 느리게 자라는 교배종은 면역계가 더 강한 듯하다. 그들은 일단 육추사에서 나오면 전통적인 방식으로 사육되는 닭들과 달리 무단히 쓰러지거나 죽는 일이 없다. 게다가 느리게 성장하므로 다리 질환을 앓지 않고 심장이며 순환계에도 무리가 가지 않는다. 그들이 도축되기 전에 사망하는 주된 이유는 바로 약탈이다. 감시견인 그레이트피레네(Great Pyrenees), 아크바쉬(Akbash), 아나톨리아셰퍼드(Anatolian shepherds) 등은 닭이 코요테나 여우의 먹잇감이 되지 않도록 지킨다. 물론 닭 떼 가운데 그 농장의 숲에 앉아 쉬고 있는 올빼미나 흰머리독수리에게 희생당하는 개체도 더러 있기는 하지만. 이 닭들은 도축될 때 식품매개 병원균을 보유한 비율이 연방 기준보다 낮다. 게다가 농장에서 항생제를 사용하지 않으므로 항생제 내성도 없다.

다만 한 가지 만만치 않은 문제가 남아 있다. 어떻게 이윤을 남길 것이냐다.

화이트오크는 매주 닭 5000마리를 도축한다. 주마다 한 차례씩 그 공장을 맡은 농무부 검역관이 막 잡은 닭을 냉각하는 얼음물 통으로 다가가 무작위로 한 마리를 꺼낸 다음 세균이 자라기에 알맞은 액체가 차 있는 비닐봉지에 집어넣는다. 그리고 닭을 문지른 다음 그 기본 배양액을 실험실로 보낸다. 화이트오크의 한 작업자도 동시에 그와 같은 일을 한다. 살모넬라균·캄필로박터균·대장균이 있는지 확인하기 위한 테스트다. 화이트오크에서 병원균이 검출되는 양성 반응 허용치는 1년 52주 가운데 최대 5주까지다. 그들은 보통 1년에 1주를 기록하고 있다.

농장의 운영 책임자인 장신의 브라이언 샙(Brian Sapp)—그는 육류과학 석사학위 소지자이며 플로리다주의 한 꽃구근(flower bulb) 농장에서 자랐다—은 그 이유가 아마 닭들이 낮에 들판을 쏘다니면서 계속 움직이기 때문이자 매달 목초지를 옮겨가며 살아가기 때문인 것 같다고 밝혔다. 그가 말했다. "우리는 닫힌 닭장에서 하듯 깔개·기류·온도 같은 환경을 통제할 수 없어요. 닫힌 닭장에서는 닭들이 자기네가 싼 똥오줌 위에, 다른 죽은 닭 시체들 위에 앉아 있어요. 하지만 우리의 경우에는 설사 닭이 생성한 병원균이 있다 해도 닭장을 3주 내에 다른 곳으로 옮기니 문제가 한결 덜하죠."

라벨루즈 프로그램에서와 마찬가지로 닭이 도계장에 들여오는 병원균은 보통보다 적다. 하지만 일단 화이트오크의 가공 공장에 들어오면 그곳의 여건으로 인해 닭들 사이에 세균이 퍼져나갈 가능성은 더욱 낮아진다. 화이트오크가 일주일 동안 일일이 손으로 도축해 내장을 꺼내는 닭의 수는 거의 완전한 자동화 시스템에 의해 굴러가는 산업형 공장이 1시간에 처리하는 양과 같다.

샙이 말했다. "우리는 모든 닭을 바라봅니다. 그리고 그것들을 두 번 아니면 세 번 손질합니다. 만약 오염된 뭔가가 나오면 우리는 즉시 하던 일을 멈추고, 씻고, 처음부터 다시 시작할 수 있어요. 하지만 만약 당신이 거대 공장의 내장적출 라인에서 일한다면, 누군가 지나가면서 기계가 제대로 작동하지 않고 있다는 것을 알아차렸을 때는 이미 오염된 닭을 예컨대 300마리나 처리했을 시점이고 그 300마리가 대체 어디서 시작되었고 어디서 끝났는지 알아낼 재간이 없어요."

이 모든 처리 과정의 약점이라면 인건비가 비싸다는 것이다. 해리스는 화이트오크의 닭 1마리당 인건비가 전통적인 방식에서보다 3배나 높다고 추산했다. 그 가격은 고스란히 소매가격에 반영된다. 그가 말했다. "홀푸즈에서 풀을 뜯어 먹는 방목 소는 곡물 사료를 먹는 소에 비해 30퍼센트가량 비쌉니다. 하지만 우리가 기르는 닭은 무려 3배가 비싸요. 닭이 산업화에 의존하는 정도가 훨씬 더 크기 때문입니다. 닭 사육과 도축·가공을 산업화한다면 인건비·사료비·지대를 절감할 수 있을 겁니다. 닭을 목초지에 풀어놓으면 그 모든 비용이 상승하는 것 역시 감수해야 해요."

대서양 연안에 자리한 홀푸즈는 중간 배급업자, 식당, 인터넷 판매와 더불어 해리스가 이용하는 주요 소매 창구 가운데 하나다. 하지만 홀푸즈의 고객은 경제학자들의 표현에 따르면 이른바 '가격에 민감한(price sensitive)' 자들이 아니다. 그들은 제품을 구매할 때 가격만큼 이데올로기나 정체성 혹은 풍미에 관심을 기울인다. 화이트오크의 닭은 기름기 없는 담백한 육질에 깊은 풍미가 느껴지는 것이 라벨루즈 닭처럼 맛이 좋다. 하지만 라벨루즈의 닭처럼 그 역시 요리를 하거나 먹는 게 간단치 않을 수 있다. 초기에 그 닭을 중심으로 '패스트-캐주얼 레스토랑(fast-casual restaurant: 완전한 테이블 서비스를 제공하지는 않지만 가공식품이나 냉동식품을 덜 사용함으로써 전통적인 패스트푸드점보다는 좀더 건강하고 신선하고 다양한 메뉴를 제공한다. 미국에서 흔히 만날 수 있는 파네라브레드나 치포틀레 등이 그 예다―옮긴이)' 체인을 꾸려보고 싶어 했던 모 요리사와의 협업은 결렬되고 말았다. 손님들이 육질이 너무 질기다고 볼멘소리를 했고 요리되어 나온 다리 안살이 붉은색을 띠고 있다고 짜증을 냈기 때문이다(그 색깔은 닭이 살아 있을 때 혈액순환이 잘되는 운동을 많이 했음을 보여주는 징표지만 먹는 이들은 덜 익은 게 아닌가 의심했다).

요리사들과의 협업은 치킨 프로젝트에서 매우 중요한 부분이다. 그들이 구매하는 닭에도 고객들에게 전파하는 인식에도 말이다. 그들이 원하는 바는 화이트오크가 알아야만 하는 것이기도 했다. "우리는 불균일함을 기꺼이 환영하는 요리사들을 찾아내려 애쓰고 있습니다. 목장에서 기르는 가금으로서는 들쭉날쭉함을 피할 수 없거든요." 해리스의 딸 제니(Jenni)가 내게 말했다. 그녀는 해리스의 세 딸 가운데 둘째이며 농장의 마케팅 책임자다. 그녀가 해리스의 뒤를 이어 농장을 경영하게 될 것임을 의심하는 이는 없다. "이해 못 하는 건 아니에요. 그들은 닭 한 상자를 우리에게 주문해 가요. 12마리가 들어 있는 상자에는 3.1파운드 나가는 닭도 3.9파운드 나가는 닭도 있어요. 산업용 닭 생산업자들은 이를 더 잘 통제할 수 있어요. 하지만 우리 닭들은 밖으로 쏘다니면서 칼로리를 소모하고, 포식자를 피해 달아나고, 태양을 피해 숨고, 흙 목욕을 하고, 저마다 다른 형태의 벌레며 구더기를 저마다 다른 양 먹습니다. 동물복지의 관점에서 보면 참으로 나무랄 데가 없어요. 하지만 예측 가능성이 높지는 않죠."

그 결과 화이트오크의 닭들은 7년이 지났건만 아직도 수익을 내지 못하고 있다. 해리스는 닭이 그에게 얼마나 많은 금전적 손실을 끼쳤는지 알기 어렵다고 말한다. 종별로 따로따로 수지타산을 맞추지는 않기 때문이다. 다만 해리스는 그의 농장 최대 특색상품인 목초지에서 풀을 뜯어 먹는 소가 나머지 손실을 메워주고 있지 않나 짐작한다. 그는 아무래도 좋다고 생각한다. 그가 말했다. "내 장담하는데 우리는 200만 달러 넘게, 아니 족히 300만 달러는 되는 돈을 닭 사업에 투자했어요. 그렇지만 후회하지는 않아요. 흑자로 돌아설 날이 꼭 올 거라 믿거든요."

그런가 하면 닭 사육에 대해 해리스와 상이한 비전을 추구하고 있는 다른 사업체들은 이미 수익을 내고 있었다.

"냄새 맡아보세요." 스콧 세클러(Scott Sechler)가 책상 위에서 높이가 10센티미터 남짓 되는 둥그런 불투명 플라스틱 단지를 내 쪽으로 밀면서 말했다.[2]

나는 뚜껑을 열어 알갱이 모양의 내용물을 내려다보고 조심스레 킁킁거려보았다. 낯익은 냄새가 났지만 뭔가 주변 분위기—펜실베이니아주의 메노파(기독교의 일파—옮긴이) 교도 거주 지역에 자리한 작은 마을의 2층 사무실이다—와는 어울리지 않는 냄새였다. 나는 잠시 생각에 잠긴 뒤 "피자?" 하고 대답했다.

"오레가노(Oregano: 꽃박하—옮긴이) 기름", 그는 고개를 끄덕이며 맞는다고 확인해주었다. "그리고 회향(fennel: 향이 강한 채소의 하나로 주로 이탈리아 요리에 쓴다—옮긴이)이랑 겨자 조금." 책상 위에는 단지 몇 개가 더 놓여 있었다. 그는 손가락으로 그것들을 하나씩 살짝 밀면서 말을 이어갔다. "여기에는 마늘이 들어 있어요. 이건 유카(yucca: 용설란과의 여러해살이풀—옮긴이)고요. 이건 특별히 유기농 시장을 겨냥한 거죠. 회향이 들어 있지 않아 맛이 그리 강하지 않거든요."

세클러는 혈색 좋고 어깨가 떡 벌어진 남성으로 잘 먹게 생겼지만, 그가 내 앞에 밀어놓은 여러 향신료는 저녁 식사와는 무관한 것들이었다. 그가 미국의 개인 보유 가금회사 가운데 큰 축에 속하는 벨&에번스(Bell & Evans)에서 자신의 닭을 위해 공들여 만든 사료 첨가물들이었다. 자연을 소재로 항생제를 대체하기 위해 고안한 결과다. 아직껏 내성이 생기지 않은 화합물 덕택에 세클러는 성장 촉진제와 예방적 용도의 항생제 사용을 포기할 수 있었다.

세클러는 가금을 다룬 고문서를 심층적으로 연구하고 오랜 경험을 탐구하고 실험을 거듭한 끝에 마침내 이 향신료 혼합물을 손에 넣었다. 그가 말했다. "우리가 지난 수년 동안 시도해본 것을 어찌 말로 다 할 수 있겠어요. 발효한 대두, 사과 식초, 한번은 마늘을 한 트럭 분량 사들이기도 했다니까요. 사람들은 우리를 보고 코웃음을 쳤죠. 하지만 우리는 이제 여덟 가지 제조법을 확보했어요. 4개는 유기농으로 키우는 닭을 위한 거고, 나머지 4개는 비유기농으로 키우는 닭을 위한 거죠. 우리는 내장이나 환경 속의 그 무엇도 면역이 되지 않도록 제조법을 돌아가면서 사용합니다."

벨&에번스는 초대형 가금기업들과 비교해볼 때는 규모가 작은 편이지만, 그래도 틈새를 공략하는 생산업체는 아니다. 가족이 경영하는 기업—세클러는 자녀인 마고(Margo), 버디(Buddy)라고 알려진 스콧 2세(Scott Jr.)의 도움을 받아 벨&에번스를 운영하고 있다—은 한 해에 육계를 약 6000만 마리 키워낸다. 하지만 미국에서 가장 오랫동안 항생제 없이, 그리고 발병 사례 없이 육계를 기른 기록을 보유하고 있기도 하다. 벨&에번스는 자기네가 키운 닭의 가격을 여느 전통적인 생산업체보다 비싸게 매긴다. 하지만 30년 넘게 꾸준히 성장세를 이어오고 있다. 그 기업은 홀푸즈, 추종 팬을 거느린 북동부 주 중심의 슈퍼마켓 체인 웨그먼스(Wegmans), 그리고 독립적인 소규모 가게들을 통해 닭을 유통시킨다. 세클러는 매주 새로운 잠재 고객들을 돌려보내는 게 일이다. 그 기업이 운영되는 방식이며 그들이 시시콜콜한 데까지 기울이는 관심은 가금업계의 나머지 주자들—그리고 새로운 FDA 규정 아래 놓인 돼지와 소 생산자들—에게 무항생제를 시도했을 때 어떤 상황에 직면하게 될지를 잘 보여준다.

세클러는 펜실베이니아주 프레더릭스버그(Fredericksburg)의 벨&에번스 본부로부터 30분 거리에 있는 농장에서 자랐다. 그의 아버지는 약 20마리의 젖소를 키웠고, 지역의 닭을 취급하는 그렇고 그런 중개인이었다. 농부들에게 닭을 사서 도축한 다음 돌아다니면서 판매한 것이다. 세클러는 어렸을 적에 자기 소유의 닭장을 가지고 있었다. 또렷하게 떠오르는 어린 시절 기억 가운데 하나는 아버지가 집에 가져온 사료 봉지를 열었을 때 생선 썩은 내가 코를 찌른 일이다. 아버지는 어분 때문이라고 설명했다. 사람들이 닭한테 왜 생선을 먹이냐고 묻자 아버지가 잽싸게 대답했다. "싸니까." 세클러가 열네 살 때 아버지가 병이 들었다. 당시를 떠올리며 그가 말했다. "제가 모든 일을 떠맡아야 했어요. 그래서 그때부터 지금까지 제 뜻대로 끌고 온 거죠." 세클러는 애초에는 대학에 진학해 법학을 전공할 계획이었다. 하지만 열여섯 살 때 그 뜻을 접고 견인 트레일러를 한 대 사서 닭을 싣고 밤새 캐나다 국경 너머까지 달렸다. 스물네 살이 되었을 때, 그가 닭을 사들이던 도매업체 가운데 하나가 사업을 인수하는 데 관심이 있는지 물어왔다. 그 도매업체는 당시 종업원이 100명이었지만 이제는 약 1700명으로 늘어났다. 새로운 공장을 2개 더 완공하면 종업원은 3000명으로 불어날 전망이다.

그는 '쓰레기는 안 된다(no junk)'는 원칙을 견지했다. 어분도 싸구려 음식물 쓰레기도, 도살장과 렌더링 공장에서 발생하는 동물 부산물, 동물의 장기와 겉껍질, 깃털도, 그리고 산업형 제과점에서 버린 유효기간이 지나거나 부패한 제품도 단호히 배격했다. 펜실베이니아주에서는 거기에 특별히 프레첼(pretzels: 막대 또는 매듭 모양의 딱딱하고 '짭짤한' 비스킷—옮긴이)도 포함된다. 세클러가 말했다. "만약 우리가 키우는 닭이 모이에 염분이 너무 많아 물을 더 많이 마신다면 배설물에 물기가 많아지고 닭장은 암모니아로 가득 차게 되지요. 하지만 사람들은 '가격을 낮추려면 프레첼을 먹여야 한다'고 노래를 불렀죠. 그러거나 말거나 우리는 그것도 제외했어요."

그가 다음으로 겨냥한 것은 사료에 사용하던 곡물이었다. 그들이 키우는 닭 가운데 일부가 앓기 시작했고, 그는 닭들에게 먹이는 대두와 옥수수가 부주의하게 보관되어 곰팡이가 슬지 않았나 의심했다. 어느 날 아침 불시에 사료 공장을 덮친 그는 출하 준비 중인 사료를 좀 살펴봐도 되겠

나고 물었다. 곰팡내 정도를 예상했던 그의 코를 찌른 것은 초강력 접착제 비슷한 냄새였다. 대두로 대두유를 추출할 때 사용하는 석유 기반 용제 헥산(hexane) 찌꺼기가 문제였다. 그는 그 자리에서 계약을 취소했으며, 대신 미국에서 재배한 것이어야 한다는 조건을 달고 기계적으로 압축한 대두를 찾아 나섰다. 그는 이어서 이오노포어계를 포함해 항생제들을 포기했다. 그런 다음 에탄올 제조 과정에서 남는 탄수화물 찌꺼기인 술찌꺼기를 배제했다. 소량의 항생제가 함유되어 있을지도 몰랐기 때문이다.

그렇게 해서 그는 자신이 수용할 수 있는 모이를 먹은 닭을 확보했다. 그다음에는 그 닭들의 생활여건을 돌보았다. 그는 자사와 계약한, 모두 차로 1시간 이내 지역에 거주하는 농부 100여 명을 위해 규정을 마련했다. 먼저 콘크리트 바닥에 옆으로 뚫린 창문을 단 헛간을 새로 지어야 한다. 모든 헛간은 한 무리의 닭을 도축한 뒤 깔개를 치우고 박박 문질러 닦은 다음 몇 주 동안 비워두어야 한다. 이야말로 깔개가 똥오줌에 절어 있어도 제때 갈아주지 않는 대다수 가금업체와 확연하게 다른 부분이다. 병아리가 다시 닭장에 투입되면 그들은 홀짝 뛰어오를 수 있는 짚더미며 경사로, 쪼거나 가지고 놀 수 있는 마분지통 등 이른바 '사육환경 풍부화'—크레이그 와츠는 원했지만 레이턴 쿨리는 그 필요성에 의문을 표시했다—의 혜택을 누릴 수 있어야 한다.

가장 눈에 띄는 혁신은 닭의 말년과 관련된다. 대부분의 대규모 공장에서는 닭이 층층이 쌓은 상자에 갇혀 농장을 떠난다. 작업자들은 멀쩡히 살아서 잔뜩 경계하고 있는 닭을 나무상자에서 끌어내 거꾸로 뒤집은 다음 계속 움직이는 사슬 달린 발목 족쇄에 끼워 넣는다. 사슬은 닭을 전기가 통하는 욕조로 끌고 가 재빠르게 기절시킨 다음 목을 베는 회전칼을 지나고 털이 잘 뽑히도록 물이 펄펄 끓고 있는 탱크를 통과시킨다. 세클러는 가스 실신 시스템을 도입하기 위해 수백만 달러를 투자했다. 그의 농장에서는 사무실에서 쓰는 서류 정리함의 확대판처럼 보이는 서랍장의 서랍들 속에 닭을 집어넣는다. 공장에서는 그 서랍들이 이산화탄소가 가득 들어 있는 터널로 실려 간다. 닭들을 영구히 잠들게 만드는 시설이다. 저쪽에서는 수평으로 움직이는 사슬 속으로 닭의 발이 끼워진다. 죽인 다음 내장을 들어낸 닭들은 6킬로미터쯤 되는 경로를 따라 냉장 시설된 방을 천천히 통과한다. 병원균이 퍼질지도 모를 염소처리 한 얼음물에서 냉각하는 대신 라벨루즈 생산업자들처럼 공기냉각을 거치는 과정이다. 한편 컨베이어벨트를 따라 계속 이동하는 서랍들은 거대한 식기세척기처럼 생긴 살균용 장치를 가로지른 뒤 다시 서랍장에 꽂힌 다음 그 공장 소유의 트럭에 실린다.

세클러는 나를 차에 태우고 공장 뒤 주차장으로 데리고 가서 트럭들 역시 세척되는 광경을 보여주었다. "혹시 고속도로에서 닭 실은 트럭 뒤를 따라가 보신 적 있어요?" 그가 물었다(나는 이때쯤에는 여러 주에서 수차례 그래 본 적이 있었다). "그 닭들은 마치 초콜릿에 담갔다 빼낸 것처럼 보여요(위 칸 닭들의 배설물 세례를 흠씬 받아서─옮긴이). 그렇게 해서 대장균이나 살모넬라균이 농장에서 공장으로 유입되고 다시 농장으로 돌아가는 거거든요."

세클러는 닭과 관련한 오래된 기념품을 수집하고 있다. 그의 사무실에는 액자 속에 든 인쇄물이며 기념패가 즐비했다. 캐비닛의 4단짜리 서랍에는 멀리 거슬러 올라간 1800년대부터 출간된 빛바랜 가금 잡지가 보관되어 있다. 그는 그 가운데 몇 권을 꺼내 책상 위에 늘어놓은 다음 1947년─토머스 주크스가 실험을 실시하고 '미래의 닭' 경연대회가 미국 가금의 역사를 바꿔놓은 해를 1년 앞둔 때였다─이라고 쓰여 있는 것을 펼쳤다. 그리고 어느 구절을 읽었다. "소독보다 더 중요한 위생조치는 없다." 그는 그 잡지를 도로 덮었다.

그가 말했다. "여기에 있는 잡지들은 우리에게 100년 동안 깨끗이 청소하고 소독하고 닭에게 좋은 환경을 제공해주라고 줄기차게 호소하고 있습니다. 사람들이 저한테 '그런데 그런 생각을 대체 어디서 얻었냐'고 물어요. 역사를 되돌아봐야 합니다. 100년 전에 사람들은 지금의 우리보다 닭을 더 잘 길렀어요."

세클러의 접근법은 한 가지 조사를 통해 타당성이 입증되었다. 2010년 1월, 식품안전 조사 프로젝트를 진행 중이던 《컨슈머 리포트(Consumer Reports)》는 여러 상표를 달고 유통되는 슈퍼마켓 닭을 대상으로 살모넬라균과 캄필로박터균이 있는지 알아보는 테스트를 실시했다. 그 잡지사는 자신들이 테스트한 모든 상품 가운데 오직 벨&에번스 닭―그 기업이 유기농 제품으로 내놓은 육계―에서만[3] 두 병원균 모두 검출되지 않았다고 밝혔다(하지만 벨&에번스는 그 잡지사가 자사의 닭을 딱 8마리만 테스트했는데, 자사가 생산하는 모든 닭도 마찬가지로 깨끗하다는 것을 보장하기에는 샘플 크기가 너무 작다고 자신감을 표시했다).

시장 역시 세클러의 접근법을 지지하는 것처럼 보인다. 1980년대에 세클러는 시장보다 너무 많이 앞서가는 식으로 소신을 과하게 밀어붙이지는 않았는지 따져보면서 불안한 몇 해를 보냈다. 하지만 벨&에번스는 그 뒤부터 매년 10퍼센트 넘는 신장세를 기록해왔다. 세클러는 현재 더 많은 닭을 가공하고, 빵가루 묻힌 닭가슴살이나 치킨텐더 같은 조리식품 분야를 확대하기 위해 좀더 큰 공장을 새로 짓고 있다. 또한 도계장에서 발생한 폐기물로 유기농 개 사료를 생산하기 위해 렌더링 공장도 신축 중이다. 병아리들이 즉석에서 모이와 식수를 확보하도록 해주는 네덜란드식 설비를 갖춘, 빙언스 형제가 사용한 것과 유사한 부화장도 건설하고 있다. 그는 나에게 부화 장비를 보여줄 때 새로운 장난감을 손에 쥔 아이처럼 마냥 신이 난 모습이었다. 위층 트레이에 고이 담긴 달걀들이 부화하면서 깨진 달걀 껍데기는 남고 촉촉하고 뽀송뽀송한 병아리들이, 모이를 먹고 물을 마시고 몸을 펼 수 있는 아래층 트레이의 깨끗한 표면으로 사뿐히 떨어지고 있었다.

세클러가 말했다. "우리가 정확히 시간을 거슬러가고 있다고는 볼 수 없어요. 하지만 어느 정도는 그렇죠. 동물을 더 많이 염려하던 시절로, 무슨 일을 도모하면서 그저 비용이 가장 적게 드는 방법에만 골몰하지는 않던 시절로 돌아가고 있기 때문이죠. 결국에 가서는 우리가 더 나은 결과를 얻게 될 겁니다."

벨&에번스는 청결과 동물의 안녕에 관심을 기울이긴 하나 주류 유전 품종의 닭을 구매해 주로 실내에서 사육한다. 그렇게 하는 것이 더 위생적이라는 세클러의 판단 때문이다(벨&에번스가 생산하는 닭의 3분의 1인 유기농 닭에게는 야외생활을 할 기회가 주어진다). 청결하고 동물복지에 관심을 기울이며 항생제를 사용하지 않는 그들의 사육은 전통적인 방식의 완결판이라 할 수 있다. 세클러는 다국적 유전 공급업체에서 벗어나기를, 그 자신만의 출처를 찾아내기를, 더 오래 살고 더 건강한 닭을 구매하기를 바란다. 하지만 그의 닭들은 그가 그렇게 하더라도 화이트오크에서 크는 녀석들처럼 근본적으로 다른 닭이 되지는 못할 것이다.

그것은 세클러에게 이익이 되었다. 화이트오크의 닭은 판로를 개척하는 데 어려움을 겪었기 때문이다. 하지만 2014년, 한 화이트오크의 지지자가 그들의 닭에 대한 인식을 더 높은 수준으로, 아니 완전히 다르게 뒤바꿔놓았다.

"이 시렁은 닭고기 육수(chicken stock) 칸이에요." 린턴 홉킨스(Linton Hopkins)가 두툼한 손가락으로 진공포장된 불룩한 자루가 쌓여 있는 산업용 선반을 툭 치면서 말했다.[4] "이건 야채 칸이고요. 이 선반에는 그레이비가 있어요. 그리고 여기에는 닭가슴살이 있죠."

단추를 모두 채운 요리사 재킷을 입은 두상이 둥글고 덩치가 큰 홉킨스가 사람들이 드나들 수 있는 냉장실 안에 서서 '닭고기 포트파이(chicken pot pie: 닭고기·완두콩·당근 따위를 크림소스에 넣고 페이스트리 반죽으로 덮은 요리—옮긴이)' 재료를 늘어놓고 있었다. 수백 개의 파이를 만드는 데 쓰일 재료가 수북했는데, 그중 주재료인 다진 닭고기, 그레이비, 야채를 우려 넣은 닭고기 육수는 모두 화이트오크의 닭에서 비롯된 것이다. 냉장실은 2000제곱피트 면적의 준비 주방(prep kitchen)에 설치되어 있다. 그 주방은 홉킨스가 이끌어가는 작은 레스토랑 제국의 대표주자이며 애틀랜타에서 손꼽히는 레스토랑 가운데 하나인 '레스토랑 유진(Restaurant Eugene: 이하 유진—옮긴이)'에서 도로를 따라 몇 개 점포 건너에 자리했다.

하지만 수백 개의 파이는 그 도로를 따라 유진의 뒷문으로 실려 갈 게 아니었다. 측면이 비스듬한 방수형의 다부진 정사각형 라미킨(ramekin: 한 사람이 먹을 분량의 음식을 담아 오븐에 구울 때 쓰는 작은 그릇—옮긴이) 속에 재료를 섞어 만든 파이는 트럭에 실린 다음 남쪽으로 25킬로미터가량 달려 델타 항공사에 납품하는 산업형 케이터링 키친으로 운반된다. 거기서 작업자들은 파이를 고정식 트레이에 켜켜이 쌓아 대서양을 횡단하는 델타 항공기의 비즈니스석 주방으로 실어 보낸다. 홉킨스는 다음번 총괄셰프를 선발하기 위해 델타 항공사가 주최한 요리 경연대회에서 우승한 인물이다.

그는 남부의 작은 식품 생산업체들을 부각한 메뉴를 선보였고, 화이트오크가 거기서 중요한 역할을 했다.

홉킨스는 애틀랜타에 있는 레스토랑 왕족의 일원이다. 그의 아버지는 은퇴 나이를 한참 지나서까지 환자의 진찰을 멈추지 않은 인기 높은 에머리 대학(Emory University)의 신경과 전문의였다. 그는 미국요리학교(Culinary Institute of America)에 입학했고, 뉴올리언스와 워싱턴 D.C.에서 요리를 익혔다. 홉킨스는 2004년 고향으로 돌아와 유진을 개업했다. 조상 전래 자산이 있는 애틀랜타 도심 벅헤드(Buckhead)의 변두리에 자리한 고급 레스토랑이었다. 마음에서 우러난 품격 있는 서비스를 제공하는 이 레스토랑은 작지만 흠잡을 데가 없었다. 하지만 평자들은 가게가 거기 모여드는 머리 희끗희끗한 그 동네 거주민만큼이나 구식인 것 같다고 혹평했다. 유진이 문을 연 지 1년도 안 되어 수도관이 파열돼 가게가 물에 잠기는 사태까지 벌어졌다. 가게는 거의 파괴되었지만 그 일은 홉킨스에게 다시 생각해볼 기회를 제공했다. 그는 실내장식을 새로 하고, 메뉴를 다시 연구하고, 레스토랑의 방향을 남부 고급식당의 농장 중심 버전으로 잡았다. 대마차(pot likker) 수프를 곁들인 푸아그라(foie gras: 거위간 요리—옮긴이), 비트 캐러멜을 끼얹은 오리 요리를 개발하는 식이었다. 그는 큰 인기를 누렸다. 그리고 얼마 지나지 않아 '제임스 비어드 재단 최우수 요리사상(James Beard Foundation Awards)'과 《푸드 앤드 와인》 최고 요리사상(Food and Wine Best New Chef Awards)'을 연거푸 수상하며 승승장구했다.

하지만 홉킨스는 영세한 생산업자가 대중을 만나는 가장 좋은 창구가 고급 레스토랑이라는 사실이 끝내 마음에 걸렸다. 독보적이고 진귀한 메뉴로 자신을 찾아오는 단골손님들에게 보답하고 싶었지만 그만큼이나 진정성 있는 음식을 대중화하고 싶은 욕구도 컸던 것이다. 그는 '생산자 직거래 장터(farmers' market)를 설립했고 그것은 애틀랜타에서 가장 큰 규모로 성장했다. 홉킨스는 두 번째로 고급 술집을 개업했으며, 풀 먹고 자란 소의 고기를 패티로 사용한 버거를 밤늦은 시간에만 소량 제공했다. 그런데 그것은 이내 도시 식도락가들을 추종 팬으로 거느린 메뉴로 떠올랐다. 홉킨스는 그 성공에 힘입어 애틀랜타 최대의 스포츠경기장에 몇몇 버거 키오스크(kiosk: 신문·음료·음식 따위를 파는 간이매점─옮긴이)를 개업했다. 그는 포용력 있고 활달한 성격의 소유자지만 영세농을 지원하는 제일 좋은 방법이 무엇일지 곰곰이 궁리했다. 날씨가 궂은 날이나 바쁜 주말이면 생산자 직거래 장터에 손님들의 발길이 뜸했다. 그는 농부들이 오전 나절 내내 아무것도 팔지 못한 채 우두커니 앉아 있는 광경을 지켜보곤 했다. 게다가 바깥에 열리는 장터는 할인가에 판매하는 장소라는 인식이 깔려 있어 가격 인상이 어려운 것도 문제였다.

홉킨스가 물었다. "식품이 레스토랑보다 더 중요하죠. 우리는 어떻게 레스토랑에 의존하지 않는 지속가능한 시스템을 키워나갈까요? 과연 어떻게 영세한 규모를 지켜낼 수 있을까요?"

2013년 그는 드디어 자신의 고민을 구현해볼 기회를 잡았다. 애틀랜타에 본사를 둔 델타 항공사가 그 항공사의 다음번 스타셰프를 뽑기 위한 오디션 성격의 요리경연대회(Cabin Pressure Cook Off)를 개최했다. 리얼리티 TV쇼 스타일의 웹 시리즈물[5]이었다[그 항공사는 이미 대가 소믈리에 1명과 스타셰프 2명, 마이애미 출신의 미셸 번스타인(Michelle Bernstein)과 샌프란시스코 출신의 마이클 키어렐로(Michael Chiarello)를 확보해둔 상태였다]. 대회의 목적은 그들이 이름 붙인 이른바 '고가치 고객', 즉 비행기 앞좌석인 1등석과 2등석을 차지한 큰손들─5000~1만 달러 하는 항공권을 주저 없이 사는 만큼 최고의 서비스를 기대하는 이들이다─을 위한 음식을 개발해줄 인물을 발굴하는 것이었다. 결국 그 대회에서 우승한 홉킨스는 델타 항공사의 메뉴를 마치 레스토랑 메뉴처럼 다루기로 결정했다. 진귀하게 만들고 양념을 하고 영세한 생산업자에게 의존하는 것이다(델타 항공사는 처음에는 난색을 표했지만 결국에는 그의 생각을 기꺼이 받아들였으며 '트레이 테이블에 농장을(farm to tray-table)'이라는 문구를 만들어 자사의 트레이드마크로 삼기까지 했다). 날씨와 추수의 변덕에 따라 메뉴를 조절하는 것은 식당에서야 흔한 일이지만 항공사에서 그렇게 한다는 것은 상당한 파격이었다. 항공사의 음식은 대단히 일관될 필요가 있다. 이를테면 닭가슴살의 무게를 1온스 더 주거나 커피 쟁반에 과자를 1개 더 얹는 것 같은 사소한 차이조차 승객들을 화나게 할 수 있을뿐더러 1년 단위로 보면 수송 무게가 늘고 연료도 그만큼 더 연소하는 결과를 낳기 때문이다.

홉킨스는 애틀랜타에서 유럽으로 가는 항공기의 1등석 객실에 제공하는 아침·저녁 식사를 책임지고 있었다. 매주 약 3920개의 식사를 준비해야 하는 양으로, 중간 크기의 식당에서 감당하는 분량과 맞먹는다. 그는 요식업계에 이미 존재하는 중간 수집자와 도매상 역할—국제적인 거대 기업 시스코(Sysco)가 전형적인 예다—을 되살리고 물류 관리를 직접 챙기는 일을 떠안았다. 이는 숙성하는 데 필요한 시간을 허용해주어야 하므로 치즈 주문이 6개월 전에 미리 이뤄져야 한다는 것, 그리고 이를테면 복숭아 품종들은 저마다 오직 몇 주 동안만 최상의 상태를 유지하므로 여러 복숭아 과수원 주인을 물색해야 한다는 것을 뜻했다. 그가 말했다. "사람들은 '트레이 테이블에 농장을'이 가령 여름철이라면 매우 귀중한 토마토를 제공하는 거라고 생각해요. 하지만 그 모토가 진정으로 의미하는 것은 대외구매 전 과정의 기준을 높이는 일입니다."

화이트오크는 거기에서 중추적인 역할을 담당했다. 홉킨스는 유진을 개업한 초창기부터 월 해리스와 잘 알고 지냈다. 당시는 해리스가 소만 사육하고 있을 때였다. 일단 화이트오크가 닭 사육에 뛰어들자 홉킨스는 그 닭을 구입했다. 유진이 사들이는 분량은 적었다. 하지만 그 거래는 매출이 늘어날 조짐을 드러냈고, 두 남성이 의기투합한 지속가능한 가치를 굳건히 했다. 해리스 가족이 자기네에게 소용없는 뭔가를 처분할 수 있는 기회가 되어주었기 때문이다. 홉킨스가 말했다. "닭고기 육수는 주방에 구비해둬야 할 가장 중요한 식재료 가운데 하나입니다. 하지만 대규모 요식업체는 그것 대신 전분과 화학물질과 색소가 다량 들어 있는 닭고기 베이스(chicken base)를 써요. 정공법을 쓰는 저는 도저히 그 꼴을 못 봐주겠더라고요. 최상의 닭고기 육수는 보통 산란용 암탉을 사용해요. 그런데 월이 더 이상 알을 낳지 않는 퇴계가 많은데 그걸 가지고 뭘 하면 좋을지 모르겠다고 하소연을 하더라고요. 그래서 제가 사겠다고 했죠."

홉킨스는 화이트오크의 암탉뿐 아니라 육계도 구입했다. 그는 육계의 다리와 등 부위는 자신을 거들어주는 부(副)셰프들이 따로 설치해놓은 틸트 국 냄비―보정 증기가 가열해주는 욕조 크기의 육수 냄비―에 끓이는 육수에다 집어넣었다. 그리고 가슴살은 끓는 물속에 넣고 삶아 작은 덩어리로 자른 다음 퍼프페이스트리(puff-pastry: 파이 피로 층상 구조를 이루는 바삭바삭한 빵―옮긴이) 안에 밀어 넣었다. 기내에서 봉긋 부푼 바삭한 닭고기 포트 파이는 폼 나는 음식이었다. 승무원들이 저녁 식사 전에 제공하는, 수가 한정된 그 품격 있는 메뉴는 화이트오크라는 이름을 사람들에게 확실하게 각인시켰다.

딱 한 가지 문제가 있었다. 포트파이는 일주일에 77회에 걸친 비행에서 30~40명에 이르는 2등석(비즈니스석) 탑승객에게 저녁 식사용으로 제공되는 네 가지 메뉴 가운데 하나였다. 산수를 해보면 800에 조금 못 미치는 숫자가 나온다. 각각의 파이에는 단 몇 온스의 닭고기만 필요하다. 다 합해봐야 얼마 되지 않는 것이다. "우리는 닭을 일주일에 약 100마리 사들이고 있어요." 홉킨스가 순순히 실토했다.

월 해리스와 제니 해리스에게는 힘 빠지는 일이었다. 그들은 그렇게나 영향력 있는 요리사이니만큼 홉킨스와의 관계를 소중하게 여겼고, 그가 델타 항공사와 관련한 계획을 들려주었을 때 매출이 크게 불어날 거라는 기대에 한껏 부풀어 있었다. 하지만 한번 해보니 큰 소득원이 아니었다. 그러나 그 일은 화이트오크의 제품과 가치에 대해 주의를 환기시키는 계기가 되어주었다. 연줄 있고 유력한 소비자들은 자신들이 먹은 닭고기에 붙은 이름을 기억하고 있다가 집에 돌아가서도 그것을 구하려 들었고 친구들에게도 입소문을 냈다.

벨&에번스 닭의 인기, 화이트오크의 목가적 이미지에 대한 설득력에 힘입어 시장에서 무항생제 가금을 취급하는 중간 규모 사업이 자리 잡을 수 있는 발판이 마련되었다. 퍼듀·타이슨 등 주요 가금 생산업체의 무항생제 가금에 대한 지지가 확산하고 맥도날드·칙필라 같은 요식업계의 공룡기업이 무항생제 닭을 수용하자 무항생제 닭의 시장 점유율이 늘어나기 시작했다. 게다가 소비자와 활동가들이 압박을 가해 그러한 변화를 도모하도록 기업을 설득함으로써 그 닭들에 대한 수요가 새로 창출된 것 같다.

하지만 일부 가금기업은 이러한 추세를 거부하거나 마지못해 따랐다. 2015년 5월, 미국에서 선두자리를 다투는 가금업체 샌더슨팜스의 최고경영자 조 샌더슨 2세(Joe Sanderson Jr.)는 항생제 통제를 거부하는 입장을 고수하겠다고 선언하며[6] 〈월스트리트저널(Wall Street Journal)〉과의 인터뷰에서 이렇게 말했다. "우리는 동물을 보살필 의무가 있어요." 2016년 8월, 그 기업은 무항생제 사육을 '술책'[7]이라고 표현한 광고를 내보냈다. 타이슨의 최고경영자 도니 스미스(Donnie Smith)조차 2016년 4월 〈가디언〉과의 인터뷰[8]에서 "항생제를 사용하는 게 문제라고는 생각지 않는다"며, "내가 검토한 그 어떤 과학문건도 항생제 내성과의 직접적 연관성을 지적하고 있지 않다"고 덧붙였다. 2015년에 자사가 생산하는 육계에 인체용 항생제를 결코 사용하지 않겠다고 약조한 기업의 최고경영자가 그리 말한 것이다〔스미스의 후계자 톰 헤이스(Tom Hayes)[9]는 2017년 2월 타이슨도 퍼듀와 마찬가지로 '항생제를 전혀 사용하지 않고(N.A.E.)' 육계를 키웠다고 발표했다〕. 2016년 애틀랜타에서 열린 세계 최대 가금업계 회합인 국제생산·가공박람회(International Production and Processing Expo)에서 네브래스카주의 목장주와 트렌트 루스(Trent Loos)라는 라디오 진행자가 연설을 통해 선언했다.[10] "소비자들이 우리를 벼랑 끝으로 내몰고 있다. 우리는 영국이 한 것처럼 동굴 속으로 들어가거나 아니면 그런 세태에 결연하게 맞서거나 해야 한다."

육류 생산업체를 대변하는 동업자 잡지들 가운데 하나는 달래거나 혹은 경고하는 투로 앞으로 다가올 일을 다룬 기사를 거의 매주 내보내고 있었다. 《가금USA(PoultryUSA)》는 2016년 4월 호에서 '무항생제 가금 생산의 비밀'이라는 제목의 머리기사를 실었다. 하지만 6쪽에 달하는 그 기사는 결국 이렇게 인정하는 내용으로 시작할 수밖에 없었다. "한 가지 비밀만 딱 꼬집어낼 수는 없다. 무항생제 가금 생산의 성공은 주로 그 기본을 훌륭하게 실행한 결과다."

어쨌거나 미국에서 가금 생산업계는 상시적 항생제 사용을 포기한 첫 번째 가축 생산 영역이 될 테고, 그 뒤를 따르도록 돼지와 소 생산업자들을 압박하게 될 공산이 컸다. 과연 그랬다. 2016년 2월, 타이슨은 한 해 생산하는 돼지 2000여 만 마리 가운데 5퍼센트를 식물성 먹이를 먹이고 항생제를 사용하지 않고 키우겠다고 발표했다.[11] 하지만 그것은 전국돼지고기생산자협회(National Pork Producers Council)가 항생제를 사용하지 않은 닭고기·돼지고기·쇠고기를 제공하겠다고 약속했다는 이유로 서브웨이를 맹공격하는 전면광고[12]를 〈월스트리트저널〉에 게재한 때로부터 불과 몇 달 뒤의 일이었다. 그 단체는 "서브웨이의 정책 결정은 식품공급을 위험에 빠뜨릴 수 있다"고 주장했었다.

FDA 규정이 강제성을 띠고 기업들이 자기네가 한 약속을 지킨다면 육류 생산에서 항생제를 배제함으로써 항생제 사용이 농장·작업자와 농장 주변에 사는 이웃들에게 가하는 위험을 줄일 수 있을 것이다. 또한 내성균을 계속 환경에 보태주는 일[13]이며 대사 작용으로 변형되지 않은 항생제들이 강 유역에 흘러드는 일, 훼손되지 않은 화합물이 세균의 진화를 부추기고 인간의 미생물군유전체에 영향을 미칠지도 모를 일을 줄여줄 수 있을 것이다. 무엇보다 육류 생산에 항생제를 사용하지 않으면 내성을 지닌 식품매개 질환의 발생 건수, 그리고 그만큼 내성 유전자─그를 보유한 식품매개 병원균에서 벗어나 플라스미드에 의해 여기저기 이동해 본래 살아가던 농장으로부터 멀리 떨어진 곳에서 내약제 감염을 일으킨다─가 제기하는 소리 없는 위협을 크게 줄일 수 있을 것이다.

상시적 항생제 사용의 포기는 다음과 같은 심각한 질문을 제기한다. 즉 그 결정이 닭의 삶 자체에 좀더 많은 변화를 일으킬까, 하는 것이다. 토머스 주크스의 실험으로 탄생했으며, '미래의 닭'의 개발, 집중 생산방식의 부상을 거쳐왔고, 마침내 크레이그 와츠를 무겁게 짓누른 가금 복지 이슈들을 마주하게 된 가금업계는 과연 개혁에 성공할 수 있을까.

사람들은 흔히 성장 촉진제와 예방적 용도의 항생제, 특히 후자를 사용하지 않으면 집중적 실내생산을 유지할 수 없으므로 항생제 포기는 결국 공장식 축산의 포기로 이어질 거라고들 말한다. 일리가 있기는 하지만 100퍼센트 맞는 말은 아니다. 왜곡된 유전학, 무방비한 위생, 산업형 감금을 특징으로 하는 전형적인 조건에서는 상시적 항생제 사용에 의존하지 않고 닭을 사육하는 일이 불가능하다. 하지만 미국의 퍼듀와 벨&에번스, 네덜란드의 빙언스 형제 같은 농부들이 겪어온 경험으로 보건대 만약 다른 보완적 조치를 취한다면(가령 백신 주사나 다른 보충제, 운동할 기회나 공간, 그리고 자연채광을 제공한다면) 항생제를 전혀 쓰지 않거나 최소한만 써도 닭을 집중 사육방식으로 실내에서 생산하는 게 가능함을 알 수 있다. 이러한 변화는 항생제 없이 닭의 면역계를 지탱하려는 목적을 띠지만, 그뿐 아니라 닭의 복지와 그들이 삶에서 누리는 경험을 개선하기 위한 것이기도 하다. 항생제를 제거한다 해도 집중농업이 파괴되는 것은 아니다. 무항생제 조치는 동물복지가 비즈니스 모델의 일부가 되는 차원으로 집중농업을 끌어올려 준다. 일단 도입하기만 하면 그 조치는 과거의 가정들을 깡그리 무너뜨릴 것이다.

최근의 항생제 배제 조치로 전통적인 사육에 의해 탄생한 수명 짧고 기형적인 닭이 헤게모니를 장악하던 유전학에 서서히 균열이 일기 시작했다. 2016년 3월, 홀푸즈를 비롯해 여러 가게에 동물복지 기준을 마련해주는 동물복지 옹호 단체 글로벌애니멀파트너십(Global Animal Partnership)은 폭풍 성장하는 닭 품종 대신 느리게 성장하는 닭 품종을 받아들이도록 주요 소매업체를 설득했다고 발표했다.[14] 새로운 닭 품종은 기존의 38~42일이 아니라 56~62일 동안 자란다. 이는 벌판에 풀어놓고 키우는 닭의

84일, 라벨루즈가 일부 수탉에게 허용하는 100일에는 턱없이 못 미치지만 그래도 적잖은 진전이었다. 이 새로운 운동이 영향을 끼친 것은 매년 미국에서 사육되는 육계 거의 90억 마리 가운데 2억 7700만 마리쯤에 불과하다. 하지만 글로벌애니멀파트너십은 10년 전 역시 홀푸즈와 함께 미국에서 팔리는 식품 목록에 '케이지프리(cage-free: 우리에 갇히지 않은 암탉이 낳은—옮긴이)' 달걀이 도입되도록 일을 꾀했다. 당시 오직 극소수 소비자만 구매하는 그 달걀의 시장은 믿기지 않을 정도로 협소했다. 그러나 그로부터 10년 뒤에는 10개 주가 케이지프리 사육을 하도록 요구했으며, 35개 주요 식품기업이 거기에 힘을 쏟게 되었다. 케이지프리 사육은 이제 주류로 자리 잡았고[15] 그 시장의 성공은 항생제 없이 더 나은 복지를 제공하며 키운 닭이 그려갈 미래를 짐작케 해주었다.

그 개선이 얼마나 손쉽게 이뤄질 수 있는지를 단적으로 보여주는 신호는 느리게 자라는 닭 품종을 공급하게 될 주체가 다름 아니라 그때껏 사육 기간이 짧은 속성의 산업형 닭 품종을 제공하던 바로 그 다국적 유전기업이라는 사실이다. 더 나은 닭은 과거에도 언제든지 이용할 수 있었다. 하지만 누구도 사람들이 그런 닭을 요청하게 될 거라고는 미처 생각지 못했다.

만약 항생제 포기가 진정으로 성공한다면 그로써 도모해야 할 결과는 바로 닭 생산에 다양성을 부여하는 일이다. 닭의 유전적 특성뿐 아니라 농장의 크기며 지속가능성, 가격, 맛 등에서도 저마다 다채로움을 추구하는 일 말이다. 자문위원의 보고서에나 적혀 있을 법한 정말이지 근사하고 훌륭한 가치. 하지만 닭은 산업화한 세계에서 가장 인기 있는 육류고 머잖아 전 세계인이 가장 많이 찾는 육류로 자리 잡을 것이다. 닭 산업을 바꾸는 노력은 지구의 육류 경제와 그것이 영향을 끼치는 모든 것—

토지 이용, 물 이용, 쓰레기 처리, 자원 소비, 노동의 역할, 동물권리의 개념, 그리고 지상에 살아가는 수십 억 인구의 식생활—을 바꾸는 일이다.

월 해리스는 조지아주의 집에 머물 때면 언제나 하루의 마지막 몇 시간 동안 목초지들을 돌아다니면서 자신이 키우는 가축 떼며 가금을 관찰하는데, 그 일을 정말이지 좋아한다. 큰 잔 가득 부은 싸구려 포도주 메를로(Merlot)를 운전석과 주차브레이크 사이에 끼워 넣고, 포식자나 뱀이 나타날 경우에 대비해 계기판 위에 총신이 짧은 소총을 올려놓은 상태다. 나는 그를 여러 차례 만나러 갔는데 그중 2015년 방문 때, 우리는 육계들이 활보하고 있는 벌판에 그의 지프 랭글러를 주차해놓은 다음 밤의 쉼터로 돌아가는 닭들의 모습을 바라보았다. 그들의 붉은 깃털이 낮게 깔린 석양빛에 반짝였다. 트레일러로 뛰어오르면서 모여들 때 부드럽게 툴툴거리는 그들의 대화가 산들바람에 실려 왔다. 나는 그들이 여느 슈퍼마켓에서 파는 닭과 왜 그렇게 다른지를 다시 한번 더 말해달라고 그에게 부탁했다.

그가 산업형 닭들에 관해 이야기를 시작하자 여러 형용사들이 마구 뒤엉키면서 말이 제대로 되지 않았다. 그가 고개를 흔들고 재차 말을 시도했지만 이번에도 아니었다. "젠장!" 하고 욕을 내뱉은 그는 말을 멈추고 심호흡을 하더니 흰 카우보이모자를 위아래로 바로잡은 다음 세 번째 시도에 나섰다.

"그러니까 말이죠, 그들은 세상의 모든 닭을 자기들 것과 똑같이 만들어버렸어요."

맺음말

계절에 어울리지 않게 따뜻한 2016년 9월의 어느 수요일이었다. 맨해튼의 동편을 수놓은 초고층 건물들 간의 공간은 후텁지근했지만 현대적인 유엔 건물 안의 공기는 서늘하고 쾌적했다. 유럽식 디자인의 정장을 차려입은 남성들과 실용적인 단화를 신은 여성들이 193개국 정부의 대표와 대사 들이 연례총회를 위해 모여 있는 회의실들을 분주히 오갔다. 연례총회는 보통 온건한 모임이다. 논의가 차분하고 추상적이며 무기 협약이나 국경 논쟁에 관한 세목으로 채워지는 게 보통인 것이다. 하지만 그날 아침에는 그 건물에 활기찬 에너지가 감돌았다. 그 일만 아니라면 결코 거기에 발을 들여놓을 성싶지 않은 일군의 방문객이 밀고 들어온 것이다. 예기치 않은 상황으로 유엔은 막 세계적인 항생제 내성 문제를 다루려 하고 있었다. 그 위협을 탐구하기 위한 '고위급 회담'[1]을 개최한 것이다.

전례가 없는 일이었다. 유엔 연례총회에서는 건강 문제를 다룬 적이 거의 없었다. 건강 문제가 안건이 된 것은 1945년 유엔이 창립된 이래 딱 세 번뿐이었다. 첫 번째는 암 같은 만성 질환으로 세계가 떠안게 되는 부담을 따져보기 위해, 두 번째는 에볼라의 출현에 대응하기 위해, 세 번째는 에이즈 문제에 대처하기 위해서였다. 전 세계적으로 내성균이 왜 문제인지 알지 못하는 이들이 허다했고, 그 문제가 얼마나 광범위하고 시급한지 깨닫지 못하는 이들은 그보다 더 많았다. 하지만 유엔은 그에 관한 사람들의 인식이 무르익을 때까지 손 놓고 기다리지 않았다. 먼저 총대를 메고 나선 것이다.

유엔타워 3층에 자리한 천장이 높고 세련된 신탁통치이사회 회의장(Trusteeship Chamber)—옅은 색 널빤지가 깔린 넓은 강당으로 천장 부근에 동시통역사들이 들어앉아 있는 부스가 빙 둘러쳐 있다—에서 유엔의 최고위 관료인 사무총장 반기문이 마이크를 향해 몸을 숙였다.[2]

"존경하는 각국의 각료, 대사, 신사숙녀 여러분! 항균물질 내성이 인간의 건강, 지속가능한 식품 생산과 개발에 근원적이고도 장기적인 위협을 제기하고 있습니다. 이것이 바로 지금 선진국과 개발도상국, 도시와 농촌, 병원과 농장과 지역사회를 막론하고 전 세계 모든 지역이 마주한 현실입니다. 우리는 생명을 위협하는 감염으로부터 인간과 동물을 보호하는 능력을 잃어버리고 있습니다."

그날 저녁, 전문가 위원회가 항균물질 내성과 관련한 복잡한 사항들을 잘 정리해 제시하고 빈국이든 부국이든 간에 70개국 정부의 대표들이 우려를 나타내는 발언을 쏟아낸 뒤였다. 유엔 총회 회원국들은 투표를 통해 즉각 행동에 나서기로 결의했다. 그들은 새로운 내성균 감염에 관한 감시·감독 체제를 개선하고 신약의 연구와 개발을 지지하기로 약속했다. 또한 각국 정부가 항생제 사용을 규제하고 얼마나 변화를 진척시켰는지에 관해 2018년 다시 보고할 수 있도록 국가 차원의 계획을 즉시 수립하기로 합의했다. 그리고 다음에 무슨 일이 일어났는지 모니터할 국제 조정기구를 마련해달라고 유엔에 주문했다. 수십 년 전 에이즈와 관련해 진행한 과정과 유사했다.

각국 정부가 투표를 통해 채택한 선언서는 항생제 내성을 '가장 심각하고 가장 긴급한 국제적 위험'[3]이라고 표현했다.

사람들에게 그 위협을 인식시키기 위해 노력해온 과학자와 전략가 들에게는 개가를 올린 날이었다. 여전히 미진한 감도 없지는 않았다. 그 선언서가 기금을 조성하지도 사용한도를 정하지도 않았기 때문이다. 하지만 유엔 총회는 항생제 내성 문제를 심각한 국제적 위험으로 중요하게 다루었다. 그리고 연설할 때마다 발언할 때마다 농장에서의 항생제 과용이 의약품의 오남용만큼이나 심각한 문제라는 점을 누구이 강조했다. 사람들은 수십 년 동안 이어져온 경고에 대해 이제야 비로소 귀를 기울이기 시작했다. 농장에서의 항생제 사용, 그리고 그를 통제해야 할 필요성이 마침내 전 세계적 의제로 떠올랐다.

유엔 총회는 느닷없는 것처럼 보였다. 하지만 그에 앞선 2년 동안 내성은 물밑에서 국제적으로 이례적일 만큼 많은 관심을 끌어 모으고 있었다. 1970년대에 스완 보고서가 케네디를 행동으로 이끈 이래 어디서도 볼 수 없던 기세였다. 아마도 FDA가 갑작스럽게 내놓은 새 지침들—케네디의 패배 이후 36년이 지난 2013년 말 마련되었다—이 기폭제가 되었을 것이다. 2014년 9월, 버락 오바마 대통령은 행정명령을 발표했다. 내성을 국가적 우선순위로 삼고, 정부 산하의 상설 전문가조직,[4] 즉 '항생제 내성균을 퇴치하기 위한 대통령 자문회의(Presidential Advisory Council on Combating Antibiotic-Resistant Bacteria)'를 새로 구축한다는 내용이었다. 거의 비슷한 시기에 영국에서는 데이비드 캐머런(David Cameron) 총리가 골드만삭스의 전직 수석경제학자 짐 오닐 경(Lord Jim O'Neill)에게 과연 어떤 조치를 취해야 하는지 경제적 관점에서 — 의료적 관점에만 그치지 말고 — 냉정한 의견을 들려달라고 요청했다. 오닐이 꾸린 단체 '항균물질 내성에 관한 검토(Review on Antimicrobial Resistance)'는 내성에 의한 전 세계적인 사망자 수 추정치를 얻어냈고, 그는 곧바로 헤드라인 뉴스를 장식했다.[5] "해마다 세계적으로 70만 명 숨지다. 아무 조치도 취하지 않으면 1000만 명으로 불어날 수 있어."

2015년 초에 나온 두 번째 수치 역시 입을 다물지 못하게 만들었다. 일군의 연구자들이 개발도상국 — 오닐이 과거에 브라질(Brazil)·러시아(Russia)·인도(India)·중국(China)의 머리글자를 따서 BRICs라 부른, 잠재 시장이 큰 신흥경제국 — 의 소득이 어떻게 늘고 있는지 살펴보고, 소득이 늘어남에 따라 육류와 농장 항생제 소비에 대한 수요가 어떻게 달라지는지 계산해보려 애썼다. 그들은 농업의 관례를 바꾸기 위해 노력하지 않으면[6] 공장형 농장이 너무나 빠른 속도로 불어나 15년 뒤 항생제를 지금보다 3분의 2 더 쓰게 될 거라고, 즉 전 세계적으로 10만 5596톤이나 소비하게 될 거라고 예측했다. 그들은 2030년이 되면 중국이 세계에서 생산하는 모든 항생제의 30퍼센트를 그 나라의 육용동물에게 투여하게 될 거라고 내다봤다.

이 같은 섬뜩한 추정치와 영미가 추진한 새로운 조치에 힘입어 국제적으로 변화를 촉구하는 움직임이 일었다. 2016년 1월 스위스 다보스(Davos)에서 열린 세계경제포럼(World Economic Forum)은 새로운 항생제와 진단법을 개발할 것, 그리고 '가축에게 항생제를 좀더 분별력 있게 사용할 것'을 촉구했다. 2016년 5월 세계보건기구 이사회 소속의 194개 회원국은 내성이 생기지 않도록 노력하겠다고 약속했다. 같은 달, 일본에서 열린 선진 7개국 G7[7]은 내성을 국제적 우선사항으로 다뤄야 함을 확실히 했다. 유엔 총회가 개최되기 2주 전, G20[8] 정상회담—주요 선진국과 신흥 경제국 20개국의 정상 모임으로 그해에는 지상 최대의 항생제 생산국이자 소비국인 중국이 의장국이었다—은 "항생제 내성이 공중보건, 성장과 국제경제의 안정성에 심각한 위협을 제기한다"고 밝혔다. 유엔이 행동에 나설 발판이 마련되었다.

유엔 총회가 한창일 때 나는 닭을 찾아 나섰다.

잡지 〈뉴욕(New York)〉은 뉴욕시가 구운 닭(roast chicken) 강박에 사로잡혀 있다고 지적했다. 직관적으로 이해하기 어려운 말이었다. 요리사, 혹은 식당에게 닭은 가장 안전한 선택이기 때문이다. 메뉴가 너무 복잡해서 뭘 골라야 할지 모를 때 "저는 그냥 닭고기로 할래요"라고 대꾸하면 대다수 사람들은 공감의 웃음을 터뜨리곤 한다. 그간 가끔 농장 일각에서는 항생제를 포기하고 닭을 더 오래 살게 해주고 그들에게 창문을 달아주고 자연채광을 공급하고 야외생활을 할 수 있도록 허용해주었다. 그런데 이것은 닭이 세상에서 가장 손쉽게 얻을 수 있는 저렴한 단백질원이기 때문만은 아니었다. 그보다 닭이 본질적으로 가치 있는 무언가라고 생각했기 때문이었다. 만약 세계적인 도시에서 치열하게 경쟁하는 레스토랑들이 닭을 요리로 진지하게 받아들인다면 '(돈과 관심, 심지어 연민마저) 쏟아부을 가치가 있다'는 생각은 자연스럽게 음식에 스며들 것이다.

나중에 밝혀진 대로, 뉴욕시에는 예사롭지 않은 닭 요리가 많았다. 가령 온전한 달걀들과 포스미트(forcemeat: 고기나 야채를 잘게 다져 혼합한 것—옮긴이)를 채워 넣은 비싼 닭고기 요리, 혹은 손으로 만든 화로 앞에 매달려 있는 값비싼 닭, 불타는 건초더미 위에 올려 내놓은 호화판 닭고기 등. 하지만 내가 희망하는 것은 고급스러움이 아니라 진정성이었다. 즉 상업용 닭보다 더 오래, 더 나은 삶을 산 닭, 바깥생활과 운동을 할 수 있도록 허용되었으며 스스로 먹이를 찾아 먹도록 격려를 받는 닭 말이다. 나는 프랑스 시장에서 사 먹은 것 같은 닭, 매일 먹는 것을 상상해볼 수 있는 그런 닭을 원한다. 윌리엄스버그교(Williamsburg Bridge) 상행램프 아래의 브루클린 서쪽 변두리에 자리한 말로&선스(Marlow & Sons)가 바로 그와 같은 닭을 선보이고 있었다. 전구들이 희미한 빛을 발하고 널빤지로 실내를 장식한 그 작은 식당은 2004년에 문을 열었다. 당시 그 집 메뉴에는 브릭치킨(brick chicken: 벽돌색 닭고기—옮긴이)이 빠지는 경우가 없었다. 영세한 뉴욕주 북부의 스노댄스팜(Snowdance Farm)에서 사들인 야외생활 하는 닭의 절반을 팬에 최대한 닿도록 무거운 추로 눌러 구운 요리다. 껍질은 바삭하고 조밀하며 살코기는 향취를 지녔고 바깥생활로 단련된 근육은 쫄깃쫄깃했다. 브릭치킨은 짭짤하고 강렬한 맛과 짜 넣은 레몬즙의 상큼한 맛이 어우러졌다. 풀레 카포딘은 아니었지만 그와 비슷했다. 정말로 맛있었다.

브릭치킨은 항생제에 의존한 농법을 포기함으로써 얻게 된 요리가 정녕 옳다는 것을 말없이 웅변했다. 산업화의 가장 나쁜 측면들에서 벗어난 생산, 가축, 농부, 소비자, 그리고 농장과 아무 관련 없는 이들의 건강을 보호하는 생산, 동물의 삶과 그 삶의 희생을 존중하는 생산이 옳다는 것을 말이다.

유엔이 표명한 정치적 약속은 수십 년에 걸쳐 얻어낸 증거—상시적으로 항생제를 사용해 육류용 동물을 사육하면 세계를 위협하는 내성균이 생겨난다는 것을 보여주는 증거―가 거둬들인 결실이었다. 하지만 항생제를 사용하지 않고 키운 닭을 제공하겠다는 요리사와 슈퍼마켓과 가금 생산업자의 약속에는 다른 뭔가가 담겨 있다. 바로 시장이 달라지기를 염원하는 소비자들의 힘이다. 구매자들―병원, 학교 시스템, 부모―이 가하는 압력이 없었다면 빅 치킨이라 불리는 공룡기업은 제아무리 많은 질병이 발생하고 동물복지와 관련한 불미스러운 사건들이 빈발한다 해도 눈 하나 꿈쩍하지 않았을 것이다. 상시적으로 항생제를 사용하지 않고 키운 육류를 선택한 소비자는 다른 나라들은 진작부터 가고 있던 길을 미국이 따라가지 않을 수 없게 만들었다. 그들은 정책입안자와 생산업자를 한편으로 앞에서 견인했고 다른 한편으로 뒤에서 밀어주었다.

남은 숙제는 그 여세를 몰아가는 것이다. 항생제 문제는 해결되지 않았다. 그 문제는 미국에서 아직 완전히 풀리지 않았다. 새로운 FDA 규정이 여전히 예방적 용도의 항생제 사용은 거의 무제한 허용하고 있기 때문이다. 그 문제는 유럽에서도 해결되지 않았다. 유엔 총회가 열리기 직전, 모연구는 영국의 슈퍼마켓에 진열된 닭의 25퍼센트에서 다제내성균이 검출되고 있다고 발표했다. 그리고 유엔 총회가 개최되던 날, 연구자들은 새로운 유형의 메티실린내성황색포도상구균(아마 수입 가금을 통해 유입되었을 것이다)이 덴마크 주민들 사이에서 감염을 일으키고 있다고 폭로했다. 그 문제는 남아메리카와 남아시아, 그리고 중국에서도 해결되지 않은 게 분명하다. 그들 나라에서는 정책설계자들이 과연 어떻게 항생제에 의존하지 않고 충분한 단백질원을 생산해낼 수 있는지 상상하는 데 어려움을 겪고 있다. 세계적 사건들―미국의 2016년 선거 결과, 영국에서의 브렉시트 투표 결과, 유럽 전역에서 맹위를 떨치고 있는 국수주의로의 회귀―은 이런 추동력을 죽이는 정치적 걸림돌로 작용할 수 있다. 어떻게 될지는 두고 봐야 한다.

항생제 내성은 다음의 세 가지 점에서 기후변화 문제와 흡사하다. 첫째, 수백만 명에 이르는 개인들의 의사결정에 따라 수십 년 동안 조성되었으며 산업계의 조치들에 의해 강화된 심각한 위협이라는 점에서 그렇다. 둘째, 아프리카·라틴아메리카·아시아 등에서 부상하고 있는 신흥경제국이 서구 선진국과 불협화음을 일으키고 있다는 점에서 그렇다. 이미 공장형 농업으로 값싼 단백질을 누려본 지구의 4분의 1은 이제 그것을 후회하고 있다. 하지만 나머지 4분의 3은 그 기회를 누려보지도 못한 채 포기하고 싶어 하지는 않을 것이다. 셋째, 북극곰이 물에 빠지는 광경을 지켜보고 (백열등 대신—옮긴이) 형광등을 사는 것 같은 개인적 실천만으로는 불충분하다는 점에서 그렇다.

농장 항생제 사용과 관련하여 방향을 트는 일은 극도로 어려워 보이지만 그렇다고 완전히 불가능한 것은 아니다. 기꺼이 항생제를 포기한 네덜란드 농부들, 퍼듀를 비롯한 미국의 여러 기업은 성장 촉진제나 예방적 용도의 항생제를 쓰지 않고도 산업 규모의 생산이 가능하다는 것을 증명해준다. 마이자두르와 루에, 그리고 화이트오크의 안정성은 중간 규모나 소규모의 농장도 새로 재편된 육류 경제에서 설 자리를 확보할 수 있다는 것을 보여준다. 느리게 성장하는 닭 품종—프랭크 리스가 보존한 유전적 특성을 일부 공유하는 품종—으로 선회한 홀푸즈는 항생제가 필요 없는 닭을 선택하고 항생제를 배제하면 가금 생산에서 다양성을 되살릴 수 있음을 보여주는 예다.

이 모든 성취는 닭, 그리고 그를 따르는 소와 돼지, 양식 어류가 가야 할 곳을 가리키는 이정표다. 항생제를 가능한 한 최소한만 사용하는(동물을 살찌우거나 막연히 보호하기 위해서가 아니라 아플 때 치료하는 용도로만 사용하는) 생산방식을 가리키는 이정표 말이다. 이것이 바로 항생제가 인간의 질병 치료에 쓰일 수 있는, 그리고 항생제를 사용하면서도 내성의 위험을 줄일 수 있는 유일한 방법이다.

해내기에 그리 만만한 일은 아닐 것이다. 선진국의 구매자들에게는 가장 싼 닭이 가장 좋은 닭은 아니라는 사실을 설득하고, 개발도상국에는 최악의 공장형 축산을 답습하지 않는 가축 사육 모델을 지향하도록 독려하려면 시간이 걸릴 것이다. 새로운 모델은 네덜란드에서처럼 첨단기술을 필요로 하는 것일 수도 있다. 그와 반대로 재래식의 저집중 시스템 위에 구축되는 것일 수도 있다. 라벨루즈 농장의 남아메리카나 아시아판 말이다. 하지만 어쩌면 그리 많은 시간이 걸리지 않을지도 모른다. 세균의 무자비한 진화 속도가 말해주듯 낭비할 시간이 없기 때문이다.

우리가 지향할 목표는 농법을 변화시키는 것과 더불어 안전하고 지속가능하게 사육한 육류의 시장을 확대하는 것이다. 그리고 결국에 가서 토머스 주크스가 처음 선택한 것, 즉 내성균으로 세상을 병들게 할 위험을 감수하면서까지 값싼 단백질을 세상에 공급하고자 한 것이 잘못이었음을 실제로 증명해 보이는 것이다. 항생제 내성 없이 가금을 생산하는 것도 환경파괴 없이 집중 사육농법을 실시하는 것도 가능하다. 게다가 가금 이외의 다른 육용 동물을 사육하는 데 그 교훈을 적용해보는 것도 가능하다. 의지만 있다면, 끝끝내 닭을 본연의 닭으로 되돌려놓고야 말겠다는 굳은 의지만 있다면 말이다.

감사의 글

한 가지 주제에 매달려 몇 년을 보내는 작가는 수백 명까지는 몰라도 최소한 수십 명에 이르는 다른 이들의 도움을 받지 않고서는 책을 완성할 수 없다. 이 책을 내놓으면서 특별히 관대한 이야기꾼으로서의 면모를 보여준 몇몇에게 고마움을 표현하고자 한다. 첫 번째로 남편 로런 D. 볼스트리지 3세(Loren D. Bolstridge III)에게 감사한다. 10년 전 결혼했을 때부터 나는 줄곧 그의 가족에 관한 이야기를 들어왔다. 1800년대로 거슬러 올라가 메인주에서 소규모로 농사를 짓던 농부들의 이야기다. 런던 교외에서 잠시 살았던 때를 제외하고는 내내 도회지에서 자란 나는 그의 이야기를 들으면서 새로운 세계에 눈을 떴다. 다음으로 태라 스미스(Tara Smith)에게 감사드린다. 전에는 아이오와 대학(University of Iowa)에, 지금은 켄트 주립대학(Kent State University)에 몸담고 있는 그녀는 육용 동물에 쓰이는 항생제, 그리고 그로 인해 빚어지는 항생제 내성이라는 미스터리로 나를 이끌어주었다. 질병통제예방센터의 로버트 톡스 박사는 만날 때마다 살모넬라균을 면밀히 들여다보아야 한다는 사실을 거듭 일깨워주었다. 밴더빌트 대학(Vanderbilt University)의 교수이자 《혈액검사(Bloodwork)》와 《빛의 도시(City of Light)》, 《독의 도시(City of Poison)》의 저자 홀리 터커(Holly

Tucker)에 대한 고마움도 빠뜨릴 수 없다. 그녀가 내게 들려준 이야기는 슬프면서도 흥미로웠다. 인디애나주 남부의 작은 마을에서 살던 그녀의 조부모는 이웃에 들어선 대규모 칠면조 농장이 언덕을 두엄 냄새로 뒤덮고 밤새 불을 켜놓아 별을 사라지게 만들면서 전원생활의 고즈넉함을 잃어버렸다.

영농의 실태, 항생제의 영향, 식품매개 질병의 위험, 산업형 가금 생산이 몰고 온 엄청난 파급력, 한데 어우러진 이 온갖 이야기에 매혹당한 나는 농업과 항생제 사용의 역사라는 복잡하기 이를 데 없는 문제를 파헤쳐볼 엄두를 내게 되었고, 이 책이 바로 그와 같은 무모한 도전의 결실이다. 아무쪼록 이 책이 내게 애써 이야기를 들려준 이들의 수고에 값하는 것이기를 바랄 따름이다.

애초의 구상이 마침내 책으로 세상의 빛을 볼 수 있었던 것은 어디까지나 내 저작권대리인 수전 레이호퍼(Susan Raihofer)의 변함없는 지지, 그리고 내셔널지오그래픽 출판사(National Geographic Books)에서 이 책의 편집을 맡은 힐러리 블랙(Hilary Black)과 앤 스미스(Anne Smyth)의 날카로운 눈매며 빼어난 역량 덕분이다. 팩트 체크와 관련해 탁월한 기량을 뽐낸 수전 밴타(Susan Banta)는 내가 실수를 저지르지 않도록 물샐틈없이 챙겨주었다. 그러므로 끝끝내 남아 있는 오류는 전적으로 내 책임이다. 우리를 만나게 해준 팻 싱어(Pat Singer)에게 감사할 따름이다.

너무나 운 좋게도 나는 두 곳에서 연구비를 지원받게 된 덕에 이 책의 집필과 관련한 연구를 무사히 진행할 수 있었다. 첫째 MIT에서 필 힐츠(Phil Hilts)가 이끌던 '나이트과학저널리즘 프로그램(Knight Science Journalism program)'이 항생제 사용에 관해 탐구해보라며 1년 치 연구비를 대주었다. 그 뒤 플로렌스 그레이브스(Florence Graves)가 지휘하고 지칠 줄 모르는

조력자 클레어 패블릭 퍼거스(Claire Pavlik Purgus)와 리사 버튼(Lisa Button)
이 이끌어가는 브랜다이스 대학(Brandeis University)의 슈스터 탐사보도 연
구소(Schuster Institute for Investigative Journalism)는 넓은 아량을 베풀어 훌
륭한 학생 조수들을 붙여줌으로써 내 작업을 밀어주었다. 그중 특히 제이
파인스타인(Jay Feinstein), 알리자 히어런(Aliza Heeren), 마들린 로젠버그
(Madeline Rosenberg)는 커다란 힘이 되었다. 또한 복이 많게도 도서관 사
서들이 제 일처럼 나서서 나를 도와주었다. 브랜다이스 대학의 알렉스 윌
레트(Alex Willett), MIT의 미셸 베일든(Michelle Baildon), 하버드 대학 위드
너도서관(Widener Library)의 프레드 버치스테드(Fred Burchsted), 도널드 S.
케네디의 논문들을 접할 수 있도록 허락해준 스탠퍼드 대학 특별소장품
부(Department of Special Collections)의 대니얼 하트위그(Daniel Hartwig)와 팀
노크스(Tim Noakes)에게 감사드린다. 또한 코넬 대학의 앨버트R.만도서관
(Albert R. Mann Library) 측에도 로버트 베이커의 글들을 볼 수 있도록 허락
해준 데 감사드린다.

　책을 집필하면서 부딪치는 최대의 난관은 역시 그 집필 기간 동안 생
계를 꾸려갈 방도를 찾는 일이다. 다수의 발행인들이 친절하게도 내게
호구지책을 마련해주었다. 그 덕분에 이 책의 각 부분들을 출간에 앞서
여러 매체에 실을 수 있었다. 물론 그 후 다시 손을 보기는 했지만 말이
다. 그렇게 할 수 있도록 주선해준 데 진심으로 감사드린다. 전에는 〈셀
프(SELF)〉 지금은 〈리얼 심플(Real Simple)〉의 편집국장인 새라 오스틴(Sara
Austin), 전에는 〈모던 파머(Modern Farmer)〉 지금은 〈퍼스트 룩 미디어(First
Look Media)〉에서 일하는 레이한 하르만시(Reyhan Harmanci), 전에는 〈슬
레이트(Slate)〉 지금은 〈워싱턴포스트〉에서 근무하는 로라 헬무스(Laura
Helmuth), 〈애틀랜틱(Atlantic)〉의 코비 쿠머(Corby Kummer), 〈모어(More)〉지

의 낸시 스테드먼(Nancy Stedman) 등이다. 그 글들 가운데 일부에 관심과 지지를 보내준 샘 프로머츠(Sam Fromartz), 톰 라스코위(Tom Laskawy), 식품 및환경보도네트워크(Food and Environment Reporting Network)에 감사드린다. 식품·농업·환경 및 그를 위해 일하는 데서 맛보는 즐거움을 열과 성을 다해 보도하는 이들이다. 또한 2015년 유행한 조류독감(avian influenza, AI)의 탐사 작업을 내게 의뢰해준 〈뉴욕타임스 매거진(New York Times Magazine)〉의 빌 와식(Bill Wasik)과 클레어 구티에레스(Claire Gutierrez)에게 감사를 전한다. 그 기사의 토대인 삽화(episode)와 관련한 내용은 지면관계상 실리지 못했지만 그것을 취재한 경험은 무엇과도 바꿀 수 없는 값진 것이었다〔몇 년 전 내게 치킨너겟에 대해 제대로 조사해보라고 말해준 현재 하퍼콜린스 출판사(HarperCollins Publishers)의 에릭 넬슨(Eric Nelson)에게도 감사드린다〕.

이 책이 나올 수 있었던 것은 오직 수많은 이들이 자기 이야기를 들려주고 자신의 사적인 네트워크를 나와 공유했기에 가능했다. 먼저 미국에서 항생제 내성 연구의 최고 권위자인 터프츠 대학의 스튜어트 B. 레비 박사, 내성균들 간의 숨은 관련성에 대해 초기에 경종을 울린 미네소타 대학의 마이클 T. 오스터홀름, 그리고 앞서도 언급했지만 다시 한번 식품매개 질병의 영향력을 이해하기 위해 애쓰고 있는 나에게 너그러운 멘토 역할을 자임한 로버트 톡스 박사에게 감사드려야 할 것이다. 조지워싱턴 대학(George Washington University) 산하 항생제내성관리센터(Antibiotic Resistance Action Center)의 창립자 랜스 B. 프라이스(Lance B. Price), 그리고 그 센터의 로라 로저스(Laura Rogers)와 니콜 티드웰(Nicole Tidwell)에게는 그 어떤 말로도 고마움을 전할 길이 없다.

이하는 알파벳 순서에 따른 것이다. 내게 커다란 도움을 준 그들 사이에 무슨 서열이랄 게 있을 수 없기 때문이다. ASPCA(American Society for the Prevention of Cruelty to Animals: '미국동물에대한잔혹함예방협회'라는 의미의 미국 최대 동물보호 단체—옮긴이)의 수잰 맥밀런(Suzanne McMillan), 벨&에번스의 오드리 킹(Audrey King)과 스콧 세클러에게 감사드린다. 질병통제예방센터에서는 내가 이 책을 집필하고 있을 때 그 기관의 센터장이던 토머스 R. 프리든 박사, 그리고 톰 칠러(Tom Chiller) 박사, 니콜 코핀(Nicole Coffin), 엘리자베스 리 그린(Elizabeth Lee Greene), 데이나 피츠(Dana Pitts), 매슈 와이즈(Matthew Wise), 로라 지에랄토프스키, 졸린 나카오(Jolene Nakao) 박사 등에게 감사드린다. '전 세계 농장 동물에게 연민을'의 리어 가르시스(Leah Garces), 코넬 대학의 로버트 그래바니, 그리고 로버트 베이커의 가족, 특히 데일 베이커(Dale Baker)와 마이클 베이커(Michael Baker)에게 감사드린다. 델타 항공사의 케이트 모돌로(Kate Modolo), 팜포워드(Farm Forward)의 벤 골드스미스(Ben Goldsmith)에게 감사드린다. 미국 FDA에서는 마이클 테일러 박사, 윌리엄 플린(William Flynn), 메건 벤세트(Megan Bensette), 1970년대에 도널드 케네디의 오른팔이었으며 지금은 농업연구후원자재단(Supporters of Agricultural Research Foundation, SoAR)의 회장으로 있는 토머스 그럼블리(Thomas Grumbly)에게 감사드린다. 프랑스에서는 버지니아 대(Virginia Dae), 사빈 에델리(Sabine Edelli), 마리 기요(Marie Guyot), 막심 캉탱(Maxime Quentin), 파스칼 보가르니, 그리고 마이자두르와 루에 소속의 농부들, 또한 특히 MIT에서 함께한 나의 동료, 그리고 이브 시아마(Yves Sciama)와 그의 아내 엘리스(Elise)에게 감사드린다. 미국동물애호협회의 애나 웨스트(Anna West), 내셔널지오그래픽 출판사의 에리카 엥글하우프트(Erika Engelhaupt), 에이프릴 풀턴(April Fulton)과 제이미 슈리브(Jamie Shreeve)에게 감사드린다. 천연자원보호위원회의 애비너시 카(Avinash Kar)와 데이비드 월링아(David Wallinga) 박사에게 감사드린다. 네덜란드에서는 얀 클라위트만스(Jan Kluytmans) 박사, 딕 메비위스(Dik Mevius) 박사, 안드레아스 포스(Andreas Voss) 박사, 헤르버르트 오스테를라컨, 에릭 판덴회벌, 그리고 코르 마스트(Kor Mast)에게 감사드린다. 퓨위탁자선단체와 관련해서는 앨런 쿠컬(Allan Coukell), 카린 홀저(Karin Hoelzer) 박사, 캐서린 포트노이(Katherine Portnoy), 게일 핸슨(Gail Hansen) 박사, 셸리 헌(Shelley Hearne), 얼리샤 러포트(Alicia LaPorte), 그리고 조슈아 웬더로프(Joshua Wenderoff)에게 감사드린다. '항균물질 내성에 관한 검토'에서는 짐 오닐 경과 할라 아우디(Hala Audi), 윌 홀(Will Hall), 그리고 제러미 녹스(Jeremy Knox)에게 감사드린다. 웰컴트러스트(Wellcome Trust)의 제러미 패러(Jeremy Farrar) 박사와 론지튜드프라이즈(Longitude Prize)의 타마 고시(Tamar Ghosh)에게 감사드린다. 스몰r필름스(Small-r Films)의 마이클 그라지아노(Michael Graziano), 스톤반스식품농업센터(Stone Barns Center for Food and Agriculture)의 크레이그 헤이니(Craig Haney), 마사 호지킨스(Martha Hodgkins), 프레드 키어셴만(Fred Kirschenmann), 그리고 로라 닐(Laura Neil)에게 감사드린다. 워터키퍼얼라이언스(Waterkeeper Alliance)에서는 메릴랜드주의 캐시 필립스(Kathy Phillips), 노스캐롤라이나주의 래리 볼드윈(Larry Baldwin)과 릭 도브(Rick Dove)에게 감사드린다. 워싱턴주에서는 빌 말러와 그의 직원들, 그리고 불굴의 레이머트 레이븐홀트 박사에게 감사드린다. 내가 집필한 두 권의 책에도 소개되어 있는 레이븐홀트 박사와의 인터뷰는 언제나 내게 커다란 즐거움을 선사해주었다.

이 책의 집필을 준비하는 동안 나는 6개 주에 걸쳐 가금 농부 여남은 명을 만났다. 그들은 내가 대규모 가금 생산의 현장을 볼 수 있도록 허락해주는 대신 이름은 밝히지 말아달라고 당부했다. 이 책을 읽고 계신 당신들은 이 책에 녹아 있는 자신의 흔적을 알아볼 것이다. 나를 믿어준 데 대해 내가 얼마나 고마워하는지 이 자리를 빌려 꼭 말하고 싶다. 이름을 밝힐 수 있는 가금업계의 종사자들 가운데서는 J. 크레이그 와츠, 프랭크 리스, 래리 쿨리와 레이턴 쿨리, 아이오와주 웨스트리버티푸즈(West Liberty Foods)의 존 몰린(John Moline)과 브래드 몰린(Brad Moline), 캘리포니아주 메리스치킨(Mary's Chicken)의 데이비드 피트먼(David Pitman), 미네소타주 베어치킨(Bare Chicken)의 폴 헬게슨(Paul Helgeson), 그리고 노스캐롤라이나주 조이스팜스(Joyce Farms)의 스튜어트 조이스(Stuart Joyce)에게 감사드린다. 또한 미국가금&달걀연합(U.S. Poultry & Egg Association)의 존 글리슨(John Glisson) 박사, 미국계육협회(National Chicken Council)의 톰 슈퍼(Tom Super), 미농무부 산하 남동부가금연구실험실(Southeast Poultry Research Laboratory)의 데이비드 스웨인(David Swayne) 박사, 조지아 대학 수의대의 수전 샌체즈(Susan Sanchez), 미국농장주및목장주연합의 제니퍼 라인하드(Jennifer Reinhard)에게도 감사드린다. 특별히 축산업이 뭔지, 환대받는다는 것이 어떤 느낌인지 알게 해준 조지아주 화이트오크목장의 해리스 가족에게 고마움을 표하고 싶다. 윌 해리스 3세와 그의 아내 이본(Yvonne), 제니 해리스(Jenni Harris)와 앰버 리스(Amber Reece), 조디 해리스 브누아(Jodi Harris Benoit)와 존 브누아(John Benoit), 브라이언 샙과 프랭키 다시(Frankie Darsey), 그레천 하워드(Gretchen Howard)와 멜리사 리비(Melissa Libby)다(말로&선스를 찾아가 보라고 귀띔해준 헬렌 로즈너(Helen Rosner)에게도 고마움을 전한다).

벗들이 없다면 아무도 이렇듯 고독하기 짝이 없고 까다로운 글쓰기를 완수해낼 수 없을 것이다. 리처드 엘드리지(Richard Eldredge), 크리스타 리스(Krista Reese), 윌리엄 휴스턴(William Houston), 수전 퍼시(Susan Percy), 딘 보즈웰(Dean Boswell), 마크 스콧(Mark Scott), 다이앤 로어(Diane Lore), 프랜

시스 카츠(Frances Katz), 캐럴 그리즐(Carol Grizzle), 그리고 마이크 레이놀즈(Mike Reynolds)와 낸시 레이놀즈(Nancy Reynolds)에게 말로 다 하기 힘든 고마움을 전한다. 작가의 책무성에 대해 고민하는 모임의 회원들(그 모임은 회원들 이름을 공개하지 말도록 나에게 무언의 압력을 가하고 있다), 우리 가족 로버트 매케나(Robert McKenna), 매슈 매케나(Matthew McKenna), 엘리자베스 매케나(Elizabeth McKenna)에게도 감사드린다. 특히 교수이자 저술가이자 신부이기도 한 삼촌 로버트 라우더(Father Robert Lauder: 밥(Bob)은 로버트의 애칭─옮긴이)에게 감사드린다. 나는 이 책을 그에게 헌정했다(또한 아일랜드 칼로(Carlow)의 월시 위스키 양조장(Walsh Whiskey Distillery)에도 '작가의 눈물(Writers' Tears)'을 제조해준 데 대해 심심한 감사를 드린다. 술 한 잔이 백신을 한 대 맞은 것 같은 역할을 해주었다).

나는 이 글을 남편 로런에 대한 감사 인사로 시작했다. 역시나 그에 대한 감사 인사로 글을 끝맺는 게 옳을 듯하다. 그는 언제나 나의 처음이자 끝이기 때문이다. 그의 사랑과 지지가 없었더라면 이 프로젝트에 착수할 수도 없었거니와 아마 그러고 싶지도 않았을 것이다.

주

머리말

1. 6만 3151톤: Van Boeckel et al., "Global Trends in Antimicrobial Use in Food Animals."

2. 1971년 조지아주: Sawyer, *The Agribusiness Poultry Industry*, p. 225.

1부 닭은 어쩌다 중요해졌나

01 질병, 그리고 운 나쁜 해

1. 지금껏 그렇게까지 아파본 적이 없었다: 릭 실러가 경험한 일을 재구성한 내용은 첫째 그와 그의 변호사 빌 말러와의 인터뷰, 그리고 토머스 칠러(Thomas Chiller), 졸린 나카오, 로버트 톡스, 매슈 와이즈, 로라 지에랄토프스키 등 질병통제예방센터 직원들과의 인터뷰, 둘째 질병통제예방센터의 조사문건과 캘리포니아·오리건·워싱턴 주 보건부의 문건, 셋째 말러의 법적 문서들("Final Demand Letter to Ron Foster, President, Foster Farms Inc., in re: 2013 Foster Farms Chicken Salmonella Outbreak, Client: Rick Schiller" 포함), 당시의 뉴스들을 토대로 했다.

2. 해마다 세계적으로 약 1억 명: Majowicz et al., "The Global Burden of Nontyphoidal *Salmonella* Gastroenteritis."

3. 알려진 희생자만 634명: U.S. Centers for Disease Control and Prevention, "Multistate Outbreak of Multidrug-Resistant *Salmonella* Heidelberg Infections Linked to

Foster Farms Brand Chicken (Final Update).ʺ

4. 수천을 헤아렸을 것이다: Voetsch et al., ʺFoodNet Estimate of the Burden of Illness Caused by Nontyphoidal Salmonella Infections in the United States.ʺ 질병통제 예방센터는 실험실이 확인한 모든 살모넬라에 의한 발병에서 38건은 신고되지 않고 지나가는 것으로 추정한다.

5. 수치가 비정상적이라는 사실을 알아차린: U.S. Centers for Disease Control and Prevention, ʺPulseNet: 20 Years of Making Food Safer to Eat.ʺ

6. ʹ가장 심각하고 가장 긴급한 국제적 위험ʹ: President of the General Assembly, ʺDraft Political Declaration of the High-Level Meeting of the General Assembly on Antimicrobial Resistance.ʺ

7. 그 세균은 매년 적어도 70만 명: Review on Antimicrobial Resistance, ʺAntimicrobial Resistance: Tackling a Crisis for the Health and Wealth of Nations.ʺ

8. 미국 2만 3000명: U.S. Centers for Disease Control and Prevention, ʺAntibiotic Resistance Threats in the United States, 2013.ʺ

9. 인도 6만 3000명의 아기들: Titus and Center for Disease Dynamics, Economics and Policy, ʺThe Burden of Antibiotic Resistance in Indian Neonates.ʺ

10. 미국에서만 매년 200만 건: U.S. Centers for Disease Control and Prevention, ʺAntibiotic Resistance Threats in the United States, 2013.ʺ

11. 2050년이 되면 항생제 내성은: Review on Antimicrobial Resistance, ʺAntimicrobial Resistance: Tackling a Crisis for the Health and Wealth of Nations.ʺ

12. 항생제가 등장한 이래: Time line reconstructed from U.S. Centers for Disease Control and Prevention, ʺAntibiotic Resistance Threats in the United States, 2013ʺ; Marston et al., ʺAntimicrobial Resistance.ʺ

13. 미국에서 시판되는 항생제의 80퍼센트: U.S. Centers for Disease Control and Prevention, ʺAntibiotic Resistance Threats in the United States, 2013.ʺ

14. 전 세계에서 판매되는 항생제의 절반 이상: World Health Organization, ʺThe Evolving Threat of Antimicrobial Resistance: Options for Action.ʺ

15. 그 대부분은: Marston et al., ʺAntimicrobial Resistance.ʺ

16. 약 3분의 2: Ibid.

17. 26퍼센트: Food and Drug Administration, ʺNational Antimicrobial Resistance

Monitoring System (NARMS) Integrated Report 2012-2013."

18. 또 한 가지 내성균: Liu et al., "Emergence of Plasmid-Mediated Colistin Resistance Mechanism *mcr-1* in Animals and Human Beings in China"; Paterson and Harris, "Colistin Resistance."

19. 30개가 넘는: Xavier et al., "Identification of a Novel Plasmid-Mediated Colistin-Resistance Gene, *mcr-2*, in *Escherichia coli*, Belgium, June 2016."

20. 펜실베이니아주에 사는 모 여성: Kline et al., "Investigation of First Identified *mcr-1* Gene in an Isolate from a U.S. Patient—Pennsylvania, 2016."

21. 뉴욕주와 뉴저지주에 거주하는 남성들: New York: Castanheira et al., "Detection of *mcr-1* Among *Escherichia coli* Clinical Isolates Collected Worldwide as Part of the SENTRY Antimicrobial Surveillance Program in 2014 and 2015"; New Jersey; Mediavilla et al., "Colistin- and Carbapenem-Resistant *Escherichia coli* Harboring *mcr-1* and *bla*NDM-5, Causing a Complicated Urinary Tract Infection in a Patient From the United States."

22. 코네티컷주의 유아: Vasquez et al., "Investigation of *Escherichia coli* Harboring the *mcr-1* Resistance Gene—Connecticut, 2016."

23. 3260만 파운드: Center for Veterinary Medicine, "2013 Summary Report on Antimicrobials Sold or Distributed for Use in Food-Producing Animals." "four times": Food and Drug Administration, "Drug Use Review."

24. 사상 최초로 효력이 사라진: Infectious Diseases Society of America, "Bad Bugs, No Drugs."

25. 70년 전에 비해 배: Humane Society of the United States, "The Welfare of Animals in the Chicken Industry" and "Welfare Issues with Selective Breeding for Rapid Growth in Broiler Chickens and Turkeys."

26. 〈포춘〉지: "Antibiotics in the Barnyard."

27. 농무부는 1975년: Cook, Bumgardner, and Shaklee, "How Chicken on Sunday Became an Anyday Treat."

02 화학을 통해 더 나은 삶을

1. 1948년 크리스마스 날이었다: 주크스의 생애와 그의 실험에 대해 재구성한 내용은

그가 인생 말년에 쓴 수많은 회고기사("Some Historical Notes on Chlortetracycline", "Adventures with Vitamins", "Vitamins, Metabolic Antagonists, and Molecular Evolution" 등)를 토대로 했다. Larson, "Pioneers in Science and Technology Series"도 참조했다. Sanders, "Outspoken UC Berkeley Biochemist and Nutritionist Thomas H. Jukes Has Died at Age 93"; Maddox, "Obituary"; Carpenter, "Thomas Hughes Jukes (1906-1999)"; Crow, "Thomas H. Jukes (1906-1999)" 같은 부고기사도 참조했다.

2. 14년 전인: Lax, *The Mold in Dr. Florey's Coat*, pp. 16-20.

3. 1년 전인 1941년: Lax, *The Mold in Dr. Florey's Coat*, pp. 154-6.

4. 알렉산더가 사망하고 석 달이 지난 뒤: Lax, *The Mold in Dr. Florey's Coat*, pp. 169-72.

5. 죽음 직전에서 기적적으로 살려냈다: Saxon, "Anne Miller, 90, First Patient Who Was Saved by Penicillin."

6. 코코넛그로브 나이트클럽 사고: Bud, *Penicillin*, pp. 55-9.

7. 스트렙토마이신을 …… 분리해냈다: Pringle, *Experiment Eleven*.

8. 클로람페니콜의 결정체를 얻었다: Greenwood, *Antimicrobial Drugs*, pp. 219-22.

9. 저만의 원천을 찾는 일에 필사적으로 매달렸다: Maeder, *Adverse Reactions*, pp. 74-7.

10. 밭에서 채취한: Brown, "Aureomycin, Plot 23 and the Smithsonian Institution."

11. 특허를 신청했다: Duggar, Aureomycin and preparation of same.

12. 10억 파운드가 넘는: Bugos, "Intellectual Property Protection in the American Chicken-Breeding Industry."

13. 새로운 화합물이 …… 비타민 B$_{12}$임을 확인했다: Rickes et al., "Comparative Data on Vitamin B$_{12}$ From Liver and From a New Source, *Streptomyces griseus*."

14. 그는 …… 실험에 착수했다: 주크스의 이 실험에 대해 재구성한 내용은 다음을 참조했다. Stokstad et al., "The Multiple Nature of the Animal Protein Factor"; Stokstad and Jukes, "Further Observations on the 'Animal Protein Factor'"; Jukes, "Some Historical Notes on Chlortetracycline"; Jukes, "Vitamins, Metabolic Antagonists, and Molecular Evolution"; Larson, "Pioneers in Science and Technology Series."

15. 그들은 …… 짐작했다: Stokstad et al., "The Multiple Nature of the Animal Protein Factor."

16. 그는 분명 ······ 생각했다: Stokstad and Jukes, "Further Observations on the 'Animal Protein Factor'"; Jukes, "Some Historical Notes on Chlortetracycline."

17. 질병에 감염된 말: "Animal Magicians."

18. 별채를 홀라당 태워먹은: Jukes, "Adventures With Vitamins."

19. 주 농업대학: Jukes, "Antibiotics in Nutrition."

20. 그들은 ······ 전해왔다: Dyer, Terrill, and Krider, "The Effect of Adding APF Supplements and Concentrates Containing Supplementary Growth Factors to a Corn-Soybean Oil Meal Ration for Weanling Pigs"; Lepley, Catron, and Culbertson, "Dried Whole Aureomycin Mash and Meat and Bone Scraps for Growing-Fattening Swine"; Burnside and Cunha, "Effect of Animal Protein Factor Supplement on Pigs Fed Different Protein Supplements."

21. 1면에: Laurence, "'Wonder Drug' Aureomycin Found to Spur Growth 50%."

22. 심각한 감염으로 번진 결과: Loudon, "Deaths in Childbed from the Eighteenth Century to 1935"; Neushul, "Science, Government, and the Mass Production of Penicillin"; President's Council of Advisors on Science and Technology, "Report to the President on Combating Antibiotic Resistance"; Surgeon-General's Office, "Report of the Surgeon-General of the Army to the Secretary of War for the Fiscal Year Ending June 30, 1921."

23. 반응은 가히 폭발적이었다: Falk, "Will Penicillin Be Used Indiscriminately?"; Brown, "The History of Penicillin From Discovery to the Drive to Production."

24. 바이러스성 질환까지 효험을 발휘하리라는 낙관: Kaempffert, "Effectiveness of New Antibiotic, Aureomycin, Demonstrated Against Virus Diseases."

25. 샘플을 나눠주었노라: Walker, "Pioneer Leaders in Plant Pathology."

26. 2년 전인 1946년: Moore and Evenson, "Use of Sulfasuxidine, Streptothricin, and Streptomycin in Nutritional Studies with the Chick."

27. 기출간 연구들을 검토: Jukes, "Antibiotics in Nutrition."

28. 이미 가축에게 ······ 먹이고 있었다: Boyd, "Making Meat."

29. 플레밍의 공동연구자 가운데 2명: Abraham and Chain, "An Enzyme From Bacteria Able to Destroy Penicillin."

30. 뉴욕에서 청중들에게 ······ 경고했다: "Penicillin's Finder Assays Its Future."

31. 런던의 한 병원: Barber, "The Waning Power of Penicillin."

32. 오스트레일리아에서 전염병을 일으켰다: Rountree and Freeman, "Infections Caused by a Particular Phage Type of *Staphylococcus aureus*."

33. 미국으로 건너와: Laveck and Ravenholt, "Staphylococcal Disease: An Obstetric, Pediatric, and Community Problem."

34. 극소량이었다: White-Stevens, Zeibel, and Walker, "The Use of Chlortetracycline-Aureomycin in Poultry Production."

35. 저지당했다: Jukes, "Some Historical Notes on Chlortetracycline."

36. 그 과정이 다음과 같을 거라고 생각했다: Jukes, "Public Health Significance of Feeding Low Levels of Antibiotics to Animals."

37. 아무런 사전 공지 없이: Food and Drug Administration, "Certification of Batches of Antibiotic and Antibiotic-Containing Drugs." *Vermont Law Review* article: Heinzerling, "Undue Process at the FDA"라는 빼어난 글에서도 같은 내용이 언급되었다.

38. 일부 연구자는 …… 가정했다: Freerksen, "Fundamentals of Mode of Action of Antibiotics in Animals."

39. 그 문제를 연구한 더 많은 과학자들: 성장 촉진제는 개별 과학자들의 연구논문 수백 편에서뿐 아니라 초기에 열린 두 차례의 국제회의에서 집중적으로 검토된 바 있다. 농업의 항생제 사용을 주제로 한 국제회의는 먼저 1956년 미국 워싱턴 D.C.에서, 다음으로 1962년 영국 노팅엄 대학(University of Nottingham) 농업과학대에서 개최되었다.

40. 실험가들은 …… 투여했다: 이 시도들에 대한 소상한 내용은 모두 주크스가 1955년에 쓴 논문("Antibiotics in Nutrition")을 참조했다.

41. 실험가들은 …… 집어넣었다: Tarr, Boyd, and Bissett, "Antibiotics in Food Processing, Experimental Preservation of Fish and Beef with Antibiotics"; Deatherage, "Antibiotics in the Preservation of Meat"; Durbin, "Antibiotics in Food Preservation"; Barnes, "The Use of Antibiotics for the Preservation of Poultry and Meat."

42. 농부들에게 말하고 다니기 시작했다: White-Stevens, Zeibel, and Walker, "The Use of Chlortetracycline-Aureomycin in Poultry Production."

43. 그 관행에 날개를 달아주었다: Food and Drug Administration, "Exemption From Certification of Antibiotic Drugs for Use in Animal Feed and of Animal Feed Containing Antibiotic Drugs."

44. 그는 …… 공격했다: Jukes, "Megavitamin Therapy."

45. 주크스는 …… 조롱했으며: Jukes, "DDT"; Jukes, "The Organic Food Myth"; Jukes, "Food Additives"; Jukes, "Carcinogens in Food and the Delaney Clause."

46. 특히 …… 분노를 드러냈다: Conis, "Debating the Health Effects of DDT."

47. ……에 굴복했다고 연방정부를 성토했다: Wang, *In Sputnik's Shadow*, p. 215.

48. 《침묵의 봄》의 저자 ……을 …… 깔봤다: Jukes, "A Town in Harmony."

49. ……이래 거의 40년 동안: Jukes, "Some Historical Notes on Chlortetracycline."

50. 그는 …… 잘라 말했다: Jukes, "Antibiotics in Animal Feeds."

51. 1971년 …… 그가 말했다: Jukes, "The Present Status and Background of Antibiotics in the Feeding of Domestic Animals."

52. 〈뉴욕타임스〉에서 …… 주장했다: Jukes, "Antibiotics and Meat."

53. 마지막이 될지도 모를 글: Jukes, "Today's Non-Orwellian Animal Farm."

03 빵 가격에 육류를

1. 호사스러운 음식: Haley, *Turning the Tables*.

2. 농부들은 …… 방도를 알지 못했다: Sunde, "Seventy-Five Years of Rising American Poultry Consumption."

3. 다채로운 이름의 질병: McGowan and Emslie, "Rickets in Chickens, With Special Reference to Its Nature and Pathogenesis."

4. 육계를 …… 사육: 육계(broiler)는 복잡한 용어다. 가금업계에서는 오늘날 산란닭(layer)과 구분하기 위해 고기용으로 사육되는 닭을 지칭하기 위해 그 용어를 사용한다. 하지만 육계는 원래 먹을 만하게 요리하려면 오랫동안 약한 불에서 뭉근하게 끓여야 하는 노계(old hen)와 달리 센 불에서 빠르게 요리해도 좋을 만큼 어리고 보드라운 영계를 지칭하는 용어였다.

5. 미국 전역에 걸쳐: U.S. Department of Agriculture Bureau of Agricultural Economics, and Bureau of the Census, "United States Census of Agriculture 1950: A Graphic Summary."

6. 전해 내려오는 이야기에 따르면: Horowitz, "Making the Chicken of Tomorrow"; Bugos, "Intellectual Property Protection in the American Chicken-Breeding Industry."

7. ……를 대체할 수 있는 믿음직스러운 대안으로 보였다: "Problems in the Poultry Industry. Part II," p. 84.

8. 가금의 틈새시장: Godley and Williams, "The Chicken, the Factory Farm, and the Supermarket"; Sawyer, *The Agribusiness Poultry Industry*, pp. 47-9.

9. 그의 선거운동용 광고에 쓰려고 지어낸: 원래 문구는 'A chicken in every pot' 가 아니라 'A chicken for every pot'였다. 관련 기록은 온라인 국가기록원 목록 (National Archives Catalog)에서 찾아볼 수 있다. http://research.archives.gov/ description/187095.

10. 그 도시에 닭고기를 대주는 일: 우주법칙의 뉴욕 버전이라 할 만한 것—즉 뭔가 가 등장하면 누군가는 필히 그 짝퉁을 만들어낸다—에 의해, 닭 무역은 불법거래 의 원천으로 떠올랐고 마침내 상원에서 '부패하고 부도덕하다'고 비난받기에 이 르렀다. 결국 '부적합한 닭'의 판매와 관련해 연방법원이 소송을 제기했다. *ALA Schechter Poultry Corp.* v. *United States*(1935)은 브루클린에 사는 도살업자 형 제가 닭 가격을 지나치게 낮게 책정했다는 이유로 기소된 사건이다. 그 소송은 결 국 항소심에서 프랭클린 루스벨트 대통령이 추진한 뉴딜정책의 핵심 부분[경제재 건 활성화를 위해 대통령에게 공정한 가격과 임금을 매기도록 업계 규제 권한을 부 여한 국가산업부흥법(National Industrial Recovery Act of 1933)을 뜻한다—옮긴 이]을 위법이라 판결한 것으로 마무리되었다.

11. 거의 9000만 마리: Sawyer, *The Agribusiness Poultry Industry*, pp. 82-4.

12. 거의 1세기 동안: Sawyer, *Northeast Georgia*; "The New Georgia Encyclopedia"; Gisolfi, "From Crop Lien to Contract Farming"; Gannon, "Georgia's Broiler Industry."

13. 조지아주에서 팔린 육계는 …… 불어났다: Gannon, "Georgia's Broiler Industry," p. 308.

14. 델마버 이외 지역에서는: Striffler, *Chicken*, p. 43.

15. 텍사스주보다 캐딜락을 소유한 사람이 더 많다: Sawyer, *Northeast Georgia*.

16. 10억 마리: Hansen and Mighell, *Economic Choices in Broiler Production*.

17. 가금업계의 유명인사들: "Problems in the Poultry Industry," Parts I-III.

18. 그 길을 밟아가고 있었다: Pew Environment Group, "Big Chicken."

19. 오늘날 미국에서: National Chicken Council, "Broiler Chicken Industry Key Facts 2016."

20. 〈하퍼스 매거진〉은 …… 적었다: Soule, "Chicken Explosion."

21. 직장 생활을 하는: Toossi, "A Century of Change."

22. 부부가 한 끼에 다 먹기에는 너무 컸지만: Horowitz, "Making the Chicken of Tomorrow."

23. 생선을 피시스틱 ……으로 재구성한 것처럼: Josephson, "The Ocean's Hot Dog."

24. 그 역할을 떠안았다: 로버트 베이커의 삶과 작업을 재구성한 내용은 그의 유부인 (widow, 遺夫人) 야코바 베이커(Jacoba Baker), 아들 데일 베이커(Dale Baker), 손자 마이클 베이커와의 인터뷰, 마이클 베이커가 코넬 대학의 〈에즈라(Ezra Magazine)〉 2012년 여름 호에 자신의 할아버지에 대해 쓴 글("How 'Barbecue Bob' Baker Transformed Chicken"), 코넬 대학 앨버트R.만도서관이 소장하고 있는 베이커 의 논문들, 〈코넬크로니클(Cornell Chronicle)〉에 실린 부고기사(Friedlander, "Robert C. Baker, Creator of Chicken Nuggets and Cornell Chicken Barbecue Sauce, Dies at 84")와 〈뉴욕타임스〉에 실린 부고기사(Martin, "Robert C. Baker, Who Reshaped Chicken Dinner, Dies at 84")를 토대로 한 것이다.

25. 베이커가 진행한 첫 번째 실험: 그의 실험, 레시피, 마케팅 결과는 모두 코넬 대학 의 《농업경제학연구회보(Agricultural Economics Research Bulletin, AER)》, 그리 고 나중에 역시 같은 대학의 《미셀러니 회보(Miscellaneous Bulletin, MB)》에 실 렸다. 다음과 같은 글들이다. packaging with sauce, AER 55, December 1960; "Kid's Pack," AER 81, December 1961; hash, AER 151, August 1964; franks, AER 57, January 1961; chickalona, No. 83, AER 1962; breakfast sausage and burgers, MB 110, 1980; spaghetti sauce, MB 121, November 1981; meatloaf, AER 86, February 1961.

26. 치킨스틱: Marshall and Baker, "New Marketable Poultry and Egg Products: 12. Chicken Sticks."

27. 기업 전기에 실린 공식 기록에는 …… 되어 있다: Love, *McDonald's: Behind the*

Arches.

28. 미국인의 식단에 일대 변화: Dietary Goals for the United States. Prepared by the Staff of the Select Committee on Nutrition and Human Needs, United States Senate.

29. 그 후 매년: "Per Capita Consumption of Poultry and Livestock, 1965 to Estimated 2016, in Pounds."

04 내성이 시작되다

1. 캘리포니아주 유카이아판 〈데일리저널〉: "Town and Country Market [Advertisement]."

2. 뉴욕주 시러큐스에서 〈포스트스탠더드〉: "The Art of Pickin' Chicken [Advertisement]."

3. 텍사스주의 〈오데사 아메리칸〉: "Fresh Food Plan Found."

4. 〈코수스 카운티 뉴스〉: "Pass the 'Acronized' Chicken, Please!"

5. 버몬트주의 〈베닝턴 배너〉는 …… 설명했다: Harris, "Home Demonstration."

6. 아메리칸사이안아미드의 발명품: Kohler et al., "Comprehensive Studies of the Use of a Food Grade of Chlortetracycline in Poultry Processing."

7. 레덜리가 그 공정에 왜 그런 이름을 붙이게 되었는지: 당시 레덜리는 아크로마이신 (Achromycin)이라는 이름으로 상표 등록한 또 하나의 테트라사이클린 약물을 광고 함으로써 문제를 더욱 헷갈리게 만들었다. 하지만 '애크러나이징'에 대해 다루는 신 문기사들은 그 보존 과정에는 아크로마이신이 아니라 오레오마이신이 사용되고 있 다는 점을 분명히 하고 있다.

8. 아메리칸사이안아미드는 …… 손잡고: "Advertising: Logistics to Fore in Big Move."

9. 애크러나이징 해서 구운 닭고기를 식품 담당 편집자들에게 먹이는 이벤트: Flanary, "Five Firms Entertain Food Editors."

10. 30단어로 된 또 하나의 명령: Food and Drug Administration, Tolerances and exemptions from tolerances for pesticide chemicals in or on raw agricultural commodities; tolerance for residues of chlortetracycline.

11. 〈비즈니스위크〉는 …… 예측했다: "Miracle Drugs Get Down to Earth."

12. 가금이 …… 원인 가운데 무려 3분의 1을 차지: "Mandatory Poultry Inspection," pp. 104-5.

13. 쇠고기보다 닭고기를 덜 먹는: "Problems in the Poultry Industry. Part I," p. 13.

14. 여러 개별 상원 청문회에서: "Mandatory Poultry Inspection.," pp. 104-5.

15. 제2차 세계대전이 막 종식되었을 때는: Bud, *Penicillin*, pp. 82-3; Collingham, *The Taste of War*; Stone, "Fumbling With Famine"; Gerhard, "Food as a Weapon"; Fox, "The Origins of UNRRA."

16. '육류 기근': Norman, "G.O.P. to Open Inquiry into Meat Famine"; "Army Reduces Meat Ration as Famine Grows."

17. 다급히 경고했다: "Report of the Special Meeting on Urgent Food Problems, Washington, D.C., May 20-27, 1946."

18. 수백 명의 과학자들: Farber, "Antibiotics in Food Preservation."

19. 연구자들은 …… 장담했다: "Antibiotics and Food."

20. 오스트레일리아가 …… 판매할 수 있도록: Mrak, "Food Preservation."

21. 캐나다 어부들은 …… 아쉬워했었다: "Around Capitol Square."

22. 항생제를 넣은 작살로 고래를 포획하고 있었다: "Whale Steak for Dinner."

23. 지역의 언론에 전화를 걸었다: Associated Press, "Tyler Firm to Preserve Chickens by Antibiotics"; "Acronize Maintains Poultry Freshness"; "New Poultry Process Will Be Used at Chehalis Plant."

24. 도계장의 50퍼센트 이상이: "With Its New Farm & Home Division, Cyanamid Is Placing Increasing Stress on Consumer Agricultural Chemicals."

25. 어류 도매상들: Associated Press, "Drug May Change Fish Marketing."

26. 〈비즈니스위크〉는 …… 보도했다: "Miracle Drugs Get Down to Earth."

27. 내과의사 레이머트 레이븐홀트: 레이븐홀트의 경험에 관해 재구성한 내용은 내가 그와 진행한 인터뷰, http://www.ravenholt.com에서 확인할 수 있는 그의 방대한 온라인 문서보관소(Epidemic Investigations), 그가 인구및성·생식건강구술사프로젝트(Population and Reproductive Health Oral History Project)와 진행한 인터뷰, 그리고 두 편의 글(Laveck and Ravenholt, "Staphylococcal Disease,"; Ravenholt et al., "Staphylococcal Infection in Meat Animals and Meat Workers")을 토대로 했다.

28. 당연시되고 있었다: 포도상구균이 병원 바깥에서, 다시 말해 의료계가 '공동체(community)'라 부르는 곳—가정·학교·스포츠팀—에서 질병을 일으킬 수 있다는 인식은 그로부터 40년이 지나서야 싹텄다. Herold et al., "Community-Acquired

Methicillin-Resistant *Staphylococcus aureus* in Children With No Identified Predisposing Risk."

29. 질병통제예방센터가 후원하는: 질병통제예방센터는 1946년 창립된 이래 머리글 자(CDC)는 같되 이름은 여러 차례 바뀌었다. 현재는 질병통제예방센터라 부르지 만 레이븐홀트가 훈련받을 당시만 해도 전염성질병센터(Communicable Disease Center)라는 이름을 사용했다.

30. 마침내 해명될 수 있다: 따라서 예를 들어 1968년 미시건주 디트로이트시 폰티액모 터스(Pontiac Motors) 공장에서 발병한 독감 비슷한 병〔폰티액열(Pontiac fever)이 라 알려져 있다〕은 레지오넬라병(Legionnaires' disease)을 일으키는 것과 같은 세균 이 원인이라고 밝혀졌지만, 그 사실이 규명된 것은 레지오넬라병 자체와 그 병을 일 으키는 세균이 발견된 1976년 이후의 일이었다. Kaufmann et al., "Pontiac Fever."

31. 응고하지 않은: Curtis, "Food and Drug Projects of Interest to State Health Officers"; Welch, "Problems of Antibiotics in Food as the Food and Drug Administration Sees Them."

32. 페니실린 알레르기: Welch, "Antibiotics in Food Preservation"; "Antibiotics in Milk"; Garrod, "Sources and Hazards to Man of Antibiotics in Foods."

33. 같은 종류의 뾰루지: Vickers, Bagratuni, and Alexander, "Dermatitis Caused by Penicillin in Milk."

34. FDA는 …… 우유로 실험을 실시: Welch, "Problems of Antibiotics in Food as the Food and Drug Administration Sees Them."

35. 어느 특별보고서에서: World Health Organization, "The Public Health Aspects of the Use of Antibiotics in Food and Feedstuffs."

36. 시급한 현안 ……을 논의했다: Communicable Disease Center, "Proceedings, National Conference on Salmonellosis, March 11-13, 1964."

37. 레이븐홀트가 품은 의혹을 재확인해주었다: Ng et al., "Antibiotics in Poultry Meat Preservation"; Njoku-Obi et al., "A Study of the Fungal Flora of Spoiled Chlortetracycline Treated Chicken Meat"; Thatcher and Loit, "Comparative Microflora of Chlor-Tetracycline- Treated and Nontreated Poultry With Special Reference to Public Health Aspects."

38. 포츠타운에 있는 〈머큐리〉지: "Consumer," "Chicken Flavor."

39. 〈몬태나 스탠더드포스트〉지: Reed, "Our Readers Speak."

40. 내세우기 시작했다: "Quality Market [Advertisement]"; "Safeway [Advertisement]"; "Co-Op Shopping Center [Advertisement]."

41. 카푸치노푸즈가 …… 장담했다: "Capuchino Foods [Advertise-ment]."

42. 애크러나이징 처리한 가금의 판매를 금지했다: Atkinson, "Trends in Poultry Hygiene."

43. FDA는 …… 취소했다: Harold and Baldwin, "Ecologic Effects of Antibiotics."

44. 그녀가 우려의 목소리를 높였다: Coates, "The Value of Antibiotics for Growth of Poultry."

45. 그것을 일축하고자 애쓰는: Hansard, Gastro-Enteritis (Tees-side).

46. 1967년 10월: "The Diary of a Tragedy"; "The Men Who Fought It."

47. 항생제들을 집요하게 하나씩 하나씩: Anderson, "Middlesbrough Outbreak of Infantile Enteritis and Transferable Drug Resistance."

48. 이프레임 솔 앤더슨: 앤더슨의 걸출함, 그리고 성마른 성격에 대해서는 나중에 영국의 주요 신문 대부분에 실린 그의 부고기사에 상세히 기술되어 있다. Tucker, "ES Anderson: Brilliant Bacteriologist Who Foresaw the Public Health Dangers of Genetic Resistance to Antibiotics"; "Obituaries: E. S. Anderson: Bacteriologist Who Predicted the Problems Associated with Human Resistance to Antibiotics"; "Obituaries: E. S. Anderson: Ingenious Microbiologist Who Investigated How Bacteria Become Resistant to Antibiotics."

49. 앤더슨은 …… 규명했다: Anderson et al., "An Outbreak of Human Infection Due to *Salmonella* Typhimurium Phage Type 20a Associated With Infection in Calves."

50. 그의 연구진은 …… 있었다: Anderson, "The Ecology of Transferable Drug Resistance in the Enterobacteria."

51. 1965년 인간 혹은 소에서 채취해 연구소에 들여왔다: Anderson and Lewis, "Drug Resistance and Its Transfer in *Salmonella* Typhimurium."

52. 그 출처: Watanabe and Fukasawa, "Episome-Mediated Transfer of Drug Resistance in Enterobacteriaceae. I."; Watanabe, "Infective Heredity of Multiple Drug Resistance in Bacteria"; Datta, "Transmissible Drug Resistance in an

Epidemic Strain of *Salmonella* Typhimurium."

53. 그의 연구소가 무엇을 발견해야 하는지: Anderson and Lewis, "Drug Resistance and Its Transfer in *Salmonella* Typhimurium"; Anderson, "Origin of Transferable Drug-Resistance Factors in the Enterobacteriaceae."

54. 죽어간 소의 수가 …… 10배 넘게 불어난 것이다: Dixon, "Antibiotics on the Farm—Major Threat to Human Health."

55. 미들즈브러에서 발병한 질병: Anderson, "Middlesbrough Outbreak of Infantile Enteritis and Transferable Drug Resistance.

05 문제를 밝혀내다

1. 회색 판잣집: 다우닝가의 농장에서 이루어진 실험에 대해 재구성한 내용은 리처드 다우닝과 조앤 다우닝, 그들의 딸 메리 오라일리(Mary O'Reilly), 스튜어트 레비(Stuart Levy)와의 인터뷰, 그리고 레비 자신의 글들(Levy, FitzGerald, and Macone, "Changes in Intestinal Flora of Farm Personnel After Introduction of a Tetracycline-Supplemented Feed on a Farm"; Levy, FitzGerald, and Macone, "Spread of Antibiotic- Resistant Plasmids From Chicken to Chicken and From Chicken to Man"; and Levy, *The Antibiotic Paradox*)에 토대를 두었다.

2. 40퍼센트: Office of Technology Assessment, Congress of the United States, "Drugs in Livestock Feed."

3. 우호적인 언론인들을 설득해: 그중에서도 다음과 같은 기사를 주목할 만하다. "The Dangers of Misusing Antibiotics"; "Germ Survival in Face of Antibiotics"; Fishlock, "Government Action Urged on Farm Drugs."

4. 다 해서 3개밖에 안 된다: 지금의 기준으로 보면 믿기지 않지만, 1960년대에는 영국 텔레비전에 채널이 BBC1, BBC2, 유일한 상업채널 ITV(Independent Television), 이렇게 3개밖에 없었다. 최초로 그 3파전 체제를 깨뜨린 것은 네 번째로 등장했대서 그런 이름이 붙은 채널4(Channel 4)였는데, 1982년에서야 비로소 전파를 탔다. 스카이텔레비전(Sky Television)이 출범한 것은 1989년의 일이었다.

5. 신랄한 기사: Dixon, "Antibiotics on the Farm—Major Threat to Human Health."

6. 1962년 그 위원회가 발표한: "Antibiotics on the Farm"; Braude, "Antibiotics in Animal Feeds in Great Britain."

7. 공장식 농업을 철저하게 파헤친 저술: Harrison, *Animal Machines*.

8. 영국인들로 하여금 …… 질문하도록: Sayer, "Animal Machines."

9. 치명타를 가한 사건: Reynolds and Tansey, "Foot and Mouth Disease."

10. 그가 《영국의학저널》에 썼다: Anderson, "Transferable Antibiotic Resistance."

11. 스완 위원회: 스완 위원회가 들은 증언 내용, 그들이 얻어낸 수치는 모두 나중에 다음의 최종보고서에 실렸다. Swann Report: Swann and Joint Committee on the Use of Antibiotics in Animal Husbandry and Veterinary Medicine, *Report. Presented to Parliament by the Secretary of State for Social Services, the Secretary of State for Scotland, the Minister of Agriculture, Fisheries and Food and the Secretary of State for Wales by Command of Her Majesty*.

12. 회의를 소집했다: National Research Council, *Proceedings of the First International Conference on the Use of Antibiotics in Agriculture, 19-21 October 1955*.

13. 또 하나의 위원회: Committee on Salmonella, National Research Council, "An Evaluation of the Salmonella Problem."

14. FDA에 …… 제출했다: Food and Drug Administration, "Report to the Commissioner of the Food and Drug Administration by the FDA Task Force on the Use of Antibiotics in Animal Feeds"; Lehmann, "Implementation of the Recommendations Contained in the Report to the Commissioner Concerning the Use of Antibiotics on Animal Feed."

15. 반대의견서를 제출했다: Solomons, "Antibiotics in Animal Feeds—Human and Animal Safety Issues."

16. 타협안을 내놓았다: Subcommittee on Oversight and Investigations, *Antibiotics in Animal Feeds Hearings Before the Subcommittee on Oversight and Investigations of the Committee on Interstate and Foreign Commerce*.

17. FDA를 거칠게 비난했다: Jukes, "Public Health Significance of Feeding Low Levels of Antibiotics to Animals."

18. 가정의의 아들: 레비의 일생에 관한 자세한 내용은 그와의 인터뷰, 그리고 두 편의 글(White et al., *Frontiers in Antimicrobial Resistance*; Azvolinsky, "Resistance Fighter")에서 따왔다.

19. 《뉴잉글랜드의학저널》이 …… 경고: "Infectious Drug Resistance."

20. 유전자를 식별해냈고: Levy and McMurry, "Detection of an Inducible Membrane Protein Associated With R-Factor-Mediated Tetracycline Resistance."

21. FDA의 새 국장: 도널드 S. 케네디는 건강이 좋지 않았고, 그의 아내 로빈 케네디(Robin Kennedy)는 그를 대신해 인터뷰하기를 거부했다. 케네디의 경험에 관해 재구성한 내용은 케네디가 FDA 국장으로 재직할 당시 그와 함께 일한 고위관료 토머스 그럼블리(현재 농업연구후원자재단 회장)와의 인터뷰, 연방의 기록들, 케네디가 그 후에 쓴 기고문들(Kennedy, "The Threat From Antibiotic Use on the Farm" 등), 그리고 스탠퍼드 대학 문서보관소(Stanford University Archives)에 소장되어 있는 그의 논문들을 토대로 했다.

22. 간략한 발언을 통해: 케네디의 발언은 다음의 증언 녹취록에 담겨 있다. Subcommittee on Dairy and Poultry of the Committee on Agriculture, *Impact of Chemical and Related Drug Products and Federal Regulatory Processes*.

23. 식용 동물의 거의 대부분: Subcommittee on Oversight and Investigations, *Antibiotics in Animal Feeds*.

24. "완전히 실현 불가능한 것": 업계 조직들이 항의한 내용은 모두 다음의 청문회 녹취록에 담겨 있다. Subcommittee on Dairy and Poultry of the Committee on Agriculture, *Impact of Chemical and Related Drug Products and Federal Regulatory Processes*.

25. 두 성장 촉진제에 반대하는 주장: Food and Drug Administration, Diamond Shamrock Chemical Co., et al.: "Penicillin-Containing Premixes," and Food and Drug Administration, Pfizer, Inc., et al.: Tetracycline (Chlortetracycline and Oxytetracycline)-Containing Premixes."

26. 케네디의 나이만큼 길게: 휘튼은 1931년 미시시피 주의회 의원으로 선출됨으로써 자신의 정치 이력을 시작했다. 한편 케네디는 1931년 8월 18일 태어났다.

2부 닭은 어쩌다 위험해졌나

06 증거로서 유행병

1. 미국 언론은 …… 거의 다루지 않았고: 다음을 참조하라. Lyons, "F.D.A. Chief

Heading for Less Trying Job"; "Two Hands for Donald Kennedy."

2. 이상한 형태의 폐렴: Centers for Disease Control, "Pneumocystis Pneumonia—Los Angeles."

3. 스콧 홀름버그는 …… 생생하게 경험했다: 미네소타주와 관련한 스콧 홀름버그의 이력 및 경험은 그와 진행한 인터뷰, 그리고 그의 조사 파트너(Michael T. Osterholm)와 실시한 인터뷰, 그가 그 조사에 대해 쓴 논문(Holmberg et al., "Drug-Resistant Salmonella From Animals Fed Antimicrobials"), 그리고 그 후 보도된 내용들(Sun, "Antibiotics and Animal Feed,"; Sun, "In Search of Salmonella's Smoking Gun,"; Sun, "Use of Antibiotics in Animal Feed Challenged")을 토대로 재구성했다.

4. 홀름버그는 …… 확인할 수 있었다: Holmberg, Wells, and Cohen, "Animal-to-Man Transmission of Antimicrobial-Resistant Salmonella."

5. 그 조사 결과를 ……라고 표현했다: Sun, "Antibiotics and Animal Feed."

6. 1면에: Russell, "Research Links Human Illness, Livestock Drugs."

7. 공식적으로 탄원서를 올려서: Ahmed, Chasis, and McBarnette, "Petition of the Natural Resources Defense Council to the Secretary of Health and Human Services Requesting the Immediate Suspension of Approval of the Subtherapeutic Use of Penicillin and Tetracyclines in Animal Feeds.

8. 광범위한 두 가지 연구: National Research Council, "Effects on Human Health of Subtherapeutic Use of Antimicrobials in Animal Feeds"; Communicable Disease Control Section, Seattle-King County Department of Public Health, "Surveillance of the Flow of Salmonella and Campylobacter in a Community."

9. 몹시 비판적인 보고서에서: House Committee on Government Operations, "Human Food Safety and the Regulation of Animal Drugs."

10. 교과서에 실릴 정도로: Hennessy et al., "A National Outbreak of *Salmonella enteritidis* Infections From Ice Cream"; Centers for Disease Control and Prevention, "Four Pediatric Deaths From Community-Acquired Methicillin-Resistant *Staphylococcus aureus*"; Osterholm et al., "An Outbreak of a Newly Recognized Chronic Diarrhea Syndrome Associated With Raw Milk Consumption."

11. 스미스는 농장을 운영하는 가족 출신이었다: 커크 스미스의 배경·이력·조사에 대

해서는 그와의 인터뷰, 당시 그의 상사였던 마이클 오스터홀름과의 인터뷰, 그리고 그가 그 조사에 대해 쓴 논문(Smith et al., "Quinolone-Resistant *Campylobacter jejuni* Infections in Minnesota, 1992-1998)을 토대로 재구성했다.

12. 닭에서 너무나 흔하다: 스미스가 미네소타주의 데이터베이스를 훑어보고 있었을 즈음, 미국에서는 도축된 닭의 20퍼센트에서 살모넬라균이, 그 80퍼센트에서 캄필로박터균이 검출되었다. USDA Food Safety and Inspection Service, "Nationwide Broiler Chicken Microbiological Baseline Data Collection Program, July 1994-June 1995."

13. 커다란 진보: Andersson, "Development of the Quinolones"; Andriole, "The Quinolones."

14. 전국 차원으로: Gupta et al., "Antimicrobial Resistance Among *Campylobacter* Strains, United States, 1997-2001."

15. 네덜란드에서는: Endtz et al., "Quinolone Resistance in *Campylobacter* Isolated From Man and Poultry Following the Introduction of Fluoroquinolones in Veterinary Medicine."

16. 에스파냐의 경우에는: Jiménez et al., "Prevalence of Fluoroquinolone Resistance in Clinical Strains of *Campylobacter jejuni* Isolated in Spain"; Velázquez et al., "Incidence and Transmission of Antibiotic Resistance in *Campylobacter jejuni* and *Campylobacter coli*."

17. 잉글랜드에서는: Piddock, "Quinolone Resistance and *Campylobacter* spp."; Gaunt and Piddock, "Ciprofloxacin Resistant *Campylobacter* spp. in Humans."

18. 세계보건기구는 …… 밝혔다: World Health Organization, "Use of Quinolones in Food Animals and Potential Impact on Human Health."

19. 모든 곳에서 동시에: Nelson et al., "Prolonged Diarrhea Due to Ciprofloxacin-Resistant *Campylobacter* Infection."

20. 1990년대 말: Angulo et al., "Origins and Consequences of Antimicrobial-Resistant Nontyphoidal Salmonella."

21. 진기한 살모넬라균 계열: Threlfall et al., "Increasing Spectrum of Resistance in Multiresistant *Salmonella* Typhimurium"; Threlfall, Ward, and Rowe, "Multiresistant *Salmonella* Typhimurium DT 104 and *Salmonella bacteraemia*."

22. 이내 미국에도 당도했다: Centers for Disease Control and Prevention, "Multidrug-Resistant *Salmonella* Serotype Typhimurium—United States, 1996"; Cody et al., "Two Outbreaks of Multidrug-Resistant *Salmonella* Serotype Typhimurium DT104 Infections Linked to Raw-Milk Cheese in Northern California."

23. 소규모 낙농농장: Spake, "O Is for Outbreak."

24. 이전에는 존재하지 않았는데 …… 증가한 것이다: Glynn et al., "Emergence of Multidrug-Resistant *Salmonella enterica* Serotype Typhimurium DT104 Infections in the United States."

25. 긴급 평가: Hogue et al., "*Salmonella* Typhimurium DT104 Situation Assessment, December 1997."

26. 늦은 감이 있는 조치: Food and Drug Administration, "Enrofloxacin for Poultry: Opportunity for a Hearing."

27. 전 세계적인 뉴스거리: Grady, "Bacteria Concerns in Denmark Cause Antibiotics Concerns in U.S."; O'Sullivan, "Seven-Year-Old Ian Reddin's Food Poisoning Put Family Life on Hold."

28. 253쪽짜리 보고서: National Research Council, "The Use of Drugs in Food Animals."

29. FDA는 …… 추정했다: U.S. Food and Drug Administration Center for Veterinary Medicine, "Human Health Impact of Fluoroquinolone Resistant *Campylobacter* Attributed to the Consumption of Chicken."

30. 정부판 법정 소송이랄 수 있는 행정 소송: Nelson et al., "Fluoroquinolone-Resistant *Campylobacter* Species and the Withdrawal of Fluoroquinolones From Use in Poultry."

31. 인가가 취소되었다: Kaufman, "Ending Battle With FDA, Bayer Withdraws Poultry Antibiotic."

32. 경악할 만한 분석 결과: Mellon, Benbrook, and Benbrook, "Hogging It."

07 교배종의 개가

1. 혁신, 그리고 그에 이어진 확장의 도정: Smith and Daniel, *The Chicken Book*, pp. 237-9; Sawyer, *The Agribusiness Poultry Industry*, p. 26.

2. 1944년 11월 캐나다에서 열린 한 가금 회의: Seeger, Tomhave, and Shrader, "The Results of the Chicken-of-Tomorrow 1948 National Contest"; Shrader, "The Chicken-of-Tomorrow Program."

3. 그럴듯하게 묘사했다: Nicholson, "More White Meat for You."

4. 더 나은 가금 품종: Boyd, "Making Meat"; Warren, "A Half-Century of Advances in the Genetics and Breeding Improvement of Poultry."

5. 그날 저녁: Horowitz, "Making the Chicken of Tomorrow."

6. 반트레스가 한 번 더 우승컵을 거머쥐었다: Shrader, "The Chicken-of-Tomorrow Program"; Bugos, "Intellectual Property Protection in the American Chicken-Breeding Industry."

7. 교배종 대두나 옥수수를 재배하는 것과 같은 일: 교배종 옥수수가 그 재배 역사를 바꿔놓은 경우에 빗대 새로 출현한 가금 생산방식을 설득력 있게 설명한 글로는 Boyd, "Making Meat"를 꼽을 수 있다.

8. 수십만을 헤아리는: Leeson and Summers, *Broiler Breeder Production*.

9. 1960년 이후: Bugos, "Intellectual Property Protection in the American Chicken-Breeding Industry."

10. 3대 기업: Penn State Extension, "Primary Breeder Companies—Poultry."

11. 통계를 남기기 시작했을 때: "U.S. Broiler Performance."

12. 도계 시 평균 무게: U.S. Department of Agriculture National Agricultural Statistics Service, "Poultry Slaughter 2014 Annual Summary."

13. 과거의 순종들과 닮은 구석이 한 군데도 없다: Zuidhof et al., "Growth, Efficiency, and Yield of Commercial Broilers from 1957, 1978, and 2005."

14. 순종 닭보다 배가량 커져서: Schmidt et al., "Comparison of a Modern Broiler Line and a Heritage Line Unselected Since the 1950s."

15. 닭의 몸은 균형이 깨진다: Paxton, Corr, and Hutchinson, "The Gait Dynamics of the Modern Broiler Chicken"; Bessei, "Welfare of Broilers."

16. 육계는 가슴에: ASPCA, "A Growing Problem. Selective Breeding in the Chicken Industry."

17. 걷기가 어려워져: Danbury et al., "Self-Selection of the Analgesic Drug Carprofen by Lame Broiler Chickens"; McGeown et al., "Effect of Carprofen on Lameness

in Broiler Chickens."

18. **어쩌다 보니 그곳에 다다르게 되는 경우란 없는:** 프랭크 리스에 대해 묘사한 내용은 선한목자가금목장에서 그와 진행한 여러 차례의 인터뷰, 그가 나에게 보여준 사적인 글들, 그 자신이 쓴 논문("On Animal Husbandry for Poultry Production"), 그리고 팜포워드의 벤 골드스미스 및 앤드루 드코리올리(Andrew DeCoriolis)와의 인터뷰, '전 세계 농장 동물에게 연민을'의 리어 가르시스와의 인터뷰, 그리고 그를 다룬 글들(O'Neill, "Rare Breed" 포함)을 참조했다.

19. **점차 사라져가는 추세였다:** Cloud, "The Fight to Save Small-Scale Slaughterhouses"; Janzen, "Loss of Small Slaughterhouses Hurts Farmers, Butchers and Consumers."

20. **닭 우리 ……의 평균 크기:** Pew Environment Group, "Big Chicken."

21. **대부분의 육계 농장은 …… 생산했지만:** MacDonald and McBride, "The Transformation of U.S. Livestock Agriculture."

22. **150톤:** Ritz and Merka, "Maximizing Poultry Manure Use Through Nutrient Management Planning."

23. **리사 인제릴로가 말했다:** 인제릴로 부부가 겪은 일에 대한 묘사는 메릴랜드주에 있는 그들 집에서 진행한 인터뷰, 자원봉사자 개비 캐머라타(Gabby Cammerata), 애서티그섬(Assateague Island: 미국 버지니아주와 메릴랜드주 연안을 따라 체서피크만과 대서양 사이에 53킬로미터에 걸쳐 뻗어 있다—옮긴이)의 연안 관리자 캐시 필립스와의 인터뷰, 그리고 지역 닭 농장의 협상에 관해 보도한 기사들(Gates, "Somerset Homeowners Clash With Poultry Farmer"; Kobell, "Poultry Mega-Houses Forcing Shore Residents to Flee Stench, Traffic"; Schuessler, "Maryland Residents Fight Poultry Industry Expansion"; Cox, "Why Somerset Turned Up the Heat on Chicken Farms" 포함)을 참조했다.

24. **'땅이 필요 없는 농장':** Pew Environment Group, "Big Chicken."

25. **한 가지 개선안:** WBOC-16, "Somerset County Approves New Poultry House Regulations."

26. **15억:** Chesapeake Bay Foundation, "Manure's Impact on Rivers, Streams and the Chesapeake Bay"; Public Broadcasting System, "Who's Responsible For That Manure? Poisoned Waters."

27. **묵살하거나 도전받는 사례:** Bernhardt et al., "Manure Overload on Maryland's

Eastern Shore"; Bernhardt, Burkhardt, and Schaeffer, "More Phosphorus, Less Monitoring."

28. 연구자들은 …… 발견했다: You, Hilpert, and Ward, "Detection of a Common and Persistent tet(L)-Carrying Plasmid in Chicken-Waste-Impacted Farm Soil"; Koike et al., "Monitoring and Source Tracking of Tetracycline Resistance Genes in Lagoons and Groundwater Adjacent to Swine Production Facilities Over a 3-Year Period"; Gibbs et al., "Isolation of Antibiotic-Resistant Bacteria from the Air Plume Downwind of a Swine Confined or Concentrated Animal Feeding Operation."

29. 닭을 수송하는 트럭: Rule, Evans, and Silbergeld, "Food Animal Transport."

30. 파리가 …… 내성균을 실어 날랐다: Graham et al., "Antibiotic Resistant Enterococci and Staphylococci Isolated From Flies Collected Near Confined Poultry Feeding Operations"; Ahmad et al., "Insects in Confined Swine Operations Carry a Large Antibiotic Resistant and Potentially Virulent Enterococcal Community."

31. 델마버 가금 농장 노동자들: Price et al., "Elevated Risk of Carrying Gentamicin-Resistant *Escherichia coli* Among U.S. Poultry Workers."

32. 농장 주변에 얼씬거려본 적도 없거니와: Casey et al., "High-Density Livestock Operations, Crop Field Application of Manure, and Risk of Community-Associated Methicillin-Resistant *Staphylococcus aureus* Infection in Pennsylvania"; Carrel et al., "Residential Proximity to Large Numbers of Swine in Feeding Operations Is Associated With Increased Risk of Methicillin-Resistant *Staphylococcus aureus* Colonization at Time of Hospital Admission in Rural Iowa Veterans."

33. 사람 수천 명: Smith et al., "Methicillin-Resistant *Staphylococcus aureus* in Pigs and Farm Workers on Conventional and Antibiotic-Free Swine Farms in the USA"; Frana et al., "Isolation and Characterization of Methicillin-Resistant *Staphylococcus aureus* from Pork Farms and Visiting Veterinary Students"; Rinsky et al., "Livestock-Associated Methicillin and Multidrug Resistant *Staphylococcus aureus* Is Present Among Industrial, Not Antibiotic-Free Livestock Operation Workers in North Carolina"; Castillo Neyra et al.,

"Multidrug-Resistant and Methicillin-Resistant *Staphylococcus aureus* (MRSA) in Hog Slaughter and Processing Plant Workers and Their Community in North Carolina (USA)"; Nadimpalli et al., "Persistence of Livestock-Associated Antibiotic-Resistant *Staphylococcus aureus* Among Industrial Hog Operation Workers in North Carolina over 14 Days"; Wardyn et al., "Swine Farming Is a Risk Factor for Infection With and High Prevalence of Carriage of Multidrug-Resistant *Staphylococcus aureus*."

34. 복잡하다: Deo, "Pharmaceuticals in the Surface Water of the USA"; Radhouani et al., "Potential Impact of Antimicrobial Resistance in Wildlife, Environment and Human Health"; Singh et al., "Characterization of Enteropathogenic and Shiga Toxin-Producing *Escherichia coli* in Cattle and Deer in a Shared Agroecosystem"; Smaldone et al., "Occurrence of Antibiotic Resistance in Bacteria Isolated from Seawater Organisms Caught in Campania Region"; Ruzauskas and Vaskeviciute, "Detection of the *mcr-1* Gene in *Escherichia coli* Prevalent in the Migratory Bird Species Larus argentatus"; Liakopoulos et al., "The Colistin Resistance *mcr-1* Gene Is Going Wild"; Simões et al., "Seagulls and Beaches as Reservoirs for Multidrug- Resistant *Escherichia coli*."

35. 4분의 1 혹은 그 미만: Chee-Sanford et al., "Occurrence and Diversity of Tetracycline Resistance Genes in Lagoons and Groundwater Underlying Two Swine Production Facilities"; Kumar et al., "Antibiotic Use in Agriculture and Its Impact on the Terrestrial Environment"; Marshall and Levy, "Food Animals and Antimicrobials."

36. 일부 연구자들은 …… 의심한다: 이에 대해 가장 깊이 탐구한 책으로는 마틴 블레이저의 《인간은 왜 세균과 공존해야 하는가(Missing Microbes)》를 꼽을 수 있다. 하지만 Cox and Blaser, "Antibiotics in Early Life and Obesity"; Cox et al., "Altering the Intestinal Microbiota During a Critical Developmental Window Has Lasting Metabolic Consequences"; Schulfer and Blaser, "Risks of Antibiotic Exposures Early in Life on the Developing Microbiome"; Blaser, "Antibiotic Use and Its Consequences for the Normal Microbiome"도 참조하라.

08 오염의 대가

1. **알 도리가 없었다**: 릭 실러의 경험 및 그와 동일한 질병의 발병과 관련한 내용은 그와 그의 변호사 빌 말러와의 인터뷰, 그리고 토머스 칠러, 졸린 나카오, 로버트 톡스, 매슈 와이즈, 로라 지에랄토프스키 등 질병통제예방센터 직원들과의 인터뷰, 질병통제예방센터의 조사문건들과 캘리포니아·오리건·워싱턴 주 보건부의 문건들, 말러의 법적 문서들("Final Demand Letter to Ron Foster, President, Foster Farms Inc., in re: 2013 Foster Farms Chicken Salmonella Outbreak, Client: Rick Schiller" 포함), 당시의 뉴스들을 토대로 재구성했다. 포스터팜스의 대응에 관해서는 7번 주를 참조하라.

2. **1992년 11월**: Centers for Disease Control and Prevention, "Update: Multistate Outbreak of *Escherichia coli* O157:H7 Infections From Hamburgers—Western United States, 1992-1993"; Benedict, Poisoned.

3. **점점 줄어들고 있었다**: Sobel et al., "Investigation of Multistate Foodborne Disease Outbreaks"; Ollinger et al., "Structural Change in the Meat, Poultry, Dairy, and Grain Processing Industries."

4. **잭인더박스의 발병 사례가 있기 얼마 전**: Economic Research Service, "Tracking Foodborne Pathogens From Farm to Table."

5. **……은 돈이 많이 드는 일이었다**: Hise, "History of PulseNet USA."

6. **간략한 평가를 내놓았다**: Food and Drug Administration, "National Antimicrobial Resistance Monitoring System (NARMS) Integrated Report 2012-2013"; Center for Veterinary Medicine, Centers for Disease Control and Prevention, and U.S. Department of Agriculture, "On-Farm Antimicrobial Use and Resistance Data Collection: Transcript of a Public Meeting, September 30, 2015."

7. **포스터팜스라는 기업**: 포스터는 직원들이 인터뷰에 응하도록 허락하지 않았다. 2016년 3월 3일 보내온 이메일에서 포스터의 마케팅부 부서장 이라 브릴은 이렇게 적었다. 다음은 그 일부다.

> 포스터팜스에 관심을 가져주셔서 감사합니다. 저는 포스터팜스의 식품안전 노력에 관해 이야기를 나눠보고 싶다는 당신의 제의를 깊은 고심 끝에 결국 받아들이지 않기로 했습니다. ……

포스터팜스는 2014년 4월 이후, 살모넬라균에 의한 유병률(prevalence: 일정 기간 동안 한 인구 집단 내에서 어떤 질병에 걸려 있는 환자의 수—옮긴이)을 5퍼센트 수준으로 계속 유지해왔습니다. 2016년부터 시행되는 농무부 기준은 15.7퍼센트임에도 불구하고 말입니다. 포스터팜스는 2013년 10월부터 2014년 4월 사이 살모넬라 유병률을 농무부의 2010/2011 업계벤치마킹연구와 비슷한 약 25퍼센트 수준에서 5퍼센트로 끌어내렸습니다. 식품매개 병원균과 관련해 이처럼 신속하게, 그리고 큰 폭으로 비율을 낮춘 기업은 포스터팜스 말고는 없는 것으로 알고 있습니다.

이를 가능케 한 요소는 기본적으로 다음의 세 가지입니다.

첫째, 육계용 닭을 확보해 키우고 결국 도축해 포장하기까지의 주요 단계마다 살모넬라균을 줄이기 위해 기울인 다각도의 노력입니다. 우리는 이 모든 과정을 개선하고자 7500만 달러를 쏟아부었습니다.

둘째, 집중적인 데이터 관리입니다. 어떤 경우 단 한 군데의 목장 단지에서 자그마치 8000개나 되는 미생물 샘플을 분석하기도 했습니다. 전반적으로 오늘날 포스터팜스는 해마다 13만 5000여 건의 미생물 테스트를 실시하고 있습니다. 이는 2013년 이래 약 40퍼센트 늘어난 수치입니다. 이처럼 방대한 양의 데이터를 검토하기 위해 좀더 정교한 데이터관리 인프라를 구축해야 했던 것은 물론입니다.

셋째, 전 분야의 정부·업계·학계 전문가들로 구성된 식품안전 고문단의 도움입니다. 2013년의 식품안전 이슈들이 훌쩍 지나간 일임에도 불구하고 포스터팜스는 계속해서 그 부분을 개선하는 데 힘을 쏟고 있습니다. 일례로 우리는 특정 살모넬라균종의 독성을 좀더 잘 이해하고자 선도적인 유전자염기서열분석 연구를 시행하고 있습니다. 게다가 포스터팜스는 살모넬라균을 억제하는 데에서 거둔 성취를 우리 자신만의 사유물이라 여기지 않습니다. 즉 우리는 지금까지와 마찬가지로 앞으로도 우리가 알아낸 지식을 가금업계·농무부·질병통제예방센터와 공유할 것입니다.

8. 사업 74년 차: Holland, "After 75 Years, Foster Farms Remembers Its Path to Success."

9. 재미난 광고: "Foster Farms—Road Trip [Advertisement]."

10. 질병통제예방센터는 처음으로 …… 발표했다: 질병통제예방센터는 그 기관이 2013년에서 2014년 사이 포스터팜스 조사와 관련해 작성한 모든 공적 보고

서를 단일 문서 제목〔"Multistate Outbreak of Multidrug-Resistant *Salmonella* Heidelberg Infections Linked to Foster Farms Brand Chicken (Final Update)"〕 아래 발표 날짜순으로 온라인 웹사이트 http://www.cdc.gov/salmonella에 실어 놓았다. 보고서가 작성된 날짜는 각각 아래와 같다. October 8, 11, 18, and 30, 2013; November 19, 2013; December 19, 2013; January 16, 2014; March 3, 2014; April 9, 2014; May 27, 2014; and July 4 and 31, 2014.

11. O157:H7은 무관용 원칙이 적용된 유일한 식품매개 병원균: Andrews, "Jack in the Box and the Decline of *E. coli*."

12. 마찬가지로 무관용 원칙을 적용했다: "USDA Takes New Steps to Fight *E. coli*, Protect the Food Supply."

13. 연방정부는 …… 권한을 행사하지는 않은 것이다: Pew Charitable Trusts, "Weaknesses in FSIS's Salmonella Regulation."

14. 그 기업은 1년 넘게 버티고 있었다: Jalonick, "Still No Recall of Chicken Tied to Outbreak of Antibiotic-Resistant *Salmonella*"; Bonar, "Foster Farms Finally Recalls Chicken"; Kieler, "Foster Farms Recalls Chicken After USDA Inspectors Finally Link It to Salmonella Case."

15. 2012년 6월: Centers for Disease Control and Prevention, "Multistate Outbreak of *Salmonella* Heidelberg Infections Linked to Chicken (Final Update) July 10, 2013"; Centers for Disease Control and Prevention, "Outbreak of *Salmonella* Heidelberg Infections Linked to a Single Poultry Producer—13 States, 2012-2013."

16. 그보다 훨씬 더 이른 시기에: Oregon Public Health Division, "Summary of *Salmonella* Heidelberg Outbreaks Involving PFGE Patterns SHEX-005 and 005a. Oregon, 2004-2012."

17. 그들은 …… 찾아냈는데: U.S. Department of Agriculture, "California Firm Recalls Chicken Products Due to Possible *Salmonella* Heidelberg Contamination."

18. 일부의 경우 '0'이다: Charles, "How Foster Farms Is Solving the Case of the Mystery Salmonella."

19. 멀리 떨어진 곳에서 일어난 …… 한 사건: Agersø et al., "Spread of Extended Spectrum Cephalosporinase-Producing *Escherichia coli* Clones and Plasmids

from Parent Animals to Broilers and to Broiler Meat in a Production Without Use of Cephalosporins"; Levy, "Reduced Antibiotic Use in Livestock"; Nilsson et al., "Vertical Transmission of *Escherichia coli* Carrying Plasmid-Mediated AmpC (pAmpC) Through the Broiler Production Pyramid."

20. 7500만 달러를 투자: See Brill statement above.

21. 5퍼센트 이하로 낮추었다: Parsons, "Foster Farms Official Shares Data Management Tips, Salmonella below 5%."

22. 스웨덴의 연구자들: Ternhag et al., "Short- and Long-Term Effects of Bacterial Gastrointestinal Infections."

23. 오스트레일리아 서부: Moorin et al., "Long-Term Health Risks for Children and Young Adults After Infective Gastroenteritis."

24. 에스파냐에서는: Arnedo-Pena et al., "Reactive Arthritis and Other Musculoskeletal Sequelae Following an Outbreak of *Salmonella* Hadar in Castellon, Spain."

25. 연구자들에게 …… 추적해달라고 의뢰했고: Clark et al., "Long Term Risk for Hypertension, Renal Impairment, and Cardiovascular Disease After Gastroenteritis From Drinking Water Contaminated with *Escherichia coli* O157:H7."

09 예측 불허의 위험

1. 그 유행병과 관련한 최초의 신호는: 요로 감염증이 식품을 매개로 감염된 사실을 서서히 인식해가는 과정은 에이미 맹기스, 제임스 R. 존슨, 그리고 랜스 B. 프라이스와 수년에 걸쳐 진행한 여러 차례의 인터뷰를 토대로 재구성했다.

2. UC버클리에서: Manges et al., "Widespread Distribution of Urinary Tract Infections Caused by a Multidrug-Resistant *Escherichia coli* Clonal Group."

3. 발병의 결과였다: Stamm, "An Epidemic of Urinary Tract Infections?"

4. 1986년 12월: Eykyn and Phillips, "Community Outbreak of Multiresistant Invasive *Escherichia coli* Infection."

5. 10주 뒤: Wright and Perinpanayagam, "Multiresistant Invasive *Escherichia coli* Infection in South London."

6. 온라인 출판이 시작되기 전 시대치고는: 《랜싯》이 온라인 출판을 시작한 것은 1996년부터였다.

7. 1년여 뒤: Phillips et al., "Epidemic Multiresistant *Escherichia coli* Infection in West Lambeth Health District."

8. 세 번째 범주: Russo and Johnson, "Proposal for a New Inclusive Designation for Extraintestinal Pathogenic Isolates of *Escherichia coli*."

9. 그들은 …… 결과를 얻어냈다: Russo and Johnson, "Medical and Economic Impact of Extraintestinal Infections Due to *Escherichia coli*."

10. 소변 샘플을 …… 비교해본: Manges et al., "Widespread Distribution of Urinary Tract Infections Caused by a Multidrug-Resistant *Escherichia coli* Clonal Group."

11. 증가하고 있었다: Sanchez, Master, and Bordon, "Trimethoprim-Sulfamethoxazole May No Longer Be Acceptable for the Treatment of Acute Uncomplicated Cystitis in the United States."

12. 2011년 그 조직 회원들에게 …… 요청했다: Gupta et al., "Managing Uncomplicated Urinary Tract Infection—Making Sense Out of Resistance Data."

13. 조사하기 시작했다: Jakobsen et al., "*Escherichia coli* Isolates From Broiler Chicken Meat, Broiler Chickens, Pork, and Pigs Share Phylogroups and Antimicrobial Resistance With Community-Dwelling Humans and Patients With Urinary Tract Infection"; Jakobsen et al., "Is *Escherichia coli* Urinary Tract Infection a Zoonosis?"

14. 조사해보기로 했다: Johnson et al., "Isolation and Molecular Characterization of Nalidixic Acid-Resistant Extraintestinal Pathogenic *Escherichia coli* From Retail Chicken Products."

15. 2005년 존슨 연구진: Johnson et al., "Contamination of Retail Foods, Particularly Turkey, From Community Markets (Minnesota, 1999-2000) With Antimicrobial-Resistant and Extraintestinal Pathogenic *Escherichia coli*."

16. 두 번째 연구에서는: Johnson et al., "Antimicrobial-Resistant and Extraintestinal Pathogenic *Escherichia coli* in Retail Foods."

17. 연구진은 …… 4개 병원에 협조를 요청했다: Johnson et al., "Antimicrobial Drug-Resistant *Escherichia coli* From Humans and Poultry Products, Minnesota and Wisconsin, 2002-2004."

18. 자메이카의 연구팀: Miles et al., "Antimicrobial Resistance of *Escherichia coli*

Isolates From Broiler Chickens and Humans."

19. 에스파냐의 연구자들: Johnson et al., "Similarity Between Human and Chicken *Escherichia coli* Isolates in Relation to Ciprofloxacin Resistance Status."

20. 2009년에서 2014년 사이: Hannah et al., "Molecular Analysis of Antimicrobial-Susceptible and -Resistant *Escherichia coli* From Retail Meats and Human Stool and Clinical Specimens in a Rural Community Setting"; Giufre et al., "*Escherichia coli* of Human and Avian Origin"; Kaesbohrer et al., "Emerging Antimicrobial Resistance in Commensal *Escherichia coli* With Public Health Relevance"; Literak et al., "Broilers as a Source of Quinolone-Resistant and Extraintestinal Pathogenic *Escherichia coli* in the Czech Republic"; Lyhs et al., "Extraintestinal Pathogenic *Escherichia coli* in Poultry Meat Products on the Finnish Retail Market"; Sheikh et al., "Antimicrobial Resistance and Resistance Genes in *Escherichia coli* Isolated From Retail Meat Purchased in Alberta, Canada"; Aslam et al., "Characterization of Extraintestinal Pathogenic *Escherichia coli* Isolated From Retail Poultry Meats From Alberta, Canada."

21. 덴마크에서 시행한 대규모 연구: Jakobsen et al., "*Escherichia coli* Isolates From Broiler Chicken Meat, Broiler Chickens, Pork, and Pigs Share Phylogroups and Antimicrobial Resistance With Community-Dwelling Humans and Patients With Urinary Tract Infection"; Jakobsen et al., "Is *Escherichia coli* Urinary Tract Infection a Zoonosis?"

22. 11개국에서 데이터를 수집한 또 하나의 연구: Vieira et al., "Association Between Antimicrobial Resistance in *Escherichia coli* Isolates From Food Animals and Blood Stream Isolates From Humans in Europe."

23. 그녀는 …… 보여주었다: Manges et al., "Retail Meat Consumption and the Acquisition of Antimicrobial Resistant *Escherichia coli* Causing Urinary Tract Infections"; Vincent et al., "Food Reservoir for *Escherichia coli* Causing Urinary Tract Infections"; Bergeron et al., "Chicken as Reservoir for Extraintestinal Pathogenic *Escherichia coli* in Humans, Canada"; Aslam et al., "Characterization of Extraintestinal Pathogenic *Escherichia coli* Isolated From Retail Poultry Meats From Alberta, Canada."

24. 2015년 여름: MCR-1 유전자 발견과 관련한 내용은 티머시 월시, 랜스 B. 프라이스, 로버트 스코프(Robert Skov)와의 인터뷰를 바탕으로 재구성했다.

25. 월시의 분석은 …… 드러내주었다: Yong et al., "Characterization of a New Metallo-ß-Lactamase Gene, *bla*NDM-1, and a Novel Erythromycin Esterase Gene Carried on a Unique Genetic Structure in Klebsiella pneumoniae Sequence Type 14 from India."

26. 2012년 말: Berrazeg et al., "New Delhi Metallo-Beta-Lactamase Around the World."

27. 2013년 3월: Department of Health, "Antimicrobial Resistance Poses 'Catastrophic Threat,' Says Chief Medical Officer."

28. 2013년 9월: U.S. Centers for Disease Control and Prevention, "Press Briefing Transcript—CDC Telebriefing on Today's Drug-Resistant Health Threats."

29. 이름을 올린 것이다: Paterson and Harris, "Colistin Resistance."

30. 진작부터 나타나고 있었다: Kempf et al., "What Do We Know About Resistance to Colistin in Enterobacteriaceae in Avian and Pig Production in Europe?"; Catry et al., "Use of Colistin-Containing Products Within the European Union and European Economic Area (EU/EEA)."

31. 월시와 중국 동료들은 …… 발표했다: Liu et al., "Emergence of Plasmid-Mediated Colistin Resistance Mechanism *mcr-1* in Animals and Human Beings in China."

32. 30여 개국: Xavier et al., "Identification of a Novel Plasmid-Mediated Colistin-Resistance Gene, *mcr-2*, in *Escherichia coli*, Belgium, June 2016."

33. 반면 …… 나라에서는: Skov and Monnet, "Plasmid-Mediated Colistin Resistance (*mcr-1* Gene)"; Rapoport et al., "First Description of *mcr-1*-Mediated Colistin Resistance in Human Infections Caused by *Escherichia coli* in Latin America."

3부 닭은 어떻게 달라졌나

10 작음의 가치

1. **어느 점심시간이었다**: 프랑스 랑드와 루에 조합의 활동에 관한 내용은 프랑스에서 막심 캉탱, 베르나르 토지아, 그리고 장마르크 뒤루와 진행한 인터뷰, 파스칼 보가르니, 스테판 브루네(Stéphane Brunet), 알랭 알리노, 그리고 크리스토프 세로(Christophe Chéreau)와 진행한 인터뷰, 원산지및품질연구소(l'Institut national de l'origine et de la qualité)의 사빈 에델리, 프랑스농무부연합(Syndicat national des labels agricoles de France)의 마리 기요와 진행한 인터뷰에 기반하고 있다.

2. **일련의 엄격한 기준**: Stevenson and Born, "The 'Red Label' Poultry System in France."

3. **라벨루즈 프로그램은 …… 출발했다**: 라벨루즈 제도가 시행된 역사와 관련해서는 다음의 두 책에 실린 여러 인터뷰와 내용을 참조했다. Les fermiers de Loué; Saberan and Deck, Landes en toute liberté.

4. **물리적·경제적 피해**: Hoffmann, "The Effects of World War II on French Society and Politics"; Kesternich et al., "The Effects of World War II on Economic and Health Outcomes Across Europe."

5. **살모넬라균이 검출되는 비율**: Westgren, "Delivering Food Safety, Food Quality, and Sustainable Production Practices."

6. **한 수의학 저널에서 이렇게 경고했다**: Linton, "Antibiotic Resistance."

7. **너무나 많은 처방전을 남발한 결과**: Braude, "Antibiotics in Animal Feeds in Great Britain."

8. **사설에서 격정적으로 외쳤다**: "Why Has Swann Failed?"

9. **그 약이 세상에 나온 지 딱 1년 만에**: Jevons, "'Celbenin'-Resistant Staphylococci."

10. **100배로 불어났다**: Kirst, Thompson, and Nicas, "Historical Yearly Usage of Vancomycin."

11. **그 무언가는 바로 농업에 있었다**: Witte, "Impact of Antibiotic Use in Animal Feeding on Resistance of Bacterial Pathogens in Humans"; Wegener et al., "Use of Antimicrobial Growth Promoters in Food Animals and Enterococcus faecium Resistance to Therapeutic Antimicrobial Drugs in Europe"; Witte,

"Selective Pressure by Antibiotic Use in Livestock."

11 협동을 선택하다

1. 긴 길을 볼 수 있다: 네덜란드에서 펼쳐진 고강도의 무항생제 영농에 관한 묘사는 헤르버르트 오스테를라컨, 에릭 판덴회벌(통역에 코르 마스트의 도움을 받았다), 그리고 로프 빙언스와 에흐버르트 빙언스 형제 등 농부들과의 인터뷰, 그리고 얀 클라위트만스, 안드레아스 포스, 헤티 판베이르스(Hetty van Beers), 요스트 판헤르턴(Joost van Herten), 디크 미피어스(Dik Meevius), 알버트 메이어링(Albert Meijering)과의 인터뷰를 토대로 했다.

2. 당시 일부 국가들은: Cogliani, Goossens, and Greko, "Restricting Antimicrobial Use in Food Animals."

3. EU는 …… 금지했고: Bonten, Willems, and Weinstein, "Vancomycin-Resistant Enterococci"; Casewell, "The European Ban on Growth-Promoting Antibiotics and Emerging Consequences for Human and Animal Health."

4. 그 규준은 1988년에 마련되었는데: Souverein et al., "Costs and Benefits Associated With the MRSA Search and Destroy Policy in a Hospital in the Region Kennemerland, the Netherlands."

5. 네덜란드의 규정은 …… 가정했으며: Wertheim et al., "Low Prevalence of Methicillin-Resistant Staphylococcus aureus (MRSA) at Hospital Admission in the Netherlands"; Vos and Verbrugh, "MRSA."

6. 불쾌한 충격: Voss et al., "Methicillin-Resistant Staphylococcus aureus in Pig Farming."

7. 이 종은 테트라사이클린에 내성을 지녔는데: de Neeling et al., "High Prevalence of Methicillin Resistant Staphylococcus aureus in Pigs."

8. 농업계에는 …… 항생제를 더 많이 쓰고 있었다: van Geijlswijk, Mevius, and Puister-Jansen, "[Quantity of veterinary antibiotic use]"; Grave, Torren-Edo, and Mackay, "Comparison of the Sales of Veterinary Antibacterial Agents Between 10 European Countries"; Grave et al., "Sales of Veterinary Antibacterial Agents in Nine European Countries During 2005-09."

9. 농장의 동물들 속을 돌아다니다: Price et al., "Staphylococcus aureus CC398."

10. 한 여성: Huijsdens et al., "Community-Acquired MRSA and Pig-Farming."

11. 돼지나 농부들과 전연 접촉이 없는 한 여성: Ekkelenkamp et al., "Endocarditis Due to Methicillin-Resistant Staphylococcus aureus Originating From Pigs."

12. 그 일이 있고 난 뒤: Wulf and Voss, "MRSA in Livestock Animals: An Epidemic Waiting to Happen?"; Fanoy et al., "An Outbreak of Non-Typeable MRSA Within a Residential Care Facility."

13. 조사관들은 …… 발견했다: Neeling et al., "High Prevalence of Methicillin Resistant Staphylococcus aureus in Pigs."

14. 30퍼센트를 차지하는 수준으로 불어났으며: Huijsdens et al., "Molecular Characterisation of PFGE Non-Typable Methicillin-Resistant Staphylococcus aureus in the Netherlands, 2007."

15. '전면적으로' 금지했다: European Parliament, and Council of the European Union, Regulation (EC) No. 1831/2003 of the European Parliament and of the Council of 22 September 2003 on additives for use in animal nutrition.

16. 개가가 아니었음을: Ministry of Economic Affairs, "Reduced and Responsible: Policy on the Use of Antibiotics in Food-Producing Animals in the Netherlands."

17. 대장균과 살모넬라균에서 생성되기 시작했다: Dierikx et al., "Increased Detection of Extended Spectrum Beta-Lactamase Producing Salmonella enterica and Escherichia coli Isolates From Poultry."

18. 네덜란드의 연구자들은 …… 파헤치기 시작했다: Overdevest, "Extended-Spectrum B-Lactamase Genes of Escherichia coli in Chicken Meat and Humans, the Netherlands"; Leverstein-van Hall et al., "Dutch Patients, Retail Chicken Meat and Poultry Share the Same ESBL Genes, Plasmids and Strains"; Kluytmans et al., "Extended-Spectrum-Lactamase- Producing Escherichia coli From Retail Chicken Meat and Humans."

19. 일찌감치 목표에 도달할 수 있었다: National Institute for Public Health and the Environment and Stichting Werkgroep Antibioticabeleid, "Nethmap/MARAN 2013."

12 가축우리의 관점

1. 결정들이 거의 모두: Pew Charitable Trusts, "The Business of Broilers."

2. 내가 만난 수많은 가금 생산업자 가운데: 이 장에 나온 전통적인 집중식 가금 생산에 관한 묘사에는 내가 이름이 알려지지 않은 10여 명의 닭·칠면조 사육자들을 방문한 경험, 그리고 래리, 레이턴 쿨리, J. 크레이그 와츠와 그들의 농장에서 진행한 인터뷰 내용이 녹아 있다.

3. 그중 첫손에 꼽히는 주: U.S. Poultry & Egg Association, "Industry Economic Data."

4. 가금 생산의 경제적 기반: An excellent book-length examination of the direct and hidden costs of the tournament system is Leonard, The Meat Racket.

5. 이제는 …… 그 모델을 채택하고 있다: Martinez, "A Comparison of Vertical Coordination in the U.S. Poultry, Egg, and Pork Industries."

6. 환경 옹호론자들은 …… 지적한다: Pew Environment Group, "Big Chicken."

7. ……을 연구하는 경제학자들: Knowber, "A Real Game of Chicken"; Vukina and Foster, "Efficiency Gains in Broiler Production Through Contract Parameter Fine Tuning."

8. 다른 학자들: Khan, "Obama's Game of Chicken."

9. 편지를 쓰고 …… 시작했다: Watts, "Easing the Plight of Poultry Growers"; Arbitration: Is It Fair When Forced?

10. 800킬로미터를 달려갔다: Tobey, "Public Workshops."

11. 조항을 억지로 끼워 넣었다: Center for a Livable Future, "Industrial Food Animal Production in America," p. 7.

12. 길이가 4쪽에 그쳤다: FDA는 데이터에 접근할 수 있게 되면서 2014년 9월, 최초의 ADUFA 보고서 몇 개(https://www.fda.gov/ForIndustry/UserFees/AnimalDrugUserFeeActADUFA/ucm042896.htm에서 모두 볼 수 있다)를 수정했다. 그래서 원래 4쪽에 불과하던 보고서는 26쪽으로 늘어났다. 가장 최근 것인 2015년도판은 58쪽이다.

13. 2015년도 수치를 보면: Center for Veterinary Medicine, "2015 Summary Report on Antimicrobials Sold or Distributed for Use in Food-Producing Animals."

14. 그에 상당하는 수치를 얻어냈다: Pew Campaign on Human Health and Industrial

Farming, "Record-High Antibiotic Sales for Meat and Poultry Production."

15. 유럽에서는 2006년부터 사용 금지된: Singer and Hofacre, "Potential Impacts of Antibiotic Use in Poultry Production"; Marshall and Levy, "Food Animals and Antimicrobials."

16. 항생제 시대 초기로 거슬러 올라가는데: Butaye, Devriese, and Haesebrouck, "Antimicrobial Growth Promoters Used in Animal Feed."

17. 콕시디아증 ⋯⋯의 발발을 줄여준다: Chapman, Jeffers, and Williams, "Forty Years of Monensin for the Control of Coccidiosis in Poultry."

18. 오직 한 가지 잠재적 문제: Vitenskapkomiteen for mattrygghet (Norwegian Scientific Committee for Food Safety), "The Risk of Development of Antimicrobial Resistance With the Use of Coccidiostats in Poultry Diets."

19. 와츠가 공동 작업 ⋯⋯ 영상물: Compassion in World Farming, Chicken Factory Farmer Speaks Out.

20. 언론의 관심이 쇄도: Kristof, "Abusing Chickens We Eat"; "Cock Fight: Meet the Farmer Blowing the Whistle on Big Chicken."

21. 법적 보호를 신청했다: Food Integrity Campaign, "Historic Filing."

22. 그 전문가들은 ⋯⋯ 입을 모았지만: Center for Food Integrity, "Expert Panel Examines Broiler Farm Video."

13 시장이 입을 열다

1. 생각을 고쳐먹기 시작한: 퍼듀팜스가 어떻게 항생제 사용에서 벗어나게 되었는지 기술한 내용은 메릴랜드주 솔즈베리 등 여러 장소에서 퍼듀의 회장 짐 퍼듀, 식품안전, 식품의 질 등을 담당하는 퍼듀의 수석 부회장 브루스 스튜어트브라운과 여러 차례 진행한 인터뷰를 토대로 재구성했다.

2. 시비 논란의 대상으로 떠올랐지만 여전히 합법적인: 화이자는 2015년 4월 유기비소를 함유한 자사의 사료용 약물 록사손(Roxarsone)을 시장에서 철수했다.

3. 가장 잘 구현한 이는: Rogers, "Broilers"; Sloane, "I Turned My Father's Tiny Egg Farm Into a Poultry Powerhouse and Became the Face of an Industry."

4. 그 사업에 발을 들여놓았다: Strom, "Into the Family Business at Perdue."

5. 연구 계획을 설정: Engster, Marvil, and Stewart-Brown, "The Effect of Withdrawing

Growth Promoting Antibiotics From Broiler Chickens."

6. 발표를 앞두고 있던 때: PR Newswire, "After Eliminating Human Antibiotics in Chicken Production in 2014, Perdue Continues Its Leadership."

7. 2012년 연구자들은 …… 밝혀냈다: Love et al., "Feather Meal."

8. 민간기업인 칙필라는: Schmall, "The Cult of Chick-Fil-A."

9. 성경에 기초해 …… 결사반대: O'Connor, "Chick-Fil-A CEO Cathy."

10. 매출액을 기준으로 할 때: "The QSR 50."

11. 300개 병원으로 구성된 전국 차원 연합체: Eng, "Meat With Antibiotics off the Menu at Some Hospitals."

12. 시카고공립학교: "305,000 K-12 Students in Chicago Offered Chicken Raised Without Antibiotics."

13. 캘리포니아 대학 샌프란시스코 캠퍼스: Fleischer, "UCSF Academic Senate Approves Resolution to Phase Out Meat Raised With Non-Therapeutic Antibiotics."

14. 차례차례 바통을 이어받았다: Natural Resources Defense Council, "Going Mainstream."

15. 칙필라가 …… 겪은 일: 칙필라가 무항생제 가금 쪽으로 방향을 선회한 경위에 관한 설명은 애틀랜타의 칙필라 본부에서 데이비드 파머 등과 진행한 인터뷰를 토대로 한 것이다.

16. 온 땅의 생명체들에 대한 인간의 책임: 동물복지에 관한 정치적·종교적 보수주의를 옹호하는 시각은 조지 W. 부시 대통령의 전직 연설문 작성자가 저술한 책 (Scully, *Dominion*)에 잘 드러나 있다.

17. 버락 오바마 대통령이 당선되고 난 뒤였다: FDA가 오랜 숙원사업이던 농장 항생제 사용 반대 조치를 취한 경위에 관한 설명은 FDA의 전(前) 직원 토머스 그럼블리, 마이클 블랙웰(Michael Blackwell, 현재 미국동물애호협회 수의정책 담당 부장), 마이클 R. 테일러(Michael R. Taylor, 현재 프리먼컨설팅사(Freedman Consulting) 선임연구원)와의 인터뷰, FDA 수의학센터(Center for Veterinary Medicine) 과학 정책 담당 사무관 윌리엄 플린과의 인터뷰, 하원의원 루이즈 슬로터와의 인터뷰, 천연자원보호위원회의 조너선 캐플런(Jonathan Kaplan), 애비너시 카와의 인터뷰, 과거에 퓨위탁자선단체에서 일했으며 현재 조지워싱턴 대학 항생제내성관리센터의 부센터장으로 있는 로라 로저스와의 인터뷰를 토대로 했다.

18. 신속하게 작성해 FDA에 띄운 편지: Animal Agriculture Coalition, "AAC Followup Letter to Margaret A. Hamburg, MD, Commissioner, Joshua M. Sharfstein, MD, Deputy Commissioner, Food and Drug Administration."

19. 백악관에 직접 제출한 성명서에서: American Association of Avian Pathologists et al., "Letter to Melody Barnes, Assistant to the President, the White House."

20. '담배회사의 각본': Brownell and Warner, "The Perils of Ignoring History"; Malik, "Catch Me if You Can: Big Food Using Big Tobacco's Playbook?"

21. 이제 그 수는 …… 287가지로 불어나 있었는데: Center for Veterinary Medicine, "FDA Update on Animal Pharmaceutical Industry Response to Guidance #213."

22. 미덥잖은 제목이 붙은 FDA의 문서: Center for Veterinary Medicine, "Guidance for Industry #209."

23. 지지자들은 적이 못마땅했다: Trust for America's Health, "Comment on the Judicious Use of Medically Important Antimicrobial Drugs in Food-Producing Animals—Draft Guidance"; Pew Charitable Trusts, "Comment on the Judicious Use of Medically Important Antimicrobial Drugs in Food-Producing Animals—Draft Guidance."

24. 미시건농장국은 …… 주장했다: Michigan Farm Bureau, "Comment on the Judicious Use of Medically Important Antimicrobial Drugs in Food-Producing Animals—Draft Guidance."

25. 그 자매격 문서: Center for Veterinary Medicine, "Guidance for Industry #213: New Animal Drugs and New Animal Drug Combination Products Administered in or on Medicated Feed or Drinking Water of Food-Producing Animals: Recommendations for Drug Sponsors for Voluntarily Aligning Product Use Conditions with GFI #209."

26. 그러자 남은 26개 제조사들이: Center for Veterinary Medicine, "FDA Secures Full Industry Engagement on Antimicrobial Resistance Strategy."

27. 10퍼센트 이상 불려주었다: Coates, "The Value of Antibiotics for Growth of Poultry."

28. 그 증가분을 12퍼센트까지 끌어올렸다: Office of Technology Assessment, U.S. Congress, "Drugs in Livestock Feed"; Graham, Boland, and Silbergeld, "Growth

Promoting Antibiotics in Food Animal Production."

29. 1970년의 어느 추정치에 따르면: Boyd, "Making Meat."

30. 하지만 1990년대에는: Laxminarayan, Teillant, and Van Boeckel, "The Economic Costs of Withdrawing Antimicrobial Growth Promoters From the Livestock Sector."

31. 2015년 농무부 소속 경제학자들은: Sneeringer et al., "Economics of Antibiotic Use in U.S. Livestock Production."

32. 수많은 신약의 라벨이 너무 모호해서: Hoelzer, "Judicious Animal Antibiotic Use Requires Drug Label Refinements."

33. 24퍼센트 늘어났다: Center for Veterinary Medicine, "2015 Summary Report on Antimicrobials Sold or Distributed for Use in Food-Producing Animals."

14 과거에서 미래를 보다

1. 월 해리스 3세가 말했다: 화이트오크목장의 발전 과정에 관한 설명은 조지아주 블러프턴과 애틀랜타에서 월 해리스 3세, 제니 해리스, 브라이언 샙, 존 브누아, 프랭키 다시와 진행한 여러 차례의 인터뷰를 토대로 했다.

2. 스콧 세클러가 …… 말했다: 벨&에번스의 발전 과정에 관한 설명은 펜실베이니아주 프레더릭스버그와 조지아주 애틀랜타에서 스콧 세클러, 스콧 세클러 2세(Scott Sechler, Jr.), 마고 세클러(Margo Sechler)와 진행한 여러 번의 인터뷰를 토대로 했다.

3. 오직 벨&에번스 닭 ……에서만: "Chicken Safety."

4. 린턴 홉킨스가 …… 말했다: 요리사 린턴 홉킨스가 화이트오크목장의 닭을 델타 항공사에 공급하게 된 경위에 관한 기술은 그와의 인터뷰, 그리고 그의 총괄셰프 제이슨 파올리니(Jason Paolini), 레스토랑 유진에서 관련 업무를 맡고 있는 델타의 직원들, 해리스 가족들과의 인터뷰를 토대로 한 것이다.

5. 리얼리티 TV쇼 스타일의 웹 시리즈물: Levere, "A Cook-Off Among Chefs to Join Delta's Kitchen."

6. 항생제 통제를 거부하는 입장을 고수하겠다고 선언하며: Bunge, "Sanderson Farms CEO Resists Poultry-Industry Move to Curb Antibiotics."

7. '술책': Alonzo, "Sanderson Calls Antibiotic-Free Chicken a 'Gimmick'"; Sanderson

Farms, The Truth About Chicken—Supermarket.

8. 〈가디언〉과의 인터뷰: Levitt, "'I Don't See a Problem.'"

9. 스미스의 후계자 톰 헤이스: "Tyson Foods New Leaders Position Company for Future Growth."

10. 연설을 통해 선언했다: Plantz, "Consumer Misconceptions Dangerous for American Agriculture."

11. 타이슨은 …… 발표했다: "Tyson Fresh Meats Launches Open Prairie Natural Pork"; Shanker, "Just Months After Big Pork Said It Couldn't Be Done, Tyson Is Raising up to a Million Pigs Without Antibiotics."

12. 전면광고: National Pork Producers Council, "Dear Subway Management Team and Franchisee Owners [Advertisement]."

13. 내성균을 계속 환경에 보태주는 일: You and Silbergeld, "Learning from Agriculture"; Davis et al., "An Ecological Perspective on U.S. Industrial Poultry Production"; You et al., "Detection of a Common and Persistent tet(L)-Carrying Plasmid in Chicken-Waste-Impacted Farm Soil."

14. 설득했다고 발표했다: "Global Animal Partnership Commits to Requiring 100 Percent Slower-Growing Chicken Breeds by 2024."

15. 이제 주류로 자리 잡았고: Roth, "What You Need to Know About the Corporate Shift to Cage-Free Eggs."

맺음말

1. '고위급 회담': President of the General Assembly, "Programme of the High Level Meeting on Antibiotic Resistance."

2. 마이크를 향해 몸을 숙였다: United Nations Secretary-General, "Secretary-General's Remarks to High-Level Meeting on Antimicrobial Resistance [as Delivered]."

3. '가장 심각하고 가장 긴급한 국제적 위험': President of the General Assembly, "Draft Political Declaration of the High-Level Meeting of the General Assembly on Antimicrobial Resistance."

4. 정부 산하의 상설 전문가조직: President Barack Obama, Executive Order 13676—Combating Antibiotic-Resistant Bacteria.

5. 곧바로 헤드라인 뉴스를 장식했다: Review on Antimicrobial Resistance, "Antimicrobial Resistance."

6. 농업의 관례를 바꾸기 위해 노력하지 않으면: Van Boeckel et al., "Global Trends in Antimicrobial Use in Food Animals."

7. G7: "G7 Ise-Shima Leaders Declaration."

8. G20: "G20 Leaders' Communiqué."

옮긴이의 글: '항생제'라는 창을 통해 본 닭의 근현대사

책 제목 《빅 치킨(Big Chicken)》은 긴 사족 없이도 이 책이 무엇을 말하려고 하는지를 대번에 직관적으로 알아차리게 해준다. 세계적인 거대 제약회사를 지칭하는 용어 '빅 파마(Big Pharma)'처럼 말이다. 빅 치킨은 공장형 집중사육을 특징으로 하는 오늘날의 거대 가금기업을 일컫는 것이자, 그 기업들이 생산하는 빠르게 성장하고 가슴살이 두둑한 일명 뻥튀기 닭을 지칭하는 용어다. 그러니까 이 책은 한마디로 산업화의 물결 속에서 빅 치킨이 등장하게 된 경위, 빅 치킨의 빛과 그림자, 그리고 그에 맞선 성찰적 노력의 결실을 담아낸 책이다.

《빅 치킨》을 읽고 나면 치킨너겟을 다시는 종전과 같은 눈길로 바라볼 수 없게 되고 또 그래서도 안 된다고 평한 이가 있는데 정말이지 맞는 말이다. 이 책을 접하기 전까지는 대다수 사람들이 그렇듯 나 역시 거의 매일이다시피 닭고기를 소비하면서도 과연 닭이 어떻게 사육되고 도살·가공되어 우리 식탁에 오르는지 깊이 고민해보지 않았다. 이 책을 번역하면서 공장형 가금 사육장, 자동화한 도계·가공 공장의 광경을 담은 동영상을 유튜브에서 있는 대로 다 찾아보았다. 갓 부화한 병아리들이 컨베이어벨트에서 이리 치이고 저리 치이면서 얼떨떨하고 곤욕스럽게 생을 시작하는 모습, 비위생적인 공장형 양계장에서 사육되는 건강하지 않아 보이는 닭들의 처연한 모습, 도살 무게에 이르러 산 채로 발목 족쇄에 거꾸로 매달린 채 컨베이어벨트를 따라 서서히 그 본연의 종착점인 닭고기로 변신해가는 광경을 지켜보았다. 일단 이 모든 과정이 거의 완전하게 자동화되어 있다는 사실, 기계장치가 정교하고 아름답게(?) 작동한다는 사실에 깜짝 놀랐다. 그에 맞추기 위해서는 닭이 몸무게며 신장이 일정한 제품처럼 사육되어야 한다는 것도 일면 이해하게 되었다. 하지만 가장 주된 감정은 역시 불편함이었다. 장을 보면서 종류도 다양한 닭 제품을 구매하고 식사 준비를 하는 거야 여전하지만 닭고기나 달걀을 바라보는 심정이 예전 같지는 않았다. 그런데 보이는 게 다가 아니었다. 알고 보니 한층 더 심각한 문제가 있었다. 바로 항생제였다.

《빅 치킨》의 1·2부는 우리가 어쩌다 항생제를 사용하기에 이르렀고 또 거기에 의문을 품게 되었는가, 그리고 어쩌다 산업형 닭고기를 생산하기에 이르렀고 또 그를 재고해보게 되었는가라는 질문에 답하는 내용이다. 그래서 마치 근현대사를 관통하는 산업화의 전개 과정을 닭을 중심으로 재구성한 것처럼 읽힌다. 대량생산과 대량소비, 기계화, 속도와 효율, 일관성과 획일성 따위를 중시하는 산업화가 전개되었고, 그 과정에서 환경 파괴와 오염, 전통적 가치의 붕괴, 소수 거대기업의 독과점에 따른 중소 규모 혹은 독립적 기업의 몰락, 공동체 지향적인 감수성의 파괴 등 숱한 부작용이 드러났으며, 그에 대한 반성과 성찰이 뒤따르는 과정 말이다. 저자는 닭의 산업화가 가능했던 것은 순전히 항생제 덕분이었고, 그에 대한 반성과 성찰 역시 농장에서 상시 사용되는 항생제가 내성을 키움으로써 인간 건강에 뜻하지 않은 위험을 안겨주었다는 인식으로부터 비롯되었다고 설명한다.

과거에는 암이나 심장병, 당뇨병 같은 생활습관형 질환보다 외상(심각한 외상일 수도 있지만 가시에 긁히는 상처 같은 하찮은 것일 수도 있다)에 따른 감염에 의해 오늘날 기준으로 보면 어이없이 목숨을 잃는 사례가 훨씬 더 많았다. 1943년 페니실린이 보급됨에 따라 항생제 시대가 열리면서 이런 상황이 극적으로 달라졌다. 사형선고나 다를 바 없었던 전염병을 며칠 만에 물리칠 수 있게 되었으니 말이다. 사람들은 항생제를 기적의 약물이라 부르며 열렬히 환호했다.

하지만 그로부터 70여 년밖에 지나지 않은 지금 우리는 '(항생제가 듣지 않는) 항생제 이후 시대'를 우려해야 하는 처지에 내몰렸다. 항생제 출현으로 인한 이점들을 흥청망청 소비한 데 따른 대가다. 그 대가는 바로 항생제 내성이었다. 진화 과정에서 살아남은 모든 생명체는 자신을 향한 공격에 맞서 새로운 방어 시스템을 갖춰나가는 데 성공한 적자(適者)들이다. 세균 역시 자신을 공격하는 항생제에 대항해 스스로를 보호하기 위해 자신들이 그때껏 해오던 방식으로 응수했다. 우리 인간은 그간 세균과 일종의 뜀틀 게임, 즉 군비 경쟁을 벌여왔다. 즉 인간이 약물을 내놓으면 유기체는 거기에 내성을 키우고, 인간이 그에 맞서는 신약을 개발하면 세균은 또다시 거기에 내성을 갖추는 과정이 끊임없이 되풀이된 것이다. 항생제 오남용으로 슈퍼버그가 등장하면서 웬만한 신약으로는 어림도 없는 사태가 빚어질 수도 있다.

항생제 내성은 자연에 맞서려 한 인간에게 내린 자연의 엄중한 경고처럼 보인다. 항생제를 일상적으로 사용하는 관행을 멈추지 않으면 계속 세균의 맷집만 키워주는 꼴이고, 인간은 신약 개발을 통해서는 결코 그들과의 싸움에서 이길 재간이 없다. 백전백패다. 언제나 진화가 승리를 거두기 때문이다. 내성이 생기지 않는 약은 지금껏 단 하나도 없었다고 한다. 게다가 제약회사는 신약을 한 가지 개발하려면 10~15년의 시간과 10억 달러라는 천문학적인 비용을 투자해야 하는데 기껏 그렇게 한 보람도 없이 내성이 나타나는 통에 약물이 순식간에 쓸모없어지는 과정을 거듭 겪으면서 신약을 개발할 의욕마저 잃은 상태다. 세균이 너무 빠른 시간 내에 내성을 키우는 바람에 항생제 제조가 더는 이익을 내지 못하는 구조라 판단하게 된 것이다. 인간의 질병 치료에는 치명적인 결론이다.

이는 인간이 자초한 측면이 크다. 내성은 자연선택이 이뤄지고 있음을 실시간으로 보여주는 진화의 필연적 산물이지만, 그 과정을 앞당긴 책임은 바로 우리 자신에게 있는 것이다. 인간은 꼭 필요하지도 않은 순간에 항생제를 사용함으로써 그때마다 세균에게 우리가 만든 방어벽을 뚫을 수 있는 기회를 수도 없이 제공해주었다. 항생제를 인간 치료용으로 남발한 것도 문제지만 그보다 한층 더 심각한 것은 육용 동물의 성장을 촉진하고 그들의 비위생적 공장형 축사에 번질지도 모를 질병을 예방하기 위해 상시적으로 항생제를 퍼부은 일이었음이 드러났다. 책에 따르면 미국에서 시판되는 항생제의 80퍼센트, 전 세계에서 판매되는 항생제의 절반 이상을 인간이 아닌 가축이 소비하고 있다. 그 약물은 그로 인해 초래될지 모를 결과를 면밀히 따져보지도 않은 채 마구잡이로 사용되었다. 페니실린은 1950년대까지만 해도 처방전 없이 구입할 수 있었으며, 많은 개발도상국에서는 지금도 여전히 상당수 항생제를 처방전 없이 구할 수 있다고 한다. 책에 따르면, 페니실린을 발견한 알렉산더 플레밍은 노벨상을 수상하기 몇 달 전 어느 인터뷰에서 이렇게 말했다.

자가투약(self-medication)에서 가장 잘못되기 쉬운 결과는 바로 극소량을 사용하는 것이다. 그렇게 되면 감염을 퇴치하지도 못하면서 페니실린에 저항하도록 미생물들을 학습시키게 된다. 수많은 페니실린 내성균이 이종교배를 통해 번식하여 다른 개체들에게 전파됨으로써 마침내 폐렴이나 패혈증 환자에까지 닿는다. 결국 페니실린은 그들을 구제할 수 없다.

이처럼 페니실린 치료로 장난을 친 생각 없는 자들은 페니실린 내성균에 의해 감염되어 죽음에 이른 사람들에게 도의적으로 책임이 있다. 그러한 폐해가 일어나지 않기를 바랄 따름이다.

사람들은 예지력 있는 그의 경고를 귀담아듣지 않았고 그 결과 우리는 끝내 그가 우려하던 사태에 이르고 말았다. 무분별하게 그 약물의 단물을 빨아먹다가 '항생제 이후 시대'의 도래를 눈앞에 두게 된 것이다. 그 흐름에 제동을 걸거나 적어도 그 속도를 늦추려면 우리는 과연 어떻게 해야 하는가?

《빅 치킨》 3부는 항생제를 토대로 구축된 전통적인 가금 생산방식이라는 거대한 벽에 균열을 내는 여러 층위, 여러 수준의 시도를 다룬다. 일군의 농부들은 내성균으로 세상을 병들게 할 위험을 감수하면서까지 값싼 단백질을 세상에 내놓으려 한 어느 과학자의 결론이 애당초 잘못이었음을 깨달았다. 그리고 마침내 과학자·정부관료·소비자·요리사의 지원을 등에 업고 항생제 내성 없이 가금을 생산하는 것도, 환경파괴 없이 집중 사육농법을 실시하는 것도 가능하다는 것을 다각도로 보여주었다. 기꺼이 항생제를 포기한 네덜란드 농부들, 퍼듀를 비롯한 미국의 여러 기업은 성장 촉진제나 예방적 용도의 항생제를 쓰지 않고도 산업 규모의 생산이 가능함을 입증해 보였다. 마이자두르와 루에, 화이트오크의 성공은 소규모 또는 중간 규모의 농장도 새로 재편된 육류 경제에서 발판을 마련할 수 있음을 보여주었다. 저속 성장 닭 품종으로 돌아선 홀푸즈는 항생제를 배제하면 가금 생산에서 다양성을 되살릴 수 있음을 증명해 보였다. 새로운 모델들은 네덜란드에서처럼 첨단기술을 접목한 것일 수도, 라벨루즈 농장의 제3세계 버전 같은 저집중 시스템 위에 구축된 것일 수도 있다. 이 모든 시도는 항생제를 가능한 한 최소한으로만 사용하겠다, 즉 동물을 살찌우거나 막연히 보호하기 위해서가 아니라 아플 때 치료하는 용도로만 쓰겠다는 선언에 다름 아니다. 저자는 이야말로 항생제가 인간의 질병 치료에 쓰일 수 있는, 그리고 항생제를 사용하면서도 내성의 위험을 낮출 수 있는 유일한 길이라고 주장한다.

저자는 맺음말 말미에 이렇게 덧붙임으로써 깊은 통찰력을 보여준다.

항생제 내성은 다음의 세 가지 점에서 기후변화 문제와 흡사하다. 첫째, 수백만 명에 이르는 개인들의 의사결정에 따라 수십 년 동안 조성되었으며 산업계의 조치들에 의해 강화된 심각한 위협이라는 점에서 그렇다. 둘째, 아프리카·라틴아메리카·아시아 등에서 부상하고 있는 신흥경제국이 서구 선진국과 불협화음을 일으키고 있다는 점에서 그렇다. 이미 공장형 농업으로 값싼 단백질을 누려본 지구의 4분의 1은 이제 그것을 후회하고 있다. 하지만 나머지 4분의 3은 그 기회를 누려보지도 못한 채 포기하고 싶어 하지는 않을 것이다. 셋째, 북극곰이 물에 빠지는 광경을 지켜보고 형광등을 사는 것 같은 개인적 실천만으로는 불충분하다는 점에서 그렇다.

기후변화 문제와 마찬가지로 우리는 항생제 내성과 관련해 우물쭈물할 시간이 없다. 세균의 무자비한 진화 속도가 우리에게 그렇다고 말해주고 있기 때문이다.

《빅 치킨》이 방대한 문헌 연구와 발로 뛴 성실한 취재의 결실임을 짐작게 하는 부분은 상당한 지면이 할애된 참고문헌과 감사의 글이다. 또한 이 책에서는 탐사 보도가 자칫 빠지기 쉬운 선정성을 경계하고자 치열하게 노력한 흔적이 엿보인다. 저자가 모든 쪽마다 근거를 가지거나 관찰 결과에 입각해 이야기하고 있음을 우리는 수십 쪽에 걸친 주를 통해 확인할 수 있다. 책에 실명이 공개된 농부들, 그들이 가금을 비롯한 육용 동물을 키우는 농장의 모습은 유튜브를 통해 확인할 수 있다. 그들의 면면을 떠올리면서 본문을 읽노라면 그 내용이 훨씬 더 실감 나게 다가온다. 일례로 네덜란드의 돼지 사육농 오스테를라컨이 'Pigs Are Cool(돼지는 멋져)'이라고 적힌 티셔츠를 입고 있다고 기술한 부분이 본문에 나오는데, 정말로 떡하니 그 티셔츠를 입고 등장한 그의 모습을 보고는 웃지 않을 수 없었다. 유튜브 덕분에 그런 인연들을 맺은 것이니 그 또한 고마운 일이다.

저자 메린 매케나는 말한다. "닭은 산업화한 세계에서 가장 인기 있는 육류고 머잖아 전 세계인이 가장 많이 찾는 육류로 자리 잡을 것이다. 닭 산업을 바꾸는 노력은 지구의 육류 경제와 그것이 영향을 끼치는 모든 것—토지 이용, 물 이용, 쓰레기 처리, 자원 소비, 노동의 역할, 동물권리의 개념, 그리고 지상에 살아가는 수십 억 인구의 식생활—을 바꾸는 일이다." 이 방대한 시도를 견인하고 또 그것을 밀어주기 위해 저자가 기울인 남다른 노력에 역자로서 경이로움과 숙연함을 동시에 느꼈다. 현대판 업턴 싱클레어라는 그녀에 대한 평가는 결코 과장이 아니다 싶다.

외국 책을 우리말로 옮기다보면, 더러 이런 책의 한국판이 나왔으면 좋겠다 싶은 때가 있다. 《빅 치킨》도 그런 책이다. 같은 주제로 우리의 실정을 다룬 책이나 자료가 있는지 살펴볼 요량으로 이것저것 뒤적거리던 중 흥미로운 TV 프로그램을 하나 발견했다. 2014년 12월 전주 MBC에서 방영해 '올해의 방송기자상'을 수상한 〈육식의 반란 3부―팝콘치킨의 고백〉이라는 프로그램이다. 그에 따르면 치맥의 나라, 치킨공화국인 우리나라의 사정은 《빅 치킨》에서 다룬 것보다 한층 더 충격적이고 열악하다고 한다.

팝콘치킨이라는 표현으로 짐작할 수 있듯, 우리나라에서 생산하는 닭의 대다수는 하루에 50그램씩 초고속 성장하는 뻥튀기 닭이다. 그런데 그 닭들은 간신히 생후 1개월을 넘기는 순간, 즉 몸무게가 1.5킬로그램(세계 평균의 절반 수준)에 도달하는 순간 서둘러 출하된다. 열악하기 그지없는 극한의 공장형 밀식 사육에서 질병의 징후가 나타나거나 집단 폐사할 가능성이 커지는 시점이기 때문이다. 미처 자라지도 않은 지구상에서 가장 병약한 이 닭들은 맛이 좋을 리 없고 갖은 양념과 튀김옷을 뒤집어쓸 수밖에 없다. 우리가 즐겨 먹는 치킨의 현주소다(우리 실상을 들여다보는 더없이 좋은 프로그램으로 직접 시청해보기를 권한다. 더불어 2014년 출간한 정은정의 《대한민국 치킨전》 말미에 실린 우리나라 양계산업 최대 수직계열 기업인 하림의 한 계약 농가와 진행한 인터뷰도 참고할 만하다. 육계 생산 과정을 어렴풋이나마 그려볼 수 있다).

〈육식의 반란 3부―팝콘치킨의 고백〉을 보고 나면 적잖이 충격적인 미국판 '빅 치킨'도 우리 현실에는 좀 약한 문제제기라는 느낌마저 든다. 그래서 《빅 치킨》의 문제제기가 우리나라에서는 더욱 중요하게 다뤄져야 한다고 생각한다. 아무쪼록 이 책이 우리를 좀더 살 만한 세상으로 안내하는 유익한 길잡이가 되기를 바란다.

책을 한 권씩 번역할 때마다 느끼는 거지만 이번에도 거대한 무지의 한 귀퉁이가 또 얼마간 허물어지는 듯한 기쁨과 보람을 맛보았다. 매번 좋은 책을 발굴해 번역을 맡겨주신 에코리브르 사장님 덕분이다.

2019년 3월

김홍옥

참고문헌

"A Growing Problem. Selective Breeding in the Chicken Industry: The Case for Slower Growth." ASPCA, November 2015. https://www.aspca.org/sites/default/files/chix_white_paper_nov2015_lores.pdf.

Abbey, A., et al. "Effectiveness of Acronize Chlortetracycline in Poultry Preservation Following Long Term Commercial Use." *Food Technology* 14 (December 1960): 609-12.

Abdula, Nazira, et al. "National Action for Global Gains in Antimicrobial Resistance." *Lancet* 387, no. 10014 (January 2016): e3-5.

Abraham, E. P., and E. Chain. "An Enzyme From Bacteria Able to Destroy Penicillin." *Nature* 146 (December 5, 1940): 837.

"'A Chicken for Every Pot.'" *New York Times*, October 30, 1928. Advertisement. https://research.archives.gov/id/187095.

"Acronize Maintains Poultry Freshness." *Florence (SC) Morning News*, June 22, 1956.

"Action Sought on Antibiotics After Babies' Deaths." *Times (London)*, April 14, 1969.

"Advertising: Logistics to Fore in Big Move." *New York Times*, January 24, 1957.

Agersø, Yvonne, et al. "Spread of Extended Spectrum Cephalosporinase-Producing *Escherichia coli* Clones and Plasmids From Parent Animals to Broilers and to Broiler Meat in a Production Without Use of Cephalosporins." *Foodborne*

Pathogens and Disease 11, no. 9 (September 2014): 740-46.

Ahmad, Aqeel, et al. "Insects in Confined Swine Operations Carry a Large Antibiotic Resistant and Potentially Virulent Enterococcal Community." *BMC Microbiology* 11, no. 1 (2011): 23.

Ahmed, A. Karim, et al. "Petition of the Natural Resources Defense Council to the Secretary of Health and Human Services Requesting the Immediate Suspension of Approval of the Subtherapeutic Use of Penicillin and Tetracyclines in Animal Feeds." November 20, 1984.

Aldous, Chris. "Contesting Famine: Hunger and Nutrition in Occupied Japan, 1945-1952." *Journal of American-East Asian Relations* 17, no. 3 (September 1, 2010): 230-56.

Aleccia, JoNel. "Foster Farms Salmonella Outbreaks: Why Didn't USDA Do More?" NBCNews.com, December 19, 2013. http://www.nbcnews.com/health/foster-farms-salmonella-outbreaks-why-didnt-usda-do-more-2D11770690.

Alonzo, Austin. "Sanderson Calls Antibiotic-Free Chicken a 'Gimmick.'" WATTAgNet.com, August 1, 2016. http://www.wattagnet.com/articles/27744-sanderson-calls-antibiotic-free-chicken-a-gimmick.

American Association of Avian Pathologists et al. "Letter to Melody Barnes, Assistant to the President, the White House." August 14, 2009. http://www.nmpf.org/sites/default/files/Industry-White-House-Antibiotic-Letter-081409.pdf.

Anderson, Alicia D., et al. "Public Health Consequences of Use of Antimicrobial Agents in Food Animals in the United States." *Microbial Drug Resistance* 9, no. 4 (2003): 373-79.

Anderson, E. S. "Drug Resistance in *Salmonella* Typhimurium and Its Implications." *British Medical Journal* 3, no. 5614 (August 10, 1968): 333-39.

____. "Middlesbrough Outbreak of Infantile Enteritis and Transferable Drug Resistance." *British Medical Journal* 1 (February 3, 1968): 293.

____. "Origin of Transferable Drug-Resistance Factors in the Enterobacteriaceae." *British Medical Journal* 2, no. 5473 (November 27, 1965): 1289-91.

____. "Salmonellosis in Livestock." *Lancet* 2, no. 7768 (July 15, 1972): 138.

_____. "The Ecology of Transferable Drug Resistance in the Enterobacteria." *Annual Review of Microbiology* 22 (1968): 131-80.

_____. "Transferable Antibiotic Resistance." *British Medical Journal* 1, no. 5591 (March 2, 1968): 574-75.

Anderson, E. S., and N. Datta. "Resistance to Penicillins and Its Transfer in Enterobacteriaceae." *Lancet* 1, no. 7382 (February 20, 1965): 407-9.

Anderson, E. S., et al. "An Outbreak of Human Infection Due to *Salmonella* Typhimurium Phage-Type 20a Associated with Infection in Calves." *Lancet* 1, no. 7182 (April 22, 1961): 854-58.

Anderson, E. S., and M. J. Lewis. "Characterization of a Transfer Factor Associated with Drug Resistance in *Salmonella* Typhimurium." *Nature* 208, no. 5013 (November 27, 1965): 843-49.

_____. "Drug Resistance and Its Transfer in *Salmonella* Typhimurium." *Nature* 206, no. 984 (May 8, 1965): 579-83.

Anderson, E. S. "One Fine Day." *New Scientist*, January 19, 1978.

Andersson, M. I. "Development of the Quinolones." *Journal of Antimicrobial Chemotherapy* 51, no. 90001 (May 1, 2003): 1-11.

Andrews, James. "Jack in the Box and the Decline of *E. coli*." *Food Safety News*, February 11, 2013. http://www.foodsafetynews.com/2013/02/jack-in-the-box-and-the-decline-of-e-coli/#.WKO_UfONtF8.

Andriole, Vincent T. "The Quinolones: Past, Present, and Future." *Clinical Infectious Diseases* 41, Suppl. 2 (2005): S113-S119.

Angulo, F. J., et al. "Origins and Consequences of Antimicrobial-Resistant Nontyphoidal Salmonella: Implications for the Use of Fluoroquinolones in Food Animals." *Microbial Drug Resistance* 6, no. 1 (2000): 77-83.

Angulo, F. J., et al. "Evidence of an Association Between Use of Anti-Microbial Agents in Food Animals and Anti-Microbial Resistance Among Bacteria Isolated From Humans and the Human Health Consequences of Such Resistance." *Journal of Veterinary Medicine. B, Infectious Diseases and Veterinary Public Health* 51, no. 8-9 (November 2004): 374-79.

Animal Agriculture Coalition. "AAC Followup Letter to Margaret A. Hamburg, MD, Commissioner, Joshua M. Sharfstein, MD, Deputy Commissioner, Food and Drug Administration." July 16, 2009. http://www.aavld.org/assets/documents/AAC%20followup%20letter%20to%20FDA%20-%20FINAL%20-%20July%2016%202009.pdf.

"Animal Magicians: A $60,000 Horse, and Rabbits on a Modern Laboratory Farm Help Produce Precious Serum That Saves Many Human Lives." Popular Science (February 1942).

"Antibiotic Is Approved." New York Times, October 4, 1956.

"Antibiotic on Human Food." Science News-Letter 68, no. 24 (1955): 373.

"Antibiotics and Food." Chemical and Engineering News, December 12, 1955.

"Antibiotics as Food Preservatives." British Medical Journal 2, no. 4997 (1956): 870.

"Antibiotics in Milk." British Medical Journal 1, no. 5344 (June 8, 1963): 1491-92.

"Antibiotics in the Barnyard." Fortune, March 1952.

"Antibiotics on the Farm." Nature 219 (July 13, 1968): 106-7.

"Antibiotics Used to Preserve Food." New York Times, October 20, 1956.

Arcilla, Maris S., et al. "Dissemination of the mcr-1 Colistin Resistance Gene." Lancet Infectious Diseases 16, no. 2 (February 2016): 147-49.

Årdal, Christine, et al. "International Cooperation to Improve Access to and Sustain Effectiveness of Antimicrobials." Lancet 387, no. 10015 (January 2016): 296-307.

"Army Reduces Meat Ration as Famine Grows." Chicago Tribune, September 29, 1946, sec. 1.

Arnedo-Pena, A., et al. "Reactive Arthritis and Other Musculoskeletal Sequelae Following an Outbreak of Salmonella Hadar in Castellon, Spain." Journal of Rheumatology 37, no. 8 (August 1, 2010): 1735-42.

"Around Capitol Square." Burlington (NC) Daily Times, November 21, 1956.

"The Art of Pickin' Chicken." (Syracuse, NY) Post-Standard, July 3, 1957. Advertisement.

Aslam, Mueen, et al. "Characterization of Extraintestinal Pathogenic Escherichia *coli* Isolated From Retail Poultry Meats From Alberta, Canada." *International Journal of Food Microbiology* 177 (May 2, 2014): 49-56.

Associated Press. "Antibiotics Will Be Used in Animal Feeds for '77." *New York Times*, September 24, 1977.

———. "DNA Evidence Links Drug-Resistant Infection to Dairy Farm." October 4, 1999.

———. "Drug May Change Fish Marketing." *Fairbanks (AK) Daily News-Miner*. December 1, 1955.

———. "F.D.A. to Order Big Cuts in Penicillin for Animals." *New York Times*, April 16, 1977.

———. "He's Used to Having the Feathers Fly : Chicken Farmer Frank Perdue Is No Stranger to Controversy." *Los Angeles Times*, November 30, 1991.

———. "Tyler Firm to Preserve Chickens by Antibiotics." *Corpus Christi (TX) Caller Times*. December 18, 1955.

Atkinson, Joe W. "Trends in Poultry Hygiene." *Public Health Reports (1896-1970)* 72, no. 11 (1957): 949-56.

"Aureomycin Keeps Poultry Fresh." *Denton (MD) Journal*, December 16, 1955.

Ayres, J. C. "Use of Antibiotics in the Preservation of Poultry." In *Antibiotics in Agriculture: Proceedings of the University of Nottingham Ninth Easter School in Agricultural Science*, edited by M. Woodbine, 244-71. London: Butterworths, 1962.

Azad, M. B., et al. "Infant Antibiotic Exposure and the Development of Childhood Overweight and Central Adiposity." *International Journal of Obesity* 38, no. 10 (October 2014): 1290-98.

Azvolinsky, Anna. "Resistance Fighter." *Scientist*, June 1, 2015.

Bailar, John C., and Karin Travers. "Review of Assessments of the Human Health Risk Associated with the Use of Antimicrobial Agents in Agriculture." *Clinical Infectious Diseases* 34, Suppl. 3 (June 1, 2002): S135-43.

Baker, Michael. "How 'Barbecue Bob' Baker Transformed Chicken." *Ezra*, Summer 2012.

Baker, O. E., and United States. *A Graphic Summary of Farm Animals and Animal Products: (Based Largely on the Census of 1930 and 1935)*. Miscellaneous Publication/U.S. Department of Agriculture, no. 269. Washington, D.C.: U.S. Department of Agriculture, 1939. https://catalog.hathitrust.org/Record/009791326.

Barber, Mary. "The Waning Power of Penicillin." *British Medical Journal* 2, no. 4538 (December 2, 1947): 1053.

Barnes, E. M. "The Use of Antibiotics for the Preservation of Poultry and Meat." *Bibliotheca Nutritio Et Dieta* 10 (1968): 62-76.

Barnes, Kimberlee K., et al. "A National Reconnaissance of Pharmaceuticals and Other Organic Wastewater Contaminants in the United States—I) Groundwater." *Science of the Total Environment* 402, no. 2-3 (September 1, 2008): 192-200.

Barza, Michael. "Potential Mechanisms of Increased Disease in Humans From Antimicrobial Resistance in Food Animals." *Clinical Infectious Diseases* 34, Suppl. 3 (June 1, 2002): S123-25.

Barza, Michael, and Karin Travers. "Excess Infections Due to Antimicrobial Resistance: The 'Attributable Fraction.'" *Clinical Infectious Diseases* 34, Suppl. 3 (June 1, 2002): S126-30.

Bates, J. "Epidemiology of Vancomycin-Resistant Enterococci in the Community and the Relevance of Farm Animals to Human Infection." *Journal of Hospital Infection* 37 (October 1997): 89-101.

Batt, Angela L., et al. "Evaluating the Vulnerability of Surface Waters to Antibiotic Contamination From Varying Wastewater Treatment Plant Discharges." *Environmental Pollution* 142, no. 2 (July 2006): 295-302.

Benarde, M. A., and R. A. Littleford. "Antibiotic Treatment of Crab and Oyster Meats." *Applied Microbiology* 5, no. 6 (November 1957): 368-72.

Benedict, Jeff. *Poisoned: The True Story of the Deadly E. coli Outbreak That Changed the Way Americans Eat*. Buena Vista, VA: Inspire Books, 2011.

Bergeron, Catherine Racicot, et al. "Chicken as Reservoir for Extraintestinal Pathogenic *Escherichia coli* in Humans, Canada." *Emerging Infectious Diseases*

18, no. 3 (March 2012): 415-21.

Bernhardt, Courtney, et al. "More Phosphorus, Less Monitoring." Environmental Integrity Project, September 8, 2015. http://www.environmentalintegrity.org/reports/more-phosphorus-less-monitoring/.

Bernhardt, Courtney, et al. "Manure Overload on Maryland's Eastern Shore." Environmental Integrity Project, December 8, 2014. http://www.environmental integrity.org/news/new-report-manure-overload-on-marylands-eastern-shore/.

Berrazeg, M., et al. "New Delhi Metallo-Beta-Lactamase Around the World: An eReview Using Google Maps." *Eurosurveillance* 19, no. 20 (May 22, 2014).

Bessei, W. "Welfare of Broilers: A Review." *World's Poultry Science Journal* 62, no. 3 (September 2006): 455-66.

Blaser, M. J. "Antibiotic Use and Its Consequences for the Normal Microbiome." *Science* 352, no. 6285 (April 29, 2016): 544-45.

Blaser, Martin J. "Who Are We? Indigenous Microbes and the Ecology of Human Diseases." *EMBO Reports* 7, no. 10 (October 2006): 956-60.

____. *Missing Microbes: How the Overuse of Antibiotics Is Fueling Our Modern Plagues*. New York: Holt and Co., 2014.

Blaser, Martin J., and Stanley Falkow. "What Are the Consequences of the Disappearing Human Microbiota?" *Nature Reviews Microbiology* 7, no. 12 (2009): 887-94.

Bogdanovich, T., et al. "Colistin-Resistant, *Klebsiella pneumoniae* Carbapenemase (KPC)-Producing *Klebsiella pneumoniae* Belonging to the International Epidemic Clone ST258." *Clinical Infectious Diseases* 53, no. 4 (August 15, 2011): 373-76.

Bonar, Samantha. "Foster Farms Finally Recalls Chicken." *LA (CA) Weekly*, July 7, 2014. http://www.laweekly.com/content/printView/4829157.

Bondt, Nico, et al. "Trends in Veterinary Antibiotic Use in the Netherlands 2004-2012." Wageningen, NL: LEI, Wageningen University, November 2012. http://www.wur.nl/upload_mm/8/7/f/e4deb048-6a0c-401e-9620-fab655287fbc_Trends%20in%20use%202004-2012.pdf.

Bonten, Marc J. M., et al. "Vancomycin-Resistant Enterococci: Why Are They Here, and Where Do They Come From?" *Lancet Infectious Diseases* 1, no. 5 (2001): 314-25.

Boyd, William. "Making Meat: Science, Technology, and American Poultry Production." *Technology and Culture* 42, no. 4 (2001): 631-64.

Braude, R. "Antibiotics in Animal Feeds in Great Britain." *Journal of Animal Science* 46, no. 5 (May 1978): 1425-36.

Braude, R., et al. "The Value of Antibiotics in the Nutrition of Swine: A Review." *Antibiotics and Chemotherapy* 3, no. 3 (March 1953): 271-91.

Brown, J. R. "'Aureomycin, Plot 23 and the Smithsonian Institution,' Excerpted From JR Brown, '100 Years—Sanborn Field: A Capsule of Scientific Agricultural History in Central Missouri,'" MU in Brick and Mortar, 2006. http://muarchives. missouri.edu/historic/buildings/Sanborn/files/aueromycin.pdf.

Brown, Kevin. "The History of Penicillin From Discovery to the Drive to Production." *Pharmaceutical Historian* 34, no. 3 (September 2004): 37-43.

Brownell, Kelly D., and Kenneth E. Warner. "The Perils of Ignoring History: Big Tobacco Played Dirty and Millions Died. How Similar Is Big Food?" *Milbank Quarterly* 87, no. 1 (March 2009): 259-94.

Bruinsma, Jelle. "World Agriculture: Towards 2015/2030: An FAO Perspective." Food and Agriculture Organisation of the United Nations. Accessed February 17, 2017. http://www.fao.org/docrep/005/y4252e/y4252e05b.htm.

Bud, Robert. *Penicillin: Triumph and Tragedy*. New York: Oxford University Press, 2006.

Bugos, Glenn E. "Intellectual Property Protection in the American Chicken-Breeding Industry." *Business History Review* 66, no. 1 (March 1992): 127-68.

Bunge, Jacob. "Sanderson Farms CEO Resists Poultry-Industry Move to Curb Antibiotics." *Wall Street Journal*, May 20, 2015. http://www.wsj.com/articles/ sanderson-farms-ceo-resists-poultry-industry-move-to-curb-antibiotics-1432137667.

Burnside, J. E., and T. J. Cunha. "Effect of Animal Protein Factor Supplement on Pigs Fed Different Protein Supplements." *Archives of Biochemistry* 23, no. 2

(September 1949): 328-30.

Butaye, P., et al. "Antimicrobial Growth Promoters Used in Animal Feed: Effects of Less Well Known Antibiotics on Gram-Positive Bacteria." *Clinical Microbiology Reviews* 16, no. 2 (April 1, 2003): 175-88.

"Capuchino Foods Advertisement." San Mateo (CA). *The Post.* January 17, 1962.

Carpenter, Kenneth J. "Thomas Hughes Jukes (1906-1999)." *Journal of Nutrition* 130, no. 6 (2000): 1521-23.

Carrel, Margaret, et al. "Residential Proximity to Large Numbers of Swine in Feeding Operations Is Associated With Increased Risk of Methicillin-Resistant *Staphylococcus aureus* Colonization at Time of Hospital Admission in Rural Iowa Veterans." *Infection Control and Hospital Epidemiology* 35, no. 2 (February 2014): 190-92.

Casewell, M. "The European Ban on Growth-Promoting Antibiotics and Emerging Consequences for Human and Animal Health." *Journal of Antimicrobial Chemotherapy* 52, no. 2 (July 1, 2003): 159-61.

Casey, Joan A., et al. "High-Density Livestock Operations, Crop Field Application of Manure, and Risk of Community-Associated Methicillin-Resistant *Staphylococcus aureus* Infection in Pennsylvania." *Journal of the American Medical Association Internal Medicine* 173, no. 21 (November 25, 2013): 1980.

Castanheira, Mariana, et al. "Detection of *mcr-1* Among *Escherichia coli* Clinical Isolates Collected Worldwide as Part of the SENTRY Antimicrobial Surveillance Program in 2014 and 2015." *Antimicrobial Agents and Chemotherapy* 60, no. 9 (September 2016): 5623-24.

Castanon, J. I. R. "History of the Use of Antibiotic as Growth Promoters in European Poultry Feeds." *Poultry Science* 86, no. 11 (November 1, 2007): 2466-71.

Castillo Neyra, et al. "Multidrug-Resistant and Methicillin-Resistant *Staphylococcus aureus* (MRSA) in Hog Slaughter and Processing Plant Workers and Their Community in North Carolina (USA)." *Environmental Health Perspectives*, February 7, 2014.

Catry, Boudewijn, et al. "Use of Colistin-Containing Products within the European Union and European Economic Area (EU/EEA): Development of Resistance in Animals and Possible Impact on Human and Animal Health." *International Journal of Antimicrobial Agents* 46, no. 3 (September 2015): 297-306.

CDC Foodborne Diseases Active Surveillance Network. "FoodNet 2012 Surveillance Report (Final Report)." Atlanta, GA: U.S. Department of Health and Human Services, Centers for Disease Control and Prevention, 2014. https://www.cdc.gov/foodnet/PDFs/2012_annual_report_508c.pdf.

"'Celbenin'-Resistant Staphylococci." *British Medical Journal*, January 14, 1961, 1113-14.

Center for Food Integrity. "Expert Panel Examines Broiler Farm Video." April 19, 2016. http://www.foodintegrity.org/wp-content/uploads/2016/04/ACRP-broiler-video-04-19-16-FINAL.pdf.

Center for a Livable Future. "Industrial Food Animal Production in America: Examining the Impact of the Pew Commission's Priority Recommendations." Baltimore, MD: Johns Hopkins Bloomberg School of Public Health, October 2013. http://www.jhsph.edu/research/centers-and-institutes/johns-hopkins-center-for-a-livable-future/_pdf/research/clf_reports/CLF-PEW-for%20Web.pdf.

Center for Veterinary Medicine, Food and Drug Administration, U.S. Department of Health and Human Services. "2009 Summary Report on Antimicrobials Sold or Distributed for Use in Food-Producing Animals (Revised September 2014)." Washington, D.C.: Food and Drug Administration, December 9, 2010. http://www.fda.gov/downloads/ForIndustry/UserFees/AnimalDrugUserFeeActADUFA/UCM231851.pdf.

———. "2010 Summary Report on Antimicrobials Sold or Distributed for Use in Food-Producing Animals (Revised September 2014)." Washington, D.C.: Food and Drug Administration, October 28, 2011. http://www.fda.gov/downloads/ForIndustry/UserFees/AnimalDrugUserFeeActADUFA/UCM277657.pdf.

———. "2011 Summary Report on Antimicrobials Sold or Distributed for Use in Food-Producing Animals (Revised September 2014)." Washington, D.C.: Food and Drug Administration, February 5, 2013. http://www.fda.gov/downloads/ForIndustry/UserFees/AnimalDrugUserFeeActADUFA/UCM338170.pdf.

____. "2012 Summary Report on Antimicrobials Sold or Distributed for Use in Food-Producing Animals." Washington, D.C.: Food and Drug Administration, September 2014. http://www.fda.gov/downloads/ForIndustry/UserFees/AnimalDrugUserFeeActADUFA/UCM416983.pdf.

____. "2013 Summary Report on Antimicrobials Sold or Distributed for Use in Food-Producing Animals." Washington, D.C.: Food and Drug Administration, April 2015. http://www.fda.gov/downloads/ForIndustry/UserFees/AnimalDrug UserFeeActADUFA/UCM440584.pdf.

____. "2014 Summary Report on Antimicrobials Sold or Distributed for Use in Food-Producing Animals." Washington, D.C.: Food and Drug Administration, December 2015. http://www.fda.gov/downloads/ForIndustry/UserFees/AnimalDrugUserFeeActADUFA/UCM476258.pdf.

____. "2015 Summary Report on Antimicrobials Sold or Distributed for Use in Food-Producing Animals." Washington, D.C.: Food and Drug Administration, December 2016. http://www.fda.gov/downloads/ForIndustry/UserFees/AnimalDrugUserFeeActADUFA/UCM534243.pdf.

____. "FDA Announces Final Decision About Veterinary Medicine." July 28, 2005. https://www.fda.gov/NewsEvents/Newsroom/PressAnnouncements/2005/ucm108467.htm.

____. "FDA Secures Full Industry Engagement on Antimicrobial Resistance Strategy." June 30, 2014. http://www.fda.gov/AnimalVeterinary/NewsEvents/CVMUpdates/ucm403285.htm.

____. "FDA Update on Animal Pharmaceutical Industry Response to Guidance #213." June 11, 2015. http://www.fda.gov/AnimalVeterinary/SafetyHealth/AntimicrobialResistance/JudiciousUseofAntimicrobials/ucm390738.htm.

____. "FDA Update on Animal Pharmaceutical Industry Response to Guidance #213." March 26, 2014. http://www.fda.gov/AnimalVeterinary/SafetyHealth/AntimicrobialResistance/JudiciousUseofAntimicrobials/ucm390738.htm.

____. "Guidance for Industry #152: Evaluating the Safety of Antimicrobial New Animal Drugs With Regard to Their Microbiological Effects on Bacteria of Human Health Concern." Washington, D.C.: Food and Drug Administration, October 23, 2003. http://www.fda.gov/downloads/AnimalVeterinary/Guidance ComplianceEnforcement/GuidanceforIndustry/UCM052519.pdf.

____. "Guidance for Industry #209 : The Judicious Use of Medically Important Antimicrobial Drugs in Food-Producing Animals." Washington, D.C.: Food and Drug Administration, April 30, 2012. http://www.fda.gov/downloads/ AnimalVeterinary/GuidanceComplianceEnforcement/GuidanceforIndustry/ UCM216936.pdf.

____. "Guidance for Industry #213: New Animal Drugs and New Animal Drug Combination Products Administered in or on Medicated Feed or Drinking Water of Food-Producing Animals: Recommendations for Drug Sponsors for Voluntarily Aligning Product Use Conditions With GFI #209." Washington, D.C: Food and Drug Administration, December 2013. http://www.fda.gov/ downloads/AnimalVeterinary/GuidanceComplianceEnforcement/Guidancefor Industry/UCM299624.pdf.

____. "Human Health Impact of Fluoroquinolone Resistant *Campylobacter* Attributed to the Consumption of Chicken." October 18, 2000. https://www. fda.gov/downloads/AnimalVeterinary/SafetyHealth/RecallsWithdrawals/ UCM152308.pdf

____. "Product Safety Information—Questions and Answers Regarding 3-Nitro (Roxarsone)." April 2015. http://www.fda.gov/AnimalVeterinary/SafetyHealth/ ProductSafetyInformation/ucm258313.htm.

Center for Veterinary Medicine, Food and Drug Administration, Centers for Disease Control and Prevention, and U.S. Department of Agriculture. "On-Farm Antimicrobial Use and Resistance Data Collection: Transcript of a Public Meeting, September 30, 2015." Washington, D.C., September 30, 2015. https://www.regulations.gov/document?D=FDA-2015-N-2768-0011.

Centers for Disease Control and Prevention, U.S. Department of Health and

Human Services. "Antibiotic Resistance Threats in the United States, 2013." Atlanta, GA: U.S. Department of Health and Human Services, Centers for Disease Control and Prevention, November 2013. https://www.cdc.gov/drugresistance/threat-report-2013/.

_____. "Four Pediatric Deaths From Community-Acquired Methicillin-Resistant *Staphylococcus aureus*—Minnesota and North Dakota, 1997-1999." *Morbidity and Mortality Weekly Report* 48, no. 32 (August 20, 1999): 707-10.

_____. "Multidrug-Resistant *Salmonella* Serotype Typhimurium—United States, 1996." *Morbidity and Mortality Weekly Report* 46, no. 14 (April 11, 1997): 308-10.

_____. "Multistate Outbreak of *Salmonella* Heidelberg Infections Linked to Chicken (Final Update) July 10, 2013." July 10, 2013. https://www.cdc.gov/salmonella/heidelberg-02-13/index.html.

_____. "Multistate Outbreak of Multidrug-Resistant *Salmonella* Heidelberg Infections Linked to Foster Farms Brand Chicken (Final Update)." Atlanta, GA, July 31, 2014. https://www.cdc.gov/salmonella/heidelberg-10-13/index.html.

_____. "Nosocomial Enterococci Resistant to Vancomycin—United States, 1989-1993." *Morbidity and Mortality Weekly Report* 42, no. 30 (August 6, 1993): 597-99.

_____. "Outbreak of *Salmonella* Heidelberg Infections Linked to a Single Poultry Producer—13 States, 2012-2013." *Morbidity and Mortality Weekly Report* 62, no. 27 (July 12, 2013): 553-56.

_____. "Pneumocystis Pneumonia—Los Angeles." *Morbidity and Mortality Weekly Report* 30, no. 21 (June 5, 1981): 250-52.

_____. "Press Briefing Transcript—CDC Telebriefing on Today's Drug-Resistant Health Threats." Centers for Disease Control and Prevention, September 16, 2013. https://www.cdc.gov/media/releases/2013/t0916_health-threats.html.

_____. "PulseNet: 20 Years of Making Food Safer to Eat." Accessed April 3, 2016. https://www.cdc.gov/pulsenet/pdf/pulsenet-20-years_4_pg_final_508.pdf.

_____. "Update: Multistate Outbreak of *Escherichia coli* O157:H7 Infections From Hamburgers—Western United States, 1992-1993." *Morbidity and Mortality Weekly Report* 42, no. 14 (April 16, 1993): 258-63.

Cetinkaya, Y., et al. "Vancomycin-Resistant Enterococci." *Clinical Microbiology Reviews* 13, no. 4 (October 2000): 686-707.

Chaney, Margaret S. "The Role of Science in Today's Food." *Marriage and Family Living* (May 1957): 142-149.

"Changes in Methods of Marketing Are on the Way." *Salisbury (MD) Times*, December 4, 1956.

Chapman, H. D., et al. "Forty Years of Monensin for the Control of Coccidiosis in Poultry." *Poultry Science* 89, no. 9 (September 2010): 1788-1801.

Charles, Dan. "How Foster Farms Is Solving the Case of the Mystery Salmonella." The Salt, National Public Radio, August 28, 2014. http://www.npr.org/sections/thesalt/2014/08/28/342166299/how-foster-farms-is-solving-the-case-of-the-mystery-salmonella.

_____. "Is Foster Farms a Food Safety Pioneer or a Persistent Offender?" The Salt, National Public Radio, July 9, 2014. http://www.npr.org/sections/thesalt/2014/07/09/330160016/is-foster-farms-a-food-safety-pioneer-or-a-persistent-offender.

Chee-Sanford, J. C., et al. "Occurrence and Diversity of Tetracycline Resistance Genes in Lagoons and Groundwater Underlying Two Swine Production Facilities." *Applied and Environmental Microbiology* 67, no. 4 (April 1, 2001): 1494-1502.

Cherrington, John. "Why Antibiotics Face Their Swann Song." *Financial Times*, November 11, 1969.

Chesapeake Bay Foundation. "Manure's Impact on Rivers, Streams and the Chesapeake Bay." July 28, 2004. http://www.cbf.org/document.doc?id=137.

"Chlortetracycline as a Preservative." *Public Health Reports (1896-1970)* 71, no. 1 (1956): 66.

"Clamp down." *Economist*, November 22, 1969.

Clark, W. F., et al. "Long Term Risk for Hypertension, Renal Impairment, and

Cardiovascular Disease After Gastroenteritis From Drinking Water Contaminated With *Escherichia coli* O157:H7: A Prospective Cohort Study." *British Medical Journal* 341, (November 17, 2010): c6020.

Cloud, Joe. "The Fight to Save Small-Scale Slaughterhouses." *Atlantic*, May 24, 2010. https://www.theatlantic.com/health/archive/2010/05/the-fight-to-save-small-scale-slaughterhouses/57114/.

Coates, M. E. "The Value of Antibiotics for Growth of Poultry." In *Antibiotics in Agriculture: Proceedings of the University of Nottingham Ninth Easter School in Agricultural Science*, edited by M. Woodbine. London: Butterworths, 1962, 203-208.

Coates, M. E., et al. "A Mode of Action of Antibiotics in Chick Nutrition." *Journal of the Science of Food and Agriculture* (January 1952): 43-48.

"Cock Fight: Meet the Farmer Blowing the Whistle on Big Chicken." *Fusion Interactive*, February 2015. http://interactive.fusion.net/cock-fight/.

Cody, S. H., et al. "Two Outbreaks of Multidrug-Resistant *Salmonella* Serotype Typhimurium DT104 Infections Linked to Raw-Milk Cheese in Northern California." *Journal of the American Medical Association* 281, no. 19 (May 19, 1999): 1805-10.

Cogliani, Carol, et al. "Restricting Antimicrobial Use in Food Animals: Lessons From Europe." *Microbe* 6, no. 6 (2011): 274-79.

Cohen, M. L., and R. V. Tauxe. "Drug-Resistant Salmonella in the United States: An Epidemiologic Perspective." *Science* 234, no. 4779 (November 21, 1986): 964-69.

Collignon, Peter. "Fluoroquinolone Use in Food Animals." *Emerging Infectious Diseases* 11, no. 11 (November 2005): 1789-92.

Collignon, Peter, et al. "Human Deaths and Third-Generation Cephalosporin Use in Poultry, Europe." *Emerging Infectious Diseases* 19, no. 8 (August 2013): 1339-40.

Collingham, E. M. *The Taste of War: World War Two and the Battle for Food.* London: Allen Lane, 2011.

Combs, G. F. "Mode of Action of Antibiotics in Poultry." In *Proceedings, First International Conference on the Use of Antibiotics in Agriculture, 19-21 October 1955*, pp. 107-25. Washington, D.C.: National Academy of Sciences, 1956.

Comery, R., et al. "Identification of Potentially Diarrheagenic Atypical Enteropathogenic *Escherichia coli* Strains Present in Canadian Food Animals at Slaughter and in Retail Meats." *Applied and Environmental Microbiology* 79, no. 12 (June 15, 2013): 3892-96.

Committee on Salmonella, National Research Council. *An Evaluation of the Salmonella Problem*. Washington, D.C.: National Academy of Sciences, 1969.

Committee on the Judiciary, U.S. Senate. *Arbitration: Is It Fair When Forced? 2011. Hearing Before the Committee on the Judiciary, U.S. Senate*, 112th Cong., 1st sess., Pub. L. No. J-112-47, 2011. https://www.gpo.gov/fdsys/pkg/CHRG-112shrg71582/html/CHRG-112shrg71582.htm.

Communicable Disease Center, U.S. Department of Health, Education and Welfare. *Proceedings, National Conference on Salmonellosis, March 11-13, 1964*. Atlanta, GA: U.S. Department of Health, Education and Welfare, March 1965.

Communicable Disease Control Section, Seattle-King County Department of Public Health. "Surveillance of the Flow of *Salmonella* and *Campylobacter* in a Community. Prepared for U.S. Department of Health and Human Services, Public Health Service, Food and Drug Administration Bureau of Veterinary Medicine." Seattle: Seattle-King County Department of Public Health, August 1984.

Compassion in World Farming. *Chicken Factory Farmer Speaks Out*. 2014. https://www.youtube.com/watch?v=YE9l94b3x9U.

Conis, Elena. "Debating the Health Effects of DDT: Thomas Jukes, Charles Wurster, and the Fate of an Environmental Pollutant." *Public Health Reports* 125, no. 2 (April 2010): 337-42.

"Consumer." "Chicken Flavor." *Mercury*. December 30, 1959.

Cook, Robert E., et al. "How Chicken on Sunday Became an Anyday Treat." In

That We May Eat: The Yearbook of Agriculture—1975. Washington, D.C.: U.S. Department of Agriculture, 1975, 125-32.

"Co-Op Shopping Center." *(Eau Claire, WI) Daily Telegram*, June 17, 1964. Advertisement.

Cox, Jeremy. "Why Somerset Turned Up the Heat on Chicken Farms." Delmarva Media Group, June 13, 2016. http://www.delmarvanow.com/story/news/local/maryland/2016/06/10/why-somerset-turned-up-heat-chicken-farms/85608166/.

Cox, Laura M., and Martin J. Blaser. "Antibiotics in Early Life and Obesity." *Nature Reviews Endocrinology* 11, no. 3 (December 9, 2014): 182-90.

Cox, Laura M., et al. "Altering the Intestinal Microbiota During a Critical Developmental Window Has Lasting Metabolic Consequences." *Cell* 158, no. 4 (August 2014): 705-21.

Crow, James F. "Thomas H. Jukes (1906-1999)." *Genetics* 154, no. 3 (2000): 955-56.

Cunha, T. J., and J. E. Burnside. "Effect of Vitamin B_{12}, Animal Protein Factor and Soil for Pig Growth." *Archives of Biochemistry* 23, no. 2 (September 1949): 324-26.

Curtis, Jack M. "Food and Drug Projects of Interest to State Health Officers: Antibiotics and Food." *Public Health Reports (1896-1970)* 71, no. 1 (1956): 50-51.

Danbury, T. C., et al. "Self-Selection of the Analgesic Drug Carprofen by Lame Broiler Chickens." *Veterinary Record* 146 (March 11, 2000): 307-11.

"Dangerous Contaminated Chicken." *Consumer Reports* (January 2014). http://www.consumerreports.org/cro/magazine/2014/02/the-high-cost-of-cheap-chicken/index.htm.

"The Dangers of Misusing Antibiotics." *Guardian (Manchester)*, February 3, 1968.

Dar, Osman A, et al. "Exploring the Evidence Base for National and Regional Policy Interventions to Combat Resistance." *Lancet* 387, no. 10015 (January 2016): 285-95.

Das, Pamela, and Richard Horton. "Antibiotics: Achieving the Balance Between Access and Excess." *Lancet* 387, no. 10014 (January 2016): 102-4.

Datta, N. "Transmissible Drug Resistance in an Epidemic Strain of *Salmonella* Typhimurium." *Journal of Hygiene* 60 (September 1962): 301-10.

Davis, Meghan F., et al. "An Ecological Perspective on U.S. Industrial Poultry Production: The Role of Anthropogenic Ecosystems on the Emergence of Drug-Resistant Bacteria From Agricultural Environments." *Current Opinion in Microbiology* 14, no. 3 (June 2011): 244-50.

Dawson, Sam. "Food Research." Massillon (OH). *Evening Independent*, June 1, 1956.

____. "New Methods to Keep Food Under Study." *Freeport (IL) Journal-Standard*, June 1, 1956.

Deatherage, F. E. "Antibiotics in the Preservation of Meat." In *Antibiotics in Agriculture: Proceedings of the University of Nottingham Ninth Easter School in Agricultural Science*, edited by M. Woodbine, 225-43. London: Butterworths, 1962.

____. Method of preserving meat. U.S. Patent 2786768 A, filed May 12, 1954, and issued March 26, 1957. http://www.google.com/patents/US2786768.

____. "Use of Antibiotics in the Preservation of Meats and Other Food Products." *American Journal of Public Health and the Nation's Health* 47, no. 5 (May 1957): 594-600.

Dechet, Amy M., et al. "Outbreak of Multidrug-Resistant *Salmonella enterica* Serotype Typhimurium Definitive Type 104 Infection Linked to Commercial Ground Beef, Northeastern United States, 2003-2004." *Clinical Infectious Diseases* 42, no. 6 (March 15, 2006): 747-52.

Deo, Randhir P. "Pharmaceuticals in the Surface Water of the USA: A Review." *Current Environmental Health Reports* 1, no. 2 (June 2014): 113-22.

Department of Health. "Antimicrobial Resistance Poses 'Catastrophic Threat,' Says Chief Medical Officer." Gov.uk, March 12, 2013. https://www.gov.uk/government/news/antimicrobial-resistance-poses-catastrophic-threat-sayschief-medical-officer--2.

"The Diary of a Tragedy." *Evening Gazette (Middlesbrough)*, March 7, 1968.

Dierikx, Cindy, et al. "Increased Detection of Extended Spectrum Beta-Lactamase Producing *Salmonella enterica* and *Escherichia coli* Isolates From Poultry." *Veterinary Microbiology* 145, no. 3-4 (October 2010): 273-78.

Dietary Goals for the United States. Prepared by the Staff of the Select Committee on Nutrition and Human Needs, United States Senate. 2nd ed. Washington, D.C.: Government Printing Office, 1977.

Dixon, Bernard. "Antibiotics on the Farm—Major Threat to Human Health." *New Scientist*, October 5, 1967.

Dow Jones. "U.S. Approves Antibiotic Drug to Preserve Uncooked Poultry." *Bridgeport (CT) Telegram*, December 1, 1955.

Du, Hong, et al. "Emergence of the *mcr-1* Colistin Resistance Gene in Carbapenem-Resistant Enterobacteriaceae." *Lancet Infectious Diseases* 16, no. 3 (March 2016): 287-88.

Duggar, Benjamin M. Aureomycin and preparation of same. Patent U.S. Patent 2,482,055 A, filed February 11, 1948, and issued September 13, 1949. http://www.google.com/patents/US2482055.

Durbin, C. G. "Antibiotics in Food Preservation." *American Journal of Public Health and the Nation's Health* 46, no. 10 (October 1956): 1306-8.

Dyer, I. A., et al. "The Effect of Adding APF Supplements and Concentrates Containing Supplementary Growth Factors to a Corn-Soybean Oil Meal Ration for Weanling Pigs." *Journal of Animal Science* 9, no. 3 (August 1950): 281-88.

Eckblad, Marshall. "Dark Meat Getting a Leg Up on Boring Boneless Breast." *Wall Street Journal*, April 16, 2012. http://www.wsj.com/articles/SB10001424052702304587704577333923937879132.

"Economic Report on Antibiotics Manufacture." U.S. Federal Trade Commission, June 1958. http://hdl.handle.net/2027/mdp.39015072106332.

Economic Research Service, U.S. Department of Agriculture. "Tracking Foodborne Pathogens From Farm to Table." Washington, D.C.: U.S. Department of Agriculture Economic Research Service, January 9, 1995. https://www.ers.usda.gov/webdocs/publications/mp1532/32452_mp1532_002.pdf.

Ekkelenkamp, M. B., et al. "Endocarditis Due to Methicillin-Resistant *Staphylococcus aureus* Originating From Pigs." *Nederlands Tijdschrift Voor Geneeskunde* 150, no. 44 (November 4, 2006): 2442-47.

Elfick, Dominic. "A Brief History of Broiler Selection: How Chicken Became a Global Food Phenomenon in 50 Years." Aviagen International, 2013. http://cn.aviagen.com/assets/Sustainability/50-Years-of-Selection-Article-final.pdf.

Endtz, Hubert P., et al. "Quinolone Resistance in *Campylobacter* Isolated from Man and Poultry Following the Introduction of Fluoroquinolones in Veterinary Medicine." *Journal of Antimicrobial Chemotherapy* 27, no. 2 (1991): 199-208.

Eng, Monica. "Meat With Antibiotics off the Menu at Some Hospitals." *Chicago Tribune*, July 20, 2010. http://articles.chicagotribune.com/2010-07-20/health/ct-met-hospital-meat-20100718_1_antibiotic-free-antibiotics-for-growth-promotion-food-producing-animals.

Engster, H. M., et al. "The Effect of Withdrawing Growth Promoting Antibiotics From Broiler Chickens: A Long-Term Commercial Industry Study." *Journal of Applied Poultry Research* 11, no. 4 (December 1, 2002): 431-36.

European Centre for Disease Prevention and Control, European Food Safety Authority, and European Medicines Agency. "ECDC/EFSA/EMA First Joint Report on the Integrated Analysis of the Consumption of Antimicrobial Agents and Occurrence of Antimicrobial Resistance in Bacteria from Humans and Food-Producing Animals." *EFSA Journal* 13, no. 1 (January 30, 2015): 4006-20.

European Medicines Agency. "Updated Advice on the Use of Colistin Products in Animals Within the European Union: Development of Resistance and Possible Impact on Human and Animal Health." London: European Medicines Agency, July 27, 2016. http://www.ema.europa.eu/docs/en_GB/document_library/Scientific_guideline/2016/07/WC500211080.pdf.

_____. "Use of Colistin Products in Animals Within the European Union: Devel-

opment of Resistance and Possible Impact on Human and Animal Health."
London: European Medicines Agency, July 19, 2013. http://www.ema.
europa.eu/docs/en_GB/document_library/Report/2013/07/WC500146813.pdf.

European Parliament, and Council of the European Union. "Regulation (EC)
No. 1831/2003 of the European Parliament and of the Council of 22 Sep-
tember 2003 on Additives for Use in Animal Nutrition." Regulation (EC)
No. 1831/2003 § (2003). http://eur-lex.europa.eu/legal-content/EN/TXT/?uri=
CELEX%3A32003R1831.

Eykyn, S. J., and I. Phillips. "Community Outbreak of Multiresistant Invasive
Escherichia coli Infection." Lancet 2, no. 8521-22 (December 20, 1986): 1454.

Falk, Leslie A. "Will Penicillin Be Used Indiscriminately?" Journal of the American
Medical Association, March 17, 1945.

Falkow, Stanley. "Running Around in Circles: Following the 'Jumping Genes' of
Antibiotic Resistance." Infectious Diseases in Clinical Practice 9 (April 2000):
119-22.

"Famed Poultry Experts to Judge COT Finals at Hollidaysburg." Altoona (PA)
Tribune, April 9, 1956.

Fanoy, E., et al. "An Outbreak of Non-Typeable MRSA within a Residential Care
Facility." European Communicable Disease Bulletin 14, no. 1 (January 8, 2009).

Farber, L. "Antibiotics in Food Preservation." Annual Review of Microbiology 13,
no. 1 (October 1959): 125-40.

"Farmyard Use of Drugs." Times (London), November 21, 1969.

Ferguson, Dwight D., et al. "Detection of Airborne Methicillin-Resistant
Staphylococcus aureus Inside and Downwind of a Swine Building, and in
Animal Feed: Potential Occupational, Animal Health, and Environmental
Implications." Journal of Agromedicine 21, no. 2 (April 2, 2016): 149-53.

Fish, N. A. "Health Hazards Associated with Production and Preparation of
Foods." Revue Canadienne de Santé Publique 59, no. 12 (December 1968):
463-66.

Fishlock, David. "Government Action Urged on Farm Drugs." Financial Times,

May 1, 1968.

——. "Closer Control of Farm Antibiotics." *Financial Times*, November 21, 1969.

Flanary, Mildred E. "Five Firms Entertain Food Editors." Long Beach (CA). *Independent*, October 3, 1957.

Fleischer, Deborah. "UCSF Academic Senate Approves Resolution to Phase Out Meat Raised With Non-Therapeutic Antibiotics." UCSF Office of Sustainability, May 2013. http://sustainability.ucsf.edu/1.353.

"Food Additives Bills." *Journal of Agricultural and Food Chemistry* 3, no. 6 (June 1, 1955): 466.

Food and Agriculture Organisation of the United Nations. "The Rise of Unregulated Livestock Production in East and Southeast Asia Prompts Health Concerns." February 6, 2017. http://www.fao.org/asiapacific/news/detail-events/en/c/469630/.

Food and Drug Administration. "Certification of Batches of Antibiotic and Antibiotic-Containing Drugs." 16 Fed. Reg. 3647 § (1951).

——. "National Antimicrobial Resistance Monitoring System (NARMS) Integrated Report 2012-2013." Washington, D.C.: Food and Drug Administration. Accessed April 13, 2016. http://www.fda.gov/downloads/AnimalVeterinary/SafetyHealth/AntimicrobialResistance/NationalAntimicrobialResistanceMonitoringSystem/UCM453398.pdf.

——. "Report to the Commissioner of the Food and Drug Administration by the FDA Task Force on the Use of Antibiotics in Animal Feeds." Rockville, MD: Food and Drug Administration, 1972. http://hdl.handle.net/2027/coo.31924051104002.

Food and Drug Administration, Centers for Disease Control and Prevention, and U.S. Department of Agriculture. "On-Farm Antimicrobial Use and Resistance Data Collection Public Meeting, September 30, 2015 (FDA/CVM, CDC, and USDA)." Washington, D.C.: FDA/CVM, CDC, and USDA, November 27, 2015. https://www.regulations.gov/document?D=FDA-2015-N-2768-0011.

Food and Drug Administration, Office of Surveillance and Epidemiology. "Drug

Use Review." Washington, D.C.: U.S. Department of Health and Human Services Food and Drug Administration, April 5, 2012. http://www.fda.gov/downloads/drugs/drugsafety/informationbydrugclass/ucm319435.pdf.

Food and Drug Administration, U.S. Department of Health and Human Services. "Enrofloxacin for Poultry: Opportunity for Hearing." 65 Fed. Reg. 64954 § (2000).

____. "National Antimicrobial Resistance Monitoring System 2010 Retail Meat Report." Washington, D.C.: Food and Drug Administration, March 2012. http://www.fda.gov/downloads/AnimalVeterinary/SafetyHealth/Antimicrobial Resistance/NationalAntimicrobialResistanceMonitoringSystem/UCM293581.pdf.

Food and Drug Administration, U.S. Department of Health, Education and Welfare. "Diamond Shamrock Chemical Co., et al.: Penicillin-Containing Premixes; Opportunity for a Hearing." 42 Fed. Reg. 43772 § (1977).

____. Pfizer, Inc., et al. "Tetracycline (Chlortetracycline and Oxytetracycline)-Containing Premixes; Opportunity for a Hearing." 42 Fed. Reg. 56264 § (1977).

____. "Tolerances and Exemptions From Tolerances for Pesticide Chemicals in or on Raw Agricultural Commodities; Tolerance for Residues of Chlortetracycline." 20 Fed. Reg. 8776 § (1955).

____. "Exemption From Certification of Antibiotic Drugs for Use in Animal Feed and of Animal Feed Containing Antibiotic Drugs." 18 Fed. Reg. 2335 § (1953). https://www.loc.gov/item/fr018077/.

Food Integrity Campaign. "Historic Filing: Farmer Sues Perdue for Violation of FSMA Whistleblower Protection Law." February 19, 2015. http://www.foodwhistleblower.org/historic-filing-farmer-sues-perdue-for-violation-of-fsma-whistleblower-protection-law/.

"Foster Farms—Road Trip." The Hall of Advertising. YouTube. March 7, 2015. Advertisement. https://www.youtube.com/watch?v=3n1x71G1DEQ.

Fox, Grace. "The Origins of UNRRA." *Political Science Quarterly* 65, no. 4 (December 1950): 561. doi:10.2307/2145664.

Frana, Timothy S., et al. "Isolation and Characterization of Methicillin-Resistant

Staphylococcus aureus From Pork Farms and Visiting Veterinary Students."
PLoS ONE 8, no. 1 (January 3, 2013): e53738.

Frappaolo, P. J., and G. B. Guest. "Regulatory Status of Tetracyclines, Penicillin
and Other Antibacterial Drugs in Animal Feeds." *Journal of Animal Science*
62, suppl. 3 (1968): 86-92.

Freerksen, Enno. "Fundamentals of Mode of Action of Antibiotics in Animals."
In *Proceedings, First International Conference on the Use of Antibiotics in
Agriculture, 19-21 October 1955*, 91-105. Washington, D.C.: National Academy
of Sciences, 1956.

"Fresh Food Plan Found." *Odessa (TX) American*, January 6, 1956.

Friedlander, Blaine. "Robert C. Baker, Creator of Chicken Nuggets and Cornell
Chicken Barbecue Sauce, Dies at 84." *Cornell Chronicle*, March 16, 2006.
http://www.news.cornell.edu/stories/2006/03/food-and-poultry-scientist-
robert-c-baker-dies-age-84.

"G7 Ise-Shima Leaders Declaration." Ministry of Foreign Affairs of Japan, May
27, 2016. http://www.mofa.go.jp/files/000160266.pdf.

"G20 Leaders' Communiqué." *People's Daily Online*, September 5, 2016. http://
en.people.cn/n3/2016/0906/c90000-9111018.html.

Gannon, Arthur. "Georgia's Broiler Industry." *Georgia Review* 6, no. 3 (Fall
1952): 306-17.

Garrod, L. P. "Sources and Hazards to Man of Antibiotics in Foods." *Proceedings
of the Royal Society of Medicine* 57 (November 1964): 1087-88.

Gastro-Enteritis (Tees-side), Pub. L. No. vol 762 cc1619-30 (April 11, 1968).

Gastro-Enteritis Outbreak (Tees-side), Pub. L. No. vol 760 cc146-9W (March 7,
1968).

Gates, Deborah. "Somerset Homeowners Clash With Poultry Farmer." Wilmington
(DE). *Delaware News Journal*, July 26, 2014. http://www.delawareonline.
com/story/news/local/2014/07/26/somerset-homeowners-clash-poultry-
farmer/13226907/.

Gaunt, P. N., and L. J. Piddock. "Ciprofloxacin Resistant *Campylobacter spp.* in

Humans: An Epidemiological and Laboratory Study." *Journal of Antimicrobial Chemotherapy* 37, no. 4 (April 1996): 747-57.

Gee, Kelsey. "Poultry's Tough New Problem: 'Woody Breast.'" *Wall Street Journal*, March 29, 2016, sec. B.

Geenen, P. L., et al. "Prevalence of Livestock-Associated MRSA on Dutch Broiler Farms and in People Living and/or Working on These Farms." *Epidemiology and Infection* 141, no. 5 (May 2013): 1099-1108.

Geijlswijk, Inge M. van, Dik J. Mevius, and Linda F. Puister-Jansen. "[Quantity of veterinary antibiotic use]." *Tijdschrift Voor Diergeneeskunde* 134, no. 2 (January 15, 2009): 69-73.

George, D. B., and A. R. Manges. "A Systematic Review of Outbreak and Non-Outbreak Studies of Extraintestinal Pathogenic *Escherichia coli* Causing Community-Acquired Infections." *Epidemiology and Infection* 138, no. 12 (December 2010): 1679-90.

Georgia Humanities Council, University of Georgia Press, University System of Georgia/GALILEO, and Office of the Governor. *New Georgia Encyclopedia*. http://www.georgiaencyclopedia.org/about-nge.

Gerhard, Gesine. "Food as a Weapon: Agricultural Sciences and the Building of a Greater German Empire." *Food, Culture and Society* 14, no. 3 (September 1, 2011): 335-51.

"Germ Survival in Face of Antibiotics." *Times (London)*, February 26, 1965.

Gibbs, Shawn G., et al. "Isolation of Antibiotic-Resistant Bacteria from the Air Plume Downwind of a Swine Confined or Concentrated Animal Feeding Operation." *Environmental Health Perspectives* 114, no. 7 (March 27, 2006): 1032-37.

Gisolfi, Monica Richmond. "From Crop Lien to Contract Farming: The Roots of Agribusiness in the American South, 1929-1939." *Agricultural History*, 2006, 167-89.

Giufre, M., et al. "*Escherichia coli* of Human and Avian Origin: Detection of Clonal Groups Associated with Fluoroquinolone and Multidrug Resistance in

Italy." *Journal of Antimicrobial Chemotherapy* 67, no. 4 (April 1, 2012): 860-67.

"Global Animal Partnership Commits to Requiring 100 Percent Slower-Growing Chicken Breeds by 2024." *Business Wire*, March 17, 2016. http://www. businesswire.com/news/home/20160317005528/en/Global-Animal-Partnership-Commits-Requiring-100-Percent.

Glynn, M. K., et al. "Emergence of Multidrug-Resistant *Salmonella enterica* Serotype Typhimurium DT104 Infections in the United States." *New England Journal of Medicine* 338, no. 19 (May 7, 1998): 1333-38.

Godley, Andrew C., and Bridget Williams. "The Chicken, the Factory Farm, and the Supermarket: The Emergence of the Modern Poultry Industry in Britain." In *Food Chains: From Farmyard to Shopping Cart*, edited by Warren Belasco and Roger Horowitz. Philadelphia: University of Pennsylvania Press, 2010.

Goldberg, Herbert S. "Evaluation of Some Potential Public Health Hazards from Non-Medical Uses of Antibiotics." In *Antibiotics in Agriculture: Proceedings of the University of Nottingham Ninth Easter School in Agricultural Science*, edited by M. Woodbine, 389-404. London: Butterworths, 1962.

Gordon, H. A. "The Germ-Free Animal: Its Use in the Study of 'Physiologic' Effects of the Normal Microbial Flora on the Animal Host." *American Journal of Digestive Diseases* 5 (October 1960): 841-67.

Gough, E. K., et al. "The Impact of Antibiotics on Growth in Children in Low and Middle Income Countries: Systematic Review and Meta-Analysis of Randomised Controlled Trials." *British Medical Journal* 348, no. 6 (April 15, 2014): g2267.

Grady, Denise. "Bacteria Concerns in Denmark Cause Antibiotics Concerns in U.S." *New York Times*, November 4, 1999.

Graham, Jay P., et al. "Growth Promoting Antibiotics in Food Animal Production: An Economic Analysis." *Public Health Reports* 122, no. 1 (2007): 79-87.

Graham, Jay P., et al. "Antibiotic Resistant Enterococci and Staphylococci Isolated from Flies Collected Near Confined Poultry Feeding Operations." *Science of the Total Environment* 407, no. 8 (April 2009): 2701-10.

Grave, K., et al. "Sales of Veterinary Antibacterial Agents in Nine European Countries During 2005-09: Trends and Patterns." *Journal of Antimicrobial Chemotherapy* 67, no. 12 (December 1, 2012): 3001-3008.

Grave, K., et al. "Comparison of the Sales of Veterinary Antibacterial Agents Between 10 European Countries." *Journal of Antimicrobial Chemotherapy* 65, no. 9 (September 1, 2010): 2037-40. doi:10.1093/jac/dkq247.

Greenwood, David. *Antimicrobial Drugs: Chronicle of a Twentieth Century Medical Triumph.* New York: Oxford University Press, 2008.

Gupta, Amita, et al., "Antimicrobial Resistance Among Campylobacter Strains, United States, 1997-2001." *Emerging Infectious Diseases* 10, no. 6 (2004). http://wwwnc.cdc.gov/eid/article/10/6/03-0635_article.htm.

Gupta, K., et al. "Managing Uncomplicated Urinary Tract Infection—Making Sense Out of Resistance Data." *Clinical Infectious Diseases* 53, no. 10 (November 15, 2011): 1041-42.

Gupta, K., et al. "Executive Summary: International Clinical Practice Guidelines for the Treatment of Acute Uncomplicated Cystitis and Pyelonephritis in Women: A 2010 Update by the Infectious Diseases Society of America and the European Society for Microbiology and Infectious Diseases." *Clinical Infectious Diseases* 52, no. 5 (March 1, 2011): 561-64.

Haley, Andrew P. *Turning the Tables: Restaurants and the Rise of the American Middle Class, 1880-1920.* Chapel Hill: University of North Carolina Press, 2011.

Hannah, Elizabeth Lyon, et al. "Molecular Analysis of Antimicrobial-Susceptible and -Resistant *Escherichia coli* From Retail Meats and Human Stool and Clinical Specimens in a Rural Community Setting." *Foodborne Pathogens and Disease* 6, no. 3 (April 2009): 285-95.

Hansen, Peter L., and Ronald Lester Mighell. *Economic Choices in Broiler Production.* Washington, D.C.: U.S. Department of Agriculture, 1956.

Harold, Laverne C., and Robert A. Baldwin. "Ecologic Effects of Antibiotics."

FDA Papers 1 (February 1967): 20-24.

Harper, Abby L., et al. "An Overview of Livestock-Associated MRSA in Agriculture." *Journal of Agromedicine* 15, no. 2 (March 31, 2010): 101-104.

Harris, Marion S. "Home Demonstration." *Bennington (VT) Banner.* January 20, 1958.

Harrison, Ruth. *Animal Machines: The New Factory Farming Industry.* New York: Ballantine Books, 1966.

Hasman, Henrik, et al. "Detection of *mcr-1* Encoding Plasmid-Mediated Colistin-Resistant *Escherichia coli* Isolates From Human Bloodstream Infection and Imported Chicken Meat, Denmark 2015." *Eurosurveillance* 20, no. 49 (December 10, 2015).

Heederik, Dick. "Benchmarking Livestock Farms and Veterinarians." Slide presentation, SDa Autoriteit Dirgeneesmiddelen, Utrecht, August 9, 2013.

Heinzerling, Lisa. "Undue Process at the FDA: Antibiotics, Animal Feed, and Agency Intransigence." *Vermont Law Review* 37, no. 4 (2013): 1007-31.

Hennessy, T. W., et al. "A National Outbreak of *Salmonella enteritidis* Infections from Ice Cream." *New England Journal of Medicine* 334, no. 20 (May 16, 1996): 1281-86.

Herikstad, H., et al. "Emerging Quinolone-Resistant Salmonella in the United States." *Emerging Infectious Diseases* 3, no. 3 (September 1997): 371-72.

Herold, B. C., et al. "Community-Acquired Methicillin-Resistant *Staphylococcus aureus* in Children with No Identified Predisposing Risk." *Journal of the American Medical Association* 279, no. 8 (February 25, 1998): 593-98.

Hewitt, William L. "Penicillin-Historical Impact on Infection Control." *Annals of the New York Academy of Sciences* 145, no. 1 (1967): 212-15.

Hill, George, Thomson Prentice, Pearce Wright, and Thomas Stuttaford. "The Bitter Harvest." *Times (London)*, March 4, 1987.

Hise, Kelley B. "History of PulseNet USA." Paper presented at the Association of Public Health Laboratories 14th Annual PulseNet Update Meeting, Chicago, August 31, 2010. https://www.aphl.org/conferences/proceedings/Documents/

2010/2010_APHL_PulseNet_Meeting/002-Hise.pdf.

Hobbs, B. C., et al. "Antibiotic Treatment of Poultry in Relation to *Salmonella typhimurium*." *Monthly Bulletin of the Ministry of Health and the Public Health Laboratory Service* 19 (October 1960): 178-92.

Hoelzer, Karin. "Judicious Animal Antibiotic Use Requires Drug Label Refinements." Washington, D.C.: Pew Charitable Trusts, October 4, 2016. http://pew.org/2dqrjCo.

Hoffmann, Stanley. "The Effects of World War II on French Society and Politics." *French Historical Studies* 2, no. 1 (Spring 1961): 28-63.

Hogue, Allan, et al. "*Salmonella* Typhimurium DT104 Situation Assessment, December 1997." Washington, D.C.: U.S. Department of Agriculture Animal and Plant Health Inspection Service, December 1997. https://www.aphis.usda.gov/animal_health/emergingissues/downloads/dt104.pdf.

Holland, John. "After 75 Years, Foster Farms Remembers Its Path to Success." *Modesto (CA) Bee*, June 16, 2014. http://www.modbee.com/news/local/article3166439.html.

Holmberg, S. D., et al. "Drug-Resistant Salmonella from Animals Fed Antimicrobials." *New England Journal of Medicine* 311, no. 10 (September 6, 1984): 617-22.

Holmberg, S. D., et al. "Animal-to-Man Transmission of Antimicrobial-Resistant Salmonella: Investigations of U.S. Outbreaks, 1971-1983." *Science* 225, no. 4664 (August 24, 1984): 833-35.

Holmes, Alison H., et al. "Understanding the Mechanisms and Drivers of Antimicrobial Resistance." *Lancet* 387, no. 10014 (January 2016): 176-87.

Horowitz, Roger. "Making the Chicken of Tomorrow: Reworking Poultry as Commodities and as Creatures, 1945-1990." In *Industrializing Organisms: Introducing Evolutionary History*, edited by Philip Scranton and Susan Schrepfer. London: Routledge, 2004.

"How Safe Is That Chicken?." *Consumer Reports* (January 2010): 19. http://www.consumerreports.org/cro/magazine-archive/2010/january/food/chicken-safety/

overview/chicken-safety-ov.htm.

Huijsdens, Xander W., et al. "Community-Acquired MRSA and Pig-Farming." *Annals of Clinical Microbiology and Antimicrobials* 5, no. 1 (2006): 26.

Huijsdens, X. W., et al. "Molecular Characterisation of PFGE Non-Typable Methicillin-Resistant *Staphylococcus aureus* in the Netherlands, 2007." *Eurosurveillance* 14, no. 38 (September 24, 2009).

"Human Food Safety and the Regulation of Animal Drugs: Twenty-Seventh Report." § House Committee on Government Operations, 1985.

Humane Society of the United States. "The Welfare of Animals in the Chicken Industry." New York: Humane Society of the United States, December 2013. http://www.humanesociety.org/assets/pdfs/farm/welfare_broiler.pdf.

____. "Welfare Issues With Selective Breeding for Rapid Growth in Broiler Chickens and Turkeys." New York: Humane Society of the United States, May 2014. http://www.humanesociety.org/assets/pdfs/farm/welfiss_breeding_chickens_turkeys.pdf.

Hylton, Wil S. "A Bug in the System." *New Yorker*, February 2, 2015.

Infectious Diseases Society of America. "Bad Bugs, No Drugs." Washington, D.C.: Infectious Diseases Society of America, July 2004. https://www.idsociety.org/uploadedFiles/IDSA/Policy_and_Advocacy/Current_Topics_and_Issues/Advancing_Product_Research_and_Development/Bad_Bugs_No_Drugs/Statements/As%20Antibiotic%20Discovery%20Stagnates%20A%20Public%20Health%20Crisis%20Brews.pdf.

"Infectious Drug Resistance." *New England Journal of Medicine* 275, no. 5 (August 4, 1966): 277.

Iovine, Nicole M., and Martin J. Blaser. "Antibiotics in Animal Feed and Spread of Resistant *Campylobacter* from Poultry to Humans." *Emerging Infectious Diseases* 10, no. 6 (June 2004): 1158-89.

Izdebski, R., A. et al. "Mobile *mcr-1*-Associated Resistance to Colistin in Poland." *Journal of Antimicrobial Chemotherapy* 71, no. 8 (August 2016): 2331-33.

Jakobsen, L., et al. "Is *Escherichia coli* Urinary Tract Infection a Zoonosis? Proof of Direct Link With Production Animals and Meat." *European Journal of Clinical Microbiology and Infectious Diseases* 31, no. 6 (June 2012): 1121-29.

Jakobsen, Lotte, et al. "*Escherichia coli* Isolates From Broiler Chicken Meat, Broiler Chickens, Pork, and Pigs Share Phylogroups and Antimicrobial Resistance With Community-Dwelling Humans and Patients With Urinary Tract Infection." *Foodborne Pathogens and Disease* 7, no. 5 (May 2010): 537-47.

Jalonick, Mary Clare. "Still No Recall of Chicken Tied to Outbreak of Antibiotic-Resistant *Salmonella*." Associated Press, May 28, 2014.

Janzen, Kristi Bahrenburg. "Loss of Small Slaughterhouses Hurts Farmers, Butchers and Consumers." *Farming Magazine* (2004).

Jess, Tine. "Microbiota, Antibiotics, and Obesity." *New England Journal of Medicine* 371, no. 26 (December 25, 2014): 2526-28.

Jevons, M. Patricia. "'Celbenin'-Resistant Staphylococci." *British Medical Journal* no. 1 (January 14, 1961): 124-25.

Jiménez, A., et al. "Prevalence of Fluoroquinolone Resistance in Clinical Strains of Campylobacter Jejuni Isolated in Spain." *Journal of Antimicrobial Chemotherapy* 33, no. 1 (January 1994): 188-90.

Johnson, J. R., et al. "Epidemic Clonal Groups of *Escherichia coli* as a Cause of Antimicrobial-Resistant Urinary Tract Infections in Canada, 2002 to 2004." *Antimicrobial Agents and Chemotherapy* 53, no. 7 (July 1, 2009): 2733-39.

Johnson, J. R., et al. "Isolation and Molecular Characterization of Nalidixic Acid-Resistant Extraintestinal Pathogenic *Escherichia coli* From Retail Chicken Products." *Antimicrobial Agents and Chemotherapy* 47, no. 7 (July 1, 2003): 2161-68.

Johnson, James R., et al. "Contamination of Retail Foods, Particularly Turkey, From Community Markets (Minnesota, 1999-2000) With Antimicrobial-Resistant and Extraintestinal Pathogenic *Escherichia coli*." *Foodborne Pathogens and Disease* 2, no. 1 (2005): 38-49.

Johnson, James R., et al. "Similarity Between Human and Chicken *Escherichia coli* Isolates in Relation to Ciprofloxacin Resistance Status." *Journal of*

Infectious Diseases 194, no. 1 (July 1, 2006): 71-78.

Johnson, James R., et al. "Antimicrobial-Resistant and Extraintestinal Pathogenic Escherichia coli in Retail Foods." Journal of Infectious Diseases 191, no. 7 (April 1, 2005): 1040-49.

Johnson, James R., and Thomas A. Russo. "Uropathogenic Escherichia coli as Agents of Diverse Non-Urinary Tract Extraintestinal Infections." Journal of Infectious Diseases 186, no. 6 (September 15, 2002): 859-64.

Johnson, James R., et al. "Antimicrobial Drug-Resistant Escherichia coli From Humans and Poultry Products, Minnesota and Wisconsin, 2002-2004." Emerging Infectious Diseases 13, no. 6 (June 2007): 838-46.

Johnson, James R., et al. "Molecular Analysis of Escherichia coli From Retail Meats (2002-2004) From the United States National Antimicrobial Resistance Monitoring System." Clinical Infectious Diseases 49, no. 2 (July 15, 2009): 195-201.

Johnson, Timothy J., et al. "Associations Between Multidrug Resistance, Plasmid Content, and Virulence Potential Among Extraintestinal Pathogenic and Commensal Escherichia coli From Humans and Poultry." Foodborne Pathogens and Disease 9, no. 1 (January 2012): 37-46.

Johnson, Timothy J., et al. "Examination of the Source and Extended Virulence Genotypes of Escherichia coli Contaminating Retail Poultry Meat." Foodborne Pathogens and Disease 6, no. 6 (August 2009): 657-67.

Jones, Harold W. "Report of a Series of Cases of Syphilis Treated by Ehrlich's Arsenobenzole at the Walter Reed General Hospital, District of Columbia." Boston Medical and Surgical Journal vol. CLXIV, no. 11 (March 16, 1911): 381-383.

Jørgensen, Peter S., et al. "Use Antimicrobials Wisely." Nature News 537, no. 7619 (September 8, 2016): 159.

Josephson, Paul. "The Ocean's Hot Dog: The Development of the Fish Stick." Technology and Culture 49, no. 1 (2008): 41-61.

Jou, Ruwen, et al. "Enrofloxacin in Poultry and Human Health." American Journal of Tropical Medicine and Hygiene 67 (2002): 533-38.

Jukes, T. H. "A Town in Harmony." *Chemical Week* (August 18, 1962).

____. "Adventures with Vitamins." *Journal of the American College of Nutrition* 7, no. 2 (April 1988): 93-99.

____. "Alar and Apples." *Science* 244, no. 4904 (May 5, 1989): 515.

____. "Antibacterial Agents in Animal Feeds." *Clinical Toxicology* 14, no. 3 (March 1979): 319-22.

____. "Antibiotics and Meat." *New York Times*, October 2, 1972.

____. "Antibiotics in Animal Feeds." *New England Journal of Medicine* 282, no. 1 (January 1, 1970): 49-50.

____. "Antibiotics in Feeds." *Science* 204, no. 4388 (April 6, 1979): 8. doi:10. 1126/science.204.4388.8.

____. "Antibiotics in Nutrition." *Antibiotics in Nutrition* (1955).

____. "BST and Milk Production." *Science* 265, no. 5169 (July 8, 1994): 170.

____. "Drug-Resistant Salmonella From Animals Fed Antimicrobials." *New England Journal of Medicine* 311, no. 26 (December 27, 1984): 1699.

____. "Food Additives." *New England Journal of Medicine* 297, no. 8 (August 25, 1977): 427-30.

____. "How Safe Is Our Food Supply?" *Archives of Internal Medicine* 138, no. 5 (May 1978): 772-74.

____. "Medical Versus Animal Antibiotics in Resistance." *Nature* 313, no. 5999 (January 17, 1985): 186.

____. "Megavitamin Therapy." *Journal of the American Medical Association* 233, no. 6 (August 11, 1975): 550-51.

____. "Public Health Significance of Feeding Low Levels of Antibiotics to Animals." *Advances in Applied Microbiology* 16 (1973): 1-54.

____. "Searching for Magic Bullets: Early Approaches to Chemotherapy-Antifolates, Methotrexate—the Bruce F. Cain Memorial Award Lecture." *Cancer Research* 47, no. 21 (November 1, 1987): 5528-36.

____. "Some Historical Notes on Chlortetracycline." *Reviews of Infectious Diseases* 7, no. 5 (October 1985): 702-707.

____. "Today's Non-Orwellian Animal Farm." *Nature* 355, no. 6361 (February 13, 1992): 582.

Jukes, Thomas H. "Antibiotics in Meat Production." *Journal of the American Medical Association* 232, no. 3 (1975): 292-93.

____. "Antioxidants, Nutrition, and Evolution." *Preventive Medicine* 21, no. 2 (1992): 270-76.

____. "Carcinogens in Food and the Delaney Clause." *Journal of the American Medical Association* 241, no. 6 (1979): 617-19.

____. "Cyclamate Sweeteners." *Journal of the American Medical Association* 236, no. 17 (1976): 1987-89.

____. "DDT." *Journal of the American Medical Association* 229, no. 5 (1974): 571-73.

____. "Diethylstilbestrol in Beef Production: What Is the Risk to Consumers?" *Preventive Medicine* 5, no. 3 (1976): 438-53.

____. "Guest Opinions." *Professional Animal Scientist* 11, no. 4 (1995): 238-39.

____. "The Organic Food Myth." *Journal of the American Medical Association* 230, no. 2 (1974): 276-77.

____. "The Present Status and Background of Antibiotics in the Feeding of Domestic Animals." *Annals of the New York Academy of Sciences* 182, no. 1 (1971): 362-79.

____. "Vitamins, Metabolic Antagonists, and Molecular Evolution." *Protein Science* 6, no. 1 (1997): 254-56.

Kadariya, Jhalka, et al. "*Staphylococcus aureus* and Staphylococcal Food-Borne Disease: An Ongoing Challenge in Public Health." *BioMed Research International* 2014 (2014): 1-9.

Kaempffert, Waldemar. "Effectiveness of New Antibiotic, Aureomycin, Demonstrated Against Virus Diseases." *New York Times*, July 25, 1948.

Kaesbohrer, A., A. et al. "Emerging Antimicrobial Resistance in Commensal *Escherichia coli* With Public Health Relevance." *Zoonoses and Public Health* 59 (September 2012): 158-65.

Kampelmacher, E. H. "Some Aspects of the Non-Medical Uses of Antibiotics in Various Countries." In *Antibiotics in Agriculture: Proceedings of the University of Nottingham Ninth Easter School in Agricultural Science*, edited by M. Woodbine, 315-32. London: Butterworths, 1962.

Kaufman, Marc. "Ending Battle With FDA, Bayer Withdraws Poultry Antibiotic." *Washington Post*, September 9, 2005.

Kaufmann, A. F., et al. "Pontiac Fever: Isolation of the Etiologic Agent *(Legionella pneumophilia)* and Demonstration of Its Mode of Transmission." *American Journal of Epidemiology* 114, no. 3 (September 1981): 337-47.

Kempf, Isabelle, et al. "What Do We Know About Resistance to Colistin in Enterobacteriaceae in Avian and Pig Production in Europe?" *International Journal of Antimicrobial Agents* 42, no. 5 (November 2013): 379-83.

Kennedy, Donald S. "'Antibiotics in Animal Feeds,' remarks to the National Advisory Food and Drug Committee, April 15, 1977, Rockville, Md." Donald Kennedy Personal Papers (SC0708), Department of Special Collections and University Archives, Stanford University Libraries, Stanford, CA.

_____. "The Threat From Antibiotic Use on the Farm." *Washington Post*, August 22, 2013. https://www.washingtonpost.com/opinions/the-threat-from-antibiotic-use-on-the-farm/2013/08/22/c407ed72-0ab2-11e3-8974-f97ab3b3c677_story.html.

Kesternich, Iris, et al. "The Effects of World War II on Economic and Health Outcomes Across Europe." *Review of Economics and Statistics* 96, no. 1 (March 2014): 103-18. doi:10.1162/REST_a_00353.

Khan, Lina. "Obama's Game of Chicken." *Washington Monthly* vol. 44, no. 11/12 (November-December 2012): 32-38. http://washingtonmonthly.com/magazine/novdec-2012/obamas-game-of-chicken/.

Kieler, Ashlee. "Foster Farms Recalls Chicken After USDA Inspectors Finally Link It to Salmonella Case." *Consumerist*, July 7, 2014.

Kindy, Kimberly, and Brady Dennis. "Salmonella Outbreaks Expose Weaknesses in USDA Oversight of Chicken Parts." *Washington Post*, February 6, 2014.

Kirst, H. A., et al. "Historical Yearly Usage of Vancomycin." *Antimicrobial Agents and Chemotherapy* 42, no. 5 (May 1998): 1303-1304.

Kiser, J. S. "A Perspective on the Use of Antibiotics in Animal Feeds." *Journal of Animal Science* 42, no. 4 (1976): 1058-72.

Kline, E. F. "Maintenance of High Quality in Fish Fillets With Acronize." *Proceedings of the Annual Gulf and Caribbean Fisheries Institute* 10 (August 1958): 80-84.

Kline, Kelly E., et al. "Investigation of First Identified *mcr-1* Gene in an Isolate From a U.S. Patient—Pennsylvania, 2016." *Morbidity and Mortality Weekly Report* 65, no. 36 (September 16, 2016): 977-78.

Kluytmans, J. A. J. W., et al. "Extended-Spectrum-Lactamase-Producing *Escherichia coli* From Retail Chicken Meat and Humans: Comparison of Strains, Plasmids, Resistance Genes, and Virulence Factors." *Clinical Infectious Diseases* 56, no. 4 (February 15, 2013): 478-87.

Knowber, Charles R. "A Real Game of Chicken: Contracts, Tournaments, and the Production of Broilers." *Journal of Law, Economics, and Organization* 5, no. 2 (Autumn 1989): 27192.

Kobell, Rona. "Poultry Mega-Houses Forcing Shore Residents to Flee Stench, Traffic." Seven Valleys (PA). *Bay Journal*, July 22, 2015. http://marylandreporter.com/2015/07/22/poultry-mega-houses-forcing-shore-residents-to-flee-stench-traffic/.

Kohler, A. R., et al. "Comprehensive Studies of the Use of a Food Grade of Chlortetracycline in Poultry Processing." *Antibiotics Annual*, 1956-57, 822-30.

Koike, S., et al. "Monitoring and Source Tracking of Tetracycline Resistance Genes in Lagoons and Groundwater Adjacent to Swine Production Facilities Over a 3-Year Period." *Applied and Environmental Microbiology* 73, no. 15 (August 1, 2007): 4813-23.

Krieger, Lisa M. "California Links Hollister Dairy to 1997 Outbreak of Salmonella." *San Jose (CA) Mercury News*, October 3, 1999.

Kristof, Nicholas. "Abusing Chickens We Eat." *New York Times*, December 3,

2014. https://www.nytimes.com/2014/12/04/opinion/nicholas-kristof-abusing-chickens-we-eat.html?_r=1.

Kumar, Kuldip, et al. "Antibiotic Use in Agriculture and Its Impact on the Terrestrial Environment." *Advances in Agronomy* 87 (2005): 1-54.

Larson, Clarence. "Pioneers in Science and Technology Series: Thomas Jukes." Center for Oak Ridge Oral History, March 29, 1988. Clarence E. Larson Science and Technology Oral History Collection, Collection C0079, Special Collections and Archives, George Mason University Libraries, Arlington, VA. http://cdm16107.contentdm.oclc.org/cdm/ref/collection/p15388coll1/id/522.

Laurence, William L. "'Wonder Drug' Aureomycin Found to Spur Growth 50%." *New York Times*, April 10, 1950.

Laveck, G. D., and R. T. Ravenholt. "Staphylococcal Disease: An Obstetric, Pediatric, and Community Problem." *American Journal of Public Health and the Nation's Health* 46, no. 10 (October 1956): 1287-96.

Lawrence, Robert S., and Keeve E. Nachman. "Letter From the Johns Hopkins Center for a Livable Future to James C. Stofko, Somerset County Health Department, Re Broiler Production." February 2015.

____. "Letter Fom the Johns Hopkins Center for a Livable Future to Lori A. Brewster, Health Officer, Wicomico County, Re Broiler Production." January 21, 2016.

Lax, Eric. *The Mold in Dr. Florey's Coat: The Story of the Penicillin Miracle*. 2nd ed. New York: Henry Holt and Co., 2004.

Laxminarayan, Ramanan, et al. "UN High-Level Meeting on Antimicrobials—What Do We Need?" *Lancet* 388, no. 10041 (July 2016): 218-20.

Laxminarayan, Ramanan, et al. "Access to Effective Antimicrobials: A Worldwide Challenge." *Lancet* 387, no. 10014 (January 2016): 168-75.

Laxminarayan, Ramanan, et al. "The Economic Costs of Withdrawing Antimicrobial Growth Promoters From the Livestock Sector." OECD Food, Agriculture and Fisheries Papers, February 23, 2015.

Leedom Larson, K. R., et al. "Methicillin-Resistant *Staphylococcus aureus* in Pork

Production Shower Facilities." *Applied and Environmental Microbiology* 77, no. 2 (January 15, 2011): 696-98.

Leeson, Steven, and John D. Summers. *Broiler Breeder Production*. Guelph: University Books, 2000.

Lehmann, R. P. "Implementation of the Recommendations Contained in the Report to the Commissioner Concerning the Use of Antibiotics on Animal Feed." *Journal of Animal Science* 35, no. 6 (1972): 1340-41.

Leonard, Christopher. *The Meat Racket: The Secret Takeover of America's Food Business*. New York: Simon & Schuster, 2014.

Lepley, K. C., et al. "Dried Whole Aureomycin Mash and Meat and Bone Scraps for Growing-Fattening Swine." *Journal of Animal Science* 9, no. 4 (November 1950): 608-614.

Lesesne, Henry. "Antibiotic Now Keeps Poultry Fresh." *Terre Haute (IN) Tribune Star*, May 13, 1956.

_____. "Pilgrims Wouldn't Know '56 Bird." *Salem (OH) News*, November 20, 1956.

_____. "Poultrymen Hear About 'Acronize PD' From Food Technologist at Session." *Florence (SC) Morning News*, February 8, 1957.

Les fermiers de Loué: des hommes et des volailles, petites et grandes histoires. Le Mans, France: Syvol, 1999.

Levere, Jane L. "A Cook-Off Among Chefs to Join Delta's Kitchen." *New York Times*, July 21, 2013. http://www.nytimes.com/2013/07/22/business/media/a-cook-off-among-chefs-to-join-deltas-kitchen.html.

Leverstein-van Hall, M. A., et al. "Dutch Patients, Retail Chicken Meat and Poultry Share the Same ESBL Genes, Plasmids and Strains." *Clinical Microbiology and Infection* 17, no. 6 (June 2011): 873-80.

Levitt, Tom. "'I Don't See a Problem': Tyson Foods CEO on Factory Farming and Antibiotic Resistance." *Guardian (Manchester)*, April 5, 2016. https://www.theguardian.com/sustainable-business/2016/apr/05/tyson-foods-factory-farming-antibiotic-resistance-donnie-smith.

Levy, S. B., et al. "Changes in Intestinal Flora of Farm Personnel After Introduction of a Tetracycline-Supplemented Feed on a Farm." *New England Journal of Medicine* 295, no. 11 (September 9, 1976): 583-88.

____. "Spread of Antibiotic-Resistant Plasmids from Chicken to Chicken and From Chicken to Man." *Nature* 260, no. 5546 (March 4, 1976): 40-42.

Levy, S. B., and L. McMurry. "Detection of an Inducible Membrane Protein Associated With R-Factor-Mediated Tetracycline Resistance." *Biochemical and Biophysical Research Communications* 56, no. 4 (February 27, 1974): 1060-68.

Levy, Sharon. "Reduced Antibiotic Use in Livestock: How Denmark Tackled Resistance." *Environmental Health Perspectives* 122, no. 6 (June 1, 2014): A160-65. doi:10.1289/ehp.122-A160.

Levy, Stuart B. *The Antibiotic Paradox.* Cambridge, MA: Da Capo Press, 2002.

____. "Playing Antibiotic Pool: Time to Tally the Score." *New England Journal of Medicine* 311, no. 10 (September 6, 1984): 663-64.

____. Testimony Before the Subcommittee on Health of the U.S. House of Representatives Committee on Energy and Commerce (2010). 111th Cong., 2nd sess.

Levy, Stuart B., and Bonnie Marshall. "Antibacterial Resistance Worldwide: Causes, Challenges and Responses." *Nature Medicine* 10, no. 12s (December 2004): S122-29.

Liakopoulos, Apostolos, et al. "The Colistin Resistance *mcr-1* Gene Is Going Wild." *Journal of Antimicrobial Chemotherapy* 71, no. 8 (August 2016): 2335-36.

Linder, Marc. "I Gave My Employer a Chicken That Had No Bone: Joint Firm-State Responsibility for Line-Speed-Related Occupational Injuries." *Case Western Reserve Law Review* 46 (1995): 33.

Linton, A. H. "Antibiotic Resistance: The Present Situation Reviewed." *Veterinary Record* 100, no. 17 (April 23, 1977): 354-60.

____. "Has Swann Failed?" *Veterinary Record* 108, no. 15 (April 11, 1981): 328-31.

Linton, K. B., et al. "Antibiotic Resistance and Transmissible R-Factors in the Intestinal Coliform Flora of Healthy Adults and Children in an Urban and a Rural Community." *Journal of Hygiene* 70, no. 1 (March 1972): 99-104.

Literak, Ivan, et al. "Broilers as a Source of Quinolone-Resistant and Extraintestinal Pathogenic *Escherichia coli* in the Czech Republic." *Microbial Drug Resistance* 19, no. 1 (February 2013): 57-63.

Liu, Yi-Yun, et al. "Emergence of Plasmid-Mediated Colistin Resistance Mechanism *mcr-1* in Animals and Human Beings in China: A Microbiological and Molecular Biological Study." *Lancet Infectious Diseases* 16, no. 2 (February 2016): 161-68.

Loudon, I. "Deaths in Childbed from the Eighteenth Century to 1935." *Medical History* 30, no. 1 (January 1986): 1-41.

Love, D. C., et al. "Feather Meal: A Previously Unrecognized Route for Reentry Into the Food Supply of Multiple Pharmaceuticals and Personal Care Products (PPCPs)." *Environmental Science and Technology* 46, no. 7 (April 3, 2012): 3795-3802.

Love, David C., et al. "Dose Imprecision and Resistance: Free-Choice Medicated Feeds in Industrial Food Animal Production in the United States." *Environmental Health Perspectives* 119, no. 3 (October 28, 2010): 279-83.

Love, John F. *McDonald's: Behind the Arches*. Rev. ed. New York: Bantam, 1995.

Lyhs, Ulrike, et al. "Extraintestinal Pathogenic *Escherichia coli* in Poultry Meat Products on the Finnish Retail Market." *Acta Veterinaria Scandinavica* 54 (November 16, 2012): 64.

Lyons, Richard D. "Backers of Laetrile Charge a Plot Is Preventing the Cure of Cancer." *New York Times*, July 13, 1977.

____. "F.D.A. Chief Heading for Less Trying Job." *New York Times*, June 17, 1979.

MacDonald, James. "Technology, Organization, and Financial Performance in U.S. Broiler Production." *Economic Information Bulletin* (June 2014). https://www.ers.usda.gov/publications/pub-details/?pubid=43872.

____. "The Economic Organization of U.S. Broiler Production." *Economic Information Bulletin* (June 2008). https://www.ers.usda.gov/publications/pub-details/?pubid=44256.

MacDonald, James M., and William D. McBride. "The Transformation of U.S. Livestock Agriculture: Scale, Efficiency, and Risks." *Economic Information Bulletin* (January 2009). https://www.ers.usda.gov/publications/pub-details/

?pubid=44294.

Machlin, L. J., et al. "Effect of Dietary Antibiotic Upon Feed Efficiency and Protein Requirement of Growing Chickens." *Poultry Science* 31, no. 1 (January 1, 1952): 106-109.

Maddox, John. "Obituary: Thomas Hughes Jukes (1906-99)." *Nature* 402, no. 6761 (1999): 478.

Madsen, Lillie L. "Acronizing Process Almost Doubles Poultry Shelf Life." *Statesman*, September 13, 1956.

Maeder, Thomas. *Adverse Reactions*. New York: Morrow, 1994.

Maitland, A. I. "Why Has Swann Failed?" Letter to the editor. *British Medical Journal* 280, no. 6230 (June 21, 1980): 1537.

Majowicz, Shannon E., et al. "The Global Burden of Nontyphoidal *Salmonella* Gastroenteritis." *Clinical Infectious Diseases* 50, no. 6 (March 15, 2010): 882-89.

Malhotra-Kumar, Surbhi, et al. "Colistin Resistance Gene *mcr-1* Harboured on a Multidrug Resistant Plasmid." *Lancet Infectious Diseases* 16, no. 3 (March 2016): 283-84.

Malik, Rohit. "Catch Me if You Can: Big Food Using Big Tobacco's Playbook? Applying the Lessons Learned From Big Tobacco to Attack the Obesity Epidemic." Food and Drug Law Seminar Paper, Harvard Law School, 2010. http://nrs.harvard.edu/urn-3:HUL.InstRepos:8965631.

Manges, A. R., and J. R. Johnson. "Food-Borne Origins of *Escherichia coli* Causing Extraintestinal Infections." *Clinical Infectious Diseases* 55, no. 5 (September 1, 2012): 712-19.

Manges, A. R., et al. "Widespread Distribution of Urinary Tract Infections Caused by a Multidrug-Resistant *Escherichia coli* Clonal Group." *New England Journal of Medicine* 345, no. 14 (October 4, 2001): 1007-13.

Manges, A. R., et al. "The Changing Prevalence of Drug-Resistant *Escherichia coli* Clonal Groups in a Community: Evidence for Community Outbreaks of Urinary Tract Infections." *Epidemiology and Infection* 134, no. 2 (August 19, 2005): 425.

Manges, Amee R., et al. "Retail Meat Consumption and the Acquisition of Antimicrobial Resistant *Escherichia coli* Causing Urinary Tract Infections: A Case-Control Study." *Foodborne Pathogens and Disease* 4, no. 4 (2007): 419-31.

Manges, Amee R., et al. "Endemic and Epidemic Lineages of *Escherichia coli* That Cause Urinary Tract Infections." *Emerging Infectious Diseases* 14, no. 10 (October 2008): 1575-83.

Margach, James. "Antibiotics Curbs Will Be Tough." *Sunday Times (London)*, November 16, 1969.

Marler, Bill. "A Forgotten Foster Farms Salmonella Heidelberg Outbreak." Marler Blog, March 5, 2014. http://www.marlerblog.com/legal-cases/a-forgotten-foster-farms-salmonella-heidelberg-outbreak/.

____. "Final Demand Letter to Ron Foster, President, Foster Farms Inc., in re: 2013 Foster Farms Chicken Salmonella Outbreak, Client: Rick Schiller." April 15, 2014.

____. "Publisher's Platform: WWFFD? (What Would Foster Farms Do?)." *Food Safety News*, April 5, 2014. http://www.foodsafetynews.com/2014/04/wwffd-what-would-foster-farms-do/.

Marshall, B. M., and S. B. Levy. "Food Animals and Antimicrobials: Impacts on Human Health." *Clinical Microbiology Reviews* 24, no. 4 (October 1, 2011): 718-33.

Marshall, Joseph, and Robert C. Baker. "New Marketable Poultry and Egg Products: 12. Chicken Sticks." Agricultural Economics Research Publications. Ithaca, NY: Departments of Agricultural Economics and Poultry Husbandry, Cornell University, 1963.

Marston, et al. "Antimicrobial Resistance." *Journal of the American Medical Association* 316, no. 11 (September 20, 2016): 1193.

Martin, Douglas. "Robert C. Baker, Who Reshaped Chicken Dinner, Dies at 84." *New York Times*, March 16, 2006. http://www.nytimes.com/2006/03/16/nyregion/robert-c-baker-who-reshaped-chicken-dinner-dies-at-84.html.

Martinez, Steve. "A Comparison of Vertical Coordination in the U.S. Poultry, Egg, and Pork Industries." *Agriculture Information Bulletin* (May 2002).

McEwen, Scott A., and Paula J. Fedorka-Cray. "Antimicrobial Use and Resistance in Animals." *Clinical Infectious Diseases* 34, Supp. 3 (June 1, 2002): S93-106.

McGann, Patrick, et al. "*Escherichia coli* Harboring *mcr-1* and *bla*CTX-M on a Novel IncF Plasmid: First Report of *mcr-1* in the United States." *Antimicrobial Agents and Chemotherapy* 60, no. 7 (July 2016): 4420-21.

McGeown, D., et al. "Effect of Carprofen on Lameness in Broiler Chickens." *Veterinary Record*, June 12, 1999, 668-71.

McGowan, John P. and A. R. G. Emslie. "Rickets in Chickens, With Special Reference to Its Nature and Pathogenesis." *Biochemical Journal* 28, no. 4 (1934): 1503-12.

McKenna, Carol. "Ruth Harrison: Campaigner Revealed the Grim Realities of Factory Farming—and Inspired Britain's First Farm Animal Welfare Legislation." *Guardian (Manchester)*, July 5, 2000. https://www.theguardian.com/news/2000/jul/06/guardianobituaries.

Mediavilla, José R., et al. "Colistin- and Carbapenem-Resistant *Escherichia coli* Harboring *mcr-1* and *bla*NDM-5, Causing a Complicated Urinary Tract Infection in a Patient From the United States." *mBio* 7, no. 4 (August 30, 2016).

Mellon, Margaret, et al. "Hogging It: Estimates of Antimicrobial Use in Livestock." Cambridge, MA: Union of Concerned Scientists, January 2001. http://www.ucsusa.org/food_and_agriculture/our-failing-food-system/industrial-agriculture/hogging-it-estimates-of.html#.WKN-AvONtF8.

"The Men Who Fought It." *Evening Gazette (Middlesbrough)*, March 7, 1968.

Mendelson, Marc, et al. "Maximising Access to Achieve Appropriate Human Antimicrobial Use in Low-Income and Middle-Income Countries." *Lancet* 387, no. 10014 (January 2016): 188-98.

Metsälä, Johanna, et al. "Mother's and Offspring's Use of Antibiotics and Infant Allergy to Cow's Milk." *Epidemiology* 24, no. 2 (March 2013): 303-9.

Michigan Farm Bureau. "Comment on the Judicious Use of Medically Important Antimicrobial Drugs in Food-Producing Animals—Draft Guidance." Regulations.gov, September 3, 2010. https://www.regulations.gov/document?D=FDA-

2010-D-0094-0405.

Miles, Tricia D., et al. "Antimicrobial Resistance of *Escherichia coli* Isolates From Broiler Chickens and Humans." *BMC Veterinary Research* 2 (February 6, 2006): 7.

Ministry of Economic Affairs. "Reduced and Responsible: Policy on the Use of Antibiotics in Food-Producing Animals in the Netherlands." Utrecht: Ministry of Economic Affairs, Netherlands, February 2014. http://www.government.nl/files/documents-and-publications/leaflets/2014/02/28/reduced-and-responsible-use-of-antibiotics-in-food-producing-animals-in-the-netherlands/use-of-antibiotics-in-food-producing-animals-in-the-netherlands.pdf.

Mintz, E. "A Riddle Wrapped in a Mystery Inside an Enigma: Brainerd Diarrhoea Turns 20." *Lancet* 362, no. 9401 (December 20, 2003): 2037-38.

"Miracle Drugs Get Down to Earth." *Business Week*, no. 1417 (October 27, 1956): 139-40.

Mølbak, K., et al. "An Outbreak of Multidrug-Resistant, Quinolone-Resistant *Salmonella* Enterica Serotype Typhimurium DT104." *New England Journal of Medicine* 341, no. 19 (November 4, 1999): 1420-25.

Moore, P. R., and A. Evenson. "Use of Sulfasuxidine, Streptothricin, and Streptomycin in Nutritional Studies with the Chick." *Journal of Biological Chemistry* 165, no. 2 (October 1946): 437-41.

Moorin, Rachael E., et al. "Long-Term Health Risks for Children and Young Adults After Infective Gastroenteritis." *Emerging Infectious Diseases* 16, no. 9 (September 2010): 1440-47.

Mrak, Emil M. "Food Preservation." In *Proceedings, First International Conference on the Use of Antibiotics in Agriculture, 19-21 October 1955*, 223-30. Washington, D.C.: National Academy of Sciences, 1956.

Mueller, N. T., et al. "Prenatal Exposure to Antibiotics, Cesarean Section and Risk of Childhood Obesity." *International Journal of Obesity* 39, no. 4 (April 2015): 665-70.

Murphy, O. M., et al. "Ciprofloxacin-Resistant Enterobacteriaceae." *Lancet* 349, no. 9057 (April 5, 1997): 1028-29.

Nadimpalli, Maya, et al. "Persistence of Livestock-Associated Antibiotic-Resistant *Staphylococcus aureus* Among Industrial Hog Operation Workers in North Carolina Over 14 Days." *Occupational and Environmental Medicine* 72, no. 2 (February 2015): 90-99.

Nandi, S., et al. "Gram-Positive Bacteria Are a Major Reservoir of Class 1 Antibiotic Resistance Integrons in Poultry Litter." *Proceedings of the National Academy of Sciences* 101, no. 18 (May 4, 2004): 7118-22.

National Chicken Council. "Broiler Chicken Industry Key Facts 2016." National Chicken Council. Accessed April 18, 2016. http://www.nationalchicken council.org/about-the-industry/statistics/broiler-chicken-industry-key-facts/.

_____. "Per Capita Consumption of Poultry and Livestock, 1965 to Estimated 2016, in Pounds." National Chicken Council. Accessed April 18, 2016. http://www. nationalchickencouncil.org/about-the-industry/statistics/per-capita-consumption-of-poultry-and-livestock-1965-to-estimated-2012-in-pounds/.

_____. "U.S. Broiler Performance." National Chicken Council. Accessed April 18, 2016. http://www.nationalchickencouncil.org/about-the-industry/statistics/u-s-broiler-performance/.

National Institute for Public Health and the Environment, and Stichting Werkgroep Antibioticabeleid. "Nethmap/MARAN 2013: Consumption of Antimicrobial Agents and Antimicrobial Resistance Among Medically Important Bacteria in the Netherlands; Monitoring of Antimicrobial Resistance and Antibiotic Usage in Animals in the Netherlands in 2012." Nijmegen, March 9, 2013. http:// www.swab.nl/swab/cms3.nsf/uploads/ADFB2606CCFDF6E4C1257BDB0022F9 3F/$FILE/Nethmap_2013%20def_web.pdf.

National Pork Producers Council. "Dear Subway Management Team and Franchisee Owners." *Wall Street Journal*, October 28, 2015. Advertisement. http://www. pork.org/wp-content/uploads/2015/10/102815_lettertosubway_final_print_wsj. pdf.

National Research Council. "Effects on Human Health of Subtherapeutic Use of Antimicrobials in Animal Feeds." Washington, D.C.: National Academy

of Sciences, 1980. http://public.eblib.com/choice/publicfullrecord.aspx?p=
3376953.

———. *Proceedings, First International Conference on the Use of Antibiotics in
Agriculture, 19-21 October 1955.* Washington, D.C.: National Academy of
Sciences, 1956.

———. "The Use of Drugs in Food Animals: Benefits and Risks." Washington, D.C.:
National Academy of Sciences, 1999. http://www.nap.edu/catalog/5137/the-
use-of-drugs-in-food-animals-benefits-and-risks.

———. "The Use of Drugs in Animal Feeds: Proceedings of a Symposium." Washington,
D.C.: National Academy of Sciences, 1969. http://catalog.hathitrust.org/
Record/001516883.

Natural Resources Defense Council. "Going Mainstream: Meat and Poultry Raised
Without Routine Antibiotics Use." December 2015. https://www.nrdc.org/
sites/default/files/antibiotic-free-meats-CS.pdf.

Nature-Times News Service. "The Resistant Tees-Side Bacterium." *Times (London)*,
December 28, 1967.

Neeling, A. J. de, et al. "High Prevalence of Methicillin Resistant *Staphylococcus
aureus* in Pigs." *Veterinary Microbiology* 122, no. 3-4 (June 21, 2007): 366-72.

Nelson, J. M., et al. "Fluoroquinolone-Resistant Campylobacter Species and
the Withdrawal of Fluoroquinolones From Use in Poultry: A Public Health
Success Story." *Clinical Infectious Diseases* 44, no. 7 (April 1, 2007): 977-80.

Nelson, Jennifer M., et al. "Prolonged Diarrhea Due to Ciprofloxacin-Resistant
Campylobacter Infection." *Journal of Infectious Diseases* 190, no. 6 (September
15, 2004): 1150-57.

Nelson, Mark L., and Stuart B. Levy. "The History of the Tetracyclines." *Annals
of the New York Academy of Sciences* 1241, no. 1 (December 2011): 17-32.

Neushul, P. "Science, Government, and the Mass Production of Penicillin."
Journal of the History of Medicine and Allied Sciences 48, no. 4 (October
1993): 371-95.

"New Broiler Process Plan Keeps Meat Fresher Longer." *Florence (SC) Morning*

News, February 21, 1956.

"New Philosophy in Administration of Food and Drug Laws Involved in Miller Pesticide Bill." *Journal of Agricultural and Food Chemistry* 1, no. 9 (July 2, 1953): 601.

"New Poultry Process Will Be Used at Chehalis Plant." *(Centralia, WA) Daily Chronicle*, July 10, 1956.

"New Process Helps Preserve Freshness of Poultry, Fish." *(San Rafael, CA) Daily Independent Journal*, December 7, 1955.

Ng, H., et al. "Antibiotics in Poultry Meat Preservation: Development of Resistance among Spoilage Organisms." *Applied Microbiology* 5, no. 5 (September 1957): 331-33.

Nicholson, Arnold. "More White Meat for You." *Saturday Evening Post*, August 9, 1947.

Nilsson, O., et al. "Vertical Transmission of *Escherichia coli* Carrying Plasmid-Mediated AmpC (pAmpC) Through the Broiler Production Pyramid." *Journal of Antimicrobial Chemotherapy* 69, no. 6 (June 1, 2014): 1497-1500. doi:10.1093/jac/dku030.

Njoku-Obi, A. N., et al. "A Study of the Fungal Flora of Spoiled Chlortetracycline Treated Chicken Meat." *Applied Microbiology* 5, no. 5 (September 1957): 319-21.

Norman, Lloyd. "G.O.P. to Open Inquiry into Meat Famine." *Chicago Tribune*, September 29, 1946, sec. 1.

"Obituaries: E. S. Anderson: Bacteriologist Who Predicted the Problems Associated With Human Resistance to Antibiotics." *Times (London)*, March 27, 2006. http://www.thetimes.co.uk/tto/opinion/obituaries/article2086666.ece.

"Obituaries: E. S. Anderson: Ingenious Microbiologist Who Investigated How Bacteria Become Resistant to Antibiotics." (London, UK) *Independent*, March 23, 2006. http://www.independent.co.uk/news/obituaries/e-s-anderson-6105831.html.

O'Brien, Thomas F. "Emergence, Spread, and Environmental Effect of Antimicrobial Resistance: How Use of an Antimicrobial Anywhere Can Increase Resistance to Any Antimicrobial Anywhere Else." *Clinical Infectious Diseases* 34, Suppl. 3 (June 1, 2002): S78-84.

O'Connor, Clare. "Chick-Fil-A CEO Cathy: Gay Marriage Still Wrong, but I'll Shut Up About It and Sell Chicken." March 19, 2014. https://www.forbes.com/sites/clareoconnor/2014/03/19/chick-fil-a-ceo-cathy-gay-marriage-still-wrong-but-ill-shut-up-about-it-and-sell-chicken/#496eed632fcb.

Office of Technology Assessment, U.S. Congress. "Drugs in Livestock Feed." Office of Technology Assessment, U.S. Congress, 1979. http://hdl.handle.net/2027/umn.31951003054358w.

Ollinger, Michael, et al. "Structural Change in the Meat, Poultry, Dairy, and Grain Processing Industries." Economic Research Report. U.S. Department of Agriculture Economic Research Service, March 2005. https://www.ers.usda.gov/publications/pub-details/?pubid=45671.

O'Neill, Molly. "Rare Breed." *Saveur*, October 14, 2009.

Osterholm, M. T., et al. "An Outbreak of a Newly Recognized Chronic Diarrhea Syndrome Associated With Raw Milk Consumption." *Journal of the American Medical Association* 256, no. 4 (July 25, 1986): 484-90.

O'Sullivan, Kevin. "Seven-Year-Old Ian Reddin's Food Poisoning Put Family Life on Hold." *Irish Times (Dublin)*, June 7, 1999.

Oregon Public Health Division. "Summary of *Salmonella* Heidelberg Outbreaks Involving PFGE Patterns SHEX-005 and 005a. Oregon, 2004-2012." Portland: Oregon Health Authority, June 20, 2014. https://public.health.oregon.gov/DiseasesConditions/CommunicableDisease/Outbreaks/Documents/Outbreak%20Report_2012-2394_andrelatedinvestigations_heidelberg.pdf.

Ottke, Robert Crittenden, and Charles Franklin Niven, Jr. Preservation of meat. U.S. Patent 3057735 A, filed January 25, 1957, and issued October 9, 1962. http://www.google.com/patents/US3057735.

Overdevest, Ilse. "Extended-Spectrum B-Lactamase Genes of *Escherichia coli* in Chicken Meat and Humans, the Netherlands." *Emerging Infectious Diseases* 17, no. 7 (July 2011): 1216-22.

Parsons, Heidi. "Foster Farms Official Shares Data Management Tips, *Salmonella* Below 5%." *Food Quality News*, November 12, 2014. http://www.foodquality news.com/content/view/print/989474.

"Pass the 'Acronized' Chicken, Please!" (Algona, IA). *Kossuth County Advance*, May 28, 1957.

Paterson, David L, and Patrick N. A. Harris. "Colistin Resistance: A Major Breach in Our Last Line of Defence." *Lancet Infectious Diseases* 16, no. 2 (February 2016): 132-33.

Paxton, H., et al. "The Gait Dynamics of the Modern Broiler Chicken: A Cautionary Tale of Selective Breeding." *Journal of Experimental Biology* 216, no. 17 (September 1, 2013): 3237-48.

"Penicillin's Finder Assays Its Future." *New York Times*, June 26, 1945.

Penn State Extension. "Primary Breeder Companies—Poultry." Accessed February 13, 2014. http://extension.psu.edu/animals/poultry/links/breeder-companies.

Perreten, Vincent, et al. "Colistin Resistance Gene *mcr-1* in Avian-Pathogenic *Escherichia coli* in South Africa." *Antimicrobial Agents and Chemotherapy* 60, no. 7 (July 2016): 4414-15.

Pew Campaign on Human Health and Industrial Farming. "Record-High Antibiotic Sales for Meat and Poultry Production." July 17, 2013. http://pew.org/1YkUC8K.

Pew Charitable Trusts. "The Business of Broilers: Hidden Costs of Putting a Chicken on Every Grill." Washington, D.C.: Pew Charitable Trusts, December 20, 2013. http://www.pewtrusts.org/~/media/legacy/uploadedfiles/peg/publications/report/businessofbroilersreportthepewcharitabletrustspdf.pdf.

_____. "Comment on the Judicious Use of Medically Important Antimicrobial Drugs in Food-Producing Animals—Draft Guidance." Regulations.gov, August 27, 2010. https://www.regulations.gov/document?D=FDA-2010-D-0094-0398.

_____. "Weaknesses in FSIS's Salmonella Regulation: How Two Recent Outbreaks Illustrate a Failure to Protect Public Health." Washington, D.C.: Pew Charitable Trusts, December 2013. http://www.pewtrusts.org/~/media/legacy/uploadedfiles/phg/content_level_pages/reports/fsischickenoutbreak reportv6pdf.pdf.

Pew Commission on Industrial Farm Animal Production. "Putting Meat on the Table: Industrial Farm Animal Production in America." Baltimore, MD: Johns Hopkins Bloomberg School of Public Health, April 2008. http://www.jhsph. edu/research/centers-and-institutes/johns-hopkins-center-for-a-livable-future/_pdf/news_events/PCIFAPFin.pdf.

Pew Environment Group. "Big Chicken: Pollution and Industrial Poultry Production in America." Washington, D.C.: Pew Charitable Trusts, July 27, 2011. http://www.pewtrusts.org/~/media/legacy/uploadedfiles/peg/publications/report/pegbigchickenjuly2011pdf.pdf.

Phillips, I., et al. "Epidemic Multiresistant *Escherichia coli* Infection in West Lambeth Health District." *Lancet* 1, no. 8593 (May 7, 1988): 1038-41.

Piddock, L. J. "Quinolone Resistance and *Campylobacter* spp." *Journal of Antimicrobial Chemotherapy* 36, no. 6 (December 1995): 891-98.

Plantz, Bruce. "Consumer Misconceptions Dangerous for American Agriculture." WATTAgNet.com, January 27, 2016. http://www.wattagnet.com/articles/25742-consumer-misconceptions-dangerous-for-american-agriculture.

Podolsky, Scott. *The Antibiotic Era: Reform, Resistance, and the Pursuit of a Rational Therapeutics*. Baltimore, MD: Johns Hopkins University Press, 2014.

Poirel, Laurent, and Patrice Nordmann. "Emerging Plasmid-Encoded Colistin Resistance: The Animal World as the Culprit?" *Journal of Antimicrobial Chemotherapy* 71, no. 8 (August 2016): 2326-27.

President Barack Obama. (Executive Order 13676: Combating Antibiotic-Resistant Bacteria." 79 *Fed. Reg.*, 56931 § (2014). https://www.gpo.gov/fdsys/pkg/FR-2014-09-23/pdf/2014-22805.pdf.

President of the General Assembly. "Draft Political Declaration of the High-Level Meeting of the General Assembly on Antimicrobial Resistance." New York: United Nations, September 21, 2016. http://www.un.org/pga/71/wp-content/uploads/sites/40/2016/09/DGACM_GAEAD_ESCAB-AMR-Draft-Political-Declaration-1616108E.pdf.

_____. "Programme of the High Level Meeting on Antibiotic Resistance." New York: United Nations, September 19, 2016. http://www.un.org/pga/71/wp-content/uploads/sites/40/2015/08/HLM-on-Antimicrobial-Resistance-19-September-2016.pdf.

President's Council of Advisors on Science and Technology, Executive Office of the President. "Report to the President on Combating Antibiotic Resistance." Washington, D.C.: President's Council of Advisors on Science and Technology, September 18, 2014. https://obamawhitehouse.archives.gov/sites/default/files/microsites/ostp/PCAST/pcast_amr_sept_2014_final.pdf.

PR Newswire. "After Eliminating Human Antibiotics In Chicken Production in 2014, Perdue Continues Its Leadership." July 8, 2015. http://www.prnewswire.com/news-releases/after-eliminating-human-antibiotics-in-chicken-production-in-2014-perdue-continues-its-leadership-role-to-reduce-all-antibiotic-use--human-and-animal-300110015.html.

Price, Lance B., et al. "Elevated Risk of Carrying Gentamicin-Resistant _Escherichia coli_ among U.S. Poultry Workers." _Environmental Health Perspectives_ 115, no. 12 (December 2007): 1738-42.

Price, Lance B., et al. "The Persistence of Fluoroquinolone-Resistant _Campylobacter_ in Poultry Production." _Environmental Health Perspectives_ 115, no. 7 (March 19, 2007): 1035-39.

Price, Lance B., et al. "_Staphylococcus aureus_ CC398: Host Adaptation and Emergence of Methicillin Resistance in Livestock." _mBio_ 3, no. 1 (2012).

Pringle, Peter. _Experiment Eleven: Dark Secrets behind the Discovery of a Wonder Drug_. New York: Walker Books, 2012.

"Problems in the Poultry Industry. Part I." § Subcommittee No. 6 of the Select Committee on Small Business, House of Representatives, 85th Cong., 1st sess., pursuant to H. Res. 56. (1957).

"Problems in the Poultry Industry. Part II." § Subcommittee No. 6 of the Select Committee on Small Business, House of Representatives, 85th Cong., 1st sess., pursuant to H. Res. 56. (1957).

"Problems in the Poultry Industry. Part III." § Subcommittee No. 6 of the Select Committee on Small Business, House of Representatives, 85th Cong., 1st sess. pursuant to H. Res. 56. (1957).

Public Broadcasting System, *Frontline*. "Who's Responsible for That Manure? Poisoned Waters." April 21, 2009. http://www.pbs.org/wgbh/pages/frontline/poisonedwaters/themes/chicken.html.

"Public Husbandry." *Sunday Times (London)*, July 14, 1968.

"The QSR 50: The Top 50 Brands in Quick Service and Fast Casual." *QSR Magazine*, August 3, 2015. https://www.qsrmagazine.com/reports/qsr50-2015-top-50-chart.

"Quality Market." *(Helena, MT) Independent Record*, April 18, 1957. Advertisement.

Radhouani, Hajer, et al. "Potential Impact of Antimicrobial Resistance in Wildlife, Environment and Human Health." *Frontiers in Microbiology* 5 (2014).

Ramchandani, Meena, et al. "Possible Animal Origin of Human-Associated, Multidrug-Resistant, Uropathogenic *Escherichia coli*." *Clinical Infectious Diseases* 40, no. 2 (January 15, 2005): 251-57.

Rapoport, Melina, et al. "First Description of *mcr-1*-Mediated Colistin Resistance in Human Infections Caused by *Escherichia coli* in Latin America: Table 1." *Antimicrobial Agents and Chemotherapy* 60, no. 7 (July 2016): 4412-13.

Ravenholt, R. T., et al. "Staphylococcal Infection in Meat Animals and Meat Workers." *Public Health Reports* 76 (October 1961): 879-88.

Recommendations to the Commissioner for the Control of Foodborne Human Salmonellosis: The Report of the FDA Salmonella Task Force. Washington, D.C.: 1973.

Reed, Lois. "Our Readers Speak: Likes Letter From Lauretta Walkup." *(Butte, MT) Standard-Post*, December 5, 1959.

Reese, Frank. "On Animal Husbandry for Poultry Production." December 2014. http://goodshepherdpoultryranch.com/wp-content/uploads/2015/06/frank reesetreatise.pdf.

The Regulation of Animal Drugs by the Food and Drug Administration: Hearings Before a Subcommittee of the Committee on Government Operations, House of Representatives, 99th Cong., 1st sess. (July 24, 25, 1985).

"Report of the Special Meeting on Urgent Food Problems, Washington, D.C., May 20-27, 1946." Washington, D.C.: Food and Agriculture Organization of the United Nations, June 6, 1946.

Review on Antimicrobial Resistance. "Antimicrobial Resistance: Tackling a Crisis for the Health and Wealth of Nations." London: Review on Antimicrobial Resistance, December 2014. https://amr-review.org/sites/default/files/AMR%20 Review%20Paper%20-%20Tackling%20a%20crisis%20for%20the%20health%20 and%20wealth%20of%20nations_1.pdf.

Reynolds, L. A., and E. M. Tansey. "Foot and Mouth Disease: The 1967 Outbreak and Its Aftermath." London: Wellcome Trust Centre for the History of Medicine at UCL, 2003.

Rickes, E. L., et al. "Comparative Data on Vitamin B_{12} From Liver and From a New Source, *Streptomyces griseus*." *Science* 108, no. 2814 (December 3, 1948): 634-35.

Riley, Lee W., and Amee R. Manges. "Epidemiologic Versus Genetic Relatedness to Define an Outbreak-Associated Uropathogenic Escherichia coli Group." *Clinical Infectious Diseases* 41, no. 4 (August 15, 2005): 567-70

Riley, Lee W., et al. "Obesity in the United States—Dysbiosis From Exposure to Low-Dose Antibiotics?" *Frontiers in Public Health* 1 (2013).

Rinsky, Jessica L., et al. "Livestock-Associated Methicillin and Multidrug Resistant *Staphylococcus aureus* Is Present Among Industrial, Not Antibiotic-Free Livestock Operation Workers in North Carolina." *PLoS ONE* 8, no. 7 (July 2, 2013): e67641.

Ritz, Casey W., and William C. Merka. "Maximizing Poultry Manure Use Through Nutrient Management Planning." University of Georgia Extension, July 30, 2004. http://extension.uga.edu/publications/detail.cfm?number=B1245.

Robinson, Timothy P., et al. "Animal Production and Antimicrobial Resistance in the Clinic." *Lancet* 387, no. 10014 (January 2016): e1-3.

Rogers, Richard T. "Broilers: Differentiating a Commodity." In *Industry Studies*, edited by Larry L. Duetsch, 3rd ed., 59-95. Armonk, NY: M. E. Sharpe, 2002.

Roth, Anna. "What You Need to Know About the Corporate Shift to Cage-Free Eggs." *Civil Eats*, January 28, 2016. http://civileats.com/2016/01/28/what-you-need-to-know-about-the-corporate-shift-to-cage-free-eggs/.

Rountree, P. M., and B. M. Freeman. "Infections Caused by a Particular Phage Type of *Staphylococcus aureus*." *Medical Journal of Australia* 42, no. 5 (July 30, 1955): 157-61.

Ruhe, J. J., and A. Menon. "Tetracyclines as an Oral Treatment Option for Patients With Community Onset Skin and Soft Tissue Infections Caused by Methicillin-Resistant *Staphylococcus aureus*." *Antimicrobial Agents and Chemotherapy* 51, no. 9 (September 1, 2007): 3298-3303.

Rule, Ana M., et al. "Food Animal Transport: A Potential Source of Community Exposures to Health Hazards From Industrial Farming (CAFOs)." *Journal of Infection and Public Health* 1, no. 1 (2008): 33-39.

Russell, Cristine. "Research Links Human Illness, Livestock Drugs." *Washington Post*, September 6, 1984, sec. A.

Russell, J. B., and A. J. Houlihan. "The Ionophore Resistance of Ruminal Bacteria and Its Relationship to Other Forms of Antibiotic Resistance." Paper presented at the Cornell Nutrition Conference for Feed Manufacturers, East Syracuse, NY, October 21, 2003. https://naldc.nal.usda.gov/catalog/20731.

Russo, T. A., and J. R. Johnson. "Proposal for a New Inclusive Designation for Extraintestinal Pathogenic Isolates of *Escherichia coli*: ExPEC." *Journal of Infectious Diseases* 181, no. 5 (May 2000): 1753-54.

Russo, Thomas A., and James R. Johnson. "Medical and Economic Impact of Extraintestinal Infections due to *Escherichia coli*: Focus on an Increasingly Important Endemic Problem." *Microbes and Infection* 5, no. 5 (April 2003): 449-56.

Ruzauskas, Modestas, and Lina Vaskeviciute. "Detection of the *mcr-1* Gene in *Escherichia coli* Prevalent in the Migratory Bird Species *Larus argentatus*." *Journal of Antimicrobial Chemotherapy* 71, no. 8 (August 2016): 2333-34.

Saberan, Abdi, and Olivier Deck. *Landes en toute liberté*. Lavaur, France: Edition

AVFL, 2005.

"Safeway." *Bend (OR) Bulletin*, December 10, 1959. Advertisement.

Salyers, Abigail A., and Dixie D. Whitt. *Revenge of the Microbes: How Bacterial Resistance Is Undermining the Antibiotic Miracle*. Washington, D.C.: ASM Press, 2005.

Sanchez, G. V., et al. "Trimethoprim-Sulfamethoxazole May No Longer Be Acceptable for the Treatment of Acute Uncomplicated Cystitis in the United States." *Clinical Infectious Diseases* 53, no. 3 (August 1, 2011): 316-17.

Sanders, Robert. "Outspoken UC Berkeley Biochemist and Nutritionist Thomas H. Jukes Has Died at Age 93." University of California, Berkeley, November 10, 1999.

Sanderson Farms. *The Truth About Chicken—Supermarket*. 2016. https://www.youtube.com/watch?time_continue=9&v=3BdgVvJOWiQ.

Sannes, Mark R., et al. "Predictors of Antimicrobial-Resistant *Escherichia coli* in the Feces of Vegetarians and Newly Hospitalized Adults in Minnesota and Wisconsin." *Journal of Infectious Diseases* 197, no. 3 (February 1, 2008): 430-34.

Sawyer, Gordon. *Northeast Georgia: A History*. Mount Pleasant, SC: Arcadia Publishing, 2001. https://www.arcadiapublishing.com/Products/9780738523705.

———. *The Agribusiness Poultry Industry: A History of Its Development*. New York: Exposition Press, 1971.

Saxon, Wolfgang. "Anne Miller, 90, First Patient Who Was Saved by Penicillin." *New York Times*, June 9, 1999.

Sayer, Karen. "Animal Machines: The Public Response to Intensification in Great Britain, C. 1960-C. 1973." *Agricultural History* 87, no. 4 (September 1, 2013): 473-501.

Scallan, Elaine, et al. "Foodborne Illness Acquired in the United States—Major Pathogens." *Emerging Infectious Diseases* 17, no. 1 (January 2011): 7-15.

Schell, Orville. *Modern Meat: Antibiotics, Hormones and the Pharmaceutical Farm*. New York: Random House 1984.

Schmall, Emily. "The Cult of Chick-Fil-A." *Forbes*, July 6, 2007. http://www.

forbes.com/forbes/2007/0723/080.html.

Schmidt, C. J., et al. "Comparison of a Modern Broiler Line and a Heritage Line Unselected Since the 1950s." *Poultry Science* 88, no. 12 (December 1, 2009): 2610-19.

Schuessler, Ryan. "Maryland Residents Fight Poultry Industry Expansion." *Al Jazeera America*. http://america.aljazeera.com/articles/2015/11/23/maryland-residents-fight-poultry-industry-expansion.html.

Schulfer, Anjelique, and Martin J. Blaser. "Risks of Antibiotic Exposures Early in Life on the Developing Microbiome." *PLOS Pathogens* 11, no. 7 (July 2, 2015): e1004903.

Scully, Matthew. *Dominion: The Power of Man, the Suffering of Animals, and the Call to Mercy*. New York: St. Martin's Press, 2002.

Seeger, Karl C., et al. "The Results of the Chicken-of-Tomorrow 1948 National Contest." Newark: University of Delaware Agricultural Experiment Station, USDA, July 1948. http://hdl.handle.net/2027/uc1.b2825459.

Shanker, Deena. "Just Months After Big Pork Said It Couldn't Be Done, Tyson Is Raising up to a Million Pigs Without Antibiotics." Quartz.com, February 24, 2016. https://qz.com/624270/just-months-after-big-pork-said-it-couldnt-be-done-tyson-is-raising-up-to-a-million-pigs-without-antibiotics/.

Sharpless, Rebecca. Reimert Thorolf Ravenholt. Population and Reproductive Health Oral History Project, Sophia Smith Collection, Smith College, Northampton, MA, July 18, 2002. https://www.smith.edu/library/libs/ssc/prh/transcripts/ravenholt-trans.pdf.

Sheikh, Ali Ahmad, et al. "Antimicrobial Resistance and Resistance Genes in *Escherichia coli* Isolated From Retail Meat Purchased in Alberta, Canada." *Foodborne Pathogens and Disease* 9, no. 7 (July 2012): 625-31.

Shrader, H. L. "The Chicken-of-Tomorrow Program: Its Influence on 'Meat-Type' Poultry Production." *Poultry Science* 31, no. 1 (January 1952): 3-10.

Shrimpton, D. H. "The Use of Chlortetracycline (Aureomycin) to Retard the Spoilage of Poultry Carcasses." *Journal of the Science of Food and Agriculture*

8 (August 1957): 485-89.

Sieburth, J. M., et al. "Effect of Antibiotics on Intestinal Microflora and on Growth of Turkeys and Pigs." *Proceedings of the Society for Experimental Biology and Medicine, Society for Experimental Biology and Medicine* 76, no. 1 (January 1951): 15-18.

Simões, Roméo Rocha, et al. "Seagulls and Beaches as Reservoirs for Multidrug-Resistant *Escherichia coli*." *Emerging Infectious Diseases* 16, no. 1 (January 2009): 110-12.

Singer, Randall S. "Urinary Tract Infections Attributed to Diverse ExPEC Strains in Food Animals: Evidence and Data Gaps." *Frontiers in Microbiology* 6 (2015): 28. doi:10.3389/fmicb.2015.00028.

Singer, Randall S., et al. "Modeling the Relationship Between Food Animal Health and Human Foodborne Illness." *Preventive Veterinary Medicine* 79, no. 2-4 (May 2007): 186-203.

Singer, Randall S., and Charles L. Hofacre. "Potential Impacts of Antibiotic Use in Poultry Production." *Avian Diseases* 50, no. 2 (June 2006): 161-72.

Singh, Pallavi, et al. "Characterization of Enteropathogenic and Shiga Toxin-Producing *Escherichia coli* in Cattle and Deer in a Shared Agroecosystem." *Frontiers in Cellular and Infection Microbiology* 5 (April 1, 2015).

Skov, Robert L., and Dominique L. Monnet. "Plasmid-Mediated Colistin Resistance (*mcr-1* Gene): Three Months Later, the Story Unfolds." *Eurosurveillance* 21, no. 9 (March 3, 2016).

Sloane, Julie. "I Turned My Father's Tiny Egg Farm Into a Poultry Powerhouse and Became the Face of an Industry." *Fortune Small Business*, September 1, 2003. http://money.cnn.com/magazines/fsb/fsb_archive/2003/09/01/350797/.

Smaldone, Giorgio, et al. "Occurrence of Antibiotic Resistance in Bacteria Isolated from Seawater Organisms Caught in Campania Region: Preliminary Study." *BMC Veterinary Research* 10 (July 15, 2014): 161.

Smith, E. L. "The Discovery and Identification of Vitamin B_{12}." *British Journal of Nutrition* 6, no. 1 (1952): 295-299.

Smith, H. W. "Why Has Swann Failed?" Letter to the editor. *British Medical Journal* 280, no. 6230 (June 21, 1980): 1537.

Smith, H. W., and M. A. Lovell. "*Escherichia coli* Resistant to Tetracyclines and to Other Antibiotics in the Faeces of U.K. Chickens and Pigs in 1980." *Journal of Hygiene* 87, no. 3 (December 1981): 477-83.

Smith, J. L., et al. "Impact of Antimicrobial Usage on Antimicrobial Resistance in Commensal *Escherichia coli* Strains Colonizing Broiler Chickens." *Applied and Environmental Microbiology* 73, no. 5 (March 1, 2007): 1404-14.

Smith, K. E., et al. "Quinolone-Resistant *Campylobacter jejuni* Infections in Minnesota, 1992-1998. Investigation Team." *New England Journal of Medicine* 340, no. 20 (May 20, 1999): 1525-32.

Smith, Page, and Charles Daniel. *The Chicken Book*. Athens: University of Georgia Press, 2000.

Smith, R., and J. Coast. "The True Cost of Antimicrobial Resistance." *British Medical Journal* 346, no. 11 (March 11, 2013): f1493.

Smith, S. P., et al. "Temporal Changes in the Prevalence of Community-Acquired Antimicrobial-Resistant Urinary Tract Infection Affected by *Escherichia coli* Clonal Group Composition." *Clinical Infectious Diseases* 46, no. 5 (March 1, 2008): 689-95.

Smith, Tara C., et al. "Methicillin-Resistant *Staphylococcus aureus* in Pigs and Farm Workers on Conventional and Antibiotic-Free Swine Farms in the USA." *PLoS ONE* 8, no. 5 (May 7, 2013): e63704.

Smith, Tara C., and Shylo E. Wardyn. "Human Infections with *Staphylococcus aureus* CC398." *Current Environmental Health Reports* 2, no. 1 (March 2015): 41-51.

Sneeringer, Stacey, et al. "Economics of Antibiotic Use in U.S. Livestock Production." Economic Research Report. Washington, D.C.: Economic Research Service, U.S. Department of Agriculture, November 2015. https://www.ers.usda.gov/webdocs/publications/err200/55528_err200_summary.pdf.

Sobel, Jeremy, et al. "Investigation of Multistate Foodborne Disease Outbreaks."

Public Health Reports 117, no. 1 (February 2002): 8-19.

Solomons, I. A. "Antibiotics in Animal Feeds—Human and Animal Safety Issues." *Journal of Animal Science* 46, no. 5 (1978): 1360-1368.

Song, Qin, et al. "Optimization of Fermentation Conditions for Antibiotic Production by Actinomycetes YJ1 Strain against *Sclerotinia sclerotiorum*." *Journal of Agricultural Science* 4, no. 7 (May 21, 2012).

Soule, George. "Chicken Explosion." *Harper's Magazine* 222 (April 1961): 77-79.

Souverein, Dennis, et al. "Costs and Benefits Associated With the MRSA Search and Destroy Policy in a Hospital in the Region Kennemerland, the Netherlands." *PLOS ONE* 11, no. 2 (February 5, 2016): e0148175.

Spake, Amanda. "Losing the Battle of the Bugs (Cover)." *U.S. News & World Report*, May 10, 1999.

____. "O Is for Outbreak (Cover)." *U.S. News & World Report*, November 24, 1997.

Stamm, W. E. "An Epidemic of Urinary Tract Infections?" *New England Journal of Medicine* 345, no. 14 (October 4, 2001): 1055-57.

Stevenson, G. W., and Holly Born. "The 'Red Label' Poultry System in France: Lessons for Renewing an Agriculture-of-the-Middle in the United States." In *Remaking the North American Food System: Strategies for Sustainability*, edited by C. Clare Hinrichs and Thomas A. Lyson, 144-62. Lincoln: University of Nebraska Press, 2007.

Stokstad, E. L. R. "Antibiotics in Animal Nutrition." *Physiological Reviews* 34, no. 1 (1954): 25-51.

Stokstad, E. L. R., and T. H. Jukes. "Effect of Various Levels of Vitamin B_{12} Upon Growth Response Produced by Aureomycin in Chicks." *Proceedings of the Society for Experimental Biology and Medicine. Society for Experimental Biology and Medicine* 76, no. 1 (January 1951): 73-76.

____. "Further Observations on the 'Animal Protein Factor.'" *Proceedings of the Society for Experimental Biology and Medicine* 73, no. 3 (March 1, 1950): 523-28.

____. "The Multiple Nature of the Animal Protein Factor." *Journal of Biological*

Chemistry 180, no. 2 (September 1949): 647-54.

Stokstad, E. L. R., et al. "The Multiple Nature of the Animal Protein Factor." *Journal of Biological Chemistry* 180, no. 2 (September 1, 1949): 647-54.

Stone, I. F. "Fumbling with Famine." *Nation*, March 23, 1946.

Striffler, Steve. *Chicken: The Dangerous Transformation of America's Favorite Food.* New Haven, CT: Yale University Press, 2007.

Strom, Stephanie. "Into the Family Business at Perdue." *New York Times*, July 31, 2015.

____. "Perdue Sharply Cuts Antibiotic Use in Chickens and Jabs at Its Rivals." *New York Times*, July 31, 2015.

Subcommittee on Dairy and Poultry of the Committee on Agriculture, House of Representatives. *Impact of Chemical and Related Drug Products and Federal Regulatory Processes: Hearings Before the Subcommittee on Dairy and Poultry of the Committee on Agriculture, House of Representatives*, 95th Cong., 1st sess. (1977).

Subcommittee on Health of the Committee on Labor and Public Welfare and the Subcommittee on Administrative Practice and Procedure of the Committee on the Judiciary, U.S. Senate. *Preclinical and Clinical Testing by the Pharmaceutical Industry, 1976. Joint Hearings*, 94th Cong., 2nd sess. (1975).

Subcommittee on Legislation Affecting the Food and Drug Administration of the Committee on Labor and Public Welfare, U.S. Senate. *Mandatory Poultry Inspection. Hearings, on S. 3176, a Bill to Amend the Federal Food, Drug, and Cosmetic Act, so as to Prohibit the Movement in Interstate or Foreign Commerce of Unsound, Unhealthful, Diseased, Unwholesome, or Adulterated Poultry or Poultry Products*, 84th Cong., 2nd sess. (May 9, 10, 1956).

Subcommittee on Oversight and Investigations, House Committee on Interstate and Foreign Commerce, on Food and Drug Administration. *Antibiotics in Animal Feeds, Hearings*, 95th Cong., 1st sess. (September 19, 23, 1977). http://hdl.handle.net/2027/umn.31951d00283261m.

Sun, M. "Antibiotics and Animal Feed: A Smoking Gun." *Science* 225, no. 4668

(September 21, 1984): 1375.

_____. "In Search of Salmonella's Smoking Gun." *Science* 226, no. 4670 (October 5, 1984): 30-32.

_____. "New Study Adds to Antibiotic Debate." *Science* 226, no. 4676 (November 16, 1984): 818.

_____. "Use of Antibiotics in Animal Feed Challenged." *Science* 226, no. 4671 (October 12, 1984): 144-46.

Sunde, Milton. "Seventy-Five Years of Rising American Poultry Consumption: Was It Due to the Chicken of Tomorrow Contest?" *Nutrition Today* 38, no. 2 (2003): 60-62.

Surgeon-General's Office, United States. "Report of the Surgeon-General of the Army to the Secretary of War for the Fiscal Year Ending June 30, 1921." Washington D.C.: Government Printing Office, June 30, 1921.

Swann, Michael Meredith, and Joint Committee on the Use of Antibiotics in Animal Husbandry and Veterinary Medicine. *Report Presented to Parliament by the Secretary of State for Social Services, the Secretary of State for Scotland, the Minister of Agriculture, Fisheries and Food and the Secretary of State for Wales by Command of Her Majesty.* London: HMSO, November 1969.

Swartz, Morton N. "Human Diseases Caused by Foodborne Pathogens of Animal Origin." *Clinical Infectious Diseases* 34, Suppl. 3 (June 1, 2002): S111-22.

Tarr, Adam. "California Firm Recalls Chicken Products Due to Possible *Salmonella* Heidelberg Contamination." U.S. Department of Agriculture, July 12, 2014. https://www.fsis.usda.gov/wps/portal/fsis/topics/recalls-and-public-health-alerts/recall-case-archive/archive/2014/recall-044-2014-release.

Tarr, H. L. A., et al. "Antibiotics in Food Processing, Experimental Preservation of Fish and Beef With Antibiotics." *Journal of Agricultural and Food Chemistry* 2, no. 7 (1954): 372-75.

Tartof, S. Y., et al. "Analysis of a Uropathogenic *Escherichia coli* Clonal Group by Multilocus Sequence Typing." *Journal of Clinical Microbiology* 43, no. 12 (December 1, 2005): 5860-64.

Teillant, Aude, et al. "Potential Burden of Antibiotic Resistance on Surgery and Cancer Chemotherapy Antibiotic Prophylaxis in the USA: A Literature Review and Modelling Study." *Lancet Infectious Diseases* 15, no. 12 (December 2015): 1429-37.

Ternhag, Anders, et al. "Short- and Long-Term Effects of Bacterial Gastrointestinal Infections." *Emerging Infectious Diseases* 14, no. 1 (January 2008): 143-48.

Thatcher, F. S., and A. Loit. "Comparative Microflora of Chlor-Tetracycline-Treated and Nontreated Poultry with Special Reference to Public Health Aspects." *Applied Microbiology* 9 (January 1961): 39-45.

Thorpe, Cheleste M. "Shiga Toxin-Producing *Escherichia coli* Infection." *Clinical Infectious Diseases* 38, no. 9 (May 1, 2004): 1298-1303.

"305,000 K-12 Students in Chicago Offered Chicken Raised Without Antibiotics." *Sustainable Food News*, November 1, 2011. https://www.sustainablefoodnews.com/printstory.php?news_id=14362.

Threlfall, E. J., et al. "High-Level Resistance to Ciprofloxacin in *Escherichia coli*." *Lancet* 349, no. 9049 (February 8, 1997): 403.

Threlfall, E. J., et al. "Increasing Spectrum of Resistance in Multiresistant Salmonella Typhimurium." *Lancet* 347, no. 9007 (April 13, 1996): 1053-54.

Threlfall, E. J., et al. "Plasmid-Encoded Trimethoprim Resistance in Multiresistant Epidemic *Salmonella* Typhimurium Phage Types 204 and 193 in Britain." *British Medical Journal* 280, no. 6225 (May 17, 1980): 1210-11.

Threlfall, E. J., et al. "Increasing Incidence of Resistance to Trimethoprim and Ciprofloxacin in Epidemic *Salmonella* Typhimurium DT104 in England and Wales." *Eurosurveillance* 2, no. 11 (November 1997): 81-84.

____. "Multiresistant *Salmonella* Typhimurium DT 104 and *Salmonella bacteraemia*." *Lancet* 352, no. 9124 (July 25, 1998): 287-88.

____. "Spread of Multiresistant Strains of *Salmonella* Typhimurium Phage Types 204 and 193 in Britain." *British Medical Journal* 2, no. 6143 (October 7, 1978): 997.

Titus, Andrea. "The Burden of Antibiotic Resistance in Indian Neonates." Center for Disease Dynamics, Economics and Policy, August 18, 2012. http://www.

cddep.org/blog/posts/visualization_series_burden_antibiotic_resistance_indian_
neonates.

Tobey, Mark B. "Public Workshops: Agriculture and Antitrust Enforcement Issues
in Our 21st Century Economy." Washington, D.C.: U.S. Department of Justice,
March 2012. https://www.justice.gov/atr/events/public-workshops-agriculture-
and-antitrust-enforcement-issues-our-21st-century-economy-10.

Toossi, Mitra. "A Century of Change: The U.S. Labor Force, 1950-2050." *Monthly
Labor Review* 125 (2002): 15.

"Town and Country Market." *(Ukiah, CA) Daily Journal*, August 22, 1956. Adver-
tisement.

Trasande, L., et al. "Infant Antibiotic Exposures and Early-Life Body Mass."
International Journal of Obesity 37, no. 1 (January 2013): 16-23.

Travers, Karin, and Barza Michael. "Morbidity of Infections Caused by Antimicrobial-
Resistant Bacteria." *Clinical Infectious Diseases* 34, Suppl. 3 (June 1, 2002):
S131-34.

"Trouble on the Farm." *Economist*, November 15, 1969.

Trust for America's Health. "Comment on the Judicious Use of Medically Important
Antimicrobial Drugs in Food-Producing Animals—Draft Guidance." Regulations.
gov, August 24, 2010. https://www.regulations.gov/document?D=FDA-2010-
D-0094-0365.

Tucker, Anthony. "Anti-Anti-Antibiotics." *Guardian (Manchester)*, January 30, 1968.

____. "Obituary: ES Anderson: Brilliant Bacteriologist Who Foresaw the Public
Health Dangers of Genetic Resistance to Antibiotics." *Guardian (Manchester)*,
March 22, 2006.

Tucker, Robert A. "History of the U.S. Food and Drug Administration." Interview
with Donald Kennedy, Ph.D., June 17, 1996. http://www.fda.gov/downloads/
AboutFDA/WhatWeDo/History/OralHistories/SelectedOralHistoryTranscripts/
UCM265233.pdf.

"Two Hands for Donald Kennedy." *New York Times*, July 2, 1979.

"Two Years Pass, Nothing Done." *Sunday Times (London)*, April 28, 1968.

Tyson Foods. "Tyson Foods' New Leaders Position Company for Future Growth." News release, February 21, 2017. http://www.tysonfoods.com/media/news-releases/2017/02/tyson-foods-new-leaders-position-company-for-future-growth.

"Tyson Fresh Meats Launches Open Prairie Natural Pork." TysonFoods.com. February 22, 2016. http://www.tysonfoods.com/media/news-releases/2016/02/natural-pork-launch.aspx.

United Nations Secretary-General. "Secretary-General's Remarks to High-Level Meeting on Antimicrobial Resistance [as Delivered]." United Nations, September 21, 2016. https://www.un.org/sg/en/content/sg/statement/2016-09-21/secretary-generals-remarks-high-level-meeting-antimicrobial.

United Press International. "Now Using Antibiotics to Keep Meat Fresh." *Pantagraph*, August 12, 1956.

_____. "Science Finding Ways to Stall Food Spoilage." *Ottawa Journal*, November 10, 1956.

"USDA Takes New Steps to Fight *E. coli*, Protect the Food Supply." U.S. Department of Agriculture, September 13, 2011. https://www.usda.gov/wps/portal/usda/usdahome?contentidonly=true&contentid=2011/09/0400.xml.

U.S. Department of Agriculture. *A Graphic Summary of Farm Animals and Animal Products (Based Largely on the Census of 1940)*. Washington, D.C.: 1943. http://hdl.handle.net/2027/uva.x030450594.

U.S. Department of Agriculture, Bureau of Agricultural Economics, and Bureau of the Census, U.S. Department of Commerce. "United States Census of Agriculture 1950: A Graphic Summary." 1952. http://agcensus.mannlib.cornell.edu/AgCensus/getVolumeTwoPart.do?volnum=5&year=1950&part_id=1081&number=6&title=Agriculture%201950%20-%20A%20Graphic%20Summary.

U.S. Department of Agriculture, Food Safety and Inspection Service. "Nationwide Broiler Chicken Microbiological Baseline Data Collection Program, July 1994-June 1995." April 1996. http://agris.fao.org/agris-search/search.do?recordID=US201300313983.

U.S. Department of Agriculture, National Agricultural Statistics Service. "Agricultural

Resource Management Survey Broiler Highlights 2011." Accessed December 9, 2016. https://www.nass.usda.gov/Surveys/Guide_to_NASS_Surveys/Ag_Resource_Management/ARMS_Broiler_Factsheet/.

_____. "Poultry Slaughter 2014 Annual Summary." February 2015. http://usda.mannlib.cornell.edu/MannUsda/viewDocumentInfo.do?documentID=1497.

_____. "Poultry Slaughter 2015 Annual Summary." February 2016. http://usda.mannlib.cornell.edu/MannUsda/viewDocumentInfo.do?documentID=1497.

U.S. Government Accountability Office. "Animal Agriculture: Waste Management Practices." Washington, D.C., July 1, 1999. http://www.gao.gov/products/RCED-99-205.

U.S. Poultry & Egg Association. "Industry Economic Data." Accessed May 31, 2015. https://www.uspoultry.org/economic_data/.

Van Boeckel, Thomas P., et al. "Global Trends in Antimicrobial Use in Food Animals." *Proceedings of the National Academy of Sciences of the United States of America* 112, no. 18 (May 5, 2015): 5649-54.

Van Cleef, B. A. G. L., et al. "High Prevalence of Nasal MRSA Carriage in Slaughterhouse Workers in Contact with Live Pigs in the Netherlands." *Epidemiology and Infection* 138, no. 5 (May 2010): 756-63.

Van Loo, Inge, et al. "Emergence of Methicillin-Resistant *Staphylococcus aureus* of Animal Origin in Humans." *Emerging Infectious Diseases* 13, no. 12 (December 2007): 1834-39.

Van Rijen, M. M. L., et al. "Methicillin-Resistant *Staphylococcus aureus* Epidemiology and Transmission in a Dutch Hospital." *Journal of Hospital Infection* 72, no. 4 (August 2009): 299-306. doi:10.1016/j.jhin.2009.05.006.

Van Rijen, M. M. L., et al. "Increase in a Dutch Hospital of Methicillin-Resistant *Staphylococcus aureus* Related to Animal Farming." *Clinical Infectious Diseases* 46, no. 2 (January 15, 2008): 261-63.

Vasquez, Amber M., et al. "Investigation of *Escherichia coli* Harboring the *mcr-1* Resistance Gene—Connecticut, 2016." *Morbidity and Mortality Weekly Report* 65, no. 36 (September 16, 2016): 979-80.

Vaughn, Reese H., and George F. Stewart. "Antibiotics as Food Preservatives." *Journal of the American Medical Association* 174, no. 10 (1960): 1308-1310.

Velázquez, J. B., et al. "Incidence and Transmission of Antibiotic Resistance in Campylobacter Jejuni and Campylobacter Coli." *Journal of Antimicrobial Chemotherapy* 35, no. 1 (January 1995): 173-78.

Vermont Department of Health. "Disease Control Bulletin September 1998: Salmonella Typhimurium DT104." Accessed February 18, 2016. http://www.healthvermont.gov/pubs/disease_control/1998/1998-09.aspx.

Veterinary Correspondent. "Hazards in Feed Additives." *Times (London)*, March 3, 1969.

Vickers, H. R., L. Bagratuni, and S. Alexander. "Dermatitis Caused by Penicillin in Milk." *Lancet* 1, no. 7016 (February 15, 1958): 351-52.

Vidaver, Anne K. "Uses of Antimicrobials in Plant Agriculture." *Clinical Infectious Diseases* 34, Suppl. 3 (June 1, 2002): S107-10.

Vieira, Antonio R., et al. "Association Between Antimicrobial Resistance in *Escherichia coli* Isolates From Food Animals and Blood Stream Isolates From Humans in Europe: An Ecological Study." *Foodborne Pathogens and Disease* 8, no. 12 (December 2011): 1295-1301.

Vincent, Caroline, et al. "Food Reservoir for *Escherichia coli* Causing Urinary Tract Infections." *Emerging Infectious Diseases* 16, no. 1 (January 2010): 88-95.

"Viruses Begin to Yield." *New York Times*, July 23, 1948.

Vitenskapkomiteen for mattrygghet (Norwegian Scientific Committee for Food Safety). "The Risk of Development of Antimicrobial Resistance With the Use of Coccidiostats in Poultry Diets." December 14, 2015. https://vkm.no/english/riskassessments/allpublications/theriskofdevelopmentofantimicrobialresistancewiththeuseofcoccidiostatsinpoultrydiets.4.62c3f31d15e03ed2972100.html.

Voetsch, Andrew C., et al. "FoodNet Estimate of the Burden of Illness Caused by Nontyphoidal Salmonella Infections in the United States." *Clinical Infectious Diseases* 38 Suppl. 3 (April 15, 2004): S127-134.

Vos, Margreet C., and Henri A. Verbrugh. "MRSA: We Can Overcome, but Who

Will Lead the Battle?" *Infection Control and Hospital Epidemiology* 26, no. 2 (2005): 117-120.

Voss, Andreas, et al. "Methicillin-Resistant *Staphylococcus aureus* in Pig Farming." *Emerging Infectious Diseases* 11, no. 12 (December 2005): 1965-1966.

Vukina, T., and W. E. Foster. "Efficiency Gains in Broiler Production Through Contract Parameter Fine Tuning." *Poultry Science* 75, no. 11 (November 1996): 1351-58.

Walker, Homer W., and John C. Ayres. "Antibiotic Residuals and Microbial Resistance in Poultry Treated with Tetracyclines." *Journal of Food Science* 23, no. 5 (1958): 525-31.

Walker, J. C. "Pioneer Leaders in Plant Pathology: Benjamin Minge Duggar." *Annual Review of Phytopathology* 20, no. 1 (1982): 33-39.

Wang, Zuoyue. *In Sputnik's Shadow: The President's Science Advisory Committee and Cold War America*. New Brunswick, NJ: Rutgers University Press, 2008.

Warren, Don C. "A Half-Century of Advances in the Genetics and Breeding Improvement of Poultry." *Poultry Science* 37, no. 1 (January 1958): 3-20.

Watanabe, T. "Infective Heredity of Multiple Drug Resistance in Bacteria." *Bacteriological Reviews* 27 (March 1963): 87-115.

Watanabe, T., and T. Fukasawa. "Episome-Mediated Transfer of Drug Resistance in Enterobacteriaceae. I. Transfer of Resistance Factors by Conjugation." *Journal of Bacteriology* 81 (May 1961): 669-78.

Watts, J. Craig. "Easing the Plight of Poultry Growers." *(Raleigh, NC) News and Observer*, August 24, 2011.

WBOC-16. "Somerset County Approves New Poultry House Regulations." August 10, 2016. http://www.wboc.com/story/32732399/somerset-county-approves-new-poultry-house-regulations.

Wegener, H. C., et al. "Use of Antimicrobial Growth Promoters in Food Animals and *Enterococcus faecium* Resistance to Therapeutic Antimicrobial Drugs in Europe." *Emerging Infectious Diseases* 5, no. 3 (June 1999): 329-35.

Weiser, H. H., et al. "The Use of Antibiotics in Meat Processing." *Applied*

Microbiology 2, no. 2 (March 1954): 88-94.

Welch, H. "Antibiotics in Food Preservation; Public Health and Regulatory Aspects." *Science* 126, no. 3284 (December 6, 1957): 1159-61.

____. "Problems of Antibiotics in Food as the Food and Drug Administration Sees Them." *American Journal of Public Health and the Nation's Health* 47, no. 6 (June 1957): 701-5.

Werner, F. J. M., and SDa Executive Board. "Usage of Antibiotics in Livestock in the Netherlands in 2012." Utrecht: SDa Autoriteit Dirgeneesmiddelen, July 2013. http://www.autoriteitdiergeneesmiddelen.nl/en/home.

Wertheim, H. F. L., et al. "Low Prevalence of Methicillin-Resistant *Staphylococcus aureus* (MRSA) at Hospital Admission in the Netherlands: The Value of Search and Destroy and Restrictive Antibiotic Use." *Journal of Hospital Infection* 56, no. 4 (April 2004): 321-25.

Westgren, Randall E. "Delivering Food Safety, Food Quality, and Sustainable Production Practices: The Label Rouge Poultry System in France." *American Journal of Agricultural Economics* 81, no. 5 (December 1, 1999): 1107-11.

"Whale Steak for Dinner." *Science News-Letter* 70, no. 20 (1956): 315-15.

White, David G., et al, eds. *Frontiers in Antimicrobial Resistance: A Tribute to Stuart B. Levy.* Washington, D.C.: American Society for Microbiology, 2005.

White-Stevens, Robert, et al. "The Use of Chlortetracycline-Aureomycin in Poultry Production." *Cereal Science Today*, September 1956.

"Why Did These 30 Babies Die? Asks MP." *Sunday Times (London)*, April 13, 1969.

"Why Has Swann Failed?" Editorial. *British Medical Journal* 280, no. 6225 (May 17, 1980): 1195-96.

Williams Smith, H. "The Effects of the Use of Antibiotics on the Emergence of Antibiotic-Resistant Disease-Producing Organisms in Animals." In *Antibiotics in Agriculture: Proceedings of the University of Nottingham Ninth Easter School in Agricultural Science*, edited by M. Woodbine, 374-88. London: Butterworths, 1962.

"With Its New Farm and Home Division, Cyanamid Is Placing Increasing Stress on Consumer Agricultural Chemicals." *Journal of Agricultural and Food Chemistry* 5, no. 9 (September 1957): 712-13.

Witte, W. "Impact of Antibiotic Use in Animal Feeding on Resistance of Bacterial Pathogens in Humans." *Ciba Foundation Symposium* 207 (1997): 61-71.

____. "Selective Pressure by Antibiotic Use in Livestock." *International Journal of Antimicrobial Agents* 16 Suppl. 1 (November 2000): S19-24.

Woodbine, Malcolm, ed. *Antibiotics in Agriculture: Proceedings of the 9th Easter School in Agricultural Science, 1962, University of Nottingham.* London: Butterworths, 1962.

"Woody Breast Condition." Poultry Site, September 16, 2014. http://www.thepoultrysite.com/articles/3274/woody-breast-condition/.

World Health Organization. "The Evolving Threat of Antimicrobial Resistance: Options for Action." Geneva: World Health Organization, 2012. http://apps.who.int/iris/bitstream/10665/44812/1/9789241503181_eng.pdf.

____. "The Public Health Aspects of the Use of Antibiotics in Food and Feedstuffs: Report of an Expert Committee [Meeting Held in Geneva from 11 to 17 December 1962]." WHO Technical Report. Geneva, 1963. http://www.who.int/iris/handle/10665/40563.

____. "Use of Quinolones in Food Animals and Potential Impact on Human Health." Geneva, 1998. http://www.who.int/foodsafety/publications/quinolones/en/.

Wrenshall, Charlton Lewis, et al. Method of treating fresh meat. U.S. Patent 2942982 A, filed November 2, 1956, and issued June 28, 1960. http://www.google.com/patents/US2942982.

Wright, E. D., and R. M. Perinpanayagam. "Multiresistant Invasive *Escherichia coli* Infection in South London." *Lancet* 1, no. 8532 (March 7, 1987): 556-57.

Wulf, M., and A. Voss. "MRSA in Livestock Animals: An Epidemic Waiting to Happen?" *Clinical Microbiology and Infection* 14, no. 6 (June 2008): 519-21.

Wulf, M. W. H., et al. "Infection and Colonization With Methicillin Resistant *Staphylococcus aureus* ST398 versus Other MRSA in an Area With a High Density of Pig Farms." *European Journal of Clinical Microbiology and Infectious*

Diseases 31, no. 1 (January 2012): 61-65.

Wulf, Mireille, et al. "Methicillin-Resistant *Staphylococcus aureus* in Veterinary Doctors and Students, the Netherlands." *Emerging Infectious Diseases* 12 no. 12 (December 2006): 1939-41.

Wulf, M. W. H., et al. "MRSA Carriage in Healthcare Personnel in Contact With Farm Animals." *Journal of Hospital Infection* 70, no. 2 (October 2008): 186-90.

Xavier, Basil Britto, et al. "Identification of a Novel Plasmid-Mediated Colistin-Resistance Gene, *mcr-2*, in *Escherichia coli*, Belgium, June 2016." *Eurosurveillance* 21, no. 27 (July 7, 2016).

Yao, Xu, et al. "Carbapenem-Resistant and Colistin-Resistant *Escherichia coli* Co-Producing NDM-9 and MCR-1." *Lancet Infectious Diseases* 16, no. 3 (March 2016): 288-89.

Yong, Dongeun, et al. "Characterization of a New Metallo-ß-Lactamase Gene, *bla*NDM-1, and a Novel Erythromycin Esterase Gene Carried on a Unique Genetic Structure in *Klebsiella pneumoniae* Sequence Type 14 from India." *Antimicrobial Agents and Chemotherapy* 53, no. 12 (December 2009): 5046-54.

You, Y., et al. "Detection of a Common and Persistent *tet*(L)-Carrying Plasmid in Chicken-Waste-Impacted Farm Soil." *Applied and Environmental Microbiology* 78, no. 9 (May 1, 2012): 3203-13.

You, Yaqi, and Ellen K. Silbergeld. "Learning from Agriculture: Understanding Low-Dose Antimicrobials as Drivers of Resistome Expansion." *Frontiers in Microbiology* (2014).

Zuidhof, M. J., et al. "Growth, Efficiency, and Yield of Commercial Broilers From 1957, 1978, and 2005." *Poultry Science* 93, no. 12 (December 1, 2014): 2970-82.

Zuraw, Lydia. "FSIS Emails Reveal 'Snapshot' of Foster Farms Investigation." *Food Safety News*, June 16, 2015. http://www.foodsafetynews.com/2015/06/fsis-emails-reveal-snapshot-of-foster-farms-investigation/.

찾아보기